民法典与司法解释
关联对照及重点条文解读

第三编合同第二分编典型合同 至 附则

MINFADIAN YU SIFA JIESHI
GUANLIAN DUIZHAO JI ZHONGDIAN TIAOWEN JIEDU

顾　问：杜万华
主　编：谢　勇

中国法制出版社
CHINA LEGAL PUBLISHING HOUSE

目录 CONTENTS

第二分编 典型合同

第九章 买卖合同

第 595 条 买卖合同定义[①] // 509

第 596 条 买卖合同的内容 // 510

★第 597 条 无权处分效力 // 510

第 598 条 出卖人基本义务 // 512

第 599 条 出卖人交付有关单证和资料义务 // 512

第 600 条 知识产权归属 // 513

第 601 条 标的物交付期限 // 513

第 602 条 标的物交付期限不明时的处理 // 513

★第 603 条 标的物交付地点 // 513

第 604 条 标的物毁损、灭失风险负担的基本规则 // 515

第 605 条 违反约定期限交付标的物的风险负担 // 516

第 606 条 在途标的物买卖合同的风险转移 // 516

★第 607 条 当事人是否约定交付地点的风险转移规则 // 517

★第 608 条 买受人迟延受领标的物的风险负担 // 518

第 609 条 未交付单证和资料不影响风险转移 // 518

第 610 条 出卖人根本违约的风险负担 // 519

第 611 条 买受人承担风险不影响出卖人承担违约责任 // 519

---

① 条文前加★代表本条有条文解读；条文前加★★代表本条有条文解读及条文适用疑难解析。

1

★第612条　出卖人权利瑕疵担保义务 // 519

第613条　出卖人权利瑕疵担保义务免除 // 520

★第614条　买受人的中止支付价款权 // 520

第615条　出卖人的质量瑕疵担保义务 // 520

第616条　标的物质量要求没有约定或约定不明时的处理 // 520

第617条　出卖人违反质量瑕疵担保义务的违约责任 // 521

★第618条　减轻或免除瑕疵担保义务的例外 // 521

★第619条　标的物包装方式 // 522

第620条　买受人的及时检验义务 // 523

第621条　买受人的通知义务 // 523

第622条　检验期限或质量保证期过短的处理 // 524

第623条　检验期限未约定时的处理 // 525

第624条　向第三人履行情形的检验标准 // 525

第625条　出卖人回收义务 // 525

第626条　买受人支付价款的数额和方式 // 526

第627条　买受人支付价款的地点 // 526

第628条　买受人支付价款的时间 // 526

第629条　出卖人多交标的物的处理 // 527

★第630条　标的物孳息的归属 // 528

第631条　标的物主物、从物不符约定与合同解除 // 528

第632条　数物同时出卖时的合同解除 // 528

第633条　分批交付标的物的合同解除 // 528

★第634条　分期付款买卖合同出卖人的法定解除权 // 529

第635条　凭样品买卖合同 // 531

第636条　凭样品买卖合同样品存在隐蔽瑕疵的处理 // 532

第637条　试用买卖的试用期限 // 532

第638条　试用买卖合同买受人对标的物购买选择权 // 532

第639条　试用买卖使用费的负担 // 532

第640条　试用期间标的物灭失风险的承担 // 532

★第641条　所有权保留 // 532

★第642条　所有权保留中出卖人的取回权 // 536

★第643条　买受人的回赎权、出卖人的再出卖权 // 542

第644条　招标投标买卖 // 544

第645条　拍卖 // 544

第646条　买卖合同准用于有偿合同 // 544

第647条　互易合同参照买卖合同规定 // 544

第十章　供用电、水、气、热力合同

★第648条　供用电合同定义及强制缔约义务 // 545

第649条　供用电合同内容 // 546

第650条　供用电合同履行地 // 547

第651条　供电人的安全供电义务 // 547

第652条　供电人中断供电时的通知义务和赔偿责任 // 548

第653条　供电人的抢修义务 // 549

★第654条　用电人的支付电费义务、供电人中止供电时的通知义务 // 549

★第655条　用电人的安全用电义务 // 551

第656条　供用水、供用气、供用热力合同的参照适用 // 551

第十一章　赠与合同

第657条　赠与合同定义 // 551

第658条　赠与人任意撤销权及其限制 // 551

第659条　赠与特殊财产需办理有关法律手续 // 552

★第660条　受赠人的交付请求权以及赠与人的赔偿责任 // 552

第661条　附义务赠与合同 // 553

第662条　赠与人瑕疵担保义务 // 553

第663条　赠与人的法定撤销权及其行使期间 // 554

第664条　赠与人继承人或者法定代理人的撤销权 // 554

第665条　撤销赠与的法律后果 // 554

第666条　赠与义务的免除 // 554

第十二章　借款合同

第667条　借款合同定义 // 555

第668条 借款合同形式和内容 // 555

第669条 借款人的告知义务 // 556

第670条 借款利息不得预先扣除 // 556

第671条 贷款人未按照约定提供借款以及借款人未按照约定收取借款的责任 // 556

第672条 贷款人的监督、检查权 // 556

第673条 借款人未按照约定用途使用借款的责任 // 557

第674条 借款人支付利息的期限 // 557

第675条 借款人返还借款的期限 // 557

第676条 借款人逾期返还借款的责任 // 557

第677条 借款人提前返还借款 // 557

第678条 借款展期 // 558

★第679条 自然人之间借款合同的成立时间 // 558

★第680条 禁止高利放贷和借款利息认定 // 559

第十三章 保证合同

第一节 一般规定 // 564

第681条 保证合同定义 // 564

第682条 保证合同的从属性及保证合同无效的法律后果 // 565

★第683条 不得担任保证人的主体 // 567

第684条 保证合同内容 // 571

★第685条 保证合同形式 // 571

★第686条 保证方式 // 573

★第687条 一般保证人先诉抗辩权 // 575

第688条 连带责任保证 // 577

第689条 反担保 // 578

★第690条 最高额保证 // 578

第二节 保证责任 // 580

第691条 保证范围 // 580

★第692条 保证期间 // 580

★第693条 保证责任免除 // 584

★第694条　保证债务诉讼时效 // 586

第695条　主合同变更对保证责任影响 // 588

★第696条　债权转让对保证责任影响 // 590

第697条　债务承担及第三人加入债务对保证责任影响 // 590

第698条　一般保证人保证责任免除 // 591

★第699条　共同保证 // 591

★第700条　保证人追偿权 // 594

第701条　保证人抗辩权 // 597

★第702条　抵销权和撤销权范围内的免责 // 597

第十四章　租赁合同

第703条　租赁合同定义 // 598

第704条　租赁合同主要内容 // 598

第705条　租赁期限 // 598

★第706条　租赁合同未登记备案不影响合同效力 // 599

★第707条　租赁合同形式 // 599

第708条　出租人交付租赁物义务和适租义务 // 600

第709条　承租人合理使用租赁物的义务 // 600

第710条　承租人合理使用租赁物的免责义务 // 600

第711条　租赁人未合理使用租赁物的责任 // 601

第712条　出租人维修义务 // 601

★第713条　出租人不履行维修义务的法律后果 // 601

第714条　承租人妥善保管租赁物义务 // 602

第715条　承租人对租赁物进行改善或增设他物 // 602

第716条　转租 // 603

第717条　超过承租人剩余租赁期限的转租期间效力 // 603

★第718条　出租人默示同意转租 // 604

★第719条　次承租人代付租金和违约金 // 604

第720条　租赁物收益归属 // 605

第721条　租金支付期限 // 605

第722条　承租人违反租金支付义务的法律后果 // 606

第723条 出租人权利瑕疵担保义务 // 606

第724条 非承租人构成根本性违约承租人可以解除合同 // 606

第725条 所有权变动不破租赁 // 606

★第726条 房屋承租人优先购买权 // 607

★第727条 委托拍卖情况下房屋承租人优先购买权 // 609

★第728条 出租人妨害承租人优先购买权的法律后果 // 610

第729条 不可归责于承租人的租赁物毁损、灭失的法律后果 // 611

第730条 租赁期限没有约定或约定不明确时的法律后果 // 612

第731条 租赁物质量不合格时承租人解除权 // 612

第732条 房屋承租人死亡的租赁关系的处理 // 612

第733条 租赁期限届满承租人返还租赁物 // 612

★第734条 租赁期限届满承租人默示继租及房屋承租人的优先承租权 // 612

第十五章 融资租赁合同

第735条 融资租赁合同定义 // 614

第736条 融资租赁合同内容和形式 // 615

★★第737条 虚构租赁物的融资租赁合同无效 // 615

第738条 租赁物经营许可对合同效力影响 // 617

第739条 融资租赁标的物交付 // 618

第740条 承租人拒绝受领标的物的条件 // 618

第741条 承租人的索赔权 // 619

第742条 承租人行使索赔权不影响支付租金义务 // 619

第743条 承租人索赔不能的违约责任承担 // 620

第744条 出租人不得擅自变更买卖合同内容 // 620

第745条 租赁物的登记对抗效力 // 620

第746条 融资租赁合同租金的确定 // 621

第747条 租赁物瑕疵担保责任 // 622

第748条 出租人保证承租人占有和使用租赁物 // 622

第749条 租赁物造成损害的责任 // 623

第750条 承租人对租赁物的保管、使用和维修义务 // 623

第751条 租赁物毁损、灭失对租金给付义务的影响 // 623

第 752 条　承租人支付租金义务 // 623

第 753 条　出租人的解除权 // 625

第 754 条　融资租赁合同的解除情形 // 625

第 755 条　承租人承担赔偿责任情形 // 626

第 756 条　租赁物意外毁损灭失后的补偿 // 626

第 757 条　租赁期限届满租赁物归属 // 626

第 758 条　租赁物价值返还及租赁物无法返还时的补偿 // 626

★第 759 条　支付象征性价款时租赁物归属 // 627

第 760 条　融资租赁合同无效租赁物归属 // 627

第十六章　保理合同

★第 761 条　保理合同定义 // 628

★第 762 条　保理合同内容和形式 // 630

★第 763 条　虚构应收账款的法律后果 // 633

★第 764 条　保理人表明身份义务 // 634

★第 765 条　基础合同的变更、终止不对保理人发生效力 // 635

★第 766 条　有追索权保理 // 636

★第 767 条　无追索权保理 // 637

★第 768 条　多重保理的清偿顺序 // 637

★第 769 条　适用债权转让的规定 // 638

第十七章　承揽合同

第 770 条　承揽合同定义和承揽主要类型 // 639

第 771 条　承揽合同主要内容 // 639

第 772 条　承揽主要工作的完成 // 640

第 773 条　承揽辅助工作转交 // 640

第 774 条　承揽人提供材料时的义务 // 640

第 775 条　定作人提供材料时双方当事人的义务 // 640

第 776 条　定作人要求不合理时双方当事人的义务 // 640

第 777 条　定作人变更工作要求的法律后果 // 640

第 778 条　定作人协助义务 // 640

第779条 定作人监督检验 // 641

第780条 承揽人工作成果交付 // 641

第781条 工作成果不符合质量要求时的违约责任 // 641

第782条 定作人支付报酬的期限 // 641

第783条 定作人未履行付款义务时承揽人权利 // 641

第784条 承揽人保管义务 // 641

第785条 承揽人保密义务 // 642

第786条 共同承揽人连带责任 // 642

第787条 定作人任意解除权 // 642

第十八章 建设工程合同

★第788条 建设工程合同定义和种类 // 642

第789条 建设工程合同的形式 // 643

★★第790条 建设工程招投标原则 // 643

★★第791条 建设工程的发包、转包、分包 // 646

第792条 订立国家重大建设工程合同 // 652

★第793条 建设工程施工合同无效、验收不合格的处理 // 652

第794条 勘察、设计合同的内容 // 656

第795条 施工合同的内容 // 656

第796条 建设工程监理 // 657

第797条 发包人的检查权 // 657

第798条 隐蔽工程 // 657

★第799条 建设工程的竣工验收 // 657

第800条 勘察人、设计人的责任 // 661

★★第801条 施工人应承担的建设工程质量责任 // 661

第802条 合理使用期限内质量保证责任 // 667

第803条 发包人未按约定提供原材料、设备、场地、资金、技术资料的责任 // 668

第804条 因发包人原因造成工程停建、缓建所应承担责任 // 669

第805条 因发包人原因造成勘察、设计的返工、停工或者修改设计所应承担责任 // 669

★第806条 建设工程施工合同法定解除权及解除后果 // 669

★★第807条　建设工程价款优先受偿权 // 670

★★第808条　建设工程施工合同可适用承揽合同的规定 // 675

第十九章　运输合同

第一节　一般规定 // 676

第809条　运输合同定义 // 676

第810条　承运人强制缔约义务 // 677

第811条　承运人安全运输义务 // 677

第812条　承运人合理运输义务 // 678

第813条　支付票款或者运输费用 // 678

第二节　客运合同 // 679

第814条　客运合同成立时间 // 679

★第815条　旅客乘运义务的一般规定 // 679

第816条　旅客办理退票或者变更乘运手续 // 680

第817条　行李携带及托运要求 // 680

第818条　禁止旅客携带危险物品、违禁物品 // 680

第819条　承运人的告知义务和旅客的协助义务 // 681

★第820条　承运人按照约定运输的义务 // 681

第821条　承运人擅自降低或者提高服务标准的后果 // 683

第822条　承运人救助义务 // 683

第823条　旅客伤亡责任 // 683

第824条　旅客随身携带物品毁损、灭失的责任承担 // 684

第三节　货运合同 // 686

第825条　托运人如实申报义务 // 686

第826条　托运人提交有关文件义务 // 687

第827条　托运人货物包装义务 // 687

第828条　运输危险货物 // 688

第829条　托运人变更或者解除运输合同权利 // 688

第830条　承运人的通知义务和收货人及时提货义务 // 689

第831条　收货人检验货物 // 690

第832条 运输过程中货物毁损、灭失的责任承担 // 691

第833条 确定货损赔偿额 // 693

第834条 相继运输 // 694

第835条 货物因不可抗力灭失的运费处理 // 695

第836条 承运人留置权 // 695

第837条 承运人提存货物 // 695

第四节 多式联运合同 // 696

第838条 多式联运经营人的权利义务 // 696

第839条 多式联运合同责任制度 // 696

第840条 多式联运单据 // 697

第841条 托运人承担过错责任 // 697

第842条 多式联运经营人赔偿责任的法律适用 // 697

第二十章 技术合同

第一节 一般规定 // 697

第843条 技术合同定义 // 697

第844条 技术合同订立的目的 // 699

第845条 技术合同主要条款 // 700

第846条 技术合同价款、报酬及使用费 // 700

第847条 职务技术成果的财产权权属 // 701

第848条 非职务技术成果的财产权权属 // 702

第849条 技术成果的人身权归属 // 702

第850条 技术合同无效 // 703

第二节 技术开发合同 // 704

第851条 技术开发合同定义及合同形式 // 704

第852条 委托开发合同的委托人义务 // 705

第853条 委托开发合同的研究开发人义务 // 705

第854条 委托开发合同的违约责任 // 705

第855条 合作开发合同的当事人主要义务 // 705

第856条 合作开发合同的违约责任 // 706

第857条　技术开发合同解除 // 706

第858条　技术开发合同风险负担及通知义务 // 706

第859条　委托开发合同的技术成果归属 // 706

第860条　合作开发合同的技术成果归属 // 706

第861条　技术秘密成果归属与分享 // 707

第三节　技术转让合同和技术许可合同 // 707

第862条　技术转让合同和技术许可合同定义 // 707

第863条　技术转让合同和技术许可合同类型和形式 // 708

第864条　技术转让合同和技术许可合同的限制性条款 // 709

第865条　专利实施许可合同限制 // 710

第866条　专利实施许可合同许可人主要义务 // 710

第867条　专利实施许可合同被许可人主要义务 // 710

★第868条　技术秘密让与人和许可人主要义务 // 710

第869条　技术秘密受让人和被许可人主要义务 // 711

第870条　技术转让合同让与人和技术许可合同许可人保证义务 // 711

第871条　技术转让合同受让人和技术许可合同被许可人保密义务 // 711

第872条　许可人和让与人违约责任 // 711

第873条　被许可人和受让人违约责任 // 712

第874条　受让人和被许可人侵权责任 // 712

第875条　后续技术成果的归属与分享 // 712

第876条　其他知识产权的转让和许可 // 712

第877条　技术进出口合同或者专利、专利申请合同法律适用 // 712

第四节　技术咨询合同和技术服务合同 // 713

第878条　技术咨询合同和技术服务合同定义 // 713

第879条　技术咨询合同委托人义务 // 713

第880条　技术咨询合同受托人义务 // 714

第881条　技术咨询合同当事人的违约责任 // 714

第882条　技术服务合同委托人义务 // 715

第883条　技术服务合同受托人义务 // 715

第884条　技术服务合同当事人的违约责任 // 715

第885条　创新技术成果归属 //716

第886条　工作费用的负担 //716

第887条　技术中介合同和技术培训合同法律适用 //716

第二十一章　保管合同

★第888条　保管合同定义 //717

第889条　保管费 //719

第890条　保管合同成立时间 //719

第891条　保管人出具保管凭证义务 //719

第892条　保管人妥善保管义务 //719

第893条　寄存人告知义务 //719

第894条　保管人亲自保管保管物义务 //720

第895条　保管人不得使用或者许可他人使用保管物的义务 //720

第896条　保管人返还保管物及通知寄存人的义务 //720

★第897条　保管人赔偿责任 //720

第898条　寄存人声明义务 //722

第899条　领取保管物时间 //722

第900条　返还保管物及其孳息 //722

第901条　消费保管合同 //722

第902条　保管费支付期限 //722

第903条　保管人留置权 //723

第二十二章　仓储合同

第904条　仓储合同定义 //723

★第905条　仓储合同成立时间 //723

第906条　危险物品和易变质物品的储存 //724

第907条　保管人验收义务以及损害赔偿 //724

第908条　保管人出具仓单、入库单义务 //724

第909条　仓单 //724

第910条　仓单性质和转让 //725

第911条　存货人或者仓单持有人检查权和提取样品权 //725

第912条　保管人危险通知义务 // 725

第913条　保管人危险催告义务和紧急处置权 // 726

第914条　储存期限不明确时仓储物提取 // 726

第915条　逾期提取仓储物时保管人的催告权、提存权 // 726

第916条　逾期提取仓储物 // 726

第917条　保管人的损害赔偿责任 // 726

第918条　适用保管合同 // 726

第二十三章　委托合同

第919条　委托合同定义 // 727

第920条　委托事项 // 727

第921条　委托费用的预付和垫付 // 727

第922条　受托人应当按照委托人的指示处理委托事务 // 727

★第923条　受托人亲自处理委托事务 // 727

第924条　受托人的报告义务 // 729

第925条　隐名代理 // 729

第926条　间接代理 // 729

第927条　受托人转移利益 // 730

第928条　委托人支付报酬 // 730

第929条　受托人的赔偿责任 // 730

第930条　委托人的赔偿责任 // 730

第931条　委托人另行委托他人处理事务 // 731

第932条　受托人的连带责任 // 731

★第933条　委托合同解除 // 731

★第934条　委托合同终止 // 732

★第935条　受托人继续处理委托事务 // 733

第936条　受托人的继承人等的义务 // 734

第二十四章　物业服务合同

★第937条　物业服务合同定义 // 734

★第938条　物业服务合同内容和形式 // 736

★第939条　物业服务合同的效力 //740

★第940条　前期物业服务合同法定终止条件 //742

★第941条　物业服务转委托的条件和限制性条款 //743

★第942条　物业服务人的主要义务 //744

★第943条　物业服务人的公开和报告重大事项义务 //745

★第944条　业主支付物业费义务 //746

★第945条　业主告知、协助义务 //748

★第946条　业主合同任意解除权 //749

★第947条　物业服务合同的续订 //750

★第948条　不定期物业服务合同 //750

★第949条　物业服务人的移交义务及法律责任 //751

★第950条　物业服务人的后合同义务 //752

第二十五章　行纪合同

第951条　行纪合同定义 //753

第952条　行纪人承担费用的义务 //753

第953条　行纪人的保管义务 //753

第954条　委托物有瑕疵或者容易腐烂、变质的处分 //753

第955条　行纪人依照委托人指定价格买卖的义务 //753

第956条　行纪人的介入权 //754

第957条　委托人及时受领、取回和处分委托物及行纪人提存委托物 //754

第958条　行纪人的直接履行义务 //754

第959条　行纪人的报酬请求权及留置权 //754

第960条　参照适用委托合同 //754

第二十六章　中介合同

★第961条　中介合同定义 //755

第962条　中介人报告义务 //755

第963条　中介人报酬请求权 //755

第964条　中介人必要费用请求权 //755

★第965条　委托人私下与第三人订立合同后果 //756

第966条　参照适用委托合同 //757

第二十七章　合伙合同

★第967条　合伙合同定义 //757

第968条　合伙人履行出资义务 //757

第969条　合伙财产 //757

★第970条　合伙事务的执行 //758

★第971条　执行合伙事务报酬 //758

★第972条　合伙的利润分配和亏损分担 //759

第973条　合伙人的连带责任及追偿权 //759

第974条　合伙人对外转让财产份额 //759

第975条　合伙人权利代位 //760

★第976条　合伙期限 //760

第977条　合伙合同终止 //760

★★第978条　合伙剩余财产分配顺序 //761

第三分编　准合同

第二十八章　无因管理

★第979条　无因管理构成要件及法律效果 //763

★第980条　受益人享有管理利益时的法律适用 //766

★第981条　管理人的适当管理、继续管理义务 //767

★第982条　管理人通知义务 //768

★第983条　管理人报告和交付财产义务 //769

★第984条　无因管理与委托合同衔接 //770

第二十九章　不当得利

★第985条　不当得利的构成要件、法律效果及除外情形 //771

★第986条　善意得利人的返还范围 //773

★第987条　恶意得利人的返还范围 //774

★第988条　无偿受让利益第三人的返还义务 //775

第四编　人格权

第一章　一般规定

★第989条　人格权编的调整范围 // 779

★第990条　人格权类型 // 780

　第991条　人格权受法律保护 // 782

★第992条　人格权禁止性规定 // 782

★第993条　人格利益的许可使用 // 783

★第994条　死者人格利益保护 // 784

★第995条　人格权保护的请求权 // 786

★第996条　人格权责任竞合下的精神损害赔偿 // 788

★第997条　侵害人格权禁令 // 790

★第998条　认定行为人承担责任时的考量因素 // 792

★第999条　人格利益的合理使用 // 793

　第1000条　消除影响、恢复名誉、赔礼道歉等民事责任的承担 // 794

　第1001条　自然人身份权利保护的参照 // 794

第二章　生命权、身体权和健康权

　第1002条　生命权 // 795

　第1003条　身体权 // 795

　第1004条　健康权 // 795

★第1005条　法定救助义务 // 795

　第1006条　人体捐献 // 796

　第1007条　禁止人体买卖 // 797

　第1008条　人体临床试验 // 797

　第1009条　从事人体基因、人体胚胎等医学和科研活动的法定限制 // 798

★第1010条　性骚扰 // 798

　第1011条　侵害行动自由和非法搜查身体 // 800

第三章 姓名权和名称权

第1012条 姓名权 // 800

第1013条 名称权 // 800

第1014条 姓名权或名称权不得被非法侵害 // 800

★第1015条 自然人姓氏的选取 // 801

第1016条 姓名、名称的登记和变更的法定程序以及法律效力 // 802

★第1017条 笔名、艺名等的保护 // 802

第四章 肖像权

第1018条 肖像权及肖像 // 803

第1019条 肖像权的保护 // 804

★第1020条 肖像权的合理使用 // 804

★第1021条 肖像许可使用合同的解释 // 806

★第1022条 肖像许可使用合同期限 // 806

★第1023条 姓名许可和声音保护的参照适用 // 808

第五章 名誉权和荣誉权

第1024条 名誉权及名誉 // 809

★第1025条 名誉权的限制 // 809

第1026条 合理核实义务的认定因素 // 811

第1027条 文学、艺术作品侵害名誉权的认定与例外 // 811

第1028条 名誉权人更正权 // 812

★第1029条 信用评价 // 812

第1030条 处理信用信息的法律适用 // 814

第1031条 荣誉权 // 814

第六章 隐私权和个人信息保护

★第1032条 隐私权及隐私 // 814

第1033条 侵害隐私权的行为 // 816

★第1034条 个人信息的保护 // 816

★第1035条　个人信息处理的原则和条件 // 819
★第1036条　处理个人信息的免责事由 // 823
　第1037条　个人信息主体的权利 // 827
　第1038条　信息处理者的信息安全保障义务 // 829
　第1039条　国家机关及其工作人员对个人信息的保密义务 // 830

第五编　婚姻家庭

第一章　一般规定

第1040条　婚姻家庭编的调整范围 // 833
第1041条　婚姻家庭的基本原则 // 833
第1042条　婚姻家庭的禁止性规定 // 833
第1043条　婚姻家庭的倡导性规定 // 836
第1044条　收养的基本原则 // 837
第1045条　亲属、近亲属及家庭成员 // 837

第二章　结婚

第1046条　结婚自愿 // 837
第1047条　法定结婚年龄 // 837
第1048条　禁止结婚的情形 // 837
第1049条　结婚登记 // 837
第1050条　婚后双方互为家庭成员 // 838
★第1051条　婚姻无效的情形 // 838
★第1052条　受胁迫结婚的可撤销婚姻 // 843
★第1053条　婚前隐瞒重大疾病的可撤销婚姻 // 845
★第1054条　婚姻无效和被撤销的法律后果 // 847

第三章　家庭关系

第一节　夫妻关系 // 849

第1055条　夫妻地位平等 // 849

第1056条　夫妻姓名权 // 849

第1057条　夫妻参加各种活动的自由 // 849

第1058条　夫妻抚养、教育和保护子女的权利义务平等 // 850

第1059条　夫妻相互扶养义务 // 850

★★第1060条　日常家事代理权 // 851

第1061条　夫妻相互继承权 // 852

★第1062条　夫妻共同财产 // 853

★★第1063条　夫妻个人财产 // 855

★第1064条　夫妻共同债务 // 860

第1065条　夫妻约定财产制 // 862

★第1066条　婚姻关系存续期间夫妻共同财产的分割 // 863

第二节　父母子女关系和其他近亲属关系 // 865

第1067条　父母的抚养义务和子女的赡养义务 // 865

第1068条　父母教育、保护未成年子女的权利义务 // 865

第1069条　子女应尊重父母的婚姻权利 // 866

第1070条　父母子女相互继承权 // 866

第1071条　非婚生子女的权利 // 866

第1072条　继父母与继子女间的权利义务关系 // 866

★第1073条　亲子关系异议之诉 // 866

第1074条　祖孙之间的抚养赡养义务 // 868

第1075条　兄弟姐妹间的扶养义务 // 868

第四章　离婚

第1076条　协议离婚 // 868

★第1077条　离婚冷静期 // 869

第1078条　离婚登记 // 871

第1079条　诉讼离婚 // 871

第1080条　婚姻关系解除时间 // 872

第1081条　军婚的保护 // 872

第1082条　男方离婚诉权的限制 // 873

第1083条　复婚登记 // 873

第1084条　离婚后的父母子女关系 // 873

第1085条　离婚后子女抚养费的负担 // 875

第1086条　父母的探望权 // 877

★第1087条　离婚时夫妻共同财产的处理 // 878

★第1088条　离婚经济补偿 // 884

第1089条　离婚时夫妻共同债务清偿 // 885

★第1090条　离婚经济帮助 // 885

★第1091条　离婚损害赔偿 // 887

★第1092条　一方侵害夫妻共同财产的法律后果 // 890

第五章　收养

第一节　收养关系的成立 // 893

第1093条　被收养人的范围 // 893

第1094条　送养人的范围 // 894

第1095条　监护人送养未成年人的特殊规定 // 894

第1096条　监护人送养孤儿的特殊规定 // 894

第1097条　生父母送养 // 894

★第1098条　收养人的条件 // 894

第1099条　收养三代以内旁系同辈血亲子女的放宽规定 // 895

第1100条　收养子女的人数 // 896

第1101条　共同收养 // 896

第1102条　无配偶者收养异性子女的年龄差限制 // 896

第1103条　继父母收养继子女的特殊规定 // 896

第1104条　收养送养自愿 // 897

第1105条　收养登记、收养公告、收养协议、收养公证、收养评估 // 897

第1106条　被收养人户口登记 // 897

第1107条　子女由生父母的亲属及朋友抚养不适用收养 // 897

第1108条　祖父母外祖父母抚养优先权 // 897

第1109条　涉外收养 // 898

第1110条　收养保密义务 // 899

第二节　收养的效力 // 899

第1111条　收养效力 // 899

第1112条　养子女的姓氏 // 899

第1113条　无效收养行为 // 899

第三节　收养关系的解除 // 900

★第1114条　协议解除及因收养人违法行为而解除收养关系 // 900

第1115条　与成年养子女关系恶化而解除收养关系 // 902

第1116条　解除收养关系登记 // 902

第1117条　解除收养关系后的身份效力 // 902

★第1118条　解除收养关系后的财产效力 // 902

第六编　继　承

第一章　一般规定

第1119条　继承编的调整范围 // 907

第1120条　继承权受国家保护 // 907

★第1121条　继承开始的时间及死亡先后的推定 // 907

★★第1122条　遗产 // 908

第1123条　法定继承、遗嘱继承、遗赠和遗赠扶养协议的效力 // 913

★第1124条　继承、受遗赠的接受和放弃 // 913

★第1125条　继承权、受遗赠权的丧失 // 916

第二章　法定继承

第1126条　男女平等享有继承权 // 919

第1127条　法定继承人的范围及继承顺序 // 920

★第1128条　代位继承 // 921

第1129条　丧偶儿媳、丧偶女婿的继承权 // 924

第1130条　遗产分配的原则 // 925

第1131条　酌情分得遗产权 // 926

第1132条　继承处理方式 // 926

第三章　遗嘱继承和遗赠

第1133条　遗嘱处分个人财产 // 927

第1134条　自书遗嘱 // 928

第1135条　代书遗嘱 // 928

★第1136条　打印遗嘱 // 928

第1137条　录音录像遗嘱 // 930

★第1138条　口头遗嘱 // 930

第1139条　公证遗嘱 // 932

★第1140条　遗嘱见证人资格的限制性规定 // 932

第1141条　必留份 // 934

★第1142条　遗嘱的撤回、变更以及遗嘱效力顺位 // 935

★第1143条　遗嘱的实质要件 // 936

第1144条　附义务遗嘱 // 939

第四章　遗产的处理

★第1145条　遗产管理人的选任 // 939

第1146条　遗产管理人的指定 // 941

第1147条　遗产管理人的职责 // 941

★第1148条　遗产管理人未尽职责的民事责任 // 941

第1149条　遗产管理人的报酬 // 942

第1150条　继承开始后的通知 // 943

第1151条　遗产的保管 // 943

★★第1152条　转继承 // 943

第1153条　遗产的认定 // 946

★第1154条　按照法定继承办理的情形 // 947

第1155条　胎儿预留份 // 949

第1156条　遗产分割的原则和方法 // 950

第1157条　再婚时对所继承遗产的处分权 // 951

★第1158条　遗赠扶养协议 // 951

第1159条　遗产分割时的义务 // 954

第1160条　无人继承遗产的归属 // 954

第1161条　继承人清偿税款、债务的原则 // 954

第1162条　清偿被继承人税款、债务优先于执行遗赠的原则 // 954

第1163条　既有法定继承又有遗嘱继承、遗赠时税款和债务的清偿 // 955

第七编　侵权责任

第一章　一般规定

★★第1164条　侵权责任编的调整范围 // 959

★第1165条　过错责任原则与过错推定责任 // 961

★第1166条　无过错责任原则 // 963

第1167条　危及他人人身、财产安全的责任承担方式 // 965

★第1168条　共同侵权 // 965

第1169条　教唆侵权、帮助侵权 // 968

第1170条　共同危险行为 // 969

第1171条　分别侵权的连带责任 // 969

第1172条　分别侵权的按份责任 // 970

★★第1173条　过失相抵 // 971

第1174条　受害人故意 // 974

第1175条　第三人过错 // 975

★第1176条　自甘风险 // 975

★第1177条　自助行为 // 977

★第1178条　特别规定优先适用 // 979

第二章　损害赔偿

第1179条　人身损害赔偿范围 // 981

第1180条　以相同数额确定死亡赔偿金 // 985

第1181条　被侵权人死亡时请求权主体的确定 // 985

★第1182条　侵害他人人身权益造成财产损失的赔偿计算方式 // 986

★第1183条　精神损害赔偿 // 988

第1184条　财产损失计算方式 // 990

★第1185条　故意侵害知识产权的惩罚性赔偿 // 990

★第1186条　公平分担损失 // 992

第1187条　赔偿费用支付方式 // 994

第三章　责任主体的特殊规定

第1188条　监护人责任 // 994

★第1189条　委托监护时监护人的责任 // 995

第1190条　暂时丧失意识后的侵权责任 // 996

★第1191条　用人单位责任和劳务派遣单位、劳务用工单位责任 // 996

★第1192条　个人劳务关系中的侵权责任 // 998

第1193条　承揽关系中的侵权责任 // 1000

第1194条　网络侵权责任 // 1000

★第1195条　"通知与取下"制度 // 1001

★第1196条　"反通知"制度 // 1005

★第1197条　网络服务提供者与网络用户的连带责任 // 1008

★第1198条　安全保障义务人责任 // 1010

★第1199条　教育机构对无民事行为能力人受到人身损害的过错推定责任 // 1012

第1200条　教育机构对限制民事行为能力人受到人身损害的过错责任 // 1014

★第1201条　受到校外人员人身损害时的责任分担 // 1014

第四章　产品责任

第1202条　产品生产者侵权责任 // 1015

第1203条　被侵权人请求损害赔偿的途径和先行赔偿人追偿权 // 1016

第1204条　生产者和销售者对有过错第三人的追偿权 // 1018

第1205条　产品缺陷危及他人人身、财产安全的责任承担方式 // 1018

★第1206条　生产者、销售者的补救措施及费用承担 // 1018

★★第1207条　产品责任惩罚性赔偿 // 1020

第五章　机动车交通事故责任

第1208条　机动车交通事故责任的法律适用 // 1024

★第1209条　租赁、借用机动车交通事故责任 // 1024

★第1210条　转让并交付但未办理登记的机动车侵权责任 // 1027

★第1211条　挂靠机动车交通事故责任 // 1027

★第1212条　擅自驾驶他人机动车交通事故责任 // 1029

第1213条　交通事故责任承担主体赔偿顺序 // 1029

第1214条　拼装车、报废车交通事故责任 // 1032

★第1215条　盗抢机动车交通事故责任 // 1033

第1216条　驾驶人逃逸责任承担规则 // 1035

★第1217条　好意同乘规则 // 1036

第六章　医疗损害责任

★第1218条　医疗损害责任归责原则 // 1037

★第1219条　医务人员说明义务与患者知情同意权 // 1041

第1220条　紧急情况下知情同意的特殊规定 // 1045

★第1221条　医务人员诊疗过错的界定及赔偿责任 // 1046

★第1222条　推定医疗机构有过错的情形 // 1047

第1223条　因药品、消毒产品、医疗器械的缺陷，或者输入不合格血液的侵权责任 // 1049

★第1224条　医疗机构免责事由 // 1050

第1225条　医疗机构对病历资料的义务及患者对病历资料的权利 // 1052

第1226条　患者隐私和个人信息保护 // 1053

第1227条　禁止违规过度检查 // 1053

第1228条　维护医疗机构及其医务人员合法权益 // 1053

第七章　环境污染和生态破坏责任

第1229条　污染环境、破坏生态致损的侵权责任 // 1053

★第1230条　环境污染、生态破坏侵权举证责任 // 1055

★第1231条　两个以上侵权人造成损害的责任分担 // 1057

★第1232条　环境污染、生态破坏侵权的惩罚性赔偿 // 1058

第1233条　因第三人的过错污染环境、破坏生态的侵权责任 // 1062

★第1234条　生态环境修复责任 // 1063

★第1235条　生态环境损害的赔偿范围 // 1066

第八章　高度危险责任

★第1236条　高度危险责任的一般规定 // 1073

第1237条　民用核设施或者核材料致害责任 // 1075

第1238条　民用航空器致害责任 // 1075

第1239条　占有或使用高度危险物致害责任 // 1076

第1240条　高度危险活动致害责任 // 1076

第1241条　遗失、抛弃高度危险物致害责任 // 1076

第1242条　非法占有高度危险物致害责任 // 1076

第1243条　高度危险场所安全保障责任 // 1076

第1244条　高度危险责任赔偿限额 // 1077

第九章　饲养动物损害责任

第1245条　饲养动物损害责任的一般规定 // 1078

★第1246条　未对动物采取安全措施损害责任 // 1078

第1247条　禁止饲养的危险动物损害责任 // 1079

第1248条　动物园的动物损害责任 // 1079

第1249条　遗弃、逃逸的动物损害责任 // 1080

第1250条　因第三人的过错致使动物损害责任 // 1080

第1251条　饲养动物应履行的义务 // 1080

第十章　建筑物和物件损害责任

★第1252条　建筑物、构筑物或者其他设施倒塌、塌陷致害责任 // 1080

★第1253条　建筑物、构筑物或者其他设施及其搁置物、悬挂物脱落、坠落致害责任 // 1082

★第1254条　不明抛掷物、坠落物致害责任 // 1082

第1255条　堆放物致害责任 // 1086

★第1256条　在公共道路上妨碍通行物品的致害责任 // 1086

第1257条　林木致害的责任 // 1089

第1258条　公共场所或者道路上施工致害责任和窨井等地下设施致害责任 // 1089

附　则

第1259条　法律术语含义 // 1093

第1260条　施行日期及旧法废止 // 1093

第二分编　典型合同

第九章　买卖合同

第595条【买卖合同定义】
买卖合同是出卖人转移标的物的所有权于买受人，买受人支付价款的合同。

【关联司法解释】

《最高人民法院关于审理买卖合同纠纷案件适用法律问题的解释》

第1条　当事人之间没有书面合同，一方以送货单、收货单、结算单、发票等主张存在买卖合同关系的，人民法院应当结合当事人之间的交易方式、交易习惯以及其他相关证据，对买卖合同是否成立作出认定。

对账确认函、债权确认书等函件、凭证没有记载债权人名称，买卖合同当事人一方以此证明存在买卖合同关系的，人民法院应予支持，但有相反证据足以推翻的除外。

《最高人民法院关于审理商品房买卖合同纠纷案件适用法律若干问题的解释》

第1条　本解释所称的商品房买卖合同，是指房地产开发企业（以下统称为出卖人）将尚未建成或者已竣工的房屋向社会销售并转移房屋所有权于买受人，买受人支付价款的合同。

第5条　商品房的认购、订购、预订等协议具备《商品房销售管理办法》第十六条规定的商品房买卖合同的主要内容，并且出卖人已经按照约定收受购房款的，该协议应当认定为商品房买卖合同。

第596条【买卖合同的内容】

买卖合同的内容一般包括标的物的名称、数量、质量、价款、履行期限、履行地点和方式、包装方式、检验标准和方法、结算方式、合同使用的文字及其效力等条款。

★ **第597条【无权处分效力】**

因出卖人未取得处分权致使标的物所有权不能转移的，买受人可以解除合同并请求出卖人承担违约责任。

法律、行政法规禁止或者限制转让的标的物，依照其规定。

【条文解读】

本条是在保留原《合同法》第132条第2款的基础上，吸收、综合、完善2012年《最高人民法院关于审理买卖合同纠纷案件适用法律问题的解释》第3条的规定，所作的增补规定。本条主要规定了出卖人无权处分情形下买卖合同的效力与买受人的救济方式，以及特别法上对于转让标的物要求的优先适用问题。根据买卖合同法理，出卖人负有交付买卖标的物并转移其所有权的义务，因此，原则上出卖人应当对标的物享有所有权或者处分权。但是，当出卖人未取得对标的物的所有权或者处分权即与他人签订买卖合同时，该买卖合同的效力如何认定，对标的物所有权人与买受人的权利如何予以保护，过去在适用原《合同法》第51条时产生了争议。本条规定虽然没有明确处分他人之物所订立的合同是否有效，但由于违约责任是以存在有效合同为前提，故该规定实际上已承认无权处分人签订的合同有效，亦即承认了买卖合同的效力不受出卖人是否对标的物享有处分权的影响。其原理主要来源于物权变动原因与结果区分原则，即合同作为物权变动原因行为的效力与物权变动本身应当加以区分，涉及合同效力的法律关系由合同法调整，涉及物之归属和物权变动的法律关系由物权法调整。除非法律有特别规定，合同一经依法成立，只要不违反法律、行政法规的强制性规定和社会公共利益，原则上均属有效，因出卖人未取得标的物处分权致使标的物所有权不能转移的，影响的是合同的履行，但并不影响合同的有效性。实践中，在出卖人无权处分他人之物的场合，可根据受让人是否已对标的物进行登记或者占有的情况，遵循以下路径进行审查：首先，如对于转让的不动产或者动产，依照法律规定应当登记的已经登记，不需要登记的已经交付受让人的，应当结合《民法典》第311条关于善意取得的规定，判断买受人是否符合善意取得的条件，如买受人善意取得标的物所有权的，原权利人有权请求无权处分人承担违约责任或者侵权责任，如买受人不能依据善意取得制度取得标的物所有权的，原权利人可依法取回标的物所有权，买受人基于履行不能无法达到合同目的，可请求解除买卖合同，进而要求出卖人承担违约责任；其次，如对于转让的不动产或动产，在登记状况或者空间物理状态上尚未发生变动，此时无善意取得制度的适用空间，因出卖人未取得处分权致使所有权将来亦无法发生转移，买受人可向出卖人主张解除合同并请求其承担违约责任。无论以上哪种情况，买卖合同均不因出卖人系无权处分而无效。本条规定既能与善意取得制度有效衔接，也较为周全地保护了标的物所有权人与善意买受人的权益，彰显了合同对当事人的约束力，有利于倡导诚信价值并维护交易安全。《民法典》第311条第3款规定："当事人善意取得其他物权的，参照适用前两款规定。"因此，作为他物权的用益物权、担保物权亦可适用善意取得。

【关联司法解释】

《最高人民法院关于适用〈中华人民共和国民法典〉有关担保制度的解释》

第37条　当事人以所有权、使用权不明或者有争议的财产抵押，经审查构成无权处分的，人民法院应当依照民法典第三百一十一条的规定处理。

当事人以依法被查封或者扣押的财产抵押，抵押权人请求行使抵押权，经审查查封或者扣押措施已经解除的，人民法院应予支持。抵押人以抵押权设立时财产被查封或者扣押为由主张抵押合同无效的，人民法院不予支持。

以依法被监管的财产抵押的，适用前款规定。

第598条【出卖人基本义务】

出卖人应当履行向买受人交付标的物或者交付提取标的物的单证，并转移标的物所有权的义务。

【关联司法解释】

《最高人民法院关于审理买卖合同纠纷案件适用法律问题的解释》

第2条 标的物为无需以有形载体交付的电子信息产品，当事人对交付方式约定不明确，且依照民法典第五百一十条的规定仍不能确定的，买受人收到约定的电子信息产品或者权利凭证即为交付。

第5条 出卖人仅以增值税专用发票及税款抵扣资料证明其已履行交付标的物义务，买受人不认可的，出卖人应当提供其他证据证明交付标的物的事实。

合同约定或者当事人之间习惯以普通发票作为付款凭证，买受人以普通发票证明已经履行付款义务的，人民法院应予支持，但有相反证据足以推翻的除外。

第599条【出卖人交付有关单证和资料义务】

出卖人应当按照约定或者交易习惯向买受人交付提取标的物单证以外的有关单证和资料。

【关联司法解释】

《最高人民法院关于审理买卖合同纠纷案件适用法律问题的解释》

第4条 民法典第五百九十九条规定的"提取标的物单证以外的有关单

证和资料",主要应当包括保险单、保修单、普通发票、增值税专用发票、产品合格证、质量保证书、质量鉴定书、品质检验证书、产品进出口检疫书、原产地证明书、使用说明书、装箱单等。

第600条【知识产权归属】

出卖具有知识产权的标的物的,除法律另有规定或者当事人另有约定外,该标的物的知识产权不属于买受人。

【其他关联规定】

《中华人民共和国著作权法》

第20条 作品原件所有权的转移,不改变作品著作权的归属,但美术、摄影作品原件的展览权由原件所有人享有。

作者将未发表的美术、摄影作品的原件所有权转让给他人,受让人展览该原件不构成对作者发表权的侵犯。

第601条【标的物交付期限】

出卖人应当按照约定的时间交付标的物。约定交付期限的,出卖人可以在该交付期限内的任何时间交付。

第602条【标的物交付期限不明时的处理】

当事人没有约定标的物的交付期限或者约定不明确的,适用本法第五百一十条、第五百一十一条第四项的规定。

★ 第603条【标的物交付地点】

出卖人应当按照约定的地点交付标的物。

当事人没有约定交付地点或者约定不明确,依据本法第五百一十条的规定仍不能确定的,适用下列规定:

（一）标的物需要运输的，出卖人应当将标的物交付给第一承运人以运交给买受人；

（二）标的物不需要运输，出卖人和买受人订立合同时知道标的物在某一地点的，出卖人应当在该地点交付标的物；不知道标的物在某一地点的，应当在出卖人订立合同时的营业地交付标的物。

【条文解读】

本条是关于出卖人交付标的物地点的规定，主要解决的是合同对交付地点没有约定或者约定不明确的情形下标的物交付地点如何确定的规则。

与《民法典》第602条关于交付期限没有约定或者约定不明确的情形一样，当事人如果没有约定交付地点或者约定不明确的，应适用《民法典》第510条的规定，即合同生效后，当事人可以重新协商达成补充协议，不能达成补充协议的，按照合同相关条款或者交易习惯确定交付地点。其中根据合同相关条款确定，主要是结合合同条款作整体解释。

与《民法典》第602条关于交付期限没有约定或者约定不明确的情形不同的是，如依据《民法典》第510条的规定仍不能确定交付地点的，不是适用《民法典》第511条的规定，即第511条第3项所规定的"履行地点不明确，给付货币的，在接受货币一方所在地履行；交付不动产的，在不动产所在地履行；其他标的，在履行义务一方所在地履行"，而是适用本条关于买卖合同的特别规则，这是在审判实践中应当注意的问题。本条只解决标的物的交付地问题，而《民法典》第511条第3项是关于所有合同履行地点的规定。需要注意的是，"标的物需要运输的"情形下的"承运人"，应当是独立于买卖双方的运输业经营者，而不应当是出卖人或者买受人自己的运输工具。对此，《最高人民法院关于审理买卖合同纠纷案件适用法律问题的解释》第8条也明确规定："民法典第六百零三条第二款第一项规定的'标的物需要运输的'，是指标的物由出卖人负责办理托运，承运人系独立于买卖合同当事人之外的运输业者的情形。标的物毁损、灭失的风险负担，按照民法典第六百零七条第二款的规定处理。"

实践中,出卖人可能有多个"营业地"。对于本条第2款第2项中的"营业地"的理解,在实践中也有时会存在争议。对此问题,《联合国国际货物销售合同公约》第10条就"营业地的认定"的规定具有合理性,可作为认定"营业地"的参考依据。公约第10条规定:(a)如果当事人有一个以上的营业地,则以与合同及合同的履行关系最密切的营业地为其营业地,但要考虑到双方当事人在订立合同前任何时候或订立合同时所知道或所设想的情况;(b)如果当事人没有营业地,则以其惯常居住地为准。

【关联司法解释】

《最高人民法院关于审理买卖合同纠纷案件适用法律问题的解释》

第8条 民法典第六百零三条第二款第一项规定的"标的物需要运输的",是指标的物由出卖人负责办理托运,承运人系独立于买卖合同当事人之外的运输业者的情形。标的物毁损、灭失的风险负担,按照民法典第六百零七条第二款的规定处理。

第604条【标的物毁损、灭失风险负担的基本规则】

标的物毁损、灭失的风险,在标的物交付之前由出卖人承担,交付之后由买受人承担,但是法律另有规定或者当事人另有约定的除外。

【关联司法解释】

《最高人民法院关于审理买卖合同纠纷案件适用法律问题的解释》

第9条 出卖人根据合同约定将标的物运送至买受人指定地点并交付给承运人后,标的物毁损、灭失的风险由买受人负担,但当事人另有约定的除外。

第11条 当事人对风险负担没有约定,标的物为种类物,出卖人未以装运单据、加盖标记、通知买受人等可识别的方式清楚地将标的物特定于买卖合同，买受人主张不负担标的物毁损、灭失的风险的，人民法院应予支持。

第605条【违反约定期限交付标的物的风险负担】

因买受人的原因致使标的物未按照约定的期限交付的，买受人应当自违反约定时起承担标的物毁损、灭失的风险。

【关联司法解释】

《最高人民法院关于审理商品房买卖合同纠纷案件适用法律若干问题的解释》

第8条 对房屋的转移占有，视为房屋的交付使用，但当事人另有约定的除外。

房屋毁损、灭失的风险，在交付使用前由出卖人承担，交付使用后由买受人承担；买受人接到出卖人的书面交房通知，无正当理由拒绝接收的，房屋毁损、灭失的风险自书面交房通知确定的交付使用之日起由买受人承担，但法律另有规定或者当事人另有约定的除外。

第606条【在途标的物买卖合同的风险转移】

出卖人出卖交由承运人运输的在途标的物，除当事人另有约定外，毁损、灭失的风险自合同成立时起由买受人承担。

【关联司法解释】

《最高人民法院关于审理买卖合同纠纷案件适用法律问题的解释》

第10条 出卖人出卖交由承运人运输的在途标的物，在合同成立时知道或者应当知道标的物已经毁损、灭失却未告知买受人，买受人主张出卖人负担标的物毁损、灭失的风险的，人民法院应予支持。

★ **第607条【当事人是否约定交付地点的风险转移规则】**

出卖人按照约定将标的物运送至买受人指定地点并交付给承运人后，标的物毁损、灭失的风险由买受人承担。

当事人没有约定交付地点或者约定不明确，依据本法第六百零三条第二款第一项的规定标的物需要运输的，出卖人将标的物交付给第一承运人后，标的物毁损、灭失的风险由买受人承担。

【条文解读】

本条是关于经承运的买卖标的物风险转移时间的规定。本条第1款、第2款分别吸纳了2012年《最高人民法院关于审理买卖合同纠纷案件适用法律问题的解释》第12条与原《合同法》第145条的规定，解决的是需要运输的标的物的风险负担规则问题。

《民法典》第604条确定了以交付作为确定标的物毁损、灭失的风险转移节点的基本原则。对于需要运输的标的物，本条第1款、第2款分别规定了两种不同情形：一种是买卖合同双方明确约定了出卖人应当将货物交付到买受人指定的地点并交由承运人运输的，那么在出卖人按照约定将标的物运送至买受人指定地点并交付给承运人后，即已履行合同的交付义务，标的物毁损、灭失的风险自当由买受人承担。另一种是当事人未约定交付地点或者约定不明确的情形。根据《民法典》第603条第2款第1项规定，当事人没有约定交付地点或者约定不明确，依照《民法典》第510条的规定又不能确定时，如果是标的物需要运输的，出卖人将标的物交付第一承运人，即已履行合同的交付义务，那么标的物的风险伴随标的物的交付转为由买受人承担。因此，对于本条规定，应结合《民法典》第603条、第604条一并理解。

【关联司法解释】

《最高人民法院关于审理买卖合同纠纷案件适用法律问题的解释》

第8条 民法典第六百零三条第二款第一项规定的"标的物需要运输的",是指标的物由出卖人负责办理托运,承运人系独立于买卖合同当事人之外的运输业者的情形。标的物毁损、灭失的风险负担,按照民法典第六百零七条第二款的规定处理。

第9条 出卖人根据合同约定将标的物运送至买受人指定地点并交付给承运人后,标的物毁损、灭失的风险由买受人负担,但当事人另有约定的除外。

★ **第608条【买受人迟延受领标的物的风险负担】**

出卖人按照约定或者依据本法第六百零三条第二款第二项的规定将标的物置于交付地点,买受人违反约定没有收取的,标的物毁损、灭失的风险自违反约定时起由买受人承担。

【条文解读】

本条是关于买受人迟延受领标的物时标的物风险由买受人承担的规定。本条与《民法典》第605条规定的法律后果均是买受人应当自违反约定时起承担标的物毁损、灭失的风险,第605条规定的是因买受人的原因致使出卖人没有履行交付义务的情形,而本条规定所确定的是买受人迟延受领的情况,二者的适用情形不同。

第609条【未交付单证和资料不影响风险转移】

出卖人按照约定未交付有关标的物的单证和资料的,不影响标的物毁损、灭失风险的转移。

第610条【出卖人根本违约的风险负担】

因标的物不符合质量要求，致使不能实现合同目的的，买受人可以拒绝接受标的物或者解除合同。买受人拒绝接受标的物或者解除合同的，标的物毁损、灭失的风险由出卖人承担。

第611条【买受人承担风险不影响出卖人承担违约责任】

标的物毁损、灭失的风险由买受人承担的，不影响因出卖人履行义务不符合约定，买受人请求其承担违约责任的权利。

★ #### 第612条【出卖人权利瑕疵担保义务】

出卖人就交付的标的物，负有保证第三人对该标的物不享有任何权利的义务，但是法律另有规定的除外。

【条文解读】

本条是关于出卖人权利瑕疵担保义务的规定。本条在原《合同法》第150条的基础上进行了修改完善，原《合同法》第150条规定："出卖人就交付的标的物，负有保证第三人不得向买受人主张任何权利的义务，但法律另有规定的除外。"本条规定将该条规定的"负有保证第三人不得向买受人主张任何权利的义务"修改为"负有保证第三人对该标的物不享有任何权利的义务"。"主张任何权利"与"享有任何权利"的内涵并不相同。第三人主张权利，可能是基于其对标的物享有合法权利而提出的合法主张，也可能是基于其对标的物并不享有合法的权利而提出的非法主张。根据本条规定，如果标的物本身并无权利瑕疵，但由于第三方错误或者恶意主张权利，使买受人受到了干扰，甚至损害买受人权益的，在这种情况下，因第三人的权利并非合法的权利，不能以此认定出卖人违反了权利瑕疵担保义务。

第613条【出卖人权利瑕疵担保义务免除】

买受人订立合同时知道或者应当知道第三人对买卖的标的物享有权利的,出卖人不承担前条规定的义务。

★ 第614条【买受人的中止支付价款权】

买受人有确切证据证明第三人对标的物享有权利的,可以中止支付相应的价款,但是出卖人提供适当担保的除外。

【条文解读】

本条是关于买受人中止支付价款权的规定。本条在原《合同法》第152条的基础上略作了修改,原《合同法》第152条规定的是"第三人可能就标的物主张权利",现表述为"第三人对标的物享有权利"更为准确、合理。理由与《民法典》第612条规定相同。

第615条【出卖人的质量瑕疵担保义务】

出卖人应当按照约定的质量要求交付标的物。出卖人提供有关标的物质量说明的,交付的标的物应当符合该说明的质量要求。

【关联司法解释】

《最高人民法院关于审理买卖合同纠纷案件适用法律问题的解释》

第24条 买受人在缔约时知道或者应当知道标的物质量存在瑕疵,主张出卖人承担瑕疵担保责任的,人民法院不予支持,但买受人在缔约时不知道该瑕疵会导致标的物的基本效用显著降低的除外。

第616条【标的物质量要求没有约定或约定不明时的处理】

当事人对标的物的质量要求没有约定或者约定不明确,依据本法第五百一十条的规定仍不能确定的，适用本法第五百一十一条第一项的规定。

第617条【出卖人违反质量瑕疵担保义务的违约责任】

出卖人交付的标的物不符合质量要求的，买受人可以依据本法第五百八十二条至第五百八十四条的规定请求承担违约责任。

【关联司法解释】

《最高人民法院关于审理买卖合同纠纷案件适用法律问题的解释》

第15条　买受人依约保留部分价款作为质量保证金，出卖人在质量保证期未及时解决质量问题而影响标的物的价值或者使用效果，出卖人主张支付该部分价款的，人民法院不予支持。

第16条　买受人在检验期限、质量保证期、合理期限内提出质量异议，出卖人未按要求予以修理或者因情况紧急，买受人自行或者通过第三人修理标的物后，主张出卖人负担因此发生的合理费用的，人民法院应予支持。

★　**第618条【减轻或免除瑕疵担保义务的例外】**

当事人约定减轻或者免除出卖人对标的物瑕疵承担的责任，因出卖人故意或者重大过失不告知买受人标的物瑕疵的，出卖人无权主张减轻或者免除责任。

【条文解读】

本条是关于减轻或者免除出卖人对标的物瑕疵担保义务的约定效力的规定。本条承继了2012年《最高人民法院关于审理买卖合同纠纷案件适用法律问题的解释》第32条的规定，是立法对司法解释的吸收和转化。本条规定包含两方面的含义：一是出卖人对标的物的瑕疵担保责任可以通过当事人的特别约定予以减轻或者免除；二是该特别约定在出卖人故意或者重大过失不告知买受人标的物瑕疵的情况下不发生效力。

首先,根据《民法典》第610条、第612条的规定,出卖人对标的物负有质量瑕疵担保义务和权利瑕疵担保义务。即使买卖合同中未对出卖人的瑕疵担保义务作出约定,依合同订立之目的解释,也可将出卖人的该项义务认定为合同的默示条款。基于契约自由原则,如果当事人通过特别约定对该项义务予以排除,属于当事人意思自治范畴,法律原则上不予干预和限制。

其次,出卖人知道或应当知道标的物存在瑕疵,出于故意或重大过失未告知买受人的场合,买卖双方缔结合同的基础条件已有失公平,"合同自由"可能异化为强势主体用于侵害弱势主体的工具。如若允许当事人将故意或重大过失造成相对人财产损失约定为免责事项,那么无异于纵容合同当事人违反诚信原则,有违合同公平。因此,依据本条规定,因出卖人故意或者重大过失不告知买受人标的物瑕疵的,即使合同约定了相关的减轻或免除其瑕疵担保责任的条款,该约定也应认定无效,出卖人仍应向买受人承担瑕疵担保责任。

关于合同免责条款的效力,《民法典》第496条、第497条及第506条作了规定。根据《民法典》第496条、第497条的规定,使用格式免责条款的当事人负有说明和提请相对人注意的义务,如若未履行相关义务,相对人可主张该格式免责条款不属于合同的组成部分。如若该格式免责条款不合理地免除提供格式条款一方责任,应被认定为无效。同时,根据《民法典》第506条的规定,造成对方人身损害和因故意或重大过失造成对方财产损失的,属于不得免责事项。本条规定与《民法典》第506条规定的精神一致。在实践中,对出卖人瑕疵担保责任的免除约定,还应适用《民法典》第496条、第497条的规定。

★ **第619条【标的物包装方式】**

出卖人应当按照约定的包装方式交付标的物。对包装方式没有约定或者约定不明确,依据本法第五百一十条的规定仍不能确定的,应当按照通用的方式包装;没有通用方式的,应当采取足以保护标的物且有利于**节约资源、保护生态环境**的包装方式。

【条文解读】

本条是关于买卖合同标的物包装方式的约定。本条在原《合同法》第156条内容的基础上增加规定了出卖人应当采用绿色包装的要求，即包装方式还应"有利于节约资源、保护生态环境"，该要求是《民法典》第9条规定的"绿色原则"在买卖合同中的具体贯彻落实。

第620条【买受人的及时检验义务】

买受人收到标的物时应当在约定的检验期限内检验。没有约定检验期限的，应当及时检验。

第621条【买受人的通知义务】

当事人约定检验期限的，买受人应当在检验期限内将标的物的数量或者质量不符合约定的情形通知出卖人。买受人怠于通知的，视为标的物的数量或者质量符合约定。

当事人没有约定检验期限的，买受人应当在发现或者应当发现标的物的数量或者质量不符合约定的合理期限内通知出卖人。买受人在合理期限内未通知或者自收到标的物之日起二年内未通知出卖人的，视为标的物的数量或者质量符合约定；但是，对标的物有质量保证期的，适用质量保证期，不适用该二年的规定。

出卖人知道或者应当知道提供的标的物不符合约定的，买受人不受前两款规定的通知时间的限制。

【关联司法解释】

《最高人民法院关于审理买卖合同纠纷案件适用法律问题的解释》

第12条 人民法院具体认定民法典第六百二十一条第二款规定的"合理期限"时，应当综合当事人之间的交易性质、交易目的、交易方式、交易习惯、标的物的种类、数量、性质、安装和使用情况、瑕疵的性质、买受人应尽的合理注意义务、检验方法和难易程度、买受人或者检验人所处的具体环境、自身技能以及其他合理因素，依据诚实信用原则进行判断。

民法典第六百二十一条第二款规定的"二年"是最长的合理期限。该期限为不变期间，不适用诉讼时效中止、中断或者延长的规定。

第13条 买受人在合理期限内提出异议，出卖人以买受人已经支付价款、确认欠款数额、使用标的物等为由，主张买受人放弃异议的，人民法院不予支持，但当事人另有约定的除外。

第14条 民法典第六百二十一条规定的检验期限、合理期限、二年期限经过后，买受人主张标的物的数量或者质量不符合约定的，人民法院不予支持。

出卖人自愿承担违约责任后，又以上述期限经过为由翻悔的，人民法院不予支持。

【其他关联规定】

《中华人民共和国建筑法》

第62条 建筑工程实行质量保修制度。

建筑工程的保修范围应当包括地基基础工程、主体结构工程、屋面防水工程和其他土建工程，以及电气管线、上下水管线的安装工程，供热、供冷系统工程等项目；保修的期限应当按照保证建筑物合理寿命年限内正常使用，维护使用者合法权益的原则确定。具体的保修范围和最低保修期限由国务院规定。

第622条【检验期限或质量保证期过短的处理】

当事人约定的检验期限过短，根据标的物的性质和交易习惯，买受人在检验期限内难以完成全面检验的，该期限仅视为买受人对标的物的外观瑕疵提出异议的期限。

约定的检验期限或者质量保证期短于法律、行政法规规定期限的，应当以法律、行政法规规定的期限为准。

第623条【检验期限未约定时的处理】

当事人对检验期限未作约定，买受人签收的送货单、确认单等载明标的物数量、型号、规格的，推定买受人已经对数量和外观瑕疵进行检验，但是有相关证据足以推翻的除外。

第624条【向第三人履行情形的检验标准】

出卖人依照买受人的指示向第三人交付标的物，出卖人和买受人约定的检验标准与买受人和第三人约定的检验标准不一致的，以出卖人和买受人约定的检验标准为准。

第625条【出卖人回收义务】

依照法律、行政法规的规定或者按照当事人的约定，标的物在有效使用年限届满后应予回收的，出卖人负有自行或者委托第三人对标的物予以回收的义务。

【其他关联规定】

《中华人民共和国固体废物污染环境防治法》

第68条 产品和包装物的设计、制造，应当遵守国家有关清洁生产的规定。国务院标准化主管部门应当根据国家经济和技术条件、固体废物污染环境防治状况以及产品的技术要求，组织制定有关标准，防止过度包装造成环境污染。

生产经营者应当遵守限制商品过度包装的强制性标准，避免过度包装。县级以上地方人民政府市场监督管理部门和有关部门应当按照各自职责，加强对过度包装的监督管理。

生产、销售、进口依法被列入强制回收目录的产品和包装物的企业，应当按照国家有关规定对该产品和包装物进行回收。

电子商务、快递、外卖等行业应当优先采用可重复使用、易回收利用的包装物，优化物品包装，减少包装物的使用，并积极回收利用包装物。县级以上地方人民政府商务、邮政等主管部门应当加强监督管理。

国家鼓励和引导消费者使用绿色包装和减量包装。

《中华人民共和国清洁生产促进法》

第20条 产品和包装物的设计，应当考虑其在生命周期中对人类健康和环境的影响，优先选择无毒、无害、易于降解或者便于回收利用的方案。

企业对产品的包装应当合理，包装的材质、结构和成本应当与内装产品的质量、规格和成本相适应，减少包装性废物的产生，不得进行过度包装。

第26条 企业应当在经济技术可行的条件下对生产和服务过程中产生的废物、余热等自行回收利用或者转让给有条件的其他企业和个人利用。

第626条【买受人支付价款的数额和方式】

买受人应当按照约定的数额和支付方式支付价款。对价款的数额和支付方式没有约定或者约定不明确的，适用本法第五百一十条、第五百一十一条第二项和第五项的规定。

第627条【买受人支付价款的地点】

买受人应当按照约定的地点支付价款。对支付地点没有约定或者约定不明确，依据本法第五百一十条的规定仍不能确定的，买受人应当在出卖人的营业地支付；但是，约定支付价款以交付标的物或者交付提取标的物单证为条件的，在交付标的物或者交付提取标的物单证的所在地支付。

第628条【买受人支付价款的时间】

买受人应当按照约定的时间支付价款。对支付时间没有约定或者约定不明确，依据本法第五百一十条的规定仍不能确定的，买受人应当在收到标的物或者提取标的物单证的同时支付。

【关联司法解释】

《最高人民法院关于债务人在约定的期限届满后未履行债务而出具没有还款日期的欠款条诉讼时效期间应从何时开始计算问题的批复》

山东省高级人民法院：

你院鲁高法（1992）70号请示收悉。关于债务人在约定的期限届满后未履行债务，而出具没有还款日期的欠款条，诉讼时效期间应从何时开始计算的问题，经研究，答复如下：

据你院报告称，双方当事人原约定，供方交货后，需方立即付款。需方收货后因无款可付，经供方同意写了没有还款日期的欠款条。根据民法典第一百九十五条的规定，应认定诉讼时效中断。如果供方在诉讼时效中断后一直未主张权利，诉讼时效期间则应从供方收到需方所写欠款条之日起重新计算。

此复。

第629条【出卖人多交标的物的处理】

出卖人多交标的物的，买受人可以接收或者拒绝接收多交的部分。买受人接收多交部分的，按照约定的价格支付价款；买受人拒绝接收多交部分的，应当及时通知出卖人。

【关联司法解释】

《最高人民法院关于审理买卖合同纠纷案件适用法律问题的解释》

第3条 根据民法典第六百二十九条的规定，买受人拒绝接收多交部分标的物的，可以代为保管多交部分标的物。买受人主张出卖人负担代为保管期间的合理费用的，人民法院应予支持。

买受人主张出卖人承担代为保管期间非因买受人故意或者重大过失造成

的损失的,人民法院应予支持。

★ **第630条【标的物孳息的归属】**
标的物在交付之前产生的孳息,归出卖人所有;交付之后产生的孳息,归买受人所有。但是,当事人另有约定的除外。

【条文解读】

本条是关于买卖合同标的物孳息归属的规定。本条在原《合同法》第163条规定的基础上,增加了但书条款,即对买卖合同标的物的孳息归属,赋予了当事人自由约定的权利。同时,根据风险和利益共担的原则,本条与《民法典》第604条标的物毁损、灭失的风险,在标的物交付之前由出卖人承担,交付之后由买受人承担的规定是相联系的。

第631条【标的物主物、从物不符约定与合同解除】
因标的物的主物不符合约定而解除合同的,解除合同的效力及于从物。因标的物的从物不符合约定被解除的,解除的效力不及于主物。

第632条【数物同时出卖时的合同解除】
标的物为数物,其中一物不符合约定的,买受人可以就该物解除。但是,该物与他物分离使标的物的价值显受损害的,买受人可以就数物解除合同。

第633条【分批交付标的物的合同解除】
出卖人分批交付标的物的,出卖人对其中一批标的物不交付或者交付不符合约定,致使该批标的物不能实现合同目的的,买受人可以就该批标的物解除。

出卖人不交付其中一批标的物或者交付不符合约定,致使之后其他各批标的物的交付不能实现合同目的的，买受人可以就该批以及之后其他各批标的物解除。

买受人如果就其中一批标的物解除，该批标的物与其他各批标的物相互依存的，可以就已经交付和未交付的各批标的物解除。

★ **第634条【分期付款买卖合同出卖人的法定解除权】**

分期付款的买受人未支付到期价款的数额达到全部价款的五分之一，**经催告后在合理期限内仍未支付到期价款的**，出卖人可以请求买受人支付全部价款或者解除合同。

出卖人解除合同的，可以向买受人请求支付该标的物的使用费。

【条文解读】

本条是关于分期付款买卖合同中，买受人迟延支付价款达到全部价值1/5时，出卖人有权解除合同或者提前清偿的规定。本条在原《合同法》第167条所规定条件的基础上，增加了"经催告后在合理期限内仍未支付到期价款"的要求。这也与《民法典》第563条关于合同法定解除条件的立法精神更为一致，该条第1款第3项规定的合同法定解除情形之一为"当事人一方迟延履行主要债务，经催告后在合理期限内仍未履行"。分期付款买卖合同中出卖人要求解除合同的，亦应符合该基本条件。故根据本条规定，分期付款买卖中，出卖人向买受人请求支付全部价款或者主张解除合同，需要具备以下条件：（1）买受人支付迟延；（2）迟延支付价款的金额达到全部价款的1/5；（3）出卖人已向买受人进行了付款催告；（4）买受人在合理期限内仍未支付到期价款。

根据《最高人民法院关于审理买卖合同纠纷案件适用法律问题的解释》第27条第2款的规定，在分期付款买卖中，如果出卖人与买受人约定"即使买受人未支付的到期价款金额低于全部价款五分之一，或者出卖人未进行催告，或者买受人在合理期限内已支付到期价款的，出卖人也可以要求支付全部价款或解除合同",应认定为损害买受人利益,买受人即可主张约定无效。当然,如果当事人的约定对保护买受人更加有利,比如约定买受人未支付的到期价款达到全部价款的1/4,则应尊重当事人的约定。

需要注意的是,关于本条规定的适用对象是否限于消费品买卖的问题。依据本条规定及相关司法解释的规定,分期付款买卖的主要特征为:一是买受人向出卖人支付总价款分3次以上,出卖人交付标的物之后买受人分2次以上向出卖人支付价款;二是多发、常见在经营者和消费者之间,一般是买受人作为消费者为满足生活消费而发生的交易;三是出卖人向买受人授予了一定信用,而作为授信人的出卖人在价款回收上存在一定风险,为保障出卖人剩余价款的回收,出卖人在一定条件下可以行使解除合同的权利[1]。从立法目的分析,分期付款买卖的规定的立法意图应是在保护出卖人剩余债权与保护买受人合同利益之间进行平衡,避免买受人仅因支付能力一时困难便丧失整个合同利益,重在对消费者利益进行保护。在非消费品买卖场合,则应考虑合同双方交易地位是否平等、合同是否存在格式条款、格式合同是否为行业普遍交易习惯等因素,确定买受人是否处于弱势地位。如果买受人实际上与消费品买卖中的买受人无明显差别,可以适用本条规定予以保护。否则,对于买卖之外的其他交易形式,不能认为只要是有偿转让就是买卖,其他财产权纠纷可以通过适用其他合同类型有关规定来解决,分期付款买卖制度不宜随意扩张适用到其他财产权的转让[2]。

【关联司法解释】

《最高人民法院关于审理买卖合同纠纷案件适用法律问题的解释》

第27条 民法典第六百三十四条第一款规定的"分期付款",系指买受人将应付的总价款在一定期限内至少分三次向出卖人支付。

---

[1] 最高人民法院指导案例67号:汤长龙诉周士海股权转让纠纷案。
[2] 最高人民法院民法典贯彻实施工作领导小组主编:《中华人民共和国民法典合同编理解与适用》[二],人民法院出版社2020年版,第1052页。

分期付款买卖合同的约定违反民法典第六百三十四条第一款的规定，损害买受人利益，买受人主张该约定无效的，人民法院应予支持。

第28条 分期付款买卖合同约定出卖人在解除合同时可以扣留已受领价金，出卖人扣留的金额超过标的物使用费以及标的物受损赔偿额，买受人请求返还超过部分的，人民法院应予支持。

当事人对标的物的使用费没有约定的，人民法院可以参照当地同类标的物的租金标准确定。

【关联指导案例】

最高人民法院指导案例67号：汤长龙诉周士海股权转让纠纷案

裁判要点：有限责任公司的股权分期支付转让款中发生股权受让人延迟或者拒付等违约情形，股权转让人要求解除双方签订的股权转让合同的，不适用《中华人民共和国合同法》第一百六十七条[①]关于分期付款买卖中出卖人在买受人未支付到期价款的金额达到合同全部价款的五分之一时即可解除合同的规定。

第635条【凭样品买卖合同】

凭样品买卖的当事人应当封存样品，并可以对样品质量予以说明。出卖人交付的标的物应当与样品及其说明的质量相同。

【关联司法解释】

《最高人民法院关于审理买卖合同纠纷案件适用法律问题的解释》

第29条 合同约定的样品质量与文字说明不一致且发生纠纷时当事人不能达成合意，样品封存后外观和内在品质没有发生变化的，人民法院应当

[①] 现为《民法典》第634条。

以样品为准；外观和内在品质发生变化，或者当事人对是否发生变化有争议而又无法查明的，人民法院应当以文字说明为准。

第636条【凭样品买卖合同样品存在隐蔽瑕疵的处理】

凭样品买卖的买受人不知道样品有隐蔽瑕疵的，即使交付的标的物与样品相同，出卖人交付的标的物的质量仍然应当符合同种物的通常标准。

第637条【试用买卖的试用期限】

试用买卖的当事人可以约定标的物的试用期限。对试用期限没有约定或者约定不明确，依据本法第五百一十条的规定仍不能确定的，由出卖人确定。

第638条【试用买卖合同买受人对标的物购买选择权】

试用买卖的买受人在试用期内可以购买标的物，也可以拒绝购买。试用期限届满，买受人对是否购买标的物未作表示的，视为购买。

试用买卖的买受人在试用期内已经支付部分价款或者对标的物实施出卖、出租、设立担保物权等行为的，视为同意购买。

第639条【试用买卖使用费的负担】

试用买卖的当事人对标的物使用费没有约定或者约定不明确的，出卖人无权请求买受人支付。

第640条【试用期间标的物灭失风险的承担】

标的物在试用期内毁损、灭失的风险由出卖人承担。

★ 第641条【所有权保留】

当事人可以在买卖合同中约定买受人未履行支付价款或者其他义务的，标的物的所有权属于出卖人。

出卖人对标的物保留的所有权，未经登记，不得对抗善意第三人。

【条文解读】

本条是关于所有权保留买卖合同的约定。本条第2款明确了所有权保留中的登记对抗主义。所有权保留制度的主要功能在于担保，故《最高人民法院关于适用〈中华人民共和国民法典〉有关担保制度的解释》第1条即明确所有权保留买卖等涉及担保功能发生的纠纷，适用该解释的有关规定。但所有权保留制度的担保性，仅是从其客观功能而言的，在法律性质上，出卖人享有的仍是所有权，而非担保物权。不同的权利性质，对当事人权利的保护路径和法律依据不同。对出卖人而言，在买受人破产时区别甚大：如果是担保物权，出卖人享有的是别除权；如果是所有权，出卖人享有的则是取回权。因此，虽然所有权保留实质上是一种担保形式，但在形式上出卖人对标的物享有的是所有权而非担保物权，是自物权而非他物权。关于所有权保留制度在破产程序中的适用，《最高人民法院关于适用〈中华人民共和国企业破产法〉若干问题的规定（二）》第34条至第38条分别针对买受人破产、出卖人破产以及管理人选择继续履行合同或者解除合同的不同情形，作出了明确的规定。

【关联司法解释】

《最高人民法院关于审理买卖合同纠纷案件适用法律问题的解释》

第25条 买卖合同当事人主张民法典第六百四十一条关于标的物所有权保留的规定适用于不动产的，人民法院不予支持。

第26条 买受人已经支付标的物总价款的百分之七十五以上，出卖人主张取回标的物的，人民法院不予支持。

在民法典第六百四十二条第一款第三项情形下，第三人依据民法典第三百一十一条的规定已经善意取得标的物所有权或者其他物权，出卖人主张取回标的物的，人民法院不予支持。

《最高人民法院关于适用〈中华人民共和国民法典〉有关担保制度的解释》

第1条 因抵押、质押、留置、保证等担保发生的纠纷，适用本解释。所有权保留买卖、融资租赁、保理等涉及担保功能发生的纠纷，适用本解释的有关规定。

第54条 动产抵押合同订立后未办理抵押登记，动产抵押权的效力按照下列情形分别处理：

（一）抵押人转让抵押财产，受让人占有抵押财产后，抵押权人向受让人请求行使抵押权的，人民法院不予支持，但是抵押权人能够举证证明受让人知道或者应当知道已经订立抵押合同的除外；

（二）抵押人将抵押财产出租给他人并移转占有，抵押权人行使抵押权的，租赁关系不受影响，但是抵押权人能够举证证明承租人知道或者应当知道已经订立抵押合同的除外；

（三）抵押人的其他债权人向人民法院申请保全或者执行抵押财产，人民法院已经作出财产保全裁定或者采取执行措施，抵押权人主张对抵押财产优先受偿的，人民法院不予支持；

（四）抵押人破产，抵押权人主张对抵押财产优先受偿的，人民法院不予支持。

第67条 在所有权保留买卖、融资租赁等合同中，出卖人、出租人的所有权未经登记不得对抗的"善意第三人"的范围及其效力，参照本解释第五十四条的规定处理。

《最高人民法院关于适用〈中华人民共和国企业破产法〉若干问题的规定（二）》

第2条 下列财产不应认定为债务人财产：

（一）债务人基于仓储、保管、承揽、代销、借用、寄存、租赁等合同或者其他法律关系占有、使用的他人财产；

（二）债务人在所有权保留买卖中尚未取得所有权的财产；

（三）所有权专属于国家且不得转让的财产；

（四）其他依照法律、行政法规不属于债务人的财产。

第34条 买卖合同双方当事人在合同中约定标的物所有权保留，在标的物所有权未依法转移给买受人前，一方当事人破产的，该买卖合同属于双方均未履行完毕的合同，管理人有权依据企业破产法第十八条的规定决定解除或者继续履行合同。

第35条 出卖人破产，其管理人决定继续履行所有权保留买卖合同的，买受人应当按照原买卖合同的约定支付价款或者履行其他义务。

买受人未依约支付价款或者履行完毕其他义务，或者将标的物出卖、出质或者作出其他不当处分，给出卖人造成损害，出卖人管理人依法主张取回标的物的，人民法院应予支持。但是，买受人已经支付标的物总价款百分之七十五以上或者第三人善意取得标的物所有权或者其他物权的除外。

因本条第二款规定未能取回标的物，出卖人管理人依法主张买受人继续支付价款、履行完毕其他义务，以及承担相应赔偿责任的，人民法院应予支持。

第36条 出卖人破产，其管理人决定解除所有权保留买卖合同，并依据企业破产法第十七条的规定要求买受人向其交付买卖标的物的，人民法院应予支持。

买受人以其不存在未依约支付价款或者履行完毕其他义务，或者将标的物出卖、出质或者作出其他不当处分情形抗辩的，人民法院不予支持。

买受人依法履行合同义务并依据本条第一款将买卖标的物交付出卖人管理人后，买受人已支付价款损失形成的债权作为共益债务清偿。但是，买受人违反合同约定，出卖人管理人主张上述债权作为普通破产债权清偿的，人民法院应予支持。

第37条 买受人破产，其管理人决定继续履行所有权保留买卖合同的，原买卖合同中约定的买受人支付价款或者履行其他义务的期限在破产申请受理时视为到期，买受人管理人应当及时向出卖人支付价款或者履行其他义务。

买受人管理人无正当理由未及时支付价款或者履行完毕其他义务，或者将标的物出卖、出质或者作出其他不当处分，给出卖人造成损害，出卖人依据民法典第六百四十一条等规定主张取回标的物的，人民法院应予支持。但是，买受人已支付标的物总价款百分之七十五以上或者第三人善意取得标的物所有权或者其他物权的除外。

因本条第二款规定未能取回标的物，出卖人依法主张买受人继续支付价款、履行完毕其他义务，以及承担相应赔偿责任的，人民法院应予支持。对因买受人未支付价款或者未履行完毕其他义务，以及买受人管理人将标的物出卖、出质或者作出其他不当处分导致出卖人损害产生的债务，出卖人主张作为共益债务清偿的，人民法院应予支持。

第38条 买受人破产，其管理人决定解除所有权保留买卖合同，出卖人依据企业破产法第三十八条的规定主张取回买卖标的物的，人民法院应予支持。

出卖人取回买卖标的物，买受人管理人主张出卖人返还已支付价款的，人民法院应予支持。取回的标的物价值明显减少给出卖人造成损失的，出卖人可从买受人已支付价款中优先予以抵扣后，将剩余部分返还给买受人；对买受人已支付价款不足以弥补出卖人标的物价值减损损失形成的债权，出卖人主张作为共益债务清偿的，人民法院应予支持。

【其他关联规定】

《中华人民共和国企业破产法》

第38条 人民法院受理破产申请后，债务人占有的不属于债务人的财产，该财产的权利人可以通过管理人取回。但是，本法另有规定的除外。

★ 第642条【所有权保留中出卖人的取回权】

当事人约定出卖人保留合同标的物的所有权，在标的物所有权转移前，买受人有下列情形之一，造成出卖人损害的，**除当事人另有约定外**，出卖人有权取回标的物：

（一）未按照约定支付价款，**经催告后在合理期限内仍未支付**；

（二）未按照约定完成特定条件；

（三）将标的物出卖、出质或者作出其他不当处分。

出卖人可以与买受人协商取回标的物；协商不成的，可以参照适用担保物权的实现程序。

【条文解读】

本条是关于所有权保留中出卖人取回权的规定。本条第1款规定了取回权的行使条件，第2款规定了取回权的行使方式。本条第2款规定了两种行使取回权的方式：一是约定的行使程序，即出卖人可以与买受人协商取回标的物，这属于私力救济的方式；二是协商不成的，可以参照适用担保物权的实现程序。所谓"协商不成"既包括双方就取回权的行使条件是否成就发生争议，也包括双方就是否同意取回标的物发生争议。即买受人不配合出卖人的私力救济时，出卖人可以寻求公力救济。

关于担保物权的实现程序，本身也包括两种方式，其一是协商方式，即担保物权的实现条件成就后，担保物权人和担保人协商实现担保物权，如协商将担保财产折价或拍卖、变卖担保财产；其二是公力救济的方式，即担保物权实现的条件成就后，担保物权人与担保人没能就担保物权的实现问题达成一致，担保物权人或担保人请求法院实现担保物权。本条第2款所规定的"参照适用担保物权的实现程序"，单指公力救济途径。《民事诉讼法》设专节在第207条和第208条规定了实现担保物权案件的特别程序。第207条规定："申请实现担保物权，由担保物权人以及其他有权请求实现担保物权的人依照民法典等法律，向担保财产所在地或者担保物权登记地基层人民法院提出。"第208条规定："人民法院受理申请后，经审查，符合法律规定的，裁定拍卖、变卖担保财产，当事人依据该裁定可以向人民法院申请执行；不符合法律规定的，裁定驳回申请，当事人可以向人民法院提起诉讼。"《最高人民法院关于适用〈中华人民共和国民事诉讼法〉的解释》第359条至第372条对担保物权的实现程序进行了细化规定，出卖人在向法院请求取回标的物时应参照适用。对于出卖人行使取回权的案件，人民法院审查后，按下列情形分别处理：（1）当事人无实质性争议且取回权行使条件成就的，裁定准许取回标的物；（2）当事人对取回权行使有实质性争议的，裁定驳回申请，并告知申请人向人民法院提起诉讼。

需要说明的是，所有权保留中的出卖人取回权和破产程序中的财产权利人取回权，虽然都称为"取回权"，但内涵完全不同，属于不同的法律概念。《企业破产法》上的取回权是指破产管理人占有不属于破产财产的他人财产，财产的权利人得不依破产程序，经破产管理人同意而直接取回的权利。虽然所有权保留的主要功能是担保，但由于出卖人对标的物享有的权利在法律性质上是所有权，故当买受人破产时，出卖人当然具有取回权。但是，该取回权的行使还应遵守破产法上的相关规定。所有权保留合同在买受人价金未支付完毕或者其他约定条件未满足前，所有权尚未转移给买受人，所以该合同属于双方均未履行完毕的合同，在具体程序上及当事人权益保护上，应适用《企业破产法》第18条及《最高人民法院关于适用〈中华人民共和国企业破产法〉若干问题的规定（二）》第34条至第38条的相关规定。

【关联司法解释】

《最高人民法院关于审理买卖合同纠纷案件适用法律问题的解释》

第26条 买受人已经支付标的物总价款的百分之七十五以上，出卖人主张取回标的物的，人民法院不予支持。

在民法典第六百四十二条第一款第三项情形下，第三人依据民法典第三百一十一条的规定已经善意取得标的物所有权或者其他物权，出卖人主张取回标的物的，人民法院不予支持。

《最高人民法院关于适用〈中华人民共和国民法典〉有关担保制度的解释》

第64条 在所有权保留买卖中，出卖人依法有权取回标的物，但是与买受人协商不成，当事人请求参照民事诉讼法"实现担保物权案件"的有关规定，拍卖、变卖标的物的，人民法院应予准许。

出卖人请求取回标的物，符合民法典第六百四十二条规定的，人民法院应予支持；买受人以抗辩或者反诉的方式主张拍卖、变卖标的物，并在扣除买受人未支付的价款以及必要费用后返还剩余款项的，人民法院应当一并处理。

《最高人民法院关于适用〈中华人民共和国企业破产法〉若干问题的规定（二）》

第2条　下列财产不应认定为债务人财产：

（一）债务人基于仓储、保管、承揽、代销、借用、寄存、租赁等合同或者其他法律关系占有、使用的他人财产；

（二）债务人在所有权保留买卖中尚未取得所有权的财产；

（三）所有权专属于国家且不得转让的财产；

（四）其他依照法律、行政法规不属于债务人的财产。

《最高人民法院关于适用〈中华人民共和国民事诉讼法〉的解释》

第359条　民事诉讼法第二百零三条[①]规定的担保物权人，包括抵押权人、质权人、留置权人；其他有权请求实现担保物权的人，包括抵押人、出质人、财产被留置的债务人或者所有权人等。

第360条　实现票据、仓单、提单等有权利凭证的权利质权案件，可以由权利凭证持有人住所地人民法院管辖；无权利凭证的权利质权，由出质登记地人民法院管辖。

第361条　实现担保物权案件属于海事法院等专门人民法院管辖的，由专门人民法院管辖。

第362条　同一债权的担保物有多个且所在地不同，申请人分别向有管辖权的人民法院申请实现担保物权的，人民法院应当依法受理。

第363条　依照民法典第三百九十二条的规定，被担保的债权既有物的担保又有人的担保，当事人对实现担保物权的顺序有约定，实现担保物权的申请违反该约定的，人民法院裁定不予受理；没有约定或者约定不明的，人

[①]　现为第207条。

民法院应当受理。

第364条 同一财产上设立多个担保物权，登记在先的担保物权尚未实现的，不影响后顺位的担保物权人向人民法院申请实现担保物权。

第365条 申请实现担保物权，应当提交下列材料：

（一）申请书。申请书应当记明申请人、被申请人的姓名或者名称、联系方式等基本信息，具体的请求和事实、理由；

（二）证明担保物权存在的材料，包括主合同、担保合同、抵押登记证明或者他项权利证书，权利质权的权利凭证或者质权出质登记证明等；

（三）证明实现担保物权条件成就的材料；

（四）担保财产现状的说明；

（五）人民法院认为需要提交的其他材料。

第366条 人民法院受理申请后，应当在五日内向被申请人送达申请书副本、异议权利告知书等文书。

被申请人有异议的，应当在收到人民法院通知后的五日内向人民法院提出，同时说明理由并提供相应的证据材料。

第367条 实现担保物权案件可以由审判员一人独任审查。担保财产标的额超过基层人民法院管辖范围的，应当组成合议庭进行审查。

第368条 人民法院审查实现担保物权案件，可以询问申请人、被申请人、利害关系人，必要时可以依职权调查相关事实。

第369条 人民法院应当就主合同的效力、期限、履行情况，担保物权是否有效设立、担保财产的范围、被担保的债权范围、被担保的债权是否已届清偿期等担保物权实现的条件，以及是否损害他人合法权益等内容进行审查。

被申请人或者利害关系人提出异议的，人民法院应当一并审查。

第370条 人民法院审查后，按下列情形分别处理：

（一）当事人对实现担保物权无实质性争议且实现担保物权条件成就的，裁定准许拍卖、变卖担保财产；

（二）当事人对实现担保物权有部分实质性争议的，可以就无争议部分裁定准许拍卖、变卖担保财产；

（三）当事人对实现担保物权有实质性争议的，裁定驳回申请，并告知申请人向人民法院提起诉讼。

第371条 人民法院受理申请后，申请人对担保财产提出保全申请的，可以按照民事诉讼法关于诉讼保全的规定办理。

第372条 适用特别程序作出的判决、裁定，当事人、利害关系人认为有错误的，可以向作出该判决、裁定的人民法院提出异议。人民法院经审查，异议成立或者部分成立的，作出新的判决、裁定撤销或者改变原判决、裁定；异议不成立的，裁定驳回。

对人民法院作出的确认调解协议、准许实现担保物权的裁定，当事人有异议的，应当自收到裁定之日起十五日内提出；利害关系人有异议的，自知道或者应当知道其民事权益受到侵害之日起六个月内提出。

【其他关联规定】

《中华人民共和国企业破产法》

第18条 人民法院受理破产申请后，管理人对破产申请受理前成立而债务人和对方当事人均未履行完毕的合同有权决定解除或者继续履行，并通知对方当事人。管理人自破产申请受理之日起二个月内未通知对方当事人，或者自收到对方当事人催告之日起三十日内未答复的，视为解除合同。

管理人决定继续履行合同的，对方当事人应当履行；但是，对方当事人有权要求管理人提供担保。管理人不提供担保的，视为解除合同。

第38条 人民法院受理破产申请后，债务人占有的不属于债务人的财产，该财产的权利人可以通过管理人取回。但是，本法另有规定的除外。

第75条 在重整期间，对债务人的特定财产享有的担保权暂停行使。但是，担保物有损坏或者价值明显减少的可能，足以危害担保权人权利的，担保权人可以向人民法院请求恢复行使担保权。

在重整期间，债务人或者管理人为继续营业而借款的，可以为该借款设定担保。

《中华人民共和国民事诉讼法》

第207条　申请实现担保物权，由担保物权人以及其他有权请求实现担保物权的人依照民法典等法律，向担保财产所在地或者担保物权登记地基层人民法院提出。

第208条　人民法院受理申请后，经审查，符合法律规定的，裁定拍卖、变卖担保财产，当事人依据该裁定可以向人民法院申请执行；不符合法律规定的，裁定驳回申请，当事人可以向人民法院提起诉讼。

★ 第643条【买受人的回赎权、出卖人的再出卖权】

出卖人依据前条第一款的规定取回标的物后，买受人在双方约定或者出卖人指定的合理回赎期限内，消除出卖人取回标的物的事由的，可以请求回赎标的物。

买受人在回赎期限内没有回赎标的物，出卖人可以以合理价格将标的物**出卖给第三人**，出卖所得价款扣除买受人未支付的价款以及必要费用后仍有剩余的，应当返还买受人；不足部分由买受人清偿。

【条文解读】

本条是关于所有权保留买卖中买受人的回赎权、出卖人的再出卖权以及相关清算内容的规定。本条源于2012年《最高人民法院关于审理买卖合同纠纷案件适用法律问题的解释》第37条规定。出卖人的取回权与买受人的回赎权是所有权保留买卖这一特殊交易模式下买卖合同当事人所享有的权利。买受人行使回赎权的前提是出卖人已行使取回权。需要明确的是，在所有权保留买卖中，出卖人根据法律授予的权利取回标的物，并非为了解除买卖合同，而是出卖人就标的物求偿价款的一种特别方式，其目的仍是实现买卖合同项下出卖人的价金利益。

本条第1款实际上明确了买受人行使回赎权的两个条件：一是时间条件，

即应在买卖双方约定的或是出卖人指定的回赎期限内行使,且这个期限应是合理的,一般根据标的物性质来判断,如明显不具有实际可操作性,则该期限是不合理的。二是事实条件,买受人行使回赎权的前提,应是已消除出卖人取回标的物的事由。因此,与出卖人行使取回权的事由相对应,消除事由具体包括:(1)在买受人未按照约定支付价款导致出卖人取回时,买受人应当履行价金支付义务才能回赎。履行的数额,应当为买受人当期应支付而未支付的部分。(2)买受人未按照约定完成特定条件导致出卖人取回时,买受人应当完成特定条件。这里的特定条件既包括买卖合同中约定的特定条件,也包括出卖人行使取回权后双方重新约定的特定条件。(3)买受人停止对标的物作出的不当处分,包括出卖、出质或者其他不当处分[1]。当然,买受人也可以放弃回赎权,买受人在回赎期限内不作任何意思表示的,应视为放弃回赎。

本条第2款则是关于买受人在回赎期限内没有回赎标的物的后续处理的规定。因出卖人行使取回权后原买卖合同并未解除,如买受人在回赎期限内没有回赎标的物的,出卖人就取得了对标的物的再出卖权,可以再次出卖标的物,以通过"就物求偿"的方式,继续实现原买卖合同项下的价金利益。再次出卖必须以合理的价格卖出,出卖后所得价款应扣除买受人未支付的价款以及必要费用,仍有剩余的,因出卖人在原买卖合同中的利益已经实现,故剩余的部分应当返还买受人。相反,再次出卖所得价款如果不足以覆盖买受人未支付的价款以及必要费用,此时因出卖人在原合同中的利益还未完全实现,故出卖人还可以继续请求买受人清偿。至于出卖人可否不再次出卖标的物而采取自己留存方式的问题,参照本条第2款规定的清算原则,在合理确定标的物现有价值的基础上,双方进行价款的清理结算,并不损害买受人利益,理应是允许的;同时,本条规定也未排除出卖人行使合同解除权,在符合《民法典》第562条、第563条规定的解除条件的情形下,出卖人也可

---

[1] 最高人民法院民法典贯彻实施工作领导小组主编:《中华人民共和国民法典合同编理解与适用》[二],人民法院出版社2020年版,第1110页。

以主张解除合同，并依据第566条的规定，在恢复原状的基础上，向买受人主张赔偿标的物使用费、价值减损费等损失。

第644条【招标投标买卖】

招标投标买卖的当事人的权利和义务以及招标投标程序等，依照有关法律、行政法规的规定。

第645条【拍卖】

拍卖的当事人的权利和义务以及拍卖程序等，依照有关法律、行政法规的规定。

第646条【买卖合同准用于有偿合同】

法律对其他有偿合同有规定的，依照其规定；没有规定的，参照适用买卖合同的有关规定。

【关联司法解释】

《最高人民法院关于审理买卖合同纠纷案件适用法律问题的解释》

第32条　法律或者行政法规对债权转让、股权转让等权利转让合同有规定的，依照其规定；没有规定的，人民法院可以根据民法典第四百六十七条和第六百四十六条的规定，参照适用买卖合同的有关规定。

权利转让或者其他有偿合同参照适用买卖合同的有关规定的，人民法院应当首先引用民法典第六百四十六条的规定，再引用买卖合同的有关规定。

第647条【互易合同参照买卖合同规定】

当事人约定易货交易，转移标的物的所有权的，参照适用买卖合同的有关规定。

第十章 供用电、水、气、热力合同

★ **第648条【供用电合同定义及强制缔约义务】**
供用电合同是供电人向用电人供电，用电人支付电费的合同。
向社会公众供电的供电人，不得拒绝用电人合理的订立合同要求。

【条文解读】

本条是关于供用电合同的定义及供电人强制缔约义务的规定。本条第2款关于供电人强制缔约义务的规定是《民法典》的新增规定。供用电合同兼具买卖合同和公共服务合同性质。虽然供电人在供用电合同履行中可能获得利益，但是供用电合同订立的目的并不是让供电人盈利，而主要是满足人民生活和生产的基本需求，具有鲜明的公益性[①]。为了保障社会公众从事正常生产生活的基本需求，防止公共服务提供者滥用市场支配地位随意拒绝缔约，损害社会公共利益，法律不得不介入原本应由双方自由协商的契约关系中，给公共服务提供者的合同自由施加必要限制，既包括要求其不得随意拒绝订立合同，也不得随意中止、解除合同或随意提高电费价格等。

供电人强制缔约义务对应的是用电人通常、合理的用电需求。用电人的用电需求违反国家有关用电管理的规定，或是要求供电企业超出核准的供电营业区供电的，就不属于合理的用电需求。用电人对此没有强制缔约义务。同时，还需要明确的是，供电合同的主体是供电人和用电人。实践中，有的物业服务人会采取停止供电、供水等方式来催缴物业费，这种方式是不合法的，即使物业服务合同中有这样的约定，也应认定无效。物业服务人从供水、供电等单位所获得的授权一般是代为收费等有限的服务权限，物业服务人并没有取代供水、供电等单位成为供水、供电合同的主体，

---

① 崔建远主编：《合同法》，法律出版社2016年版，第318页。

其不具有中止、解除合同的主体资格。对此,《民法典》第944条第3款已明确规定:"物业服务人不得采取停止供电、供水、供热、供燃气等方式催缴物业费。"

【其他关联规定】

《中华人民共和国电力法》

第26条　供电营业区内的供电营业机构,对本营业区内的用户有按照国家规定供电的义务;不得违反国家规定对其营业区内申请用电的单位和个人拒绝供电。

申请新装用电、临时用电、增加用电容量、变更用电和终止用电,应当依照规定的程序办理手续。

供电企业应当在其营业场所公告用电的程序、制度和收费标准,并提供用户须知资料。

第27条　电力供应与使用双方应当根据平等自愿、协商一致的原则,按照国务院制定的电力供应与使用办法签订供用电合同,确定双方的权利和义务。

第28条　供电企业应当保证供给用户的供电质量符合国家标准。对公用供电设施引起的供电质量问题,应当及时处理。

用户对供电质量有特殊要求的,供电企业应当根据其必要性和电网的可能,提供相应的电力。

第35条　本法所称电价,是指电力生产企业的上网电价、电网间的互供电价、电网销售电价。

电价实行统一政策,统一定价原则,分级管理。

第649条【供用电合同内容】

供用电合同的内容一般包括供电的方式、质量、时间,用电容量、地址、性质,计量方式,电价、电费的结算方式,供用电设施的维护责任等条款。

【其他关联规定】

《电力供应与使用条例》

第33条 供用电合同应当具备以下条款：

（一）供电方式、供电质量和供电时间；

（二）用电容量和用电地址、用电性质；

（三）计量方式和电价、电费结算方式；

（四）供用电设施维护责任的划分；

（五）合同的有效期限；

（六）违约责任；

（七）双方共同认为应当约定的其他条款。

第650条【供用电合同履行地】

供用电合同的履行地点，按照当事人约定；当事人没有约定或者约定不明确的，供电设施的产权分界处为履行地点。

第651条【供电人的安全供电义务】

供电人应当按照国家规定的供电质量标准和约定安全供电。供电人未按照国家规定的供电质量标准和约定安全供电，造成用电人损失的，应当承担赔偿责任。

【其他关联规定】

《中华人民共和国电力法》

第28条 供电企业应当保证供给用户的供电质量符合国家标准。对公用供电设施引起的供电质量问题，应当及时处理。

用户对供电质量有特殊要求的，供电企业应当根据其必要性和电网的可能，提供相应的电力。

第59条　电力企业或者用户违反供用电合同，给对方造成损失的，应当依法承担赔偿责任。

电力企业违反本法第二十八条、第二十九条第一款的规定，未保证供电质量或者未事先通知用户中断供电，给用户造成损失的，应当依法承担赔偿责任。

第60条　因电力运行事故给用户或者第三人造成损害的，电力企业应当依法承担赔偿责任。

电力运行事故由下列原因之一造成的，电力企业不承担赔偿责任：

（一）不可抗力；

（二）用户自身的过错。

因用户或者第三人的过错给电力企业或者其他用户造成损害的，该用户或者第三人应当依法承担赔偿责任。

第652条【供电人中断供电时的通知义务和赔偿责任】

供电人因供电设施计划检修、临时检修、依法限电或者用电人违法用电等原因，需要中断供电时，应当按照国家有关规定事先通知用电人；未事先通知用电人中断供电，造成用电人损失的，应当承担赔偿责任。

【其他关联规定】

《中华人民共和国电力法》

第29条　供电企业在发电、供电系统正常的情况下，应当连续向用户供电，不得中断。因供电设施检修、依法限电或者用户违法用电等原因，需要中断供电时，供电企业应当按照国家有关规定事先通知用户。

用户对供电企业中断供电有异议的，可以向电力管理部门投诉；受理投诉的电力管理部门应当依法处理。

第653条【供电人的抢修义务】

因自然灾害等原因断电，供电人应当按照国家有关规定及时抢修；未及时抢修，造成用电人损失的，应当承担赔偿责任。

【其他关联规定】

《供电监管办法》

第14条 电力监管机构对供电企业处理供电故障的情况实施监管。

供电企业应当建立完善的报修服务制度，公开报修电话，保持电话畅通，24小时受理供电故障报修。

供电企业应当迅速组织人员处理供电故障，尽快恢复正常供电。供电企业工作人员到达现场抢修的时限，自接到报修之时起，城区范围不超过60分钟，农村地区不超过120分钟，边远、交通不便地区不超过240分钟。因天气、交通等特殊原因无法在规定时限内到达现场的，应当向用户做出解释。

★ 第654条【用电人的支付电费义务、供电人中止供电时的通知义务】

用电人应当按照国家有关规定和当事人的约定及时支付电费。用电人逾期不支付电费的，应当按照约定支付违约金。经催告用电人在合理期限内仍不支付电费和违约金的，供电人可以按照国家规定的程序中止供电。

供电人依据前款规定中止供电的，应当事先通知用电人。

【条文解读】

本条是关于用电人支付电费义务和供电人中止供电时的通知义务的规定。本条第2款关于供电人中止供电时通知义务的规定是《民法典》的新增规定。根据本条规定，供电人中止供电应当符合下列四个条件：一是用电人未按照国家规定和当事人的约定及时支付电费；二是经催告用电人在合理期限内仍不支付电费和违约金；三是按照国家有关规定履行批准程序；四是事先通知用电人。上述四个条件同时具备时，供电人才可以停止供电，且在用电人支付电费和违约金后，供电人应当及时恢复供电。其中第四个条件，也就是本条第2款的规定，是对供电人中止供电前通知程序的规定。在供电人未事先通知用电人中止供电，造成用电人损失的情况下，可根据《民法典》第584条、第591条、第592条规定，判定双方当事人的责任，其中供电人违约损失赔偿的范围为用电人的可得利益，包括因中断供电带来的机器设备损坏等直接损失，也包括与中断供电具有法律上因果关系的其他可得利益损失，但是应受可预见规则和减损规则的限制。当然，本条规定针对的是我国传统上实行的"先用电，后付费"的用电方式。近年来，随着IC卡智能型电能表的应用，预付费用电的方式越来越普及，在使用IC卡智能型电能表预付费用电的方式中，用电人持IC卡到供电营业管理部门购买将来一段时间要使用的总电量，一旦IC卡预付的电费使用完毕，用电人将被自动中止供电，这与本条规定适用的事实基础存在不同。

【其他关联规定】

《中华人民共和国电力法》

第33条 供电企业应当按照国家核准的电价和用电计量装置的记录，向用户计收电费。

供电企业查电人员和抄表收费人员进入用户，进行用电安全检查或者抄表收费时，应当出示有关证件。

用户应当按照国家核准的电价和用电计量装置的记录，按时交纳电费；对供电企业查电人员和抄表收费人员依法履行职责，应当提供方便。

《电力供应与使用条例》

第39条 违反本条例第二十七条规定，逾期未交付电费的，供电企业可以从逾期之日起，每日按照电费总额的1‰至3‰加收违约金，具体比例由供用电双方在供用电合同中约定；自逾期之日起计算超过30日，经催交仍未交付电费的，供电企业可以按照国家规定的程序停止供电。

★ 第655条【用电人的安全用电义务】

用电人应当按照国家有关规定和当事人的约定安全、**节约和计划**用电。用电人未按照国家有关规定和当事人的约定用电，造成供电人损失的，应当承担赔偿责任。

【条文解读】

本条是关于用电人安全、节约和计划用电的义务及其损失赔偿责任的规定，其中用电人的"节约"和"计划"用电义务是《民法典》的新增规定，是贯彻《民法典》绿色原则的重要体现。

第656条【供用水、供用气、供用热力合同的参照适用】

供用水、供用气、供用热力合同，参照适用供用电合同的有关规定。

第十一章　赠与合同

第657条【赠与合同定义】

赠与合同是赠与人将自己的财产无偿给予受赠人，受赠人表示接受赠与的合同。

第658条【赠与人任意撤销权及其限制】

赠与人在赠与财产的权利转移之前可以撤销赠与。

经过公证的赠与合同或者依法不得撤销的具有救灾、扶贫、助残等公益、道德义务性质的赠与合同，不适用前款规定。

【关联司法解释】

《最高人民法院关于适用〈中华人民共和国民法典〉婚姻家庭编的解释（一）》

第32条 婚前或者婚姻关系存续期间，当事人约定将一方所有的房产赠与另一方或者共有，赠与方在赠与房产变更登记之前撤销赠与，另一方请求判令继续履行的，人民法院可以按照民法典第六百五十八条的规定处理。

第659条【赠与特殊财产需办理有关法律手续】

赠与的财产依法需要办理登记或者其他手续的，应当办理有关手续。

★ 第660条【受赠人的交付请求权以及赠与人的赔偿责任】

经过公证的赠与合同或者依法不得撤销的具有救灾、扶贫、助残等公益、道德义务性质的赠与合同，赠与人不交付赠与财产的，受赠人可以请求交付。

依据前款规定应当交付的赠与财产因赠与人故意或者重大过失致使毁损、灭失的，赠与人应当承担赔偿责任。

【条文解读】

本条是关于公证赠与合同和具有公益、道德义务性质的赠与合同中受赠人的交付请求权以及赠与人履行合同义务和赔偿责任的规定。本条将原《合同法》第188条和第189条合并为一条。原《合同法》第189条以第188条为前提，两条合并后，立法本意更加明确、清晰，赠与人因故意或者重大过失承担赔偿责任的情形，限于依法不得撤销的具有救灾、扶贫、助残等公益、道德义务性质的赠与合同和经过公证的赠与合同，而对于赠与人享有任意撤销权的其他一般性的赠与合同，因不存在必须交付赠与财产的问题，也就不存在赠与人须对赠与财产的毁损、灭失承担赔偿责任的问题。

关于赠与人所承担赔偿责任的性质，因在经过公证的赠与合同或者依法不得撤销的具有救灾、扶贫、助残等公益、道德义务性质的赠与合同中，赠与人不享有任意撤销权，如赠与人应当交付的受赠财产因赠与人故意或重大过失致使赠与物毁损、灭失的，实际履行已不可能，此时赠与人应对受赠人承担无法交付财产的违约损害赔偿责任。考虑到赠与合同的无偿性，为平衡合同双方的权益，本条规定赠与人只在故意和重大过失致使赠与财产毁损、灭失的情况下，才承担赔偿责任。赠与人因轻微过失或者无过失导致赠与物毁损、灭失时，则无需承担赔偿责任。

【其他关联规定】

《中华人民共和国慈善法》

第41条　捐赠人应当按照捐赠协议履行捐赠义务。捐赠人违反捐赠协议逾期未交付捐赠财产，有下列情形之一的，慈善组织或者其他接受捐赠的人可以要求交付；捐赠人拒不交付的，慈善组织和其他接受捐赠的人可以依法向人民法院申请支付令或者提起诉讼：

（一）捐赠人通过广播、电视、报刊、互联网等媒体公开承诺捐赠的；

（二）捐赠财产用于本法第三条第一项至第三项规定的慈善活动，并签订书面捐赠协议的。

捐赠人公开承诺捐赠或者签订书面捐赠协议后经济状况显著恶化，严重影响其生产经营或家庭生活的，经向公开承诺捐赠地或者书面捐赠协议签订地的民政部门报告并向社会公开说明情况后，可以不再履行捐赠义务。

第661条【附义务赠与合同】

赠与可以附义务。

赠与附义务的，受赠人应当按照约定履行义务。

第662条【赠与人瑕疵担保义务】

赠与的财产有瑕疵的，赠与人不承担责任。附义务的赠与，赠与的财产有瑕疵的，赠与人在附义务的限度内承担与出卖人相同的责任。

赠与人故意不告知瑕疵或者保证无瑕疵，造成受赠人损失的，应当承担赔偿责任。

第663条【赠与人的法定撤销权及其行使期间】

受赠人有下列情形之一的，赠与人可以撤销赠与：

（一）严重侵害赠与人或者赠与人近亲属的合法权益；

（二）对赠与人有扶养义务而不履行；

（三）不履行赠与合同约定的义务。

赠与人的撤销权，自知道或者应当知道撤销事由之日起一年内行使。

第664条【赠与人继承人或者法定代理人的撤销权】

因受赠人的违法行为致使赠与人死亡或者丧失民事行为能力的，赠与人的继承人或者法定代理人可以撤销赠与。

赠与人的继承人或者法定代理人的撤销权，自知道或者应当知道撤销事由之日起六个月内行使。

第665条【撤销赠与的法律后果】

撤销权人撤销赠与的，可以向受赠人请求返还赠与的财产。

第666条【赠与义务的免除】

赠与人的经济状况显著恶化，严重影响其生产经营或者家庭生活的，可以不再履行赠与义务。

【其他关联规定】

《中华人民共和国慈善法》

第41条 捐赠人应当按照捐赠协议履行捐赠义务。捐赠人违反捐赠协议逾期未交付捐赠财产，有下列情形之一的，慈善组织或者其他接受捐赠的人可以要求交付；捐赠人拒不交付的，慈善组织和其他接受捐赠的人可以依法向人民法院申请支付令或者提起诉讼：

（一）捐赠人通过广播、电视、报刊、互联网等媒体公开承诺捐赠的；

（二）捐赠财产用于本法第三条第一项至第三项规定的慈善活动，并签订书面捐赠协议的。

捐赠人公开承诺捐赠或者签订书面捐赠协议后经济状况显著恶化，严重影响其生产经营或者家庭生活的，经向公开承诺捐赠地或者书面捐赠协议签订地的民政部门报告并向社会公开说明情况后，可以不再履行捐赠义务。

第十二章　借款合同

第667条【借款合同定义】

借款合同是借款人向贷款人借款，到期返还借款并支付利息的合同。

第668条【借款合同形式和内容】

借款合同应当采用书面形式，但是自然人之间借款另有约定的除外。

借款合同的内容一般包括借款种类、币种、用途、数额、利率、期限和还款方式等条款。

【关联司法解释】

《最高人民法院关于审理民间借贷案件适用法律若干问题的规定》

第2条　出借人向人民法院提起民间借贷诉讼时，应当提供借据、收据、欠条等债权凭证以及其他能够证明借贷法律关系存在的证据。

当事人持有的借据、收据、欠条等债权凭证没有载明债权人，持有债权凭证的当事人提起民间借贷诉讼的，人民法院应予受理。被告对原告的债权人资格提出有事实依据的抗辩，人民法院经审查认为原告不具有债权人资格的，裁定驳回起诉。

第669条【借款人的告知义务】

订立借款合同，借款人应当按照贷款人的要求提供与借款有关的业务活动和财务状况的真实情况。

第670条【借款利息不得预先扣除】

借款的利息不得预先在本金中扣除。利息预先在本金中扣除的，应当按照实际借款数额返还借款并计算利息。

【关联司法解释】

《最高人民法院关于审理民间借贷案件适用法律若干问题的规定》

第26条　借据、收据、欠条等债权凭证载明的借款金额，一般认定为本金。预先在本金中扣除利息的，人民法院应当将实际出借的金额认定为本金。

第671条【贷款人未按照约定提供借款以及借款人未按照约定收取借款的责任】

贷款人未按照约定的日期、数额提供借款，造成借款人损失的，应当赔偿损失。

借款人未按照约定的日期、数额收取借款的，应当按照约定的日期、数额支付利息。

第672条【贷款人的监督、检查权】

贷款人按照约定可以检查、监督借款的使用情况。借款人应当按照约定向贷款人定期提供有关财务会计报表或者其他资料。

第673条【借款人未按照约定用途使用借款的责任】

借款人未按照约定的借款用途使用借款的，贷款人可以停止发放借款、提前收回借款或者解除合同。

第674条【借款人支付利息的期限】

借款人应当按照约定的期限支付利息。对支付利息的期限没有约定或者约定不明确，依据本法第五百一十条的规定仍不能确定，借款期间不满一年的，应当在返还借款时一并支付；借款期间一年以上的，应当在每届满一年时支付，剩余期间不满一年的，应当在返还借款时一并支付。

第675条【借款人返还借款的期限】

借款人应当按照约定的期限返还借款。对借款期限没有约定或者约定不明确，依据本法第五百一十条的规定仍不能确定的，借款人可以随时返还；贷款人可以催告借款人在合理期限内返还。

第676条【借款人逾期返还借款的责任】

借款人未按照约定的期限返还借款的，应当按照约定或者国家有关规定支付逾期利息。

第677条【借款人提前返还借款】

借款人提前返还借款的，除当事人另有约定外，应当按照实际借款的期间计算利息。

【关联司法解释】

《最高人民法院关于审理民间借贷案件适用法律若干问题的规定》
第30条 借款人可以提前偿还借款，但是当事人另有约定的除外。

借款人提前偿还借款并主张按照实际借款期限计算利息的，人民法院应予支持。

第678条【借款展期】

借款人可以在还款期限届满前向贷款人申请展期；贷款人同意的，可以展期。

★ 第679条【自然人之间借款合同的成立时间】

自然人之间的借款合同，自贷款人提供借款时成立。

【条文解读】

本条是关于自然人之间的借款合同成立时间的规定。自然人借款合同属于实践性合同，本条将原《合同法》第121条规定的自然人之间的借款合同，自贷款人提供借款时"生效"修改为"成立"，更为科学、准确。自然人之间的借款合同属于实践性合同，无论当事人之间的借款合同采取的是口头形式还是书面形式，合同都是在贷款人实际提供借款时成立。

【关联司法解释】

《最高人民法院关于审理民间借贷案件适用法律若干问题的规定》

第9条 自然人之间的借款合同具有下列情形之一的，可以视为合同成立：

（一）以现金支付的，自借款人收到借款时；

（二）以银行转账、网上电子汇款等形式支付的，自资金到达借款人账户时；

（三）以票据交付的，自借款人依法取得票据权利时；

（四）出借人将特定资金账户支配权授权给借款人的，自借款人取得对该账户实际支配权时；

（五）出借人以与借款人约定的其他方式提供借款并实际履行完成时。

★ 第680条【禁止高利放贷和借款利息认定】

禁止高利放贷，借款的利率不得违反国家有关规定。

借款合同对支付利息没有约定的，视为没有利息。

借款合同对支付利息约定不明确，当事人不能达成补充协议的，按照当地或者当事人的交易方式、交易习惯、市场利率等因素确定利息；自然人之间借款的，视为没有利息。

【条文解读】

本条是关于禁止高利放贷和认定借款利息的规定。本条第1款"禁止高利放贷，借款的利率不得违反国家有关规定"的内容是新增规定。原《合同法》第211条第2款规定："自然人之间的借款合同约定支付利息的，借款的利率不得违反国家有关限制借款利率的规定。"《民法典》的这一规定表明，禁止高利放贷的规制对象不仅限于自然人，金融机构和其他非金融机构单位也在这一条款的规制之列。但是，民间借贷与金融机构的借款业务对于借款利率的"国家有关规定"是不同的。

目前，贷款市场报价利率已经代替了贷款基准利率。为深化利率市场化改革，提高利率传导效率，推动降低实体经济融资成本，中国人民银行于2019年8月16日就改革完善贷款市场报价利率（LPR）形成机制发布2019年第15号公告。根据公告要求，自2019年8月20日起，中国人民银行已经授权全国银行间同业拆借中心于每月20日（遇节假日顺延）9时30分公布贷款市场报价利率。自此之后人民法院裁判贷款利息的基本标准已改为全国银行间同业拆借中心公布的贷款市场报价利率。

关于民间借贷利率的最高保护上限标准，当前应适用《最高人民法院关于审理民间借贷案件适用法律若干问题的规定》的相关规定。在司法解释适用过程中，特别需要注意的是利率标准调整前后的衔接，根据《最高人民法院关于审理民间借贷案件适用法律若干问题的规定》第31条的规定，借款合同成立于2020年8月20日之前，当事人可以请求适用当时的司法解释计算自合同成立到2020年8月19日的利息，自2020年8月20日到借款返还之日，适用4倍LPR利率保护上限的规定。但上述标准不适用于金融机构，《最高人民法院关于审理民间借贷案件适用法律若干问题的规定》第1条第2款明确规定："经金融监管部门批准设立的从事贷款业务的金融机构及其分支机构，因发放贷款等相关金融业务引发的纠纷，不适用本规定。"

关于金融机构借款业务的利率保护上限标准，当前审判实践中主要遵循的是《最高人民法院关于进一步加强金融审判工作的若干意见》第2条确定的司法理念，即对贷款人同时主张的利息、复利、罚息、违约金和其他费用总计超过年利率24%的部分不予保护。同时，还需要注意的是，最高人民法院在向广东省高级人民法院作出的《关于新民间借贷司法解释适用范围问题的批复》中已明确：由地方金融监管部门监管的小额贷款公司、融资担保公司、区域性股权市场、典当行、融资租赁公司、商业保理公司、地方资产管理公司等七类地方金融组织，属于经金融监管部门批准设立的金融机构，其因从事相关金融业务引发的纠纷，不适用新民间借贷司法解释。

本条第2款、第3款是关于借款合同对支付利息没有约定的以及约定不明时利息确定规则的规定。第2款是关于借款合同未约定利息的情形。原《合同法》第211条规定，"自然人之间的借款合同对支付利息没有约定或者约定不明确的，视为不支付利息"。《民法典》对此进行了修改，不再区分借贷双方是单位还是个人，也不区分出借人是否为金融机构。即借贷双方中即使有一方属于单位，如果借款合同对利息未作约定，同样视为不支付利息。第3款是关于借款合同双方虽约定利息，但利率约定不明的情形。根据该款规定，要区分借贷双方中是否存在法人和其他组织等单位。若双方均系自然人，则仍然视为没有利息。若一方或者双方为单位，且不能就利率达成补充协议的，则按照当地或者当事人的交易方式、交易习惯、市场利率等因素确定利息。

【关联司法解释】

《最高人民法院关于审理民间借贷案件适用法律若干问题的规定》

第1条 本规定所称的民间借贷，是指自然人、法人和非法人组织之间进行资金融通的行为。

经金融监管部门批准设立的从事贷款业务的金融机构及其分支机构，因发放贷款等相关金融业务引发的纠纷，不适用本规定。

第13条 具有下列情形之一的，人民法院应当认定民间借贷合同无效：

（一）套取金融机构贷款转贷的；

（二）以向其他营利法人借贷、向本单位职工集资，或者以向公众非法吸收存款等方式取得的资金转贷的；

（三）未依法取得放贷资格的出借人，以营利为目的向社会不特定对象提供借款的；

（四）出借人事先知道或者应当知道借款人借款用于违法犯罪活动仍然提供借款的；

（五）违反法律、行政法规强制性规定的；

（六）违背公序良俗的。

第24条 借贷双方没有约定利息，出借人主张支付利息的，人民法院不予支持。

自然人之间借贷对利息约定不明，出借人主张支付利息的，人民法院不予支持。除自然人之间借贷的外，借贷双方对借贷利息约定不明，出借人主张利息的，人民法院应当结合民间借贷合同的内容，并根据当地或者当事人的交易方式、交易习惯、市场报价利率等因素确定利息。

第25条 出借人请求借款人按照合同约定利率支付利息的，人民法院应予支持，但是双方约定的利率超过合同成立时一年期贷款市场报价利率四倍的除外。

前款所称"一年期贷款市场报价利率"，是指中国人民银行授权全国银行间同业拆借中心自2019年8月20日起每月发布的一年期贷款市场报价利率。

第26条 借据、收据、欠条等债权凭证载明的借款金额，一般认定为本金。预先在本金中扣除利息的，人民法院应当将实际出借的金额认定为本金。

第27条 借贷双方对前期借款本息结算后将利息计入后期借款本金并重新出具债权凭证，如果前期利率没有超过合同成立时一年期贷款市场报价利率四倍，重新出具的债权凭证载明的金额可认定为后期借款本金。超过部分的利息，不应认定为后期借款本金。

按前款计算，借款人在借款期间届满后应当支付的本息之和，超过以最初借款本金与以最初借款本金为基数、以合同成立时一年期贷款市场报价利率四倍计算的整个借款期间的利息之和的，人民法院不予支持。

第28条 借贷双方对逾期利率有约定的，从其约定，但是以不超过合同成立时一年期贷款市场报价利率四倍为限。

未约定逾期利率或者约定不明的，人民法院可以区分不同情况处理：

（一）既未约定借期内利率，也未约定逾期利率，出借人主张借款人自逾期还款之日起参照当时一年期贷款市场报价利率标准计算的利息承担逾期还款违约责任的，人民法院应予支持；

（二）约定了借期内利率但是未约定逾期利率，出借人主张借款人自逾期还款之日起按照借期内利率支付资金占用期间利息的，人民法院应予支持。

第29条 出借人与借款人既约定了逾期利率，又约定了违约金或者其他费用，出借人可以选择主张逾期利息、违约金或者其他费用，也可以一并主张，但是总计超过合同成立时一年期贷款市场报价利率四倍的部分，人民法院不予支持。

《最高人民法院关于新民间借贷司法解释适用范围问题的批复》

广东省高级人民法院：

你院《关于新民间借贷司法解释有关法律适用问题的请示》（粤高法〔2020〕108号）收悉。经研究，批复如下：

一、关于适用范围问题。经征求金融监管部门意见，由地方金融监管部门监管的小额贷款公司、融资担保公司、区域性股权市场、典当行、融资租赁公司、商业保理公司、地方资产管理公司等七类地方金融组织，属于经金融监管部门批准设立的金融机构，其因从事相关金融业务引发的纠纷，不适用新民间借贷司法解释。

二、其它两问题已在修订后的司法解释中予以明确，请遵照执行。

三、本批复自2021年1月1日起施行。

【其他关联规定】

《全国法院民商事审判工作会议纪要》

51.【变相利息的认定】 金融借款合同纠纷中，借款人认为金融机构以服务费、咨询费、顾问费、管理费等为名变相收取利息，金融机构或者由其指定的人收取的相关费用不合理的，人民法院可以根据提供服务的实际情况确定借款人应否支付或者酌减相关费用。

52.【高利转贷】 民间借贷中，出借人的资金必须是自有资金。出借人套取金融机构信贷资金又高利转贷给借款人的民间借贷行为，既增加了融资成本，又扰乱了信贷秩序，根据民间借贷司法解释第14条第1项的规定，应当认定此类民间借贷行为无效。人民法院在适用该条规定时，应当注意把握以下几点：一是要审查出借人的资金来源。借款人能够举证证明在签订借款合同时出借人尚欠银行贷款未还的，一般可以推定为出借人套取信贷资金，但出借人能够举反证予以推翻的除外；二是从宽认定"高利"转贷行为的标准，只要出借人通过转贷行为牟利的，就可以认定为是"高利"转贷行为；三是对该条规定的"借款人事先知道或者应当知道的"要件，不宜把握过苛。实践中，只要出借人在签订借款合同时存在尚欠银行贷款未还事实的，一般可以认为满足了该条规定的"借款人事先知道或者应当知道"这一要件。

《最高人民法院关于进一步加强金融审判工作的若干意见》

2.严格依法规制高利贷，有效降低实体经济的融资成本。金融借款合同的借款人以贷款人同时主张的利息、复利、罚息、违约金和其他费用过高，显著背离实际损失为由，请求对总计超过年利率24%的部分予以调减的，应予支持，以有效降低实体经济的融资成本。规范和引导民间融资秩序，依法否定民间借贷纠纷案件中预扣本金或者利息、变相高息等规避民间借贷利率司法保护上限的合同条款效力。

第十三章　保证合同

第一节　一般规定

第681条【保证合同定义】

保证合同是为保障债权的实现，保证人和债权人约定，当债务人不履行到期债务或者发生当事人约定的情形时，保证人履行债务或者承担责任的合同。

【关联司法解释】

《最高人民法院关于适用〈中华人民共和国民法典〉有关担保制度的解释》

第36条　第三人向债权人提供差额补足、流动性支持等类似承诺文件作为增信措施，具有提供担保的意思表示，债权人请求第三人承担保证责任的，人民法院应当依照保证的有关规定处理。

第三人向债权人提供的承诺文件，具有加入债务或者与债务人共同承担债务等意思表示的，人民法院应当认定为民法典第五百五十二条规定的债务加入。

前两款中第三人提供的承诺文件难以确定是保证还是债务加入的，人民法院应当将其认定为保证。

第三人向债权人提供的承诺文件不符合前三款规定的情形，债权人请求第三人承担保证责任或者连带责任的,人民法院不予支持,但是不影响其依据承诺文件请求第三人履行约定的义务或者承担相应的民事责任。

《最高人民法院关于审理票据纠纷案件若干问题的规定》

第61条 保证人未在票据或者粘单上记载"保证"字样而另行签订保证合同或者保证条款的,不属于票据保证,人民法院应当适用《中华人民共和国民法典》的有关规定。

第682条【保证合同的从属性及保证合同无效的法律后果】

保证合同是主债权债务合同的从合同。主债权债务合同无效的,保证合同无效,**但是法律另有规定的除外**。

保证合同被确认无效后,债务人、保证人、债权人有过错的,应当根据其过错各自承担相应的民事责任。

【关联司法解释】

《最高人民法院关于适用〈中华人民共和国民法典〉有关担保制度的解释》

第2条 当事人在担保合同中约定担保合同的效力独立于主合同,或者约定担保人对主合同无效的法律后果承担担保责任,该有关担保独立性的约定无效。主合同有效的,有关担保独立性的约定无效不影响担保合同的效力;主合同无效的,人民法院应当认定担保合同无效,但是法律另有规定的除外。

因金融机构开立的独立保函发生的纠纷,适用《最高人民法院关于审理独立保函纠纷案件若干问题的规定》。

第17条 主合同有效而第三人提供的担保合同无效,人民法院应当区分不同情形确定担保人的赔偿责任:

(一)债权人与担保人均有过错的,担保人承担的赔偿责任不应超过债务人不能清偿部分的二分之一;

(二)担保人有过错而债权人无过错的,担保人对债务人不能清偿的部

分承担赔偿责任;

（三）债权人有过错而担保人无过错的，担保人不承担赔偿责任。

主合同无效导致第三人提供的担保合同无效，担保人无过错的，不承担赔偿责任；担保人有过错的，其承担的赔偿责任不应超过债务人不能清偿部分的三分之一。

《最高人民法院关于审理独立保函纠纷案件若干问题的规定》

第1条 本规定所称的独立保函，是指银行或非银行金融机构作为开立人，以书面形式向受益人出具的，同意在受益人请求付款并提交符合保函要求的单据时，向其支付特定款项或在保函最高金额内付款的承诺。

前款所称的单据，是指独立保函载明的受益人应提交的付款请求书、违约声明、第三方签发的文件、法院判决、仲裁裁决、汇票、发票等表明发生付款到期事件的书面文件。

独立保函可以依保函申请人的申请而开立，也可以依另一金融机构的指示而开立。开立人依指示开立独立保函的，可以要求指示人向其开立用以保障追偿权的独立保函。

第3条 保函具有下列情形之一，当事人主张保函性质为独立保函的，人民法院应予支持，但保函未载明据以付款的单据和最高金额的除外：

（一）保函载明见索即付；

（二）保函载明适用国际商会《见索即付保函统一规则》等独立保函交易示范规则；

（三）根据保函文本内容，开立人的付款义务独立于基础交易关系及保函申请法律关系，其仅承担相符交单的付款责任。

当事人以独立保函记载了对应的基础交易为由，主张该保函性质为一般保证或连带保证的，人民法院不予支持。

当事人主张独立保函适用民法典关于一般保证或连带保证规定的，人民法院不予支持。

第23条 当事人约定在国内交易中适用独立保函，一方当事人以独立保函不具有涉外因素为由，主张保函独立性的约定无效的，人民法院不予支持。

【其他关联规定】

《全国法院民商事审判工作会议纪要》

54.【独立担保】 从属性是担保的基本属性，但由银行或者非银行金融机构开立的独立保函除外。独立保函纠纷案件依据《最高人民法院关于审理独立保函纠纷案件若干问题的规定》处理。需要进一步明确的是：凡是由银行或者非银行金融机构开立的符合该司法解释第1条、第3条规定情形的保函，无论是用于国际商事交易还是用于国内商事交易，均不影响保函的效力。银行或者非银行金融机构之外的当事人开立的独立保函，以及当事人有关排除担保从属性的约定，应当认定无效。但是，根据"无效法律行为的转换"原理，在否定其独立担保效力的同时，应当将其认定为从属性担保。此时，如果主合同有效，则担保合同有效，担保人与主债务人承担连带保证责任。主合同无效，则该所谓的独立担保也随之无效，担保人无过错的，不承担责任；担保人有过错的，其承担民事责任的部分，不应超过债务人不能清偿部分的三分之一。

★ 第683条【不得担任保证人的主体】

机关法人不得为保证人，但是经国务院批准为使用外国政府或者国际经济组织贷款进行转贷的除外。

以公益为目的的非营利法人、非法人组织不得为保证人。

【条文解读】

本条是关于不得担任保证人的主体范围的规定。《最高人民法院关于适用〈中华人民共和国民法典〉有关担保制度的解释》第5条、第6条进一步明确了本条规定的适用规则。具有保证资格的主体，应是市场化的主体。机关法人、以公益为目的的非营利法人、非法人组织这类主体只能从事与其法定职责相关的民事活动，原则上不能为保证人，同理，也不能为他人债务提供物的担保。但考虑到特殊情形下的现实需要，法律和司法解释也作了例外规定。机关法人在经国务院批准为使用外国政府或者国际经济组织贷款进行转贷的特定情形下可以作保证人。以公益为目的的非营利性学校、幼儿园、医疗机构、养老机构，在两种例外情形下可以提供担保：一是在购入或者以融资租赁方式承租教育设施、医疗卫生设施、养老服务设施和其他公益设施时，出卖人、出租人为担保价款或者租金实现而在该公益设施上保留所有权；二是以教育设施、医疗卫生设施、养老服务设施和其他公益设施以外的不动产、动产或者财产权利设立担保物权。

村民委员会、居民委员会等基层群众自治组织，只有办公经费而无收入来源，应参照同样作为特别法人的机关法人处理，其原则上无担保主体资格。但是，村集体经济组织有自己的财产，也有提供担保的现实需求，应有担保资格，因此，村民委员会代行集体经济组织职能，其对外担保依照《村民委员会组织法》规定的相关民主决策程序，经村民会议讨论决定或者经村民会议授权村民代表会议讨论决定的，应认定担保有效。由此，根据以上规定作反面解释，下列法人或者非营利法人、非法人组织可以为保证人：（1）营利法人；（2）不以公益为目的的非营利法人；（3）不以公益为目的的特别法人；（4）不以公益为目的的非法人组织[①]。

此外，还需注意的是，本条删除了原《担保法》第10条关于法人分支机构不得为担保的禁止性规定，但这并不意味着法人分支机构提供的担保就一定有效。根据《民法典》第74条第2款的规定，分支机构以自己的名义从事民事活动，产生的民事责任由法人承担；也可以先以该分支机构管理的财产承担，不足以承担的，由法人承担。分支机构具有以自己名义从事民事活动的主体资格，但分支机构的责任最终由法人承担，故分支机构提供担保的效力，首先要看其是否取得法人的授权。对于分支机构对外提供担保的授权规则，相较于对外签订一般合同的授权，还需遵守《公司法》第15条规定

[①] 最高人民法院民法典贯彻实施工作领导小组主编：《中华人民共和国民法典合同编理解与适用》[二]，人民法院出版社2020年版，第1299页。

的表决程序。因此，对分支机构提供担保的效力判断大致分两个层次：一是分支机构是否经授权。如果分支机构提供担保取得了《公司法》第15条规定的公司决议机关的授权，其主体资格是适格的，担保行为有效，由法人最终承担担保责任；如果分支机构未经授权为他人提供担保的，则构成越权担保。二是在越权担保的情形下，要区分订立合同时债权人是否为善意。如债权人缔约时是善意的，构成表见代理，签订的合同应当认定有效，由法人最终承担担保责任；反之，如债权人缔约时是恶意的，则法人不承担担保责任。

此外，金融机构的分支机构提供保函及担保公司的分支机构提供担保与一般法人分支机构提供担保有所区别：金融机构的分支机构在其营业执照记载的经营范围内开立保函或者经有权从事担保业务的上级机构授权开立保函，即使未履行《公司法》第15条规定的决议程序的，也不影响担保的效力。担保公司的分支机构对外提供担保也仅需担保公司的授权即可，无须担保公司按《公司法》的规定进行决议。

【关联司法解释】

《最高人民法院关于适用〈中华人民共和国民法典〉有关担保制度的解释》

第5条　机关法人提供担保的，人民法院应当认定担保合同无效，但是经国务院批准为使用外国政府或者国际经济组织贷款进行转贷的除外。

居民委员会、村民委员会提供担保的，人民法院应当认定担保合同无效，但是依法代行村集体经济组织职能的村民委员会，依照村民委员会组织法规定的讨论决定程序对外提供担保的除外。

第6条　以公益为目的的非营利性学校、幼儿园、医疗机构、养老机构等提供担保的，人民法院应当认定担保合同无效，但是有下列情形之一的除外：

（一）在购入或者以融资租赁方式承租教育设施、医疗卫生设施、养老服务设施和其他公益设施时，出卖人、出租人为担保价款或者租金实现而在该公益设施上保留所有权；

（二）以教育设施、医疗卫生设施、养老服务设施和其他公益设施以外的不动产、动产或者财产权利设立担保物权。

登记为营利法人的学校、幼儿园、医疗机构、养老机构等提供担保，当事人以其不具有担保资格为由主张担保合同无效的，人民法院不予支持。

第7条 公司的法定代表人违反公司法关于公司对外担保决议程序的规定，超越权限代表公司与相对人订立担保合同，人民法院应当依照民法典第六十一条和第五百零四条等规定处理：

（一）相对人善意的，担保合同对公司发生效力；相对人请求公司承担担保责任的，人民法院应予支持。

（二）相对人非善意的，担保合同对公司不发生效力；相对人请求公司承担赔偿责任的，参照适用本解释第十七条的有关规定。

法定代表人超越权限提供担保造成公司损失，公司请求法定代表人承担赔偿责任的，人民法院应予支持。

第一款所称善意，是指相对人在订立担保合同时不知道且不应当知道法定代表人超越权限。相对人有证据证明已对公司决议进行了合理审查，人民法院应当认定其构成善意，但是公司有证据证明相对人知道或者应当知道决议系伪造、变造的除外。

第8条 有下列情形之一，公司以其未依照公司法关于公司对外担保的规定作出决议为由主张不承担担保责任的，人民法院不予支持：

（一）金融机构开立保函或者担保公司提供担保；

（二）公司为其全资子公司开展经营活动提供担保；

（三）担保合同系由单独或者共同持有公司三分之二以上对担保事项有表决权的股东签字同意。

上市公司对外提供担保，不适用前款第二项、第三项的规定。

第11条 公司的分支机构未经公司股东（大）会或者董事会决议以自己的名义对外提供担保，相对人请求公司或者其分支机构承担担保责任的，人民法院不予支持，但是相对人不知道且不应当知道分支机构对外提供担保未经公司决议程序的除外。

金融机构的分支机构在其营业执照记载的经营范围内开立保函，或者经有权从事担保业务的上级机构授权开立保函，金融机构或者其分支机构以违反公司法关于公司对外担保决议程序的规定为由主张不承担担保责任的，人民法院不予支持。金融机构的分支机构未经金融机构授权提供保函之外的担保，金融机构或者其分支机构主张不承担担保责任的，人民法院应予支持，但是相对人不知道且不应当知道分支机构对外提供担保未经金融机构授权的除外。

担保公司的分支机构未经担保公司授权对外提供担保，担保公司或者其分支机构主张不承担担保责任的，人民法院应予支持，但是相对人不知道且不应当知道分支机构对外提供担保未经担保公司授权的除外。

公司的分支机构对外提供担保，相对人非善意，请求公司承担赔偿责任的，参照本解释第十七条的有关规定处理。

第684条【保证合同内容】

保证合同的内容一般包括被保证的主债权的种类、数额，债务人履行债务的期限，保证的方式、范围和期间等条款。

【关联司法解释】

《最高人民法院关于审理民间借贷案件适用法律若干问题的规定》

第20条 他人在借据、收据、欠条等债权凭证或者借款合同上签名或者盖章，但是未表明其保证人身份或者承担保证责任，或者通过其他事实不能推定其为保证人，出借人请求其承担保证责任的，人民法院不予支持。

★ 第685条【保证合同形式】

保证合同可以是单独订立的书面合同，也可以是主债权债务合同中的保证条款。

第三人单方以书面形式向债权人作出保证，债权人接收且未提出异议的，保证合同成立。

【条文解读】

本条是关于保证合同形式的规定。本条第2款吸收了原《最高人民法院关于适用〈中华人民共和国担保法〉若干问题的解释》第22条第1款关于"第三人单方以书面形式向债权人出具担保书，债权人接受且未提出异议的，保证合同成立"的规定。根据《民法典》第140条第2款的规定，沉默只有在有法律规定、当事人约定或者符合当事人之间的交易习惯时，才可以视为意思表示。保证合同属于单务合同，仅有保证人一方负有义务，而担保权人在保证合同项下原则上不承担义务。第三人单方以书面形式向债权人作出保证的，在债权人收到保证书后没有明确表示同意与否的情况下，即没有提出异议的情况下，保证合同一旦成立，只会给债权人带来保证自己债权实现的实际利益，而没有任何不利后果，因此，此时债权人的沉默即构成承诺的意思表示。一旦债务人不履行义务或者发生保证书约定的情形，保证人就应承担其所承诺的保证责任，债权人也有权利要求其履行或者承担责任。本条规定即是《民法典》第140条关于沉默视为意思表示时所要求的"法律规定"之一。

原《最高人民法院关于适用〈中华人民共和国担保法〉若干问题的解释》第22条第2款规定："主合同中虽然没有保证条款，但是，保证人在主合同上以保证人的身份签字或者盖章的，保证合同成立。"该种情形在《民法典》中没有保留，是否意味着这种情形下不符合保证合同的成立要件呢？答案应是否定的。主合同有保证人这一栏目，表明债权人有希望他人为其债权提供保证的意思表示，应认定为保证合同签订过程中的要约，保证人在合同保证栏目上签字或者盖章的行为表明其对债权人的要约进行了承诺，其同意对被担保的债权种类和范围进行担保，因此，债权人和保证人的意思表示达成一致，保证合同成立。

【关联司法解释】

《最高人民法院关于适用〈中华人民共和国民法典〉有关担保制度的解释》

第36条 第三人向债权人提供差额补足、流动性支持等类似承诺文件作为增信措施，具有提供担保的意思表示，债权人请求第三人承担保证责任的，人民法院应当依照保证的有关规定处理。

第三人向债权人提供的承诺文件，具有加入债务或者与债务人共同承担债务等意思表示的，人民法院应当认定为民法典第五百五十二条规定的债务加入。

前两款中第三人提供的承诺文件难以确定是保证还是债务加入的，人民法院应当将其认定为保证。

第三人向债权人提供的承诺文件不符合前三款规定的情形，债权人请求第三人承担保证责任或者连带责任的，人民法院不予支持，但是不影响其依据承诺文件请求第三人履行约定的义务或者承担相应的民事责任。

【其他关联规定】

《全国法院民商事审判工作会议纪要》

91.【增信文件的性质】 信托合同之外的当事人提供第三方差额补足、代为履行到期回购义务、流动性支持等类似承诺文件作为增信措施，其内容符合法律关于保证的规定的，人民法院应当认定当事人之间成立保证合同关系。其内容不符合法律关于保证的规定的，依据承诺文件的具体内容确定相应的权利义务关系，并根据案件事实情况确定相应的民事责任。

★ **第686条【保证方式】**

保证的方式包括一般保证和连带责任保证。

当事人在保证合同中对保证方式没有约定或者约定不明确的，按照一般保证承担保证责任。

【条文解读】

本条是关于保证方式的规定。本条第2款改变了原《担保法》第19条规定的当事人对保证方式没有约定或者约定不明确时保证方式如何确定的推定规则。根据本条第2款的规定，当事人在保证合同中对保证方式没有约定或者约定不明确的，按照一般保证承担保证责任。实践中，需要注意避免将推定规则与解释规则混为一谈，即认为只要当事人没有明确约定连带责任保证，就应认定为一般保证。推定规则只有在难以确定保证人真实意思的情况下才适用。反之，如果可以通过意思表示解释规则，确定当事人承担的连带责任保证的，就不能简单地根据推定规则将其认定为一般保证。

在对保证人的意思表示进行解释时，要坚持以下规则：一是保证合同含有债务人应当先承担责任的意思表示的，人民法院应当将其解释为一般保证，如约定保证人在债务人不能履行债务或者无力偿还债务时才承担保证责任等类似内容；二是保证合同含有债权人可以选择债务人或者保证人承担责任的意思表示的，应当将其解释为连带责任保证，如约定保证人在债务人不履行债务或者未偿还债务时即承担保证责任、无条件承担责任等类似内容[①]。

【关联司法解释】

《最高人民法院关于审理民间借贷案件适用法律若干问题的规定》

第4条 保证人为借款人提供连带责任保证，出借人仅起诉借款人的，人民法院可以不追加保证人为共同被告；出借人仅起诉保证人的，人民法院可以追加借款人为共同被告。

保证人为借款人提供一般保证，出借人仅起诉保证人的，人民法院应当追加借款人为共同被告；出借人仅起诉借款人的，人民法院可以不追加保证

[①] 刘贵祥、林文学、杨永清、麻锦亮、吴光荣：《民法典担保制度司法解释系列解读之三："关于保证合同"部分重点条文解读》，载最高人民法院微信公众号 https://mp.weixin.qq.com/s/PT9UrK5XT9gA1CrhOii2DA，最后访问日期：2024年4月2日。

人为共同被告。

★ **第687条【一般保证人先诉抗辩权】**

当事人在保证合同中约定，债务人不能履行债务时，由保证人承担保证责任的，为一般保证。

一般保证的保证人在主合同纠纷未经审判或者仲裁，并就债务人财产依法强制执行仍不能履行债务前，有权拒绝向债权人承担保证责任，但是有下列情形之一的除外：

（一）债务人下落不明，且无财产可供执行；

（二）人民法院已经受理债务人破产案件；

（三）债权人有证据证明债务人的财产不足以履行全部债务或者丧失履行债务能力；

（四）保证人书面表示放弃本款规定的权利。

【条文解读】

本条是关于一般保证人先诉抗辩权的规定。本条在原《担保法》第17条的基础上进行了修改、完善。其中第2款规定的第3种情形"债权人有证据证明债务人的财产不足以履行全部债务或者丧失履行债务能力"，是《民法典》新增加的规定。在债务人为企业法人的情况下，如"债务人的财产不足以履行全部债务或者丧失履行债务能力"，本已具备破产原因，符合法院受理债务人破产的条件，但是实践中，可能基于无人提出破产申请或者基于其他原因，法院尚未受理债务人破产案件，此时如果有证据证明债务人本身没有财产或财产不足以履行全部债务或者丧失履行能力，从实质效果考虑，一般保证人即丧失先诉抗辩权。

对于"债务人的财产不足以履行全部债务或者丧失履行债务能力"如何把握与证明的问题，亦可参考破产程序中关于破产原因的证明标准。《企业破产法》第2条第1款规定，企业法人不能清偿到期债务，并且资产不足以清偿全部债务或者明显缺乏清偿能力的，依照本法规定清理债务。《最高人民法院关于适用〈中华人民共和国企业破产法〉若干问题的规定（一）》第3条规定，债务人的资产负债表，或者审计报告、资产评估报告等显示其全部资产不足以偿付全部负债的，人民法院应当认定债务人资产不足以清偿全部债务，但有相反证据足以证明债务人资产能够偿付全部负债的除外。第4条规定，债务人账面资产虽大于负债，但存在下列情形之一的，人民法院应当认定其明显缺乏清偿能力：（1）因资金严重不足或者财产不能变现等原因，无法清偿债务；（2）法定代表人下落不明且无其他人员负责管理财产，无法清偿债务；（3）经人民法院强制执行，无法清偿债务；（4）长期亏损且经营扭亏困难，无法清偿债务；（5）导致债务人丧失清偿能力的其他情形。

【关联司法解释】

《最高人民法院关于适用〈中华人民共和国民法典〉有关担保制度的解释》

第22条 人民法院受理债务人破产案件后，债权人请求担保人承担担保责任，担保人主张担保债务自人民法院受理破产申请之日起停止计息的，人民法院对担保人的主张应予支持。

第23条 人民法院受理债务人破产案件，债权人在破产程序中申报债权后又向人民法院提起诉讼，请求担保人承担担保责任的，人民法院依法予以支持。

担保人清偿债权人的全部债权后，可以代替债权人在破产程序中受偿；在债权人的债权未获全部清偿前，担保人不得代替债权人在破产程序中受偿，但是有权就债权人通过破产分配和实现担保债权等方式获得清偿总额中超出债权的部分，在其承担担保责任的范围内请求债权人返还。

债权人在债务人破产程序中未获全部清偿，请求担保人继续承担担保责任的，人民法院应予支持；担保人承担担保责任后，向和解协议或者重整计划执行完毕后的债务人追偿的，人民法院不予支持。

第24条 债权人知道或者应当知道债务人破产，既未申报债权也未通知担保人，致使担保人不能预先行使追偿权的，担保人就该债权在破产程序中可能受偿的范围内免除担保责任，但是担保人因自身过错未行使追偿权的除外。

第25条　当事人在保证合同中约定了保证人在债务人不能履行债务或者无力偿还债务时才承担保证责任等类似内容，具有债务人应当先承担责任的意思表示的，人民法院应当将其认定为一般保证。

第26条　一般保证中，债权人以债务人为被告提起诉讼的，人民法院应予受理。债权人未就主合同纠纷提起诉讼或者申请仲裁，仅起诉一般保证人的，人民法院应当驳回起诉。

一般保证中，债权人一并起诉债务人和保证人的，人民法院可以受理，但是在作出判决时，除有民法典第六百八十七条第二款但书规定的情形外，应当在判决书主文中明确，保证人仅对债务人财产依法强制执行后仍不能履行的部分承担保证责任。

债权人未对债务人的财产申请保全，或者保全的债务人的财产足以清偿债务，债权人申请对一般保证人的财产进行保全的，人民法院不予准许。

第688条【连带责任保证】

当事人在保证合同中约定保证人和债务人对债务承担连带责任的，为连带责任保证。

连带责任保证的债务人不履行到期债务或者发生当事人约定的情形时，债权人可以请求债务人履行债务，也可以请求保证人在其保证范围内承担保证责任。

【关联司法解释】

《最高人民法院关于适用〈中华人民共和国民法典〉有关担保制度的解释》

第21条　主合同或者担保合同约定了仲裁条款的，人民法院对约定仲裁条款的合同当事人之间的纠纷无管辖权。

债权人一并起诉债务人和担保人的，应当根据主合同确定管辖法院。

债权人依法可以单独起诉担保人且仅起诉担保人的，应当根据担保合同确定管辖法院。

第25条第2款 当事人在保证合同中约定了保证人在债务人不履行债务或者未偿还债务时即承担保证责任、无条件承担保证责任等类似内容，不具有债务人应当先承担责任的意思表示的，人民法院应当将其认定为连带责任保证。

第689条【反担保】

保证人可以要求债务人提供反担保。

【关联司法解释】

《最高人民法院关于适用〈中华人民共和国民法典〉有关担保制度的解释》

第19条 担保合同无效，承担了赔偿责任的担保人按照反担保合同的约定，在其承担赔偿责任的范围内请求反担保人承担担保责任的，人民法院应予支持。

反担保合同无效的，依照本解释第十七条的有关规定处理。当事人仅以担保合同无效为由主张反担保合同无效的，人民法院不予支持。

★ 第690条【最高额保证】

保证人与债权人可以协商订立最高额保证的合同，约定在最高债权额限度内就一定期间连续发生的债权提供保证。

最高额保证除适用本章规定外，参照适用本法第二编最高额抵押权的有关规定。

【条文解读】

本条是关于最高额保证及其参照适用法律的规定。本条第1款规定了最高额保证合同的定义，保证人与债权人对所有债权均可设立最高额保证合同，而不限于借款合同或者某项商品交易合同。同时，鉴于最高额保证合同与最高额抵押权的原理相同，基于立法技术的考虑，本条第2款专门规定，最高额保证除适用本章规定外，参照适用《民法典》第二编最高额抵押权的有关规定。《民法典》第424条规定："最高额抵押权除适用本节规定外，适用本章第一节的有关规定。"因此，按照法律指引的规则，最高额保证的法律适用包括《民法典》中的以下章节：第一，总则编的有关规定；第二，合同编第一分编"通则"、第二分编"典型合同"第十三章"保证合同"第一节"一般规定"；第三，物权编第一分编"通则"、第四分编"担保物权"第十六章"一般规定"、第十七章"抵押权"第一节"一般抵押权"及第二节"最高额抵押权"的规定。

【关联司法解释】

《最高人民法院关于适用〈中华人民共和国民法典〉有关担保制度的解释》

第15条 最高额担保中的最高债权额，是指包括主债权及其利息、违约金、损害赔偿金、保管担保财产的费用、实现债权或者实现担保物权的费用等在内的全部债权，但是当事人另有约定的除外。

登记的最高债权额与当事人约定的最高债权额不一致的，人民法院应当依据登记的最高债权额确定债权人优先受偿的范围。

第30条 最高额保证合同对保证期间的计算方式、起算时间等有约定的，按照其约定。

最高额保证合同对保证期间的计算方式、起算时间等没有约定或者约定不明，被担保债权的履行期限均已届满的，保证期间自债权确定之日起开始计算；被担保债权的履行期限尚未届满的，保证期间自最后到期债权的履行期限届满之日起开始计算。

前款所称债权确定之日，依照民法典第四百二十三条的规定认定。

第二节 保证责任

第691条【保证范围】

保证的范围包括主债权及其利息、违约金、损害赔偿金和实现债权的费用。当事人另有约定的，按照其约定。

【关联司法解释】

《最高人民法院关于适用〈中华人民共和国民法典〉有关担保制度的解释》

第3条 当事人对担保责任的承担约定专门的违约责任，或者约定的担保责任范围超出债务人应当承担的责任范围，担保人主张仅在债务人应当承担的责任范围内承担责任的，人民法院应予支持。

担保人承担的责任超出债务人应当承担的责任范围，担保人向债务人追偿，债务人主张仅在其应当承担的责任范围内承担责任的，人民法院应予支持；担保人请求债权人返还超出部分的，人民法院依法予以支持。

【其他关联规定】

《全国法院民商事审判工作会议纪要》

55.【担保责任的范围】 担保人承担的担保责任范围不应当大于主债务，是担保从属性的必然要求。当事人约定的担保责任的范围大于主债务的，如针对担保责任约定专门的违约责任、担保责任的数额高于主债务、担保责任约定的利息高于主债务利息、担保责任的履行期先于主债务履行期届满，等等，均应当认定大于主债务部分的约定无效，从而使担保责任缩减至主债务的范围。

★ 第692条【保证期间】

保证期间是确定保证人承担保证责任的期间，不发生中止、中断和延长。

债权人与保证人可以约定保证期间,但是约定的保证期间早于主债务履行期限或者与主债务履行期限同时届满的,视为没有约定;**没有约定或者约定不明确的,保证期间为主债务履行期限届满之日起六个月。**

债权人与债务人对主债务履行期限没有约定或者约定不明确的,保证期间自债权人请求债务人履行债务的宽限期届满之日起计算。

【条文解读】

本条是关于保证期间的规定。保证期间是确定保证人承担保证责任的期间,其意义在于使处于或然状态的保证责任成为确定的保证债务,债权人只有在保证期间内依法向保证人主张权利,才能请求保证人承担保证责任,否则保证人的保证责任消灭。本条第1款明确保证期间的性质与特征,保证期间是不同于诉讼时效与除斥期间的一种特殊期间,保证期间不发生中止、中断和延长,保证期间一旦经过,保证人就不再承担保证责任,保证人的实体责任消灭。本条第2款明确保证期间可以分为约定保证期间和法定保证期间,当事人可以自由约定保证期间,但是如果没有约定或者约定不明的,不论是一般保证的保证期间,还是连带责任保证的保证期间,法律规定保证期间统一为6个月,且均是从主债务履行期限届满之日起开始计算。这一规定与原《最高人民法院关于适用〈中华人民共和国担保法〉若干问题的解释》第32条第2款"视为约定不明,保证期间为主债务履行期届满之日起二年"不同,是《民法典》的一大变化。

在适用本条规定时,需注意根据《最高人民法院关于适用〈中华人民共和国民法典〉时间效力的若干规定》第27条的规定做好新旧法律适用的衔接。本条第3款是关于保证期间起算点,即主债务履行期限届满这一时间点如何理解的规定。根据保证责任的从属性特点,保证期间的起算点应是和保证责任同时发生的。换言之,当主债务履行期限届满,主债务人没有履行或没有全面履行主债务的,保证人的保证责任即开始发生,故保证期间应从主债务履行期限届满之日起计算。问题在于,在主合同对主债务履行期限没有约定或者约定不明的情况下，保证期间如何起算？依据《民法典》第511条第4项的规定，主合同履行期限不明确的，债务人可以随时履行，债权人也可以随时请求履行，但是应当给对方必要的准备时间，即给予宽限期。在宽限期届满之后，如果主债务人仍未清偿主债务的，则应承担违约责任，此时保证人也应当承担保证责任。因此，从宽限期届满之日，开始计算保证期间。

此外，《最高人民法院关于适用〈中华人民共和国民法典〉有关担保制度的解释》从第29条到第36条都是关于保证期间制度的规定，针对实务中过去存在较多争议的问题，如关于共同保证的保证期间、法院是否应当对保证期间届满与否主动进行审查、最高额保证的保证期间、撤诉是否影响保证期间、保证合同无效或者被撤销时能否适用保证期间、保证责任的承担方式约定不明时保证期间的认定等问题进行了规定，对审判实践中关于保证期间的理解与适用中的常见问题作了回应，适用本条规定应当与上述司法解释相结合。

【关联司法解释】

《最高人民法院关于适用〈中华人民共和国民法典〉时间效力的若干规定》

第27条 民法典施行前成立的保证合同，当事人对保证期间约定不明确，主债务履行期限届满至民法典施行之日不满二年，当事人主张保证期间为主债务履行期限届满之日起二年的，人民法院依法予以支持；当事人对保证期间没有约定，主债务履行期限届满至民法典施行之日不满六个月，当事人主张保证期间为主债务履行期限届满之日起六个月的，人民法院依法予以支持。

《最高人民法院关于适用〈中华人民共和国民法典〉有关担保制度的解释》

第29条 同一债务有两个以上保证人，债权人以其已经在保证期间内依法向部分保证人行使权利为由，主张已经在保证期间内向其他保证人行使权利的，人民法院不予支持。

同一债务有两个以上保证人，保证人之间相互有追偿权，债权人未在保证期间内依法向部分保证人行使权利，导致其他保证人在承担保证责任后丧失追偿权，其他保证人主张在其不能追偿的范围内免除保证责任的，人民法院应予支持。

第30条 最高额保证合同对保证期间的计算方式、起算时间等有约定的，按照其约定。

最高额保证合同对保证期间的计算方式、起算时间等没有约定或者约定不明，被担保债权的履行期限均已届满的，保证期间自债权确定之日起开始计算；被担保债权的履行期限尚未届满的，保证期间自最后到期债权的履行期限届满之日起开始计算。

前款所称债权确定之日，依照民法典第四百二十三条的规定认定。

第31条 一般保证的债权人在保证期间内对债务人提起诉讼或者申请仲裁后，又撤回起诉或者仲裁申请，债权人在保证期间届满前未再行提起诉讼或者申请仲裁，保证人主张不再承担保证责任的，人民法院应予支持。

连带责任保证的债权人在保证期间内对保证人提起诉讼或者申请仲裁后，又撤回起诉或者仲裁申请，起诉状副本或者仲裁申请书副本已经送达保证人的，人民法院应当认定债权人已经在保证期间内向保证人行使了权利。

第32条 保证合同约定保证人承担保证责任直至主债务本息还清时为止等类似内容的，视为约定不明，保证期间为主债务履行期限届满之日起六个月。

第33条 保证合同无效，债权人未在约定或者法定的保证期间内依法行使权利，保证人主张不承担赔偿责任的，人民法院应予支持。

第34条 人民法院在审理保证合同纠纷案件时，应当将保证期间是否届满、债权人是否在保证期间内依法行使权利等事实作为案件基本事实予以查明。

债权人在保证期间内未依法行使权利的，保证责任消灭。保证责任消灭后，债权人书面通知保证人要求承担保证责任，保证人在通知书上签字、盖章或者按指印，债权人请求保证人继续承担保证责任的，人民法院不予支持，但是债权人有证据证明成立了新的保证合同的除外。

第36条 保证人知道或者应当知道主债权诉讼时效期间届满仍然提供保证或者承担保证责任，又以诉讼时效期间届满为由拒绝承担保证责任或者请求返还财产的，人民法院不予支持；保证人承担保证责任后向债务人追偿的，人民法院不予支持，但是债务人放弃诉讼时效抗辩的除外。

★ 第693条【保证责任免除】

一般保证的债权人未在保证期间对债务人提起诉讼或者申请仲裁的，保证人不再承担保证责任。

连带责任保证的债权人未在保证期间请求保证人承担保证责任的，保证人不再承担保证责任。

【条文解读】

保证期间是确定保证人承担保证责任的期间。在保证期间内，如果债权人没有依法主张权利，将导致保证责任消灭，债权人无权请求保证人承担保证责任。债权人主张权利的方式因一般保证和连带责任保证而不同。对于一般保证，保证人依法享有先诉抗辩权，债权人在保证期间内对债务人提起诉讼或者申请仲裁是要求保证人承担保证责任的前提条件。如果债权人没有在保证期间内对债务人提起诉讼或者申请仲裁，而只是向债务人主张权利，因其行使权利的方式不符合《民法典》第693条第1款的规定，保证人的保证责任消灭。但是，根据《民法典》第687条第2款的规定，在下列四种情形下，保证人不享有先诉抗辩权：一是债务人下落不明，且无财产可供执行；二是人民法院已经受理债务人破产案件；三是债权人有证据证明债务人的财产不足以履行全部债务或者丧失履行债务能力；四是保证人书面表示放弃先诉抗辩权。如果存在以上四种情形，债权人在保证期间内无需对债务人提起诉讼或者申请仲裁，即可向保证人主张权利。从债权人主张权利之日起，开始计算保证债务的诉讼时效。

实践中，还有一种债权人对抗先诉抗辩权的情形，即债权人取得赋予强制执行效力的公证债权文书。根据目的解释规则，债权人提起诉讼或者申请仲裁的目的是得到生效法律文书，并以此为依据执行债务人的财产，而债权人在取得赋予强制执行效力的公证债权文书后，在债务人不履行义务或不完全履行义务时，无需经诉讼或仲裁即可依法就债务人财产申请强制执行。这与《民法典》要求债权人对债务人提起诉讼或者申请仲裁的目的无异。在依赋予强制执行效力的公证债权文书就债务人财产申请强制执行仍不能实现主债权的情况下，债权人有权要求保证人承担保证责任。这种情况下，保证人不能以债权人未在保证期间内对债务人提起诉讼或者申请仲裁作为抗辩理由，主张不承担保证责任。对此情形，《最高人民法院关于适用〈中华人民共和国民法典〉有关担保制度的解释》第27条已作出明确规定。

对于连带责任保证，由于连带责任保证的保证人不享有先诉抗辩权，保证人保证责任产生之日保证期间即已起算，债权人未在保证期间内向保证人主张承担保证责任的，保证人不再承担保证责任。

【关联司法解释】

《最高人民法院关于适用〈中华人民共和国民法典〉有关担保制度的解释》

第27条　一般保证的债权人取得对债务人赋予强制执行效力的公证债权文书后，在保证期间内向人民法院申请强制执行，保证人以债权人未在保证期间内对债务人提起诉讼或者申请仲裁为由主张不承担保证责任的，人民法院不予支持。

第31条　一般保证的债权人在保证期间内对债务人提起诉讼或者申请仲裁后，又撤回起诉或者仲裁申请，债权人在保证期间届满前未再行提起诉讼或者申请仲裁，保证人主张不再承担保证责任的，人民法院应予支持。

连带责任保证的债权人在保证期间内对保证人提起诉讼或者申请仲裁后，又撤回起诉或者仲裁申请，起诉状副本或者仲裁申请书副本已经送达保证人的，人民法院应当认定债权人已经在保证期间内向保证人行使了权利。

第33条　保证合同无效，债权人未在约定或者法定的保证期间内依法行使权利，保证人主张不承担赔偿责任的，人民法院应予支持。

第34条　人民法院在审理保证合同纠纷案件时，应当将保证期间是否届满、债权人是否在保证期间内依法行使权利等事实作为案件基本事实予以查明。

债权人在保证期间内未依法行使权利的，保证责任消灭。保证责任消灭后，债权人书面通知保证人要求承担保证责任，保证人在通知书上签字、盖章或者按指印，债权人请求保证人继续承担保证责任的，人民法院不予支持，但是债权人有证据证明成立了新的保证合同的除外。

★ 第694条【保证债务诉讼时效】

一般保证的债权人在保证期间届满前对债务人提起诉讼或者申请仲裁的，从保证人拒绝承担保证责任的权利消灭之日起，开始计算保证债务的诉讼时效。

连带责任保证的债权人在保证期间届满前请求保证人承担保证责任的，从债权人请求保证人承担保证责任之日起，开始计算保证债务的诉讼时效。

【条文解读】

本条是关于保证债务诉讼时效的规定。保证期间与保证债务诉讼时效的衔接是审判实践中的重点和难点问题。保证期间是债权人选择是否要求保证人承担保证责任的期间，如果债权人在保证期间根据《民法典》规定的方式向债务人或者保证人主张权利的，保证期间制度的使命完成，保证人的保证之债随之产生，诉讼时效制度开始发挥作用。若法定的诉讼时效期间经过，债权人未行使权利则将丧失获得胜诉的权利。因此，保证人享有两种期限利益：一是保证期间利益；二是诉讼时效利益。如果债权人未依法在保证期间内向主债务人或保证人主张权利，保证人可以免责。如果债权人在保证期间内依法主张了权利，但在此后诉讼时效期间内未向保证人要求承担保证责任，则诉讼时效届满，保证债务成为自然债务，债权人失去胜诉权。

由于债权人在一般保证与连带责任保证方式下向保证人主张权利的方式要求不同，关于一般保证与连带责任保证的保证债务诉讼时效起算点的规定也不相同。就一般保证而言，债权人在保证期间届满前对债务人提起诉讼或者申请仲裁的，保证期间制度的使命完成，但保证债务的诉讼时效并不从提起诉讼或者申请仲裁之日起算，而是从保证人拒绝承担保证责任的权利消灭之日才开始计算，在"保证期间"与"诉讼时效"之间有一个空档期。所谓"保证人拒绝承担保证责任的权利消灭之日"，即保证人的先诉抗辩权消灭之日，为便于实务的操作，《最高人民法院关于适用〈中华人民共和国民法典〉有关担保制度的解释》第28条明确了两类具体情形：第一类情形是债权人已就债务人的财产依法强制执行仍不能清偿债务。这类情形表现在两个方面，一是人民法院因无财产可供执行而作出终结本次执行裁定，或者依照《民事诉讼法》第268条第3项、第5项的规定作出终结执行裁定，此时一般保证的诉讼时效应自前述裁定送达债权人之日起开始计算。二是人民法院自收到申请执行书之日起1年内未作出前述裁定的，保证债务的诉讼时效自人民法院收到申请执行书满1年之日起计算。但该1年期间只是推定债务人没有可供执行的财产，如果保证人有证据证明债务人仍有可供执行的财产，则不受此限。第二类情形是存在《民法典》第687条第2款但书规定的四种情形。从理论上看，债务人存在《民法典》第687条第2款但书规定的四种情形的，保证人的先诉抗辩权即已经消灭，就应当开始计算诉讼时效。但现实中，债权人对这四种情形的发生可能并不知情，客观计算既不利于保护债权人权益，也不符合诉讼时效从知道或者应当知道权利被侵害之日起计算的法理。为此，司法解释根据诉讼时效的一般法理，规定存在《民法典》第687条第2款但书规定情形的，一般保证债务的诉讼时效"自债权人知道或者应当知道"该情形之日起开始计算。也就是说，在一般保证中，保证期间制度的使命完成时，诉讼时效期间并未马上起算。而连带责任保证则不同，如果债务履行期限届满、主债务人没有清偿债务的，保证人没有先诉抗辩权，一旦债权人在保证期间届满前请求保证人承担保证责任的，保证期间制度的使命完成，诉讼时效开始计算，中间并没有空档期，且债权人要求连带保证人履行保证责任的方式，并不仅限于诉讼与仲裁，还包括其他的非司法途径，比如口头催告、书面告知等，但一般而言书面方式更易于举证。

由此，一般保证债务诉讼时效开始计算的前提是，债权人在保证期间向主债务人提起诉讼、申请仲裁或是持对债务人赋予强制执行效力的公证债权文书申请强制执行；而连带保证债务诉讼时效开始计算的前提是，债权人向保证人要求履行保证责任，债权人向债务人要求履行债务并不导致保证债务诉讼时效开始计算。从以上规则也可以看出，保证债务的诉讼时效与主债务的诉讼时效具有相对独立性，二者应适用各自独立的诉讼时效制度。

【关联司法解释】

《最高人民法院关于适用〈中华人民共和国民法典〉有关担保制度的解释》

第28条 一般保证中，债权人依据生效法律文书对债务人的财产依法申请强制执行，保证债务诉讼时效的起算时间按照下列规则确定：

（一）人民法院作出终结本次执行程序裁定，或者依照民事诉讼法第二百五十七条[1]第三项、第五项的规定作出终结执行裁定的，自裁定送达债权人之日起开始计算；

（二）人民法院自收到申请执行书之日起一年内未作出前项裁定的，自人民法院收到申请执行书满一年之日起开始计算，但是保证人有证据证明债务人仍有财产可供执行的除外。

一般保证的债权人在保证期间届满前对债务人提起诉讼或者申请仲裁，债权人举证证明存在民法典第六百八十七条第二款但书规定情形的，保证债务的诉讼时效自债权人知道或者应当知道该情形之日起开始计算。

第695条【主合同变更对保证责任影响】

债权人和债务人未经保证人书面同意，协商变更主债权债务合同内容，

---

[1] 现为第268条。

减轻债务的，保证人仍对变更后的债务承担保证责任；加重债务的，保证人对加重的部分不承担保证责任。

债权人和债务人变更主债权债务合同的履行期限，未经保证人书面同意的，保证期间不受影响。

【关联司法解释】

《最高人民法院关于适用〈中华人民共和国民法典〉有关担保制度的解释》

第16条 主合同当事人协议以新贷偿还旧贷，债权人请求旧贷的担保人承担担保责任的，人民法院不予支持；债权人请求新贷的担保人承担担保责任的，按照下列情形处理：

（一）新贷与旧贷的担保人相同的，人民法院应予支持；

（二）新贷与旧贷的担保人不同，或者旧贷无担保新贷有担保的，人民法院不予支持，但是债权人有证据证明新贷的担保人提供担保时对以新贷偿还旧贷的事实知道或者应当知道的除外。

主合同当事人协议以新贷偿还旧贷，旧贷的物的担保人在登记尚未注销的情形下同意继续为新贷提供担保，在订立新的贷款合同前又以该担保财产为其他债权人设立担保物权，其他债权人主张其担保物权顺位优先于新贷债权人的，人民法院不予支持。

第20条 人民法院在审理第三人提供的物的担保纠纷案件时，可以适用民法典第六百九十五条第一款、第六百九十六条第一款、第六百九十七条第二款、第六百九十九条、第七百条、第七百零一条、第七百零二条等关于保证合同的规定。

《最高人民法院关于审理信用证纠纷案件若干问题的规定》

第17条 开证申请人与开证行对信用证进行修改未征得保证人同意的，保证人只在原保证合同约定的或者法律规定的期间和范围内承担保证责任。保证合同另有约定的除外。

★ **第696条【债权转让对保证责任影响】**

债权人转让全部或者部分债权,未通知保证人的,该转让对保证人不发生效力。

保证人与债权人约定禁止债权转让,债权人未经保证人书面同意转让债权的,保证人对受让人不再承担保证责任。

【条文解读】

本条是关于债权转让对保证责任影响的规定。按照民法一般原理,合同当事人有权将合同权利转让给第三人。《民法典》第547条第1款规定:"债权人转让债权的,受让人取得与债权有关的从权利,但是该从权利专属于债权人自身的除外。"保证合同是主合同的从合同。保证人提供的保证是对主债权的担保。债权人将全部或者部分债权转让给第三人,保证人在原保证范围内对受让人承担相应的保证责任,但保证人承担责任的前提是债权人转让债权必须通知保证人主债权转让之事实。《民法典》第546条第1款规定:"债权人转让债权,未通知债务人的,该转让对债务人不发生效力。"在保证法律关系中,保证人就是债务人,债权人转让债权必须通知保证人,保证人接到转让通知后才能够向受让人承担保证责任。若未通知,保证人不知道主债权转让之事实,自然不向债权受让人承担保证责任。

本条规定并不排除保证合同当事人之间对主债权转让作出禁止性约定。保证人可以与债权人约定仅对特定的债权人承担保证责任或者禁止债权转让。当保证人与债权人有这些约定时,债权人就应当遵守该约定。如果债权人违反该约定,未经保证人书面同意转让全部或者部分债权的,构成违约,保证人可免除其相应的保证责任。

第697条【债务承担及第三人加入债务对保证责任影响】

债权人未经保证人书面同意,允许债务人转移全部或者部分债务,保证人对未经其同意转移的债务不再承担保证责任，但是债权人和保证人另有约定的除外。

第三人加入债务的，保证人的保证责任不受影响。

第698条【一般保证人保证责任免除】

一般保证的保证人在主债务履行期限届满后，向债权人提供债务人可供执行财产的真实情况，债权人放弃或者怠于行使权利致使该财产不能被执行的，保证人在其提供可供执行财产的价值范围内不再承担保证责任。

★ 第699条【共同保证】

同一债务有两个以上保证人的，保证人应当按照保证合同约定的保证份额，承担保证责任；没有约定保证份额的，债权人可以请求任何一个保证人在其保证范围内承担保证责任。

【条文解读】

本条是关于共同保证的规定。两个以上保证人为同一债权提供的保证，为共同保证。根据本条的规定，共同保证可以分为按份共同保证和连带共同保证。如果各共同保证人与债权人之间特别约定了保证份额，则各共同保证人之间构成按份共同保证，各共同保证人应依据约定的份额承担保证责任。如果各个保证人与债权人之间没有特别约定保证份额的，则应当推定该保证为连带共同保证，各共同保证人在其保证范围内对债权人承担连带保证责任。连带共同保证人的保证范围，既可以是全部债权，也可以是部分债权。债权人可以请求任何一个保证人在其保证范围内承担保证责任。

按份共同保证、连带共同保证是不同于一般保证、连带保证的概念。前者处理的是共同保证情况下，各保证人之间的关系，后者处理的是保证人与主债务人之间的关系。在多个人提供的共同保证中，各个保证人提供的既可能是一般保证，也可能是连带保证。保证方式不同，并不影响共同保证的成立。即使各保证人均对主债务承担连带责任，就保证人之间的关系而言，可以是连带共同保证，也可以是按份共同保证。同样的，就连带共同保证而言，共同保证人既可能是一般保证人，也可能是连带责任保证人。

关于共同保证情况下保证人的追偿权问题。就按份共同保证而言，保证人按约定的份额承担保证责任后，只能依份额向主债务人追偿，保证人之间不存在相应追偿问题。就连带共同保证而言，立法沿革情况要复杂一些。原《担保法》第12条明确规定，连带共同保证的保证人之间可以相互追偿，过去的司法实践亦是这样操作的。原《物权法》规定混合共同担保人之间原则上没有相互追偿权。《民法典》延续了原《物权法》关于混合共同担保人之间没有相互追偿权的规定。《民法典》第700条只是明确了保证人可以向债务人追偿，而未明确可以向其他保证人追偿。因此，从体系解释来看，共同保证人之间原则上应是无相互追偿权的。但是，《民法典》第519条第2款规定："实际承担债务超过自己份额的连带债务人，有权就超出部分在其他连带债务人未履行的份额范围内向其追偿，并相应地享有债权人的权利，但是不得损害债权人的利益。其他连带债务人对债权人的抗辩，可以向该债务人主张。"依此规定，当合同明确约定各保证人系连带共同保证时，各保证人之间具有相互追偿的权利。同时，如果合同当事人明确约定共同保证人可以相互追偿的，那么也应尊重当事人的意思自治，该约定应有效。根据《最高人民法院关于适用〈中华人民共和国民法典〉有关担保制度的解释》第13条的规定，共同保证的保证人之间可以相互追偿的情况包括三种：一是合同约定保证人之间可以相互追偿的；二是合同明确约定系连带共同保证的；三是多个保证人在同一合同书上签字、盖章或按指印的。除上述三种情况外，共同保证人之间无相互追偿权。需要指出的是，上述三种情况应适用于混合担保。例如，在同一个合同书上，既约定了保证，又约定了抵押、质押的，只要各担保人在同一合同书上签字、盖章或按指印的，实质上已构成连带共同担保，各担保人可以相互追偿。此外，根据《最高人民法院关于适用〈中华人民共和国民法典〉有关担保制度的解释》第18条第2款的规定，同一债权既有债务人自己提供的物的担保，又有第三人提供的担保，承担了担保责任或者赔偿责任的第三人，主张行使债权人对债务人享有的担保物权的，人民法院应予支持。同理，在担保人可以追偿的情况下，承担了担保责任的担保人，也可以行使债权人对其他担保人的担保物权。还需注意的是，在担保人之间可以相互追偿的情形下，关于已承担担保责任的担保人是否应先向主债务人追偿，再就债务人不能清偿的部分请求其他担保人分担其应当承担的份额的问题，实践中存在不同认识。如果当事人对追偿有明确约定的，按照其约定处理；未约定或者约定不明的，为了避免向债务人追偿、向其他保证人追偿的不确定性及循环追偿，以先向主债务人追偿为宜，对主债务人不能追偿部分，再向其他保证人追偿①。当然，在具体诉讼中，为减少诉累，保证人在行使追偿权时，可以把主债务人与其他保证人作为共同被告，人民法院在判决时将清偿顺序表述清楚即可。

【关联司法解释】

《最高人民法院关于适用〈中华人民共和国民法典〉有关担保制度的解释》

第13条　同一债务有两个以上第三人提供担保，担保人之间约定相互追偿及分担份额，承担了担保责任的担保人请求其他担保人按照约定分担份额的，人民法院应予支持；担保人之间约定承担连带共同担保，或者约定相互追偿但是未约定分担份额的，各担保人按照比例分担向债务人不能追偿的部分。

同一债务有两个以上第三人提供担保，担保人之间未对相互追偿作出约定且未约定承担连带共同担保，但是各担保人在同一份合同书上签字、盖章或者按指印，承担了担保责任的担保人请求其他担保人按照比例分担向债务人不能追偿部分的，人民法院应予支持。

除前两款规定的情形外，承担了担保责任的担保人请求其他担保人分担向债务人不能追偿部分的，人民法院不予支持。

---

① 刘贵祥：《民法典关于担保的几个重大问题》，载《法律适用》2021年第1期。

第18条 承担了担保责任或者赔偿责任的担保人,在其承担责任的范围内向债务人追偿的,人民法院应予支持。

同一债权既有债务人自己提供的物的担保,又有第三人提供的担保,承担了担保责任或者赔偿责任的第三人,主张行使债权人对债务人享有的担保物权的,人民法院应予支持。

第29条 同一债务有两个以上保证人,债权人以其已经在保证期间内依法向部分保证人行使权利为由,主张已经在保证期间内向其他保证人行使权利的,人民法院不予支持。

同一债务有两个以上保证人,保证人之间相互有追偿权,债权人未在保证期间内依法向部分保证人行使权利,导致其他保证人在承担保证责任后丧失追偿权,其他保证人主张在其不能追偿的范围内免除保证责任的,人民法院应予支持。

★ **第700条【保证人追偿权】**

保证人承担保证责任后,除当事人另有约定外,有权在其承担保证责任的范围内向债务人追偿,享有债权人对债务人的权利,但是不得损害债权人的利益。

【条文解读】

本条是关于保证人对债务人追偿权的规定。保证人的追偿权,是指保证人在承担保证责任后,可以向主债务人请求偿还的权利。保证人承担保证责任,对债权人与保证人之间的关系来说,形式上属于清偿自己的债务,但对主债务人和保证人之间的关系而言,实质上仍然属于代主债务人履行债务,保证人承担保证责任后自应有向债务人追偿的必要[1]。

---

[1] 黄薇主编:《中华人民共和国民法典释义及适用指南》(中),中国民主法制出版社2020年版,第1052页。

保证人行使追偿权必须具备以下要件：（1）须保证人已经对债权人承担了保证责任。（2）须主债务人对债权人因保证而免责。如果主债务人的免责不是由保证人承担保证责任的行为引起的，那么保证人就没有追偿权。（3）须保证人的履行行为无过错。保证人履行保证债务有无过错，主要涉及保证人履行保证责任后是否通知债务人以及保证人是否主张债务人对债权人的抗辩。如果保证人承担保证责任后并未通知债务人，导致债务人因不知情而再次对债权人进行清偿，则保证人不得向债务人追偿，只能要求债权人返还不当得利；保证人本可主张债务人对债权人的抗辩而未主张，比如主债务已过诉讼时效，保证人没有行使时效抗辩权而履行了保证债务，则债务人有权对此提出抗辩。（4）须保证人无赠与或是放弃追偿权的意思。

根据本条规定，保证人承担保证责任后，消灭的是自己对债务人的保证债务，法律上拟制债权人对债务人的主债权并未因此而消灭，而是转移于保证人，由保证人"享有债权人对债务人的权利"，即学理上所称的"法定代位权"[①]。保证人的代位权旨在确保追偿权的实现，追偿权是代位权的前提和基础，追偿权不存在，则法定代位权也不产生。保证人只能在行使追偿权的限度之内代位行使债权人的权利，即保证人在承担保证责任的范围内向债务人追偿并享有债权人对债务人的权利，这些权利包括债权人对债务人享有的抵押权、支付本息请求权、支付违约金请求权等。《最高人民法院关于适用〈中华人民共和国民法典〉有关担保制度的解释》第18条规定："承担了担保责任或者赔偿责任的担保人，在其承担责任的范围内向债务人追偿的，人民法院应予支持。同一债权既有债务人自己提供的物的担保，又有第三人提供的担保，承担了担保责任或者赔偿责任的第三人，主张行使债权人对债务人享有的担保物权的，人民法院应予支持。"该司法解释规定的情形可视为对本条规定的具体化适用。

本条还明确了保证人行使债权人对债务人的权利时不得损害债权人的利

[①] 最高人民法院民法典贯彻实施工作领导小组主编：《中华人民共和国民法典合同编理解与适用》[二]，人民法院出版社2020年版，第1391页。

益。该规定的意义主要体现在保证人部分承担保证责任的情形。此时，债权人的债权尚未获得完全清偿，债权人与保证人对债务人均享有债权，债权人的债权应优先于保证人的追偿权。如果主债权之上存在担保物权，则债权人有权优先于保证人就担保物受偿。同时，基于民法的意思自治，当事人可以通过约定排除保证人的追偿权和代位权。

实践中需要注意《最高人民法院关于适用〈中华人民共和国民法典〉有关担保制度的解释》第14条关于担保人受让债权视为承担担保责任的规定。基于该规定，无论是一般保证还是连带共同担保，担保人受让债权应直接认定为承担了担保责任，这样简化了法律关系的处理，而能否追偿、如何追偿则适用追偿规定的相关条款。

【关联司法解释】

《最高人民法院关于适用〈中华人民共和国民法典〉有关担保制度的解释》

第14条 同一债务有两个以上第三人提供担保，担保人受让债权的，人民法院应当认定该行为系承担担保责任。受让债权的担保人作为债权人请求其他担保人承担担保责任的，人民法院不予支持；该担保人请求其他担保人分担相应份额的，依照本解释第十三条的规定处理。

第18条 承担了担保责任或者赔偿责任的担保人，在其承担责任的范围内向债务人追偿的，人民法院应予支持。

同一债权既有债务人自己提供的物的担保，又有第三人提供的担保，承担了担保责任或者赔偿责任的第三人，主张行使债权人对债务人享有的担保物权的，人民法院应予支持。

【其他关联规定】

《全国法院民商事审判工作会议纪要》

56.【混合担保中担保人之间的追偿问题】 被担保的债权既有保证又有

第三人提供的物的担保的，担保法司法解释第38条明确规定，承担了担保责任的担保人可以要求其他担保人清偿其应当分担的份额。但《物权法》第176条并未作出类似规定，根据《物权法》第178条关于"担保法与本法的规定不一致的，适用本法"的规定，承担了担保责任的担保人向其他担保人追偿的，人民法院不予支持，但担保人在担保合同中约定可以相互追偿的除外。

第701条【保证人抗辩权】

保证人可以主张债务人对债权人的抗辩。债务人放弃抗辩的，保证人仍有权向债权人主张抗辩。

★ 第702条【抵销权和撤销权范围内的免责】

债务人对债权人享有抵销权或者撤销权的，保证人可以在相应范围内拒绝承担保证责任。

【条文解读】

本条是关于保证人可基于债务人享有的抵销权或者撤销权而提出免责抗辩的规定。本条是《民法典》新增的规定。

《民法典》第701条规定，保证人可以主张债务人对债权人的抗辩。这是由保证合同的从属性决定的。保证合同是主合同的从合同，债务人是本位的义务履行人，保证人是第二位的义务履行人，只有在主债务人不履行义务或者发生约定的情形时，保证人才代替主债务人履行债务或承担责任，因此，主债务人享有的对抗债权人的权利，保证人都应当享有，即使债务人放弃抗辩权的，保证人仍然享有。本条规定背后的法理与《民法典》第701条一致。如果债务人对债权人享有抵销权的，无论是法定抵销权，还是约定抵销权，债务人的债务可以在抵销权范围内相应减少。债务人的主债务减少，保证人的保证责任应当随之减少。债务人对债权人享有撤销权也一样。如果债务人因主债权债务合同存在效力瑕疵而享有撤销权的,比如存在《民法典》第147条规定的重大误解、第148条和第149条规定的欺诈、第150条规定的胁迫、第151条规定的显失公平等可撤销法律行为的情形的,主债权债务关系可以因撤销权的行使而自始无效,保证人的保证责任亦应当相应地免除。根据本条规定,保证人不能直接行使债务人对债权人的抵销权或者撤销权,但享有在相应范围内行使拒绝承担保证责任的抗辩权。当然,依据"谁主张,谁举证"的原则,保证人需要举证证明债务人对债权人享有抵销权或者撤销权,即满足抵销权或者撤销权的行使条件。《最高人民法院关于适用〈中华人民共和国民法典〉有关担保制度的解释》第3条关于担保人承担担保责任的范围不应超过主债务人应当承担的责任范围的规定,与上述规定的精神是一致,其原理均来源于担保合同的从属性。

第十四章　租赁合同

第703条【租赁合同定义】

租赁合同是出租人将租赁物交付承租人使用、收益,承租人支付租金的合同。

第704条【租赁合同主要内容】

租赁合同的内容一般包括租赁物的名称、数量、用途、租赁期限、租金及其支付期限和方式、租赁物维修等条款。

第705条【租赁期限】

租赁期限不得超过二十年。超过二十年的,超过部分无效。

租赁期限届满,当事人可以续订租赁合同;但是,约定的租赁期限自续订之日起不得超过二十年。

★ **第706条【租赁合同未登记备案不影响合同效力】**

当事人未依照法律、行政法规规定办理租赁合同登记备案手续的，不影响合同的效力。

【条文解读】

本条是关于租赁合同的登记备案手续对合同效力影响的规定。租赁合同不以备案为生效要件，本条为《民法典》新增条文，承继了2009年《最高人民法院关于审理城镇房屋租赁合同纠纷案件具体应用法律若干问题的解释》第4条的规定，明确登记备案不影响租赁合同的效力。即使法律、行政法规要求当事人办理租赁合同的登记备案手续，租赁合同的效力也不受当事人是否办理登记备案手续的影响。

★ **第707条【租赁合同形式】**

租赁期限六个月以上的，应当采用书面形式。当事人未采用书面形式，无法确定租赁期限的，视为不定期租赁。

【条文解读】

本条是关于租赁合同形式及其与合同期限的关系的规定。关于合同形式，合同编通则已作出规定，即当事人订立合同有书面形式、口头形式和其他形式。法律并不特别要求合同当事人采用何种形式订立合同，但是法律、行政法规规定采用书面形式的，应当采用书面形式。在租赁合同中，以租赁期限长短来划分是否应当采用书面形式，主要是考虑到租期长短与合同当事人权利义务的确定及纠纷解决的难易程度通常有一定关联，因为租期短的合同往往使用时间短，涉及的租金少、内容单一、证据不易失散，而租期长的合同往往租赁物价值较高、租金较多，对租赁物的使用消耗也更多，如果以书面形式将双方的权利义务规定清楚，既有利于双方当事人履行自己的合同义务，也便于在将来发生争议时有据可查，易于解决纠纷。在制定合同规则中，需要实现交易效率与交易安全的平衡。短期、小额交易追求效率，长期、大额交易追求安全也是交易中常见的规则。《民法典》关于要式合同的规定，主要是为了确保大额、重要交易中的交易安全。

对本条的理解需要把握以下几个方面：第一，租赁期限不满6个月的租赁合同，可以采用口头形式也可以采用书面形式。第二，租赁期限在6个月以上的租赁合同应当采用书面形式。第三，租赁期限6个月以上的，当事人没有采用书面形式订立租赁合同，并不导致租赁合同无效。如果双方已经履行合同的主要义务，或者虽然没有履行主要义务，但当事人对其他问题没有争议，只是对租赁期限有争议的，根据本条规定，在无法确定租赁期限的情况下，应视为不定期租赁，双方当事人随时可以解除合同。如能够确定租赁期限，则仍应被认定为定期租赁。对于租赁期限的确定，当事人自身可以对约定期限情况进行举证证明，人民法院也可参照《民法典》第510条规定，根据案件具体情况结合交易习惯、行业标准等加以确定。

第708条【出租人交付租赁物义务和适租义务】

出租人应当按照约定将租赁物交付承租人，并在租赁期限内保持租赁物符合约定的用途。

第709条【承租人合理使用租赁物的义务】

承租人应当按照约定的方法使用租赁物。对租赁物的使用方法没有约定或者约定不明确，依据本法第五百一十条的规定仍不能确定的，应当根据租赁物的性质使用。

第710条【承租人合理使用租赁物的免责义务】

承租人按照约定的方法或者根据租赁物的性质使用租赁物，致使租赁物受到损耗的，不承担赔偿责任。

第711条【租赁人未合理使用租赁物的责任】

承租人未按照约定的方法或者未根据租赁物的性质使用租赁物，致使租赁物受到损失的，出租人可以解除合同并请求赔偿损失。

【关联司法解释】

《最高人民法院关于审理城镇房屋租赁合同纠纷案件具体应用法律若干问题的解释》

第6条 承租人擅自变动房屋建筑主体和承重结构或者扩建，在出租人要求的合理期限内仍不予恢复原状，出租人请求解除合同并要求赔偿损失的，人民法院依照民法典第七百一十一条的规定处理。

第712条【出租人维修义务】

出租人应当履行租赁物的维修义务，但是当事人另有约定的除外。

★ 第713条【出租人不履行维修义务的法律后果】

承租人在租赁物需要维修时可以请求出租人在合理期限内维修。出租人未履行维修义务的，承租人可以自行维修，维修费用由出租人负担。因维修租赁物影响承租人使用的，应当相应减少租金或者延长租期。

因承租人的过错致使租赁物需要维修的，出租人不承担前款规定的维修义务。

【条文解读】

本条和前条均是关于租赁物维修义务的规定。依照《民法典》第712条规定，当事人对由谁承担租赁物的维修义务没有约定或者约定不明的，应由出租人承担租赁物维修义务。本条是对出租人维修义务的补充规定。本条第2款为《民法典》新增规定，明确了出租人对租赁物的维修义务，得因承租人对租赁物损坏存在过错得以免除。因为在租赁物的损害是由承租人原因所造成的情况下，承租人应承担相应的侵权责任，对租赁物承担维修义务。

第714条【承租人妥善保管租赁物义务】

承租人应当妥善保管租赁物，因保管不善造成租赁物毁损、灭失的，应当承担赔偿责任。

第715条【承租人对租赁物进行改善或增设他物】

承租人经出租人同意，可以对租赁物进行改善或者增设他物。

承租人未经出租人同意，对租赁物进行改善或者增设他物的，出租人可以请求承租人恢复原状或者赔偿损失。

【关联司法解释】

《最高人民法院关于审理城镇房屋租赁合同纠纷案件具体应用法律若干问题的解释》

第7条 承租人经出租人同意装饰装修，租赁合同无效时，未形成附合的装饰装修物，出租人同意利用的，可折价归出租人所有；不同意利用的，可由承租人拆除。因拆除造成房屋毁损的，承租人应当恢复原状。

已形成附合的装饰装修物，出租人同意利用的，可折价归出租人所有；不同意利用的，由双方各自按照导致合同无效的过错分担现值损失。

第8条 承租人经出租人同意装饰装修，租赁期间届满或者合同解除时，除当事人另有约定外，未形成附合的装饰装修物，可由承租人拆除。因拆除造成房屋毁损的，承租人应当恢复原状。

第9条 承租人经出租人同意装饰装修，合同解除时，双方对已形成附合的装饰装修物的处理没有约定的，人民法院按照下列情形分别处理：

（一）因出租人违约导致合同解除，承租人请求出租人赔偿剩余租赁期内装饰装修残值损失的，应予支持；

（二）因承租人违约导致合同解除，承租人请求出租人赔偿剩余租赁期内装饰装修残值损失的，不予支持。但出租人同意利用的，应在利用价值范围内予以适当补偿；

（三）因双方违约导致合同解除，剩余租赁期内的装饰装修残值损失，由双方根据各自的过错承担相应的责任；

（四）因不可归责于双方的事由导致合同解除的，剩余租赁期内的装饰装修残值损失，由双方按照公平原则分担。法律另有规定的，适用其规定。

第10条　承租人经出租人同意装饰装修，租赁期间届满时，承租人请求出租人补偿附合装饰装修费用的，不予支持。但当事人另有约定的除外。

第11条　承租人未经出租人同意装饰装修或者扩建发生的费用，由承租人负担。出租人请求承租人恢复原状或者赔偿损失的，人民法院应予支持。

第12条　承租人经出租人同意扩建，但双方对扩建费用的处理没有约定的，人民法院按照下列情形分别处理：

（一）办理合法建设手续的，扩建造价费用由出租人负担；

（二）未办理合法建设手续的，扩建造价费用由双方按照过错分担。

第716条【转租】

承租人经出租人同意，可以将租赁物转租给第三人。承租人转租的，承租人与出租人之间的租赁合同继续有效；第三人造成租赁物损失的，承租人应当赔偿损失。

承租人未经出租人同意转租的，出租人可以解除合同。

第717条【超过承租人剩余租赁期限的转租期间效力】

承租人经出租人同意将租赁物转租给第三人，转租期限超过承租人剩余租赁期限的，超过部分的约定对出租人不具有法律约束力，但是出租人与承租人另有约定的除外。

★ 第718条【出租人默示同意转租】

出租人知道或者应当知道承租人转租，但是在六个月内未提出异议的，视为出租人同意转租。

【条文解读】

本条是关于出租人默示同意转租的规定。本条为《民法典》新增条文，承继了2009年《最高人民法院关于审理城镇房屋租赁合同纠纷案件具体应用法律若干问题的解释》第16条的规定。

《民法典》第716条第2款规定了承租人未经出租人同意转租情形下出租人的合同解除权。同时，《民法典》第564条第1款规定，法律规定或者当事人约定解除权行使期限，期限届满当事人不行使的，该权利消灭。本条规定的6个月的异议期，实为法律规定的出租人行使该合同解除权的期限，一旦6个月异议期经过，出租人未就承租人转租行为提出异议，则被推定为同意转租，从而丧失根据《民法典》第716条第2款规定所获得的合同解除权。该6个月的异议期属于除斥期间，不能适用诉讼时效中止、中断以及延长等规定。

★ 第719条【次承租人代付租金和违约金】

承租人拖欠租金的，次承租人可以代承租人支付其欠付的租金和违约金，但是转租合同对出租人不具有法律约束力的除外。

次承租人代为支付的租金和违约金，可以充抵次承租人应当向承租人支付的租金；超出其应付的租金数额的，可以向承租人追偿。

【条文解读】

本条是关于次承租人代付租金的规定。本条为《民法典》新增条文，承继了2009年《最高人民法院关于审理城镇房屋租赁合同纠纷案件具体应用法律若干问题的解释》第17条的规定。

在转租合同关系中，承租人是否向出租人履行支付租金的义务，直接关系着次承租人对租赁物的占有、使用和收益，出租人因承租人未支付租金而解除与承租人订立的租赁合同后，要求收回租赁房屋，将对次承租人占有并使用该租赁房屋产生阻碍，即次承租人对该债务的履行具有"合法利益"。同时，租金属于金钱之债，不具有人身专属性，次承租人有权向出租人代为履行，出租人不得拒绝。因此，次承租人代为支付承租人拖欠的租金和违约金的行为，可以理解为法律规定的第三人向债权人履行债务的情形。根据《民法典》第524条第2款的规定，债权人接受第三人履行后，其对债务人的债权转让给第三人，但是债务人和第三人另有约定的除外。

次承租人代向出租人支付承租人拖欠的租金和违约金后，依据债权转让规则，出租人与承租人之间的债权债务消灭，出租人对承租人的租金债权转让给次承租人，次承租人可以要求承租人充抵次承租人应当向承租人支付的租金、在承租人的剩余租赁期限内延长租期或要求承租人偿还该租金和违约金。

如转租未经出租人同意，在租赁合同未解除的情况下，转租合同对出租人不具有法律约束力。第三人对租赁物的占有属于无权占有，作为所有权人的出租人有权随时要求该第三人返还租赁物，该第三人对租赁物并不具有合法权利，对该租金债务的履行不具有"合法利益"，出租人有权拒绝其代为履行的请求。

第720条【租赁物收益归属】

在租赁期限内因占有、使用租赁物获得的收益，归承租人所有，但是当事人另有约定的除外。

第721条【租金支付期限】

承租人应当按照约定的期限支付租金。对支付租金的期限没有约定或者约定不明确，依据本法第五百一十条的规定仍不能确定，租赁期限不满一年的，应当在租赁期限届满时支付；租赁期限一年以上的，应当在每届满一年时支付，剩余期限不满一年的，应当在租赁期限届满时支付。

第722条【承租人违反租金支付义务的法律后果】

承租人无正当理由未支付或者迟延支付租金的，出租人可以请求承租人在合理期限内支付；承租人逾期不支付的，出租人可以解除合同。

第723条【出租人权利瑕疵担保义务】

因第三人主张权利，致使承租人不能对租赁物使用、收益的，承租人可以请求减少租金或者不支付租金。

第三人主张权利的，承租人应当及时通知出租人。

第724条【非承租人构成根本性违约承租人可以解除合同】

有下列情形之一，非因承租人原因致使租赁物无法使用的，承租人可以解除合同：

（一）租赁物被司法机关或者行政机关依法查封、扣押；

（二）租赁物权属有争议；

（三）租赁物具有违反法律、行政法规关于使用条件的强制性规定情形。

第725条【所有权变动不破租赁】

租赁物在承租人按照租赁合同占有期限内发生所有权变动的，不影响租赁合同的效力。

【关联司法解释】

《最高人民法院关于审理城镇房屋租赁合同纠纷案件具体应用法律若干问题的解释》

第14条 租赁房屋在承租人按照租赁合同占有期限内发生所有权变动，

承租人请求房屋受让人继续履行原租赁合同的,人民法院应予支持。但租赁房屋具有下列情形或者当事人另有约定的除外:

(一)房屋在出租前已设立抵押权,因抵押权人实现抵押权发生所有权变动的;

(二)房屋在出租前已被人民法院依法查封的。

《最高人民法院关于人民法院办理执行异议和复议案件若干问题的规定》

第31条 承租人请求在租赁期内阻止向受让人移交占有被执行的不动产,在人民法院查封之前已签订合法有效的书面租赁合同并占有使用该不动产的,人民法院应予支持。

承租人与被执行人恶意串通,以明显不合理的低价承租被执行的不动产或者伪造交付租金证据的,对其提出的阻止移交占有的请求,人民法院不予支持。

★ 第726条【房屋承租人优先购买权】

出租人出卖租赁房屋的,应当在出卖之前的合理期限内通知承租人,承租人享有以同等条件优先购买的权利;但是,房屋按份共有人行使优先购买权或者出租人将房屋出卖给近亲属的除外。

出租人履行通知义务后,承租人在十五日内未明确表示购买的,视为承租人放弃优先购买权。

【条文解读】

本条是关于承租人对租赁房屋的优先购买权的规定。本条关于"出租人出卖租赁房屋的,应当在出卖之前的合理期限内通知承租人,承租人享有以同等条件优先购买的权利"的规定系原《合同法》第230条的原文,关于优先购买权的除外情形和承租人放弃优先购买权的规定承继于2009年《最高人民法院关于审理城镇房屋租赁合同纠纷案件具体应用法律若干问题的解释》第24条的规定。房屋承租人优先购买权制度的初衷是在不损害房屋出租人实质利益的情况下，维护承租人居住或生产经营的稳定。

根据本条规定，承租人行使优先购买权，须满足如下条件：

第一，须有出租人出卖租赁房屋的行为。出租人出卖租赁房屋，是承租人取得和行使优先购买权的基础性条件。出租人是否存在出卖租赁房屋的行为，通常以出租人就租赁房屋与第三人订立买卖合同为判断依据，也只有出租人与第三人之间买卖房屋的合同成立，出卖房屋的"同等条件"才有了比较和判断的基础。

第二，承租人须以同等条件购买。承租人以同等条件购买租赁房屋，是承租人行使优先购买权的实质要件，也是法律对承租人行使优先购买权所规定的限制性条件。关于"同等条件"的判断，并非要求承租人购买租赁房屋的条件与第三人合同约定的条件完全一致，而只要主要合同条件相同，其他条件的差别不会导致出租人与第三人合同项下利益减损即可。其中，购买价格和支付方式通常是最主要的合同条件，在价格条件和支付方式相同的情况下，对于其他交易条件是否需要完全相同，要看该条件是否影响到出租人的利益，没有影响的，不作为同等条件的对照标准。

第三，承租人须在收到通知的15日内作出购买的意思表示。此处的15日期间可以理解为优先购买权行使的时间条件，该15日期间性质系除斥期间，不适用中止、中断及延长的规定。15日期间届满，承租人未作出购买的意思表示的，则丧失优先购买权。需要注意的是，通知系出租人的义务，并非承租人取得、行使优先购买权的条件。通知的目的在于使承租人知晓出租人出卖房屋的事实，以便其充分考虑是否行使优先购买权及为行使权利进行必要的准备。出租人未履行通知义务，或者未在合理期限内履行通知义务，并不当然导致承租人不能行使优先购买权。出租人虽未通知，但承租人得知出租人出卖房屋情况的，仍然可以行使优先购买权。根据《民法典》第728条的规定，出租人未履行通知义务本身，也并不对应民事责任，但因其未履行通知义务导致承租人未能行使优先购买权的，出租人应当承担损害赔偿责任。

第四，承租人的优先购买权不能对抗房屋按份共有人的优先购买权与出租人将房屋出卖给近亲属的权利。首先，按份共有人的优先购买权是基于共有的物权关系而发生，属于物权法上的优先购买权，具有物权效力。承租人的优先购买权是以租赁合同关系为基础，其本质上仍然是债权，承租人的优先购买权属于债权效力的优先购买权。基于物权优先于债权的原则，共有人优先购买权优先于承租人的优先购买权。其次，出租人将租赁物出卖给近亲属，不仅有经济利益上的考虑，往往也会有情感因素的考量，带有浓厚的身份属性和感情色彩。出租人向近亲属出卖房屋，往往基于近亲属这种特殊关系，离开这种关系，出租人未必愿意出售，或者以相同的价格等条件出售。因此，即使出租人与其近亲属之间的出售价格低于市场价格，也属于基于特殊关系所作出的特殊处分，与一般的市场交易行为不能等同视之。这种亲属关系非金钱所能衡量，承租人也不得要求以价金代替。承租人不得主张行使优先购买权[①]。

【关联司法解释】

《最高人民法院关于审理城镇房屋租赁合同纠纷案件具体应用法律若干问题的解释》

第15条 出租人与抵押权人协议折价、变卖租赁房屋偿还债务，应当在合理期限内通知承租人。承租人请求以同等条件优先购买房屋的，人民法院应予支持。

★ 第727条【委托拍卖情况下房屋承租人优先购买权】

出租人委托拍卖人拍卖租赁房屋的，应当在拍卖五日前通知承租人。承租人未参加拍卖的，视为放弃优先购买权。

---

① 最高人民法院民法典贯彻实施工作领导小组主编：《中华人民共和国民法典合同编理解与适用》[三]，人民法院出版社2020年版，第1562页。

【条文解读】

本条是关于拍卖租赁房屋应当通知承租人以便于其行使优先购买权的规定。本条承继了2009年《最高人民法院关于审理城镇房屋租赁合同纠纷案件具体应用法律若干问题的解释》第23条规定。

根据本条规定,出租人以拍卖方式出卖租赁房屋的,负有在拍卖5日前通知承租人的义务。通知的目的在于使承租人知晓租赁房屋拍卖的情况,以便于承租人决定是否参与拍卖过程、行使其优先购买权。承租人参加拍卖,亦应遵守《拍卖法》所规定的拍卖程序,须按照拍卖通知或者拍卖公告的要求,与其他竞买人一样进行竞买登记、交纳竞买保证金,在拍卖日到场参加竞拍。承租人经通知未参加竞买的,产生被视为放弃优先购买权的法律后果。这里的未参加竞买,既包括经通知未到场,也包括未按规定登记竞买、交纳竞买保证金等情形。

★ **第728条【出租人妨害承租人优先购买权的法律后果】**

出租人未通知承租人或者有其他妨害承租人行使优先购买权情形的,承租人可以请求出租人承担赔偿责任。但是,出租人与第三人订立的房屋买卖合同的效力不受影响。

【条文解读】

本条是关于出租人妨害承租人行使优先购买权的法律后果的规定。本条承继了2009年《最高人民法院关于审理城镇房屋租赁合同纠纷案件具体应用法律若干问题的解释》第21条规定。

承租人的优先购买权在性质上属债权优先购买权,债权优先购买权不具有对抗第三人的效力,亦不限于以不动产为买卖标的物的情形,因此,在出租人与第三人订立的房屋买卖合同已成立并生效的情况下,承租人不能以其优先购买权被侵害为由,主张出租人与第三人之间买卖租赁房屋的合同无效，但可以请求出租人承担损害赔偿责任。具体而言，需要注意以下两点：

首先，该损害赔偿责任应以承租人优先购买权的行使受到现实的妨害而无法实现为基础。出租人妨害承租人行使优先购买权，多体现为将租赁房屋出卖给第三人时未履行对承租人的通知义务，可以包括未通知、未于合理期限内通知以及未完全通知等情形。根据《民法典》第726条的规定，出租人出卖租赁房屋的，应当在出卖之前的合理期限内通知承租人。合理期限的确定，应当考虑租赁房屋价值、交易习惯等因素，以使承租人有较为充足的时间考虑，并为行使优先购买权做好准备。如果出租人未在合理期限内履行通知义务，属于对承租人优先购买权行使的妨害。未完全通知，是指出租人虽然在合理期限内将房屋出卖的情况通知了承租人，但通知内容不完整、不准确，尤其是作为合同主要内容的价格条件及支付方式等，未如实、完整地通知承租人，可能对承租人是否行使优先购买权产生影响。此外，出租人的妨害行为，亦包括与第三人恶意串通、订立阴阳合同、迫使承租人放弃优先购买权等。审判实践中，根据具体情况，结合出租人行为的目的、内容等进行综合判断。出租人实施妨害承租人优先购买权的行为，未必就能取得妨害权利行使的后果。例如，出租人虽未将出卖房屋的事实通知承租人，但承租人通过其他渠道得知该事实的，仍然可以行使优先购买权，而损害赔偿责任，则以优先购买权的行使受到现实的妨害而无法实现为基础。虽有妨害行为，但承租人的优先购买权的行使没有受到妨害行为影响的，出租人不承担责任。

其次，关于损害赔偿责任的范围，出租人因其妨害行为致使承租人不能行使优先购买权，系对财产权利的侵害，财产损害赔偿以填补损失为原则，赔偿范围既包括因侵权行为导致的财产价值的减少，也包括可得利益的丧失。例如，优先购买权人要获得同类房屋所多支出的价款以及在购买房屋过程中支出的费用损失等。这一部分费用实际上是当事人正常履约状态下本可不必支付的费用，应属赔偿范围。

第729条【不可归责于承租人的租赁物毁损、灭失的法律后果】

因不可归责于承租人的事由，致使租赁物部分或者全部毁损、灭失的，承租人可以请求减少租金或者不支付租金；因租赁物部分或者全部毁损、灭失，致使不能实现合同目的的，承租人可以解除合同。

第730条【租赁期限没有约定或约定不明确时的法律后果】

当事人对租赁期限没有约定或者约定不明确，依据本法第五百一十条的规定仍不能确定的，视为不定期租赁；当事人可以随时解除合同，但是应当在合理期限之前通知对方。

第731条【租赁物质量不合格时承租人解除权】

租赁物危及承租人的安全或者健康的，即使承租人订立合同时明知该租赁物质量不合格，承租人仍然可以随时解除合同。

第732条【房屋承租人死亡的租赁关系的处理】

承租人在房屋租赁期限内死亡的，与其生前共同居住的人或者共同经营人可以按照原租赁合同租赁该房屋。

第733条【租赁期限届满承租人返还租赁物】

租赁期限届满，承租人应当返还租赁物。返还的租赁物应当符合按照约定或者根据租赁物的性质使用后的状态。

★ 第734条【租赁期限届满承租人默示继租及房屋承租人的优先承租权】

租赁期限届满，承租人继续使用租赁物，出租人没有提出异议的，原租赁合同继续有效，但是租赁期限为不定期。

租赁期限届满，房屋承租人享有以同等条件优先承租的权利。

【条文解读】

本条是关于租赁期满默示继租和房屋承租人享有优先承租权的规定。

本条规定的承租人优先承租权的主体，限于"房屋承租人"，系对房屋承租人的赋权性规范，即通过该款法律规定，为房屋承租人创设了优先承租权这一法定权利。根据该款规定，房屋承租人优先承租权的行使存在两方面的条件：一是租赁期限届满。租赁期限届满不应当理解为单纯的期限届满，还需要满足出租人存在相应条件下的出租意愿[①]。因为除国家政策性、保障性住房外，出租人对拥有所有权的房屋是否出租拥有自主决定的权利，故不应认为只要前一租赁合同期限届满出租人须继续将房屋予以出租。二是以同等条件承租。关于"同等条件"的认定，根据租赁合同的特点和性质，租金价格、租赁期限、租金履行方式和租金支付期限，以及租赁物的用法和用途等，都是对租赁合同当事人具有重要影响的合同履行条件，应综合考虑其对出租人利益的影响，作为认定房屋租赁合同"同等条件"的考量因素。至于承租人优先承租权受到妨害的救济，本条未作出明确规定，对此可考虑参照《民法典》第728条关于侵害承租人优先购买权的规定，对承租人因此向出租人主张赔偿其遭受损失的，可以予以支持，但对承租人因此要求确认出租人与第三人签订的租赁合同无效的，不应予以支持。

【关联司法解释】

《最高人民法院关于适用〈中华人民共和国民法典〉时间效力的若干规定》

第21条 民法典施行前租赁期限届满，当事人主张适用民法典第七百三十四条第二款规定的，人民法院不予支持；租赁期限在民法典施行后届满，当事人主张适用民法典第七百三十四条第二款规定的，人民法院依法予以支持。

[①] 最高人民法院民法典贯彻实施工作领导小组主编：《中华人民共和国民法典合同编理解与适用》[三]，人民法院出版社2020年版，第1606页。

第十五章　融资租赁合同

第735条【融资租赁合同定义】

融资租赁合同是出租人根据承租人对出卖人、租赁物的选择，向出卖人购买租赁物，提供给承租人使用，承租人支付租金的合同。

【关联司法解释】

《最高人民法院关于适用〈中华人民共和国民法典〉有关担保制度的解释》

第1条　因抵押、质押、留置、保证等担保发生的纠纷，适用本解释。所有权保留买卖、融资租赁、保理等涉及担保功能发生的纠纷，适用本解释的有关规定。

第57条　担保人在设立动产浮动抵押并办理抵押登记后又购入或者以融资租赁方式承租新的动产，下列权利人为担保价款债权或者租金的实现而订立担保合同，并在该动产交付后十日内办理登记，主张其权利优先于在先设立的浮动抵押权的，人民法院应予支持：

（一）在该动产上设立抵押权或者保留所有权的出卖人；

（二）为价款支付提供融资而在该动产上设立抵押权的债权人；

（三）以融资租赁方式出租该动产的出租人。

买受人取得动产但未付清价款或者承租人以融资租赁方式占有租赁物但是未付清全部租金，又以标的物为他人设立担保物权，前款所列权利人为担保价款债权或者租金的实现而订立担保合同，并在该动产交付后十日内办理登记，主张其权利优先于买受人为他人设立的担保物权的，人民法院应予支持。

同一动产上存在多个价款优先权的，人民法院应当按照登记的时间先后确定清偿顺序。

《最高人民法院关于审理融资租赁合同纠纷案件适用法律问题的解释》

第1条　人民法院应当根据民法典第七百三十五条的规定，结合标的物的性质、价值、租金的构成以及当事人的合同权利和义务，对是否构成融资租赁法律关系作出认定。

对名为融资租赁合同，但实际不构成融资租赁法律关系的，人民法院应按照其实际构成的法律关系处理。

第2条 承租人将其自有物出卖给出租人，再通过融资租赁合同将租赁物从出租人处租回的，人民法院不应仅以承租人和出卖人系同一人为由认定不构成融资租赁法律关系。

第736条【融资租赁合同内容和形式】

融资租赁合同的内容一般包括租赁物的名称、数量、规格、技术性能、检验方法，租赁期限，租金构成及其支付期限和方式、币种，租赁期限届满租赁物的归属等条款。

融资租赁合同应当采用书面形式。

★★ 第737条【虚构租赁物的融资租赁合同无效】

当事人以虚构租赁物方式订立的融资租赁合同无效。

【条文解读】

本条是关于融资租赁合同虚假意思表示效力的规定。本条属于《民法典》新增加的规定。融资租赁是一种特殊的交易制度，其核心是租赁物，只有出租人将真实、合法、确定的租赁物交付承租人，承租人才能对租赁物进行管理和使用，从而实现融资租赁合同的制度功能。以虚构租赁物方式订立融资租赁合同，说明融资租赁合同是当事人的虚假意思表示。虚假意思表示欠缺效果意思，根据《民法典》第143条和第146条规定，以虚假意思表示实施的民事法律行为无效。

相关法律法规对租赁物的性质作了规定，如《金融租赁公司管理办法》第4条规定，适用于融资租赁交易的租赁物为固定资产，银监会另有规定的除外。第32条规定，金融租赁公司应当合法取得租赁物的所有权。商务部、国家税务总局下发的《关于从事融资租赁业务有关问题的通知》第3条对租赁物作了一定限制，试点企业从事融资租赁的租赁物范围包括"各种先进或适用的生产、通信、医疗、环保、科研等设备，工程机械及交通运输工具（包括飞机、轮船、汽车等）"。《最高人民法院关于审理融资租赁合同纠纷案件适用法律问题的解释》第1条第2款规定："对名为融资租赁合同，但实际不构成融资租赁法律关系的，人民法院应按照其实际构成的法律关系处理。"

实践中，常见的"虚构租赁物方式"包括：一是租赁物不存在，当事人伪造租赁物，广义而言，包括租赁物是否能够使用、是否具有使用价值、租赁物所有权是否存在争议等；二是租赁物虽真实存在，但并非租赁合同项下的租赁物，如订立融资租赁合同时，特定租赁物所有权已经转移给其他民事主体等。如果当事人就虚构租赁并无通谋，只是一方当事人虚构租赁物，则构成欺诈。

【条文适用疑难解析】

融资租赁合同与借贷合同的区分

融资租赁合同包含融资、买卖、租赁等多层关系。其中，以租赁物为标的物的是买卖、租赁关系。如果当事人虚构租赁物，则所谓融资租赁关系中的买卖关系、租赁关系并不存在，只剩下融资关系。这种情况下，当事人之间签订的合同名为融资租赁合同，实际可能是借贷合同。当事人向人民法院起诉请求相对人承担责任的，应当依据当事人之间的真实关系作为确定各方权利义务的依据。

实践中，有观点主要从合同主体是三方还是两方来区分融资租赁关系和借贷关系，认为融资租赁合同包含出租人、承租人和出卖人三方当事人之间的融资、买卖、租赁等多层关系，而借贷合同只有出借人和借款人两方当事人。实践中，有的融资租赁合同出卖人和承租人为同一人，即承租人将自己的物出卖给他人，获得价款，又从出租人处回租，支付租金，在支付全部租金后，租赁物所有权继续归属于承租人。在整个交易过程中，租赁物始终由承租人（出卖人）占有使用，没有物的实际流转，只有资金的实际流转。对于此类合同，《最高人民法院关于审理融资租赁合同纠纷案件适用法律问题的解释》第2条规定，承租人将其自有物出卖给出租人，再通过融资租赁合同将租赁物从出租人处租回的，人民法院不应仅以承租人和出卖人系同一人为由认定不构成融资租赁法律关系。这种情况下，仍应当依据当事人的真实意思来确定当事人之间的法律关系。当事人之间构成融资租赁关系还是民间借贷关系，对双方权利义务影响较大。如果构成民间借贷关系，借贷利率不能超过4倍一年期贷款市场报价利率，但融资租赁关系没有这一限制。

【关联司法解释】

《最高人民法院关于审理融资租赁合同纠纷案件适用法律问题的解释》

第1条　人民法院应当根据民法典第七百三十五条的规定，结合标的物的性质、价值、租金的构成以及当事人的合同权利和义务，对是否构成融资租赁法律关系作出认定。

对名为融资租赁合同，但实际不构成融资租赁法律关系的，人民法院应按照其实际构成的法律关系处理。

第738条【租赁物经营许可对合同效力影响】

依照法律、行政法规的规定，对于租赁物的经营使用应当取得行政许可的，出租人未取得行政许可不影响融资租赁合同的效力。

【其他关联规定】

《全国法院民商事审判工作会议纪要》

37.【未经批准合同的效力】　法律、行政法规规定某类合同应当办理批准手续生效的，如商业银行法、证券法、保险法等法律规定购买商业银行、证券公司、保险公司5%以上股权须经相关主管部门批准，依据《合同法》第44条第2款的规定，批准是合同的法定生效条件，未经批准的合同因欠缺法律规定的特别生效条件而未生效。实践中的一个突出问题是，把未生效合同认定为无效合同，或者虽认定为未生效，却按无效合同处理。无效合同从本质上来说是欠缺合同的有效要件，或者具有合同无效的法定事由，自始不发生法律效力。而未生效合同已具备合同的有效要件，对双方具有一定的拘束力，任何一方不得擅自撤回、解除、变更，但因欠缺法律、行政法规规定或当事人约定的特别生效条件，在该生效条件成就前，不能产生请求对方履行合同主要权利义务的法律效力。

第739条【融资租赁标的物交付】

出租人根据承租人对出卖人、租赁物的选择订立的买卖合同，出卖人应当按照约定向承租人交付标的物，承租人享有与受领标的物有关的买受人的权利。

第740条【承租人拒绝受领标的物的条件】

出卖人违反向承租人交付标的物的义务，有下列情形之一的，承租人可以拒绝受领出卖人向其交付的标的物：

（一）标的物严重不符合约定；

（二）未按照约定交付标的物，经承租人或者出租人催告后在合理期限内仍未交付。

承租人拒绝受领标的物的，应当及时通知出租人。

【关联司法解释】

《最高人民法院关于审理融资租赁合同纠纷案件适用法律问题的解释》

第3条 承租人拒绝受领租赁物，未及时通知出租人，或者无正当理由拒绝受领租赁物，造成出租人损失，出租人向承租人主张损害赔偿的，人民法院应予支持。

第741条【承租人的索赔权】

出租人、出卖人、承租人可以约定，出卖人不履行买卖合同义务的，由承租人行使索赔的权利。承租人行使索赔权利的，出租人应当协助。

【关联司法解释】

《最高人民法院关于审理融资租赁合同纠纷案件适用法律问题的解释》

第3条 承租人拒绝受领租赁物，未及时通知出租人，或者无正当理由拒绝受领租赁物，造成出租人损失，出租人向承租人主张损害赔偿的，人民法院应予支持。

第742条【承租人行使索赔权不影响支付租金义务】

承租人对出卖人行使索赔权利，不影响其履行支付租金的义务。但是，承租人依赖出租人的技能确定租赁物或者出租人干预选择租赁物的，承租人可以请求减免相应租金。

【关联司法解释】

《最高人民法院关于审理融资租赁合同纠纷案件适用法律问题的解释》

第8条 租赁物不符合融资租赁合同的约定且出租人实施了下列行为之一，承租人依照民法典第七百四十四条、第七百四十七条的规定，要求出租人承担相应责任的，人民法院应予支持：

（一）出租人在承租人选择出卖人、租赁物时，对租赁物的选定起决定作用的；

（二）出租人干预或者要求承租人按照出租人意愿选择出卖人或者租赁

物的;

（三）出租人擅自变更承租人已经选定的出卖人或者租赁物的。

承租人主张其系依赖出租人的技能确定租赁物或者出租人干预选择租赁物的，对上述事实承担举证责任。

第743条【承租人索赔不能的违约责任承担】

出租人有下列情形之一，致使承租人对出卖人行使索赔权利失败的，承租人有权请求出租人承担相应的责任：

（一）明知租赁物有质量瑕疵而不告知承租人；

（二）承租人行使索赔权利时，未及时提供必要协助。

出租人怠于行使只能由其对出卖人行使的索赔权利，造成承租人损失的，承租人有权请求出租人承担赔偿责任。

第744条【出租人不得擅自变更买卖合同内容】

出租人根据承租人对出卖人、租赁物的选择订立的买卖合同，未经承租人同意，出租人不得变更与承租人有关的合同内容。

第745条【租赁物的登记对抗效力】

出租人对租赁物享有的所有权，未经登记，不得对抗善意第三人。

【关联司法解释】

《最高人民法院关于适用〈中华人民共和国民法典〉有关担保制度的解释》

第54条 动产抵押合同订立后未办理抵押登记，动产抵押权的效力按照下列情形分别处理：

（一）抵押人转让抵押财产，受让人占有抵押财产后，抵押权人向受让人请求行使抵押权的，人民法院不予支持，但是抵押权人能够举证证明受让人知道或者应当知道已经订立抵押合同的除外；

（二）抵押人将抵押财产出租给他人并移转占有，抵押权人行使抵押权的，租赁关系不受影响，但是抵押权人能够举证证明承租人知道或者应当知道已经订立抵押合同的除外；

（三）抵押人的其他债权人向人民法院申请保全或者执行抵押财产，人民法院已经作出财产保全裁定或者采取执行措施，抵押权人主张对抵押财产优先受偿的，人民法院不予支持；

（四）抵押人破产，抵押权人主张对抵押财产优先受偿的，人民法院不予支持。

第67条　在所有权保留买卖、融资租赁等合同中，出卖人、出租人的所有权未经登记不得对抗的"善意第三人"的范围及其效力，参照本解释第五十四条的规定处理。

第746条【融资租赁合同租金的确定】

融资租赁合同的租金，除当事人另有约定外，应当根据购买租赁物的大部分或者全部成本以及出租人的合理利润确定。

【其他关联规定】

《最高人民法院关于依法审理和执行民事商事案件保障民间投资健康发展的通知》

六、依法妥善审理融资纠纷案件，缓解融资难、融资贵问题

依法审理涉及非公有制经济主体的金融借款、融资租赁、民间借贷等案件，依法支持非公有制经济主体多渠道融资。根据物权法定原则的最新发展，正确认定新型担保合同的法律效力，助力提升非公有制经济主体的融资担保能力。正确理解和适用《最高人民法院关于审理民间借贷案件适用法律若干问题的规定》，在统一规范的金融体制改革范围内，依法保护民间金融创新，促进民间资本的市场化有序流动，缓解中小微企业融资困难的问题。严格执行借贷利率的司法保护标准，对商业银行、典当公司、小额贷款公司

等以利息以外的不合理收费变相收取的高息不予支持。要区分正常的借贷行为与利用借贷资金从事违法犯罪的行为，既要依法打击和处理非法集资犯罪，又要保护合法的借贷行为，依法维护合同当事人的合法权益。在案件审理过程中，发现有高利率导致的洗钱、暴力追债、恶意追债等犯罪嫌疑的，要及时将相关材料移交公安机关，推动形成合法有序的民间借贷市场。

第747条【租赁物瑕疵担保责任】

租赁物不符合约定或者不符合使用目的的，出租人不承担责任。但是，承租人依赖出租人的技能确定租赁物或者出租人干预选择租赁物的除外。

【关联司法解释】

《最高人民法院关于审理融资租赁合同纠纷案件适用法律问题的解释》

第8条 租赁物不符合融资租赁合同的约定且出租人实施了下列行为之一，承租人依照民法典第七百四十四条、第七百四十七条的规定，要求出租人承担相应责任的，人民法院应予支持：

（一）出租人在承租人选择出卖人、租赁物时，对租赁物的选定起决定作用的；

（二）出租人干预或者要求承租人按照出租人意愿选择出卖人或者租赁物的；

（三）出租人擅自变更承租人已经选定的出卖人或者租赁物的。

承租人主张其系依赖出租人的技能确定租赁物或者出租人干预选择租赁物的，对上述事实承担举证责任。

第748条【出租人保证承租人占有和使用租赁物】

出租人应当保证承租人对租赁物的占有和使用。

出租人有下列情形之一的，承租人有权请求其赔偿损失：

（一）无正当理由收回租赁物；
（二）无正当理由妨碍、干扰承租人对租赁物的占有和使用；
（三）因出租人的原因致使第三人对租赁物主张权利；
（四）不当影响承租人对租赁物占有和使用的其他情形。

第749条【租赁物造成损害的责任】
承租人占有租赁物期间，租赁物造成第三人人身损害或者财产损失的，出租人不承担责任。

第750条【承租人对租赁物的保管、使用和维修义务】
承租人应当妥善保管、使用租赁物。
承租人应当履行占有租赁物期间的维修义务。

第751条【租赁物毁损、灭失对租金给付义务的影响】
承租人占有租赁物期间，租赁物毁损、灭失的，出租人有权请求承租人继续支付租金，但是法律另有规定或者当事人另有约定的除外。

第752条【承租人支付租金义务】
承租人应当按照约定支付租金。承租人经催告后在合理期限内仍不支付租金的，出租人可以请求支付全部租金；也可以解除合同，收回租赁物。

【关联司法解释】

《最高人民法院关于审理融资租赁合同纠纷案件适用法律问题的解释》
第5条　有下列情形之一，出租人请求解除融资租赁合同的，人民法院应予支持：
（一）承租人未按照合同约定的期限和数额支付租金，符合合同约定的解除条件，经出租人催告后在合理期限内仍不支付的；

（二）合同对于欠付租金解除合同的情形没有明确约定，但承租人欠付租金达到两期以上，或者数额达到全部租金百分之十五以上，经出租人催告后在合理期限内仍不支付的；

（三）承租人违反合同约定，致使合同目的不能实现的其他情形。

第9条 承租人逾期履行支付租金义务或者迟延履行其他付款义务，出租人按照融资租赁合同的约定要求承租人支付逾期利息、相应违约金的，人民法院应予支持。

第10条 出租人既请求承租人支付合同约定的全部未付租金又请求解除融资租赁合同的，人民法院应告知其依照民法典第七百五十二条的规定作出选择。

出租人请求承租人支付合同约定的全部未付租金，人民法院判决后承租人未予履行，出租人再行起诉请求解除融资租赁合同、收回租赁物的，人民法院应予受理。

第11条 出租人依照本解释第五条的规定请求解除融资租赁合同，同时请求收回租赁物并赔偿损失的，人民法院应予支持。

前款规定的损失赔偿范围为承租人全部未付租金及其他费用与收回租赁物价值的差额。合同约定租赁期间届满后租赁物归出租人所有的，损失赔偿范围还应包括融资租赁合同到期后租赁物的残值。

《最高人民法院关于适用〈中华人民共和国民法典〉有关担保制度的解释》

第65条 在融资租赁合同中，承租人未按照约定支付租金，经催告后在合理期限内仍不支付，出租人请求承租人支付全部剩余租金，并以拍卖、变卖租赁物所得的价款受偿的，人民法院应予支持；当事人请求参照民事诉讼法"实现担保物权案件"的有关规定，以拍卖、变卖租赁物所得价款支付租金的，人民法院应予准许。

出租人请求解除融资租赁合同并收回租赁物，承租人以抗辩或者反诉的方式主张返还租赁物价值超过欠付租金以及其他费用的，人民法院应当一并处理。当事人对租赁物的价值有争议的，应当按照下列规则确定租赁物的价值：

（一）融资租赁合同有约定的，按照其约定；

（二）融资租赁合同未约定或者约定不明的，根据约定的租赁物折旧以及合同到期后租赁物的残值来确定；

（三）根据前两项规定的方法仍然难以确定，或者当事人认为根据前两项规定的方法确定的价值严重偏离租赁物实际价值的，根据当事人的申请委托有资质的机构评估。

第753条【出租人的解除权】

承租人未经出租人同意，将租赁物转让、抵押、质押、投资入股或者以其他方式处分的，出租人可以解除融资租赁合同。

【关联司法解释】

《最高人民法院关于审理融资租赁合同纠纷案件适用法律问题的解释》

第11条 出租人依照本解释第五条的规定请求解除融资租赁合同，同时请求收回租赁物并赔偿损失的，人民法院应予支持。

前款规定的损失赔偿范围为承租人全部未付租金及其他费用与收回租赁物价值的差额。合同约定租赁期间届满后租赁物归出租人所有的，损失赔偿范围还应包括融资租赁合同到期后租赁物的残值。

第754条【融资租赁合同的解除情形】

有下列情形之一的，出租人或者承租人可以解除融资租赁合同：

（一）出租人与出卖人订立的买卖合同解除、被确认无效或者被撤销，且未能重新订立买卖合同；

（二）租赁物因不可归责于当事人的原因毁损、灭失，且不能修复或者确定替代物；

（三）因出卖人的原因致使融资租赁合同的目的不能实现。

【关联司法解释】

《最高人民法院关于审理融资租赁合同纠纷案件适用法律问题的解释》

第6条　因出租人的原因致使承租人无法占有、使用租赁物，承租人请求解除融资租赁合同的，人民法院应予支持。

第755条【承租人承担赔偿责任情形】

融资租赁合同因买卖合同解除、被确认无效或者被撤销而解除，出卖人、租赁物系由承租人选择的，**出租人有权请求**承租人赔偿相应损失；但是，因出租人原因致使买卖合同解除、被确认无效或者被撤销的除外。

出租人的损失已经在买卖合同解除、被确认无效或者被撤销时获得赔偿的，承租人不再承担相应的赔偿责任。

第756条【租赁物意外毁损灭失后的补偿】

融资租赁合同因租赁物交付承租人后意外毁损、灭失等不可归责于当事人的原因解除的，出租人可以请求承租人按照租赁物折旧情况给予补偿。

第757条【租赁期限届满租赁物归属】

出租人和承租人可以约定租赁期限届满租赁物的归属；对租赁物的归属没有约定或者约定不明确，依据本法第五百一十条的规定仍不能确定的，租赁物的所有权归出租人。

第758条【租赁物价值返还及租赁物无法返还时的补偿】

当事人约定租赁期限届满租赁物归承租人所有，承租人已经支付大部分租金，但是无力支付剩余租金，出租人因此解除合同收回租赁物，收回的租赁物的价值超过承租人欠付的租金以及其他费用的，承租人可以请求相应返还。

当事人约定租赁期限届满租赁物归出租人所有，因租赁物毁损、灭失或者附合、混合于他物致使承租人不能返还的，出租人有权请求承租人给予合理补偿。

★ 第759条【支付象征性价款时租赁物归属】
当事人约定租赁期限届满，承租人仅需向出租人支付象征性价款的，视为约定的租金义务履行完毕后租赁物的所有权归承租人。

【条文解读】

本条是关于当事人约定象征性价款时租赁物归属的规定。本条属于《民法典》新增加的规定。

对于融资租赁期限届满后，租赁物的归属问题，《民法典》第757条规定，对租赁物的归属没有约定或者约定不明确，根据合同条款及交易习惯仍然不能确定的，租赁物的所有权归出租人。融资租赁合同具有其特殊性，出租人的所有权在很大程度上是发挥担保功能的所有权，在其全部租金债权能够实现的情况下，出租人对租赁物的所有权并不是特别在意，有的合同直接约定在租赁期届满后承租人仅需向出租人支付象征性价款，租赁物所有权即归承租人所有。

适用本条的前提是，当事人约定租赁期限届满，承租人仅需向出租人支付象征性价款就能获得租赁物的所有权。这里的象征性价款本质上并不属于承租人获得租赁物使用权或者所有权的对待给付义务，出租人的对待给付义务仍是支付租金。其所支付的租金已经包含了获得租赁物所有权内的对价，正因如此，本条才规定，这种情况下视为约定的租金义务履行完毕后租赁物的所有权归承租人。

第760条【融资租赁合同无效租赁物归属】
融资租赁合同无效，当事人就该情形下租赁物的归属有约定的，按照其约定；没有约定或者约定不明确的，租赁物应当返还出租人。但是，因承租人原因致使合同无效，出租人不请求返还或者返还后会显著降低租赁物效用的，租赁物的所有权归承租人，由承租人给予出租人合理补偿。

第十六章　保理合同

★ **第761条【保理合同定义】**

保理合同是应收账款债权人将现有的或者将有的应收账款转让给保理人，保理人提供资金融通、应收账款管理或者催收、应收账款债务人付款担保等服务的合同。

【条文解读】

本条是关于保理合同的定义的规定。保理合同是《民法典》新增的有名合同。近年来，我国保理行业发展迅速，法院受理案件数量增多，仅通过债权转让的相关规则加以规范，不利于纠纷的解决、统一裁判规则。在《民法典》中对保理合同设立专章规定，不仅能够促进保理行业的发展，为实体企业提供金融服务，拓宽融资渠道，促进我国经济有序发展，还有利于树立清晰的交易规则和司法裁判规则。为此，在对接《国际保理公约》《国际保理通则》相关规定基础上，借鉴我国《商业银行保理业务管理暂行办法》《中国银行业保理业务规范》相关规定，《民法典》第761条对保理合同的定义作出了明确规定。

在理解保理合同时需要注意：一是保理合同作为一种特殊的债权转让合同，其可转让的标的物是特定的，即现有的和将有的债权，不包括因票据或其他有价证券而产生的付款请求权。根据《动产和权利担保统一登记办法》第3条第2款的规定，应收账款包括销售、出租产生的债权，包括销售货物，供应水、电、气、暖，知识产权的许可使用，出租动产或不动产等；提供医疗、教育、旅游等服务或劳务产生的债权；能源、交通运输、水利、环境保护、市政工程等基础设施和公用事业项目收益权；提供贷款或其他信用活动产生的债权；其他以合同为基础的具有金钱给付内容的债权。二是保理人提供的服务范围，包括资金融通、应收账款管理或者催收、应收账款债务人付款担保等，该服务内容是选择性的，不需要一并具备。如到期保理业务中，保理人并不提供资金融通服务；有追索权保理业务中，保理人并不承担应收账款债务人付款担保的商业风险。

【关联司法解释】

《最高人民法院关于适用〈中华人民共和国民法典〉有关担保制度的解释》

第1条 因抵押、质押、留置、保证等担保发生的纠纷，适用本解释。所有权保留买卖、融资租赁、保理等涉及担保功能发生的纠纷，适用本解释的有关规定。

【其他关联规定】

《商业银行保理业务管理暂行办法》

第13条 商业银行应当根据自身内部控制水平和风险管理能力，制定适合叙做保理融资业务的应收账款标准，规范应收账款范围。商业银行不得基于不合法基础交易合同、寄售合同、未来应收账款、权属不清的应收账款、因票据或其他有价证券而产生的付款请求权等开展保理融资业务。

未来应收账款是指合同项下卖方义务未履行完毕的预期应收账款。

权属不清的应收账款是指权属具有不确定性的应收账款，包括但不限于已在其他银行或商业保理公司等第三方办理出质或转让的应收账款。获得质权人书面同意解押并放弃抵质押权利和获得受让人书面同意转让应收账款权属的除外。

因票据或其他有价证券而产生的付款请求权是指票据或其他有价证券的

持票人无需持有票据或有价证券产生的基础交易应收账款单据，仅依据票据或有价证券本身即可向票据或有价证券主债务人请求按票据或有价证券上记载的金额付款的权利。

《动产和权利担保统一登记办法》

第3条　本办法所称应收账款是指应收账款债权人因提供一定的货物、服务或设施而获得的要求应收账款债务人付款的权利以及依法享有的其他付款请求权，包括现有的以及将有的金钱债权，但不包括因票据或其他有价证券而产生的付款请求权，以及法律、行政法规禁止转让的付款请求权。

本办法所称的应收账款包括下列权利：

（一）销售、出租产生的债权，包括销售货物，供应水、电、气、暖，知识产权的许可使用，出租动产或不动产等；

（二）提供医疗、教育、旅游等服务或劳务产生的债权；

（三）能源、交通运输、水利、环境保护、市政工程等基础设施和公用事业项目收益权；

（四）提供贷款或其他信用活动产生的债权；

（五）其他以合同为基础的具有金钱给付内容的债权。

★ 第762条【保理合同内容和形式】

保理合同的内容一般包括业务类型、服务范围、服务期限、基础交易合同情况、应收账款信息、保理融资款或者服务报酬及其支付方式等条款。

保理合同应当采用书面形式。

【条文解读】

本条是关于保理合同的内容和形式的规定。本条是《民法典》新增加的规定。

针对保理合同的特殊性，本条明确规定保理合同的内容包括业务类型，如是国内保理还是国际保理、是有追索权保理还是无追索权保理、是单保理还是双保理等；服务范围，指应收账款催收和管理、坏账担保、保理融资等；基础交易合同情况，即转让的应收账款情况；应收账款信息、保理融资款或者服务及其支付方式，回购条款以及其他担保情况，违约责任、争议解决等内容。

关于保理合同的形式，明确规定应当采用书面形式。根据《民法典》第469条第2款、第3款的规定，书面形式是合同书、信件、电报、电传、传真等可以有形地表现所载内容的形式。以电子数据交换、电子邮件等方式能够有形地表现所载内容，并可以随时调取查用的数据电文，视为书面形式。

【其他关联规定】

《商业银行保理业务管理暂行办法》

第6条 本办法所称保理业务是以债权人转让其应收账款为前提，集应收账款催收、管理、坏账担保及融资于一体的综合性金融服务。债权人将其应收账款转让给商业银行，由商业银行向其提供下列服务中至少一项的，即为保理业务：

（一）应收账款催收：商业银行根据应收账款账期，主动或应债权人要求，采取电话、函件、上门等方式或运用法律手段等对债务人进行催收。

（二）应收账款管理：商业银行根据债权人的要求，定期或不定期向其提供关于应收账款的回收情况、逾期账款情况、对账单等财务和统计报表，协助其进行应收账款管理。

（三）坏账担保：商业银行与债权人签订保理协议后，为债务人核定信用额度，并在核准额度内，对债权人无商业纠纷的应收账款，提供约定的付款担保。

（四）保理融资：以应收账款合法、有效转让为前提的银行融资服务。

以应收账款为质押的贷款，不属于保理业务范围。

第10条 保理业务分类：

（一）国内保理和国际保理

按照基础交易的性质和债权人、债务人所在地，分为国际保理和国内保理。

国内保理是债权人和债务人均在境内的保理业务。

国际保理是债权人和债务人中至少有一方在境外（包括保税区、自贸区、境内关外等）的保理业务。

（二）有追索权保理和无追索权保理

按照商业银行在债务人破产、无理拖欠或无法偿付应收账款时，是否可以向债权人反转让应收账款、要求债权人回购应收账款或归还融资，分为有追索权保理和无追索权保理。

有追索权保理是指在应收账款到期无法从债务人处收回时，商业银行可以向债权人反转让应收账款、要求债权人回购应收账款或归还融资。有追索权保理又称回购型保理。

无追索权保理是指应收账款在无商业纠纷等情况下无法得到清偿的，由商业银行承担应收账款的坏账风险。无追索权保理又称买断型保理。

（三）单保理和双保理

按照参与保理服务的保理机构个数，分为单保理和双保理。

单保理是由一家保理机构单独为买卖双方提供保理服务。

双保理是由两家保理机构分别向买卖双方提供保理服务。

买卖双方保理机构为同一银行不同分支机构的，原则上可视作双保理。商业银行应当在相关业务管理办法中同时明确作为买方保理机构和卖方保理机构的职责。

有保险公司承保买方信用风险的银保合作，视同双保理。

《中国银行业保理业务规范》

第5条 保理业务具备以下特点：

1.银行通过受让债权，取得对债务人的直接请求权；

2.保理融资的第一还款来源为债务人对应收账款的支付；

3.银行通过对债务人的还款行为、还款记录持续性地跟踪、评估和检查等，及时发现风险，采取措施，达到风险缓释的作用；

4.银行对债务人的坏账担保属于有条件的付款责任。

第6条 保理业务分类

1.国际、国内保理

按照基础交易的性质和债权人、债务人所在地，可分为国际保理和国内保理。债权人和债务人均在境内的，称为国内保理；债权人和债务人中至少有一方在境外的，称为国际保理。

2.有、无追索权保理

按照银行在债务人破产、无理拖欠或无法偿付应收账款时，是否可以向债权人反转让应收账款，或要求债权人回购应收账款或归还融资，可分为有追索权保理和无追索权保理。

有追索权保理是指在应收账款到期无法从债务人处收回时，银行可以向债权人反转让应收账款，或要求债权人回购应收账款或归还融资。有追索权保理又称回购型保理。

无追索权保理是指应收账款在无商业纠纷等情况下无法得到清偿的，由银行承担应收账款的坏账风险。无追索权保理又称买断型保理。

3.公开、隐蔽型保理

按照是否将应收账款转让的事实通知债务人，可分为公开型保理和隐蔽型保理。

公开型保理应将应收账款转让的事实通知债务人，通知方式包括但不限于：向债务人提交银行规定格式的通知书，在发票上加注银行规定格式的转让条款。

隐蔽型保理中应收账款转让的事实暂不通知债务人，但银行保留一定条件下通知的权利。

★ **第763条【虚构应收账款的法律后果】**

应收账款债权人与债务人虚构应收账款作为转让标的，与保理人订立保理合同的，应收账款债务人不得以应收账款不存在为由对抗保理人，但是保理人明知虚构的除外。

【条文解读】

本条是关于应收账款债权人与债务人虚构应收账款作为保理转让标的的法律后果的规定。本条是《民法典》新增加的规定。

理解本条需注意把握的是通谋虚伪表示无效不得对抗善意第三人，但保理人明知的除外，而不包括应当知道的情形。关于善意无过失的标准，《民法典》第171条、第504条在规定表见代理和表见代表时，所使用的判断标准是相对人是否"知道或者应当知道"。"知道"，是指事实上的知道；"应当知道"，是指推定的知道，是对注意义务的违反。本条规定必须是"保理人明知虚构的"，排除了保理人"应当知道应收账款虚假"这一情形，但该规定并非意味着保理人无需进行任何尽职调查，其仍然对应收账款的真实性负有审核的义务。

★ 第764条【保理人表明身份义务】

保理人向应收账款债务人发出应收账款转让通知的，应当表明保理人身份并附有必要凭证。

【条文解读】

本条是关于保理人发出转让通知表明身份义务的规定。本条是《民法典》新增加的规定。

《民法典》第546条第1款规定："债权人转让债权，未通知债务人的，该转让对债务人不发生效力。"该规定虽未明确债权转让的通知义务主体，但根据通常理解应是债权人，但并不排除受让人享有通知的权利。只是在受让人为通知时，势必会增加债务人审核成本及风险。由于债权转让是债权让与人的权利，债权转让的真实性原则上应当向让与人核实。在让与人通知债务人的场合，一般不需要债权人出具证明材料。但在受让人通知的场合，债务人对于受让人的身份及债权转让的事实有待核实，因此，保理人作为债权受让人向应收账款债务人发出应收账款转让通知时，应当表明保理人身份并附有必要凭证。

★ **第765条【基础合同的变更、终止不对保理人发生效力】**
应收账款债务人接到应收账款转让通知后，应收账款债权人与债务人无正当理由协商变更或者终止基础交易合同，对保理人产生不利影响的，对保理人不发生效力。

【条文解读】

本条是关于无正当理由变更或者终止基础交易合同行为对保理人的效力的规定。本条是《民法典》新增加的规定。

保理合同转让的应收账款包括将来的应收账款，因此客观上具有变化的可能性，但产生应收账款的基础合同关系的变化能否对保理人产生效力，需要视具体情形区分对待。

基础交易合同协商变更或者终止对保理人不发生效力必须满足以下条件：一是基础交易合同变化在接到债权转让通知之后。根据《民法典》第546条的规定，债务人未接到债权转让通知的，对债务人不发生效力，因此，在通知债权转让之前，即使基础交易合同发生变化，保理人也仅能向债权人主张承担违约责任，而与债务人无关。二是基础交易合同变化系经过债权人和债务人协商一致。如果是基于法律规定以及债务人单方行使基于法律规定享有的法定权利，使基础交易合同发生变化的，则并不会导致对保理人不生效的后果。三是对保理人产生不利影响。如果基础交易合同变化反而有利于保理人的，则仍然可对保理人有效。四是基础交易合同变化须无正当理由。如果基础交易合同中已经约定可以变更或终止的情形，或者已经经过保理人同意，或者符合诚信原则且保理人无合理理由反对的情形的，仍然可以对保理人产生效力。当基础交易行为发生变化同时满足以上情形时，保理人可以要求债务人继续履行支付应收账款的义务，也可以要求债务人承担违约责任。如果债权人与债务人存在恶意串通情形时，还可以要求债权人和债务人共同承担连带责任。

★ 第766条【有追索权保理】

当事人约定有追索权保理的，保理人可以向应收账款债权人主张返还保理融资款本息或者回购应收账款债权，也可以向应收账款债务人主张应收账款债权。保理人向应收账款债务人主张应收账款债权，在扣除保理融资款本息和相关费用后有剩余的，剩余部分应当返还给应收账款债权人。

【条文解读】

本条是关于有追索权保理中保理人权利及义务的规定。本条是《民法典》新增加的规定。

有追索权保理合同中，保理人与债权人实际上存在融资借款以及债权担保双重法律关系。保理人既是出借人又是担保人。因此，保理人既可以就担保标的物要求债务人清偿，也可以要求应收账款债权人返还融资款本息或以回购应收账款的方式清偿借款本息。

通常情况下，保理合同对保理人的权利会作明确约定，在当事人未作约定或者约定不明的情况下，本条规定保理人既有权向债权人主张权利，也有权向债务人主张权利。在保理人请求债务人和债权人共同清偿的场合，除有特别约定外，当前司法实务中，倾向性观点认为，保理融资的第一还款来源为债务人对应收账款的支付，而有追索权保理合同实质上是应收账款债权人为债务人的债务提供担保，因此，应收账款债务人应对保理人的债权负责清偿，在其不能清偿的情况下，由应收账款债权人承担补充责任。此外，有追索权保理合同的特点是保理人并不承担应收账款不能收回的商业风险，这也是其与无追索权的保理合同的本质区别。因此，保理人受让应收账款的目的是收回应收账款债务人对其所欠的债务，故在应收账款债务人清偿债务的情况下，保理人负有清算义务，即所受偿的债权在扣除保理融资款本息和相关费用后有剩余的，应当返还给应收账款债权人，除非保理合同中另有约定。

★ **第767条【无追索权保理】**

当事人约定无追索权保理的，保理人应当向应收账款债务人主张应收账款债权，保理人取得超过保理融资款本息和相关费用的部分，无需向应收账款债权人返还。

【条文解读】

本条是关于无追索权保理的规定。本条是《民法典》新增加的规定。

无追索权保理合同本质上属于应收账款债权转让合同。保理人承担应收账款债务人无法清偿债务的风险，同时也享有应收账款全部收回后的收益。由于保理人承担债务不履行的商业风险，故应收账款在设定保理时通常会进行打折，保理人若能获得全部债务清偿，不仅能够收回融资本息和必要的费用，也获得了相应的风险溢价。这体现了收益与风险相匹配的市场规则。当然，应收账款债权人不承担债务人不能履行债务的风险并不是绝对的，如果债务人有合理理由对基础交易合同进行抗辩，如质量瑕疵等，或行使合法的抵销权、解除权等而拒绝对保理人付款，则保理人仍然可以向债务人主张权利要求其返还保理融资款本息或者回购债权。

★ **第768条【多重保理的清偿顺序】**

应收账款债权人就同一应收账款订立多个保理合同，致使多个保理人主张权利的，已经登记的先于未登记的取得应收账款；均已经登记的，按照登记时间的先后顺序取得应收账款；均未登记的，由最先到达应收账款债务人的转让通知中载明的保理人取得应收账款；既未登记也未通知的，按照保理融资款或者服务报酬的比例取得应收账款。

【条文解读】

本条是关于同一应收账款多次保理情况下不同保理权利实现顺位的规定。本条是《民法典》新增加的规定。

《民法典》针对所有权保留、融资租赁物所有权、动产抵押权等权利均采用"登记对抗主义",本条对应收账款的让与也采纳了这一原则,意在推动债权交易特别是应收账款让与交易市场的规范。采用登记对抗主义,主要是基于债权交易公示、调查、监督成本较低的考虑,有利于降低融资成本,同时防止债权人与他人串通侵害保理人权益的道德风险。由于保理人向债务人主张权利以通知债务人为前提,因此,在没有登记的情况下,以通知到达时间而非债权转让双方的意思表示来确定应收账款的归属。此外,对于既未登记也未通知的情况下,为规避诚信风险,防止合同倒签等情形,不按合同成立的先后顺序确定应收账款的归属,而是依据保理融资款或者服务报酬的比例取得应收账款。

【关联司法解释】

《最高人民法院关于适用〈中华人民共和国民法典〉有关担保制度的解释》

第66条 同一应收账款同时存在保理、应收账款质押和债权转让,当事人主张参照民法典第七百六十八条的规定确定优先顺序的,人民法院应予支持。

在有追索权的保理中,保理人以应收账款债权人或者应收账款债务人为被告提起诉讼,人民法院应予受理;保理人一并起诉应收账款债权人和应收账款债务人的,人民法院可以受理。

应收账款债权人向保理人返还保理融资款本息或者回购应收账款债权后,请求应收账款债务人向其履行应收账款债务的,人民法院应予支持。

★ **第769条【适用债权转让的规定】**

本章没有规定的,适用本编第六章债权转让的有关规定。

【条文解读】

本条是关于保理适用债权转让规则的规定。保理合同是以应收账款债权转让为前提的合同，而应收账款作为一种债权，保理合同自然属于债权转让的特殊形式。因此，在《民法典》对保理合同作出规定之前，实务中处理保理合同纠纷适用债权转让的一般规则。除《民法典》专门就保理合同作出的9条规定外，债权转让的一般规则仍然可以用于处理保理纠纷。如《民法典》第545条"当事人约定金钱债权不得转让的，不得对抗第三人"的规定、第546条"债权转让的通知不得撤销，但是经受让人同意的除外"、第547条"债权人转让债权的，受让人取得与债权有关的从权利，但该从权利专属于债权人自身的除外。受让人取得从权利不因该从权利未办理转移登记手续或者未转移占有而受到影响"、第548条"债务人接到债权转让通知后，债务人对让与人的抗辩，可以向受让人主张"、第549条有关抵销权的规定、第550条"因债权转让增加的履行费用，由让与人负担"等内容，均可适用于保理合同中。

第十七章　承揽合同

第770条【承揽合同定义和承揽主要类型】

承揽合同是承揽人按照定作人的要求完成工作，交付工作成果，定作人支付报酬的合同。

承揽包括加工、定作、修理、复制、测试、检验等工作。

第771条【承揽合同主要内容】

承揽合同的内容一般包括承揽的标的、数量、质量、报酬，承揽方式，材料的提供，履行期限，验收标准和方法等条款。

第772条【承揽主要工作的完成】

承揽人应当以自己的设备、技术和劳力，完成主要工作，但是当事人另有约定的除外。

承揽人将其承揽的主要工作交由第三人完成的，应当就该第三人完成的工作成果向定作人负责；未经定作人同意的，定作人也可以解除合同。

第773条【承揽辅助工作转交】

承揽人可以将其承揽的辅助工作交由第三人完成。承揽人将其承揽的辅助工作交由第三人完成的，应当就该第三人完成的工作成果向定作人负责。

第774条【承揽人提供材料时的义务】

承揽人提供材料的，应当按照约定选用材料，并接受定作人检验。

第775条【定作人提供材料时双方当事人的义务】

定作人提供材料的，应当按照约定提供材料。承揽人对定作人提供的材料应当及时检验，发现不符合约定时，应当及时通知定作人更换、补齐或者采取其他补救措施。

承揽人不得擅自更换定作人提供的材料，不得更换不需要修理的零部件。

第776条【定作人要求不合理时双方当事人的义务】

承揽人发现定作人提供的图纸或者技术要求不合理的，应当及时通知定作人。因定作人怠于答复等原因造成承揽人损失的，应当赔偿损失。

第777条【定作人变更工作要求的法律后果】

定作人中途变更承揽工作的要求，造成承揽人损失的，应当赔偿损失。

第778条【定作人协助义务】

承揽工作需要定作人协助的，定作人有协助的义务。定作人不履行协助义务致使承揽工作不能完成的,承揽人可以催告定作人在合理期限内履行义务,并可以顺延履行期限;定作人逾期不履行的,承揽人可以解除合同。

第779条【定作人监督检验】

承揽人在工作期间,应当接受定作人必要的监督检验。定作人不得因监督检验妨碍承揽人的正常工作。

第780条【承揽人工作成果交付】

承揽人完成工作的,应当向定作人交付工作成果,并提交必要的技术资料和有关质量证明。定作人应当验收该工作成果。

第781条【工作成果不符合质量要求时的违约责任】

承揽人交付的工作成果不符合质量要求的,定作人可以合理选择请求承揽人承担修理、重作、减少报酬、赔偿损失等违约责任。

第782条【定作人支付报酬的期限】

定作人应当按照约定的期限支付报酬。对支付报酬的期限没有约定或者约定不明确,依据本法第五百一十条的规定仍不能确定的,定作人应当在承揽人交付工作成果时支付;工作成果部分交付的,定作人应当相应支付。

第783条【定作人未履行付款义务时承揽人权利】

定作人未向承揽人支付报酬或者材料费等价款的,承揽人对完成的工作成果享有留置权或者有权拒绝交付,但是当事人另有约定的除外。

第784条【承揽人保管义务】

承揽人应当妥善保管定作人提供的材料以及完成的工作成果,因保管不善造成毁损、灭失的,应当承担赔偿责任。

第785条【承揽人保密义务】

承揽人应当按照定作人的要求保守秘密，未经定作人许可，不得留存复制品或者技术资料。

第786条【共同承揽人连带责任】

共同承揽人对定作人承担连带责任，但是当事人另有约定的除外。

第787条【定作人任意解除权】

定作人在承揽人完成工作前可以随时解除合同，造成承揽人损失的，应当赔偿损失。

第十八章　建设工程合同

★ 第788条【建设工程合同定义和种类】

建设工程合同是承包人进行工程建设，发包人支付价款的合同。

建设工程合同包括工程勘察、设计、施工合同。

【条文解读】

本条是关于建设工程合同的定义和类型的规定，承继了原《合同法》第269条规定。

建设工程合同是承包人进行工程建设，发包人支付价款的合同，包括工程勘察、设计、施工合同。发包人可以与总承包人订立建设工程合同，也可以分别与勘察人、设计人、施工人订立勘察、设计、施工承包合同。建设工程勘察、设计合同属于诺成性合同。根据《民法典》第789条的规定，建设工程勘察、设计合同属于要式合同，应当采用书面形式。因此，当事人形成合意且合同具备书面形式后合同成立。根据《民法典》第794条的规定，勘察、设计合同的内容一般包括提交有关基础资料和概预算等文件的期限、质量要求、费用以及其他协作条件等条款。

第789条【建设工程合同的形式】
建设工程合同应当采用书面形式。

★★第790条【建设工程招投标原则】
建设工程的招标投标活动，应当依照有关法律的规定公开、公平、公正进行。

【条文解读】

本条是关于建设工程的招标投标活动应当依法进行的规定。本条承继了原《合同法》第271条规定。建设工程的招标投标活动应当依照《招标投标法》等法律规定进行。如果建设工程的招标投标活动违反《招标投标法》等法律的强制性规定，将导致建设工程合同无效。

【条文适用疑难解析】

1.中标无效的情形

通过招标投标方式订立建设工程施工合同的，自中标通知书到达中标人时承诺生效，合同成立。有观点认为，中标无效的情况下，建设工程施工合同也无效。该观点没有对合同成立和生效进行区分。《招标投标法》对招标投标行为作了严格规定，如果招标投标行为违反了《招标投标法》的禁止性规定，将导致中标无效。如果中标无效，实则为招标人所作承诺无效，建设工程施工合同未成立。根据《招标投标法》的规定，下列行为将导致中标无效：第一，根据《招标投标法》第50条规定，招标代理机构违反《招标投标法》规定，泄露应当保密的与招标投标活动有关的情况和资料，或者与招标人、投标人串通损害国家利益、社会公共利益或者他人合法权益，影响中标结果的，中标无效。第二，根据《招标投标法》第52条的规定，依法必须进行招标的项目的招标人向他人透露已获取招标文件的潜在投标人的名称、数量或者可能影响公平竞争的有关招标投标的其他情况，或者泄露标底，影响中标结果的，中标无效。第三，根据《招标投标法》第53条的规定，投标人相互串通投标或者与招标人串通投标的，投标人以向招标人或者评标委员会成员行贿的手段谋取中标的，中标无效。第四，根据《招标投标法》第54条的规定，投标人以他人名义投标或者以其他方式弄虚作假，骗取中标的，中标无效。第五，根据《招标投标法》第55条的规定，依法必须进行招标的项目，招标人违反《招标投标法》的规定，与投标人就投标价格、投标方案等实质性内容进行谈判，影响中标结果的，中标无效。第六，根据《招标投标法》第57条的规定，招标人在评标委员会依法推荐的中标候选人以外确定中标人的，依法必须进行招标的项目在所有投标被评标委员会否决后自行确定中标人的，中标无效。

2.串通投标行为的认定

《招标投标法》第53条规定，投标人相互串通投标或者与招标人串通投标的，投标人以向招标人或者评标委员会成员行贿的手段谋取中标的，中标无效。串通投标包括投标人之间相互串通投标和投标人与招标人串通投标两种类型。对于哪些行为属于串标行为，《招标投标法实施条例》专门作出规定。从司法实践的情况看，在司法个案中查明投标人相互串通投标或者投标人与招标人串通投标的情况较为少见。但这并不意味着串标的情况在实践中很少发生，也可能是串标行为在实践中具有隐蔽性，不易发现。

关于投标人相互串通投标行为的范围，《招标投标法实施条例》第39条规定："禁止投标人相互串通投标。有下列情形之一的，属于投标人相互串通投标：（一）投标人之间协商投标报价等投标文件的实质性内容；（二）投标人之间约定中标人；（三）投标人之间约定部分投标人放弃投标或者中标；（四）属于同一集团、协会、商会等组织成员的投标人按照该组织要求协同投标；（五）投标人之间为谋取中标或者排斥特定投标人而采取的其他联合行动。"此外,《招标投标法实施条例》第40条还对应视为投标人相互串通投标的行为作了规定。该条一共规定了6种应视为投标人相互串通投标的行为:(1)不同投标人的投标文件由同一单位或者个人编制;(2)不同投标人委托同一单位或者个人办理投标事宜;(3)不同投标人的投标文件载明的项目管理成员为同一人;(4)不同投标人的投标文件异常一致或者投标报价呈规律性差异;(5)不同投标人的投标文件相互混装;(6)不同投标人的投标保证金从同一单位或者个人的账户转出。

关于投标人与招标人相互串通投标行为的范围,《招标投标法实施条例》第41条规定:"禁止招标人与投标人串通投标。有下列情形之一的,属于招标人与投标人串通投标:(一)招标人在开标前开启投标文件并将有关信息泄露给其他投标人;(二)招标人直接或者间接向投标人泄露标底、评标委员会成员等信息;(三)招标人明示或者暗示投标人压低或者抬高投标报价;(四)招标人授意投标人撤换、修改投标文件;(五)招标人明示或者暗示投标人为特定投标人中标提供方便;(六)招标人与投标人为谋求特定投标人中标而采取的其他串通行为。"

3."先定后招"是否导致所有招标工程的中标均无效

在建设工程施工合同司法实践中,因招标投标而影响建设工程施工合同成立和效力的因素主要有:一是必须招标的工程未经招标投标就订立建设工程施工合同;二是"先定后招",即发包人与承包人在招标投标之前进行实质性磋商。在后一种情况下,关于所有的工程"先定后招"均导致合同无效还是必须招标的工程"先定后招"才导致合同无效的问题,实践中存在争议。对于这一问题,《招标投标法》第43条规定:"在确定中标人前,招标人不得与投标人就投标价格、投标方案等实质性内容进行谈判。"第55条也规定:"依法必须进行招标的项目,招标人违反本法规定,与投标人就投标价格、投标方案等实质性内容进行谈判的,给予警告,对单位直接负责的主管人员和其他直接责任人员依法给予处分。前款所列行为影响中标结果的,中标无效。"争议的焦点在于《招标投标法》第43条规定是否为效力性强制性规定。一种观点认为,虽然《招标投标法》第43条规定,在确定中标人前,招标人不得与投标人就投标价格、投标方案等实质性内容进行谈判。但该法第55条规定，依法必须进行招标的项目，招标人违反该法规定，与投标人就投标价格、投标方案等实质性内容进行谈判，影响中标结果的，中标才无效。从体系解释的角度看，既然《招标投标法》第55条将"先定后招"导致中标无效的范围限定为依法必须进行招标的项目，第43条并没有规定所有工程项目"先定后招"导致中标无效，故该条只是管理性规定，仅违反第43条规定而未违反第55条规定的，不宜认定中标无效。另一种观点认为，所有的建设工程，只要存在"先定后招"的情况，违反《招标投标法》第43条规定的，中标均无效，主要理由如下：一是《招标投标法》第2条规定，在中国境内进行招投标活动，适用该法，因此不论是否属于依法必须进行招标的项目，市场主体选择招标方式的，就应当遵守《招标投标法》及其实施条例相关规定。据此，凡是选择通过招标方式发包建设工程项目的，均应严格适用《招标投标法》规定。二是司法实践通行的观点认为，选定中标人是招标投标程序的核心环节。招标人在依《招标投标法》确定中标人前，就选定中标人并与之进行实质性谈判，如果不认定中标无效，那么招投标程序没有任何意义。三是规制建设工程施工合同的法律多为经济法，经济法的特点就是强调对市场的适度干预，规制不规范行为，维护建筑市场公平竞争秩序，不宜对此类法律规定区分管理性强制性规定和效力性强制性规定。第二种观点是司法实务中较为主流的观点。如果发包人在招标投标前即选定中标人，并与中标人进行了实质性协商，则之后的招标投标程序实质是"走过场"，属于虚假招标，应当认定中标无效。

★★ 第791条【建设工程的发包、转包、分包】

发包人可以与总承包人订立建设工程合同，也可以分别与勘察人、设计人、施工人订立勘察、设计、施工承包合同。发包人不得将应当由一个承包人完成的建设工程支解成若干部分发包给数个承包人。

总承包人或者勘察、设计、施工承包人经发包人同意，可以将自己承包的部分工作交由第三人完成。第三人就其完成的工作成果与总承包人或者勘察、设计、施工承包人向发包人承担连带责任。承包人不得将其承包的全部建设工程转包给第三人或者将其承包的全部建设工程支解以后以分包的名义分别转包给第三人。

禁止承包人将工程分包给不具备相应资质条件的单位。禁止分包单位将其承包的工程再分包。建设工程主体结构的施工必须由承包人自行完成。

【条文解读】

本条是关于建设工程发包、转包、分包的规定。本条承继了原《合同法》第272条规定。发包人可以与总承包人订立建设工程合同，也可以分别与勘察人、设计人、施工人订立勘察、设计、施工承包合同，但是不得将应当由一个承包人完成的建设工程支解成若干部分发包给数个承包人。支解发包是指发包人将单位工程分为若干部分，分别发包给不同的承包人施工。支解发包的各承包人之间通常难以有效协调，妨碍工程施工顺利进行，影响工程施工进度，甚至影响建设工程质量。因此，支解发包为法律所禁止。《建筑法》第24条规定，提倡对建筑工程实行总承包，禁止将建筑工程肢解发包。不得将应当由一个承包单位完成的建筑工程肢解成若干部分发包给几个承包单位。《建设工程质量管理条例》第7条规定："建设单位应当将工程发包给具有相应资质等级的单位。建设单位不得将建设工程肢解发包。"关于肢解发包的含义，《建设工程质量管理条例》第78条第1款规定："本条例所称肢解发包，是指建设单位将应当由一个承包单位完成的建设工程分解成若干部分发包给不同的承包单位的行为。"哪些工程属于应当由一个承包单位完成的建设工程呢？单位工程必须由一个承包单位完成施工。根据《建设工程分类标准》（GB/T 50841—2013）的规定，单位工程是指具备独立施工条件并能形成独立使用功能的建筑物及构筑物。举例而言，如果一个商品房小区由1号楼至5号楼组成，一般而言，每幢楼都属于具备独立施工条件并能形成独立使用功能的建筑物或构筑物，是单位工程。发包人可以将其中的一幢或者数幢楼发包给一个承包人，但不得将其中一幢楼的工程肢解发包给不同的承包人。

合法分包受法律保护。总承包人或者勘察、设计、施工承包人经发包人同意，可以将自己承包的部分工作交由第三人完成。第三人就其完成的工作成果与总承包人或者勘察、设计、施工承包人向发包人承担连带责任。转包行为为法律所禁止，承包人不得将其承包的全部建设工程转包给第三人或者将其承包的全部建设工程支解以后以分包的名义分别转包给第三人。所有的转包行为均是违法行为，所有转包合同均应当认定为无效。

违法分包合同属于无效合同。承包人将工程分包给不具备相应资质条件的单位，分包单位将其承包的工程再分包，或者承包人将建设工程主体结构的施工分包的，都属于违法分包。

【条文适用疑难解析】

1.哪些行为属于违法分包行为

对于违法分包的含义，《建筑工程施工发包与承包违法行为认定查处管理办法》第11条规定："本办法所称违法分包，是指承包单位承包工程后违反法律法规规定，把单位工程或分部分项工程分包给其他单位或个人施工的行为。"根据这一定义，违法分包的主体一方是从发包人处承包工程的承包人，亦称分包人；另一方是分包合同的承包人，亦称分承包人。违法分包行为的违法性体现为，承包人把单位工程或分部分项工程分包给其他单位或个人施工的行为，违反法律法规规定或者施工合同关于工程分包的约定。分包不同于转包，分包是将所承包工程中的单位工程或者分项工程分包给其他单位或者个人施工，而转包是承包人将其承包的全部工程再转包给其他单位或者个人施工。关于各类违法分包行为的具体规定，主要体现在《建筑法》《招标投标法》《建设工程质量管理条例》《建筑工程施工发包与承包违法行为认定查处管理办法》等法律法规和规章中。

《建筑法》第29条规定："建筑工程总承包单位可以将承包工程中的部分工程发包给具有相应资质条件的分包单位；但是，除总承包合同中约定的分包外，必须经建设单位认可。施工总承包的，建筑工程主体结构的施工必须由总承包单位自行完成。建筑工程总承包单位按照总承包合同的约定对建设单位负责；分包单位按照分包合同的约定对总承包单位负责。总承包单位和分包单位就分包工程对建设单位承担连带责任。禁止总承包单位将工程分包给不具备相应资质条件的单位。禁止分包单位将其承包的工程再分包。"该条规定确定了4种违法分包行为，即未经建设单位同意的分包、将建筑工程主体结构分包、将工程分包给不具备相应资质条件的单位、分包单位将其承包的工程再分包。《招标投标法》也对分包作了规定。该法第48条第2款规定："中标人按照合同约定或者经招标人同意，可以将中标项目的部分非主体、非关键性工作分包给他人完成。接受分包的人应当具备相应的资格条件，并不得再次分包。"根据该款规定，中标人将中标项目的主体工作、关键性工作分包给他人完成的，也属于违法分包。《建设工程质量管理条例》第78条第2款规定："本条例所称违法分包，是指下列行为：（一）总承包单位将建设工程分包给不具备相应资质条件的单位的；（二）建设工程总承包合同中未有约定，又未经建设单位认可，承包单位将其承包的部分建设工程交由其他单位完成的；（三）施工总承包单位将建设工程主体结构的施工分包给其他单位的；（四）分包单位将其承包的建设工程再分包的。"该条规定的违法分包行为的范围与《建筑法》第29条的规定一致。《建筑工程施工发包与承包违法行为认定查处管理办法》第12条规定："存在下列情形之一的，属于违法分包：（一）承包单位将其承包的工程分包给个人的；（二）施工总承包单位或专业承包单位将工程分包给不具备相应资质单位的；（三）施工总承包单位将施工总承包合同范围内工程主体结构的施工分包给其他单位的，钢结构工程除外；（四）专业分包单位将其承包的专业工程中非劳务作业部分再分包的；（五）专业作业承包人将其承包的劳务再分包的；（六）专业作业承包人除计取劳务作业费用外，还计取主要建筑材料款和大中型施工机械设备、主要周转材料费用的。"

2.哪些行为属于转包行为

关于转包的含义，《民法典》第791条第2款规定："承包人不得将其承包的全部建设工程转包给第三人或者将其承包的全部建设工程支解以后以分包的名义分别转包给第三人。"《建筑法》第28条规定："禁止承包单位将其承包的全部建筑工程转包给他人，禁止承包单位将其承包的全部建筑工程肢解以后以分包的名义分别转包给他人。"《建设工程质量管理条例》第78条第3款规定："本条例所称转包，是指承包单位承包建设工程后，不履行合同约定的责任和义务，将其承包的全部建设工程转给他人或者将其承包的全部建设工程肢解以后以分包的名义分别转给其他单位承包的行为。"《建筑工程施工发包与承包违法行为认定查处管理办法》第7条规定："本办法所称转包，是指承包单位承包工程后，不履行合同约定的责任和义务，将其承包的全部工程或者将其承包的全部工程肢解后以分包的名义分别转给其他单位或个人施工的行为。"从上述规定看，转包行为无合法与违法之分，所有的转包行为均为非法。

关于转包行为的具体类型，《建筑工程施工发包与承包违法行为认定查处管理办法》第8条第1款规定："存在下列情形之一的，应当认定为转包，但有证据证明属于挂靠或者其他违法行为的除外：（一）承包单位将其承包的全部工程转给其他单位（包括母公司承接建筑工程后将所承接工程交由具有独立法人资格的子公司施工的情形）或个人施工的；（二）承包单位将其承包的全部工程肢解以后，以分包的名义分别转给其他单位或个人施工的；（三）施工总承包单位或专业承包单位未派驻项目负责人、技术负责人、质量管理负责人、安全管理负责人等主要管理人员，或派驻的项目负责人、技术负责人、质量管理负责人、安全管理负责人中一人及以上与施工单位没有订立劳动合同且没有建立劳动工资和社会养老保险关系，或派驻的项目负责人未对该工程的施工活动进行组织管理，又不能进行合理解释并提供相应证明的；（四）合同约定由承包单位负责采购的主要建筑材料、构配件及工程设备或租赁的施工机械设备，由其他单位或个人采购、租赁，或施工单位不能提供有关采购、租赁合同及发票等证明，又不能进行合理解释并提供相应证明的；（五）专业作业承包人承包的范围是承包单位承包的全部工程，专业作业承包人计取的是除上缴给承包单位'管理费'之外的全部工程价款的；（六）承包单位通过采取合作、联营、个人承包等形式或名义，直接或变相将其承包的全部工程转给其他单位或个人施工的；（七）专业工程的发包单位不是该工程的施工总承包或专业承包单位的,但建设单位依约作为发包单位的除外;(八)专业作业的发包单位不是该工程承包单位的;(九)施工合同主体之间没有工程款收付关系,或者承包单位收到款项后又将款项转拨给其他单位和个人,又不能进行合理解释并提供材料证明的。"

实践中,要注意区分分包行为与转包行为,尤其是合法分包行为与转包行为。分包行为与转包行为区分的关键在于承包人对其所承包的建设工程是进行部分施工还是均不施工。如果承包人对其所承包的建设工程进行部分施工,将剩余部分分包给其他企业或个人施工,则属于分包行为。如果承包人对其所承包的建设工程均不施工,而是将全部工程转包给其他企业或个人施工,或者将工程肢解后再包给不同的人施工,则属于转包。对于合法的劳务分包和专业分包关系,应当依法予以保护。对此,《最高人民法院关于审理建设工程施工合同纠纷案件适用法律问题的解释(一)》第5条规定:"具有劳务作业法定资质的承包人与总承包人、分包人签订的劳务分包合同,当事人请求确认无效的,人民法院依法不予支持。"

【关联司法解释】

《最高人民法院关于审理建设工程施工合同纠纷案件适用法律问题的解释(一)》

第1条 建设工程施工合同具有下列情形之一的,应当依据民法典第一百五十三条第一款的规定,认定无效:

(一)承包人未取得建筑业企业资质或者超越资质等级的;

(二)没有资质的实际施工人借用有资质的建筑施工企业名义的;

(三)建设工程必须进行招标而未招标或者中标无效的。

承包人因转包、违法分包建设工程与他人签订的建设工程施工合同,应当依据民法典第一百五十三条第一款及第七百九十一条第二款、第三款的规定,认定无效。

第4条 承包人超越资质等级许可的业务范围签订建设工程施工合同,

在建设工程竣工前取得相应资质等级，当事人请求按照无效合同处理的，人民法院不予支持。

第5条 具有劳务作业法定资质的承包人与总承包人、分包人签订的劳务分包合同，当事人请求确认无效的，人民法院依法不予支持。

第792条【订立国家重大建设工程合同】

国家重大建设工程合同，应当按照国家规定的程序和国家批准的投资计划、可行性研究报告等文件订立。

【关联司法解释】

《最高人民法院关于审理建设工程施工合同纠纷案件适用法律问题的解释（一）》

第3条 当事人以发包人未取得建设工程规划许可证等规划审批手续为由，请求确认建设工程施工合同无效的，人民法院应予支持，但发包人在起诉前取得建设工程规划许可证等规划审批手续的除外。

发包人能够办理审批手续而未办理，并以未办理审批手续为由请求确认建设工程施工合同无效的，人民法院不予支持。

★ 第793条【建设工程施工合同无效、验收不合格的处理】

建设工程施工合同无效，但是建设工程经验收合格的，可以参照合同关于工程价款的约定折价补偿承包人。

建设工程施工合同无效，且建设工程经验收不合格的，按照以下情形处理：

（一）修复后的建设工程经验收合格的，发包人可以请求承包人承担修复费用；

（二）修复后的建设工程经验收不合格的，承包人无权请求参照合同关于工程价款的约定折价补偿。

发包人对因建设工程不合格造成的损失有过错的，应当承担相应的责任。

【条文解读】

本条是关于建设工程施工合同无效情况下对承包人折价补偿的规定，是《民法典》新增条文，来源于2004年《最高人民法院关于审理建设工程施工合同纠纷案件适用法律问题的解释》第2条和第3条的规定。本条主要规定了建设工程施工合同无效后，建设工程折价补偿的问题。关于合同无效的法律后果，《民法典》第157条规定："民事法律行为无效、被撤销或者确定不发生效力后，行为人因该行为取得的财产，应当予以返还；不能返还或者没有必要返还的，应当折价补偿。有过错的一方应当赔偿对方由此所受到的损失；各方都有过错的，应当各自承担相应的责任。法律另有规定的，依照其规定。"根据该条规定，合同无效的救济方式包括三种：返还财产、折价补偿、赔偿损失。建设工程领域，发包人与承包人订立建设工程施工合同的目的是发包人获得合格的建设工程，承包人获得工程价款。建设工程施工合同无效后，发包人因无效的建设工程施工合同取得了承包人施工的工程，依据《民法典》第157条的规定，发包人应当返还财产。但建设工程是承包人按照发包人的要求施工建成的特定标的物，而且承包人订立合同的目的也不是获得建设工程，而是获得工程施工的对价。因此，在建设工程施工合同无效的情况下，返还财产对发包人和承包人来说并不是合适的处理方式。此外，对于房屋以及土地的转让，《民法典》规定了房地一体处分原则。承包人施工的建设工程所占用的土地一般属于发包人。建设工程施工合同被认定无效后，承包人请求发包人返还建设工程，存在法律上的障碍。基于此，本条规定建设工程施工合同无效，但是建设工程经验收合格的，可以参照合同关于工程价款的约定折价补偿承包人。对于建设工程施工合同无效的法律后果，本条采用了折价补偿的救济方式。此外，根据《民法典》第157条规定，如果发包人折价补偿之后，承包人或者发包人还有其他损失，可以根据对方过错、损失大小、过错与损失之间的因果关系要求对方承担一定的赔偿责任。

建设工程领域中，发包人向承包人支付工程价款的前提是承包人交付的建设工程质量合格。同样，建设工程施工合同无效后，承包人请求发包人对其建成的建设工程进行折价补偿，前提是要保障其交付的建设工程质量合格。如果承包人向发包人交付的建设工程质量不合格，其可以通过维修等方式予以补正，修复的费用承包人应自行承担。建设工程经修复后验收合格的，承包人有权请求发包人就其交付的建设工程折价补偿。如果建设工程经修复仍然不合格的，承包人则无权请求发包人就建设工程进行折价补偿。而且对于因建设工程质量不合格造成的损失，发包人或者承包人有过错的，还要承担相应的赔偿责任。

【关联司法解释】

《最高人民法院关于审理建设工程施工合同纠纷案件适用法律问题的解释（一）》

第6条 建设工程施工合同无效，一方当事人请求对方赔偿损失的，应当就对方过错、损失大小、过错与损失之间的因果关系承担举证责任。

损失大小无法确定，一方当事人请求参照合同约定的质量标准、建设工期、工程价款支付时间等内容确定损失大小的，人民法院可以结合双方过错程度、过错与损失之间的因果关系等因素作出裁判。

第13条 发包人具有下列情形之一，造成建设工程质量缺陷，应当承担过错责任：

（一）提供的设计有缺陷；

（二）提供或者指定购买的建筑材料、建筑构配件、设备不符合强制性标准；

（三）直接指定分包人分包专业工程。

承包人有过错的，也应当承担相应的过错责任。

★ **第24条** 当事人就同一建设工程订立的数份建设工程施工合同均无效，但建设工程质量合格，一方当事人请求参照实际履行的合同关于工程价款的约定折价补偿承包人的，人民法院应予支持。

实际履行的合同难以确定，当事人请求参照最后签订的合同关于工程价款的约定折价补偿承包人的，人民法院应予支持。

【司法解释条文解读】

本条是关于发包人和承包人就同一建设工程签订的多份建设工程施工合同均无效时，承包人可以请求参照哪份合同折价补偿的规定。关于这一问题，实践中存在不同的观点：第一种观点认为，承包人可以请求参照备案合同的约定进行折价补偿。在黑白合同中，备案的建设工程施工合同一般是白合同，当事人私下签订的合同一般被称为黑合同。当事人私下签订黑合同往往是为了规避相关法律规定，对于这种行为法律上应予否定。第二种观点认为，应当参照中标合同的约定折价补偿承包人。对于必须招标的工程，当事人通过招标投标程序签订的中标合同虽然与其他合同一样均无效，但通过招标投标程序签订的中标合同相比于其他合同更可信。第三种观点认为，应当参照当事人实际履行合同的约定折价补偿承包人。在发包人与承包人所签订的多份建设工程施工合同均无效的情况下，当事人实际履行的建设工程施工合同最接近于当事人的真实意思表示。第四种观点认为，应当参照当事人最后签订合同的约定折价补偿承包人。实践中，当事人经常对哪份合同是实际履行的合同存有争议，当发包人与承包人就同一建设工程签订多个建设工程施工合同，一般来说最后签订的合同往往是双方当事人的真实意思表示。本条司法解释采用了第三种和第四种观点，主要理由是：发包人和承包人实际履行的合同，符合双方当事人的真实意思，参照双方实际履行的合同对承包人施工的建设工程折价补偿既公平，也更容易为发包人和承包人接受。实践中，当双方当事人对于哪份施工合同属于实际履行的合同存有争议，而双方又均无法举证证明实际履行的合同是哪一份时，参照双方当事人最后签订的合同进行折价补偿，符合建设工程施工合同签订后履行期间的实际情况。

第794条【勘察、设计合同的内容】

勘察、设计合同的内容一般包括提交有关基础资料和概预算等文件的期限、质量要求、费用以及其他协作条件等条款。

第795条【施工合同的内容】

施工合同的内容一般包括工程范围、建设工期、中间交工工程的开工和竣工时间、工程质量、工程造价、技术资料交付时间、材料和设备供应责任、拨款和结算、竣工验收、质量保修范围和质量保证期、相互协作等条款。

【关联司法解释】

《最高人民法院关于审理建设工程施工合同纠纷案件适用法律问题的解释（一）》

第2条 招标人和中标人另行签订的建设工程施工合同约定的工程范围、建设工期、工程质量、工程价款等实质性内容，与中标合同不一致，一方当事人请求按照中标合同确定权利义务的，人民法院应予支持。

招标人和中标人在中标合同之外就明显高于市场价格购买承建房产、无偿建设住房配套设施、让利、向建设单位捐赠财物等另行签订合同，变相降低工程价款，一方当事人以该合同背离中标合同实质性内容为由请求确认无效的，人民法院应予支持。

第22条 当事人签订的建设工程施工合同与招标文件、投标文件、中标通知书载明的工程范围、建设工期、工程质量、工程价款不一致，一方当事人请求将招标文件、投标文件、中标通知书作为结算工程价款的依据的，人民法院应予支持。

第23条 发包人将依法不属于必须招标的建设工程进行招标后，与承包人另行订立的建设工程施工合同背离中标合同的实质性内容，当事人请求以中标合同作为结算建设工程价款依据的，人民法院应予支持，但发包人与承包人因客观情况发生了在招标投标时难以预见的变化而另行订立建设工施工合同的除外。

第796条【建设工程监理】
建设工程实行监理的，发包人应当与监理人采用书面形式订立委托监理合同。发包人与监理人的权利和义务以及法律责任，应当依照本编委托合同以及其他有关法律、行政法规的规定。

第797条【发包人的检查权】
发包人在不妨碍承包人正常作业的情况下，可以随时对作业进度、质量进行检查。

第798条【隐蔽工程】
隐蔽工程在隐蔽以前，承包人应当通知发包人检查。发包人没有及时检查的，承包人可以顺延工程日期，并有权请求赔偿停工、窝工等损失。

【关联司法解释】

《最高人民法院关于审理建设工程施工合同纠纷案件适用法律问题的解释（一）》

第10条 当事人约定顺延工期应当经发包人或者监理人签证等方式确认，承包人虽未取得工期顺延的确认，但能够证明在合同约定的期限内向发包人或者监理人申请过工期顺延且顺延事由符合合同约定，承包人以此为由主张工期顺延的，人民法院应予支持。

★ 第799条【建设工程的竣工验收】
建设工程竣工后，发包人应当根据施工图纸及说明书、国家颁发的施工验收规范和质量检验标准及时进行验收。验收合格的，发包人应当按照约定支付价款，并接收该建设工程。

建设工程竣工经验收合格后，方可交付使用；未经验收或者验收不合格的，不得交付使用。

【条文解读】

本条是关于建设工程竣工验收的规定。本条承继了原《合同法》第279条规定。

交付质量合格的建设工程，是发包人最基本的义务。工程质量是否合格，需要发包人组织承包人、监理人和设计人等主体进行竣工验收。由于建设工程的使用往往涉及社会大众的利益，因此，建设工程竣工经验收合格后，方可交付使用。

发包人擅自使用了未经竣工验收的建设工程，就不能以使用部分质量不符合约定为由主张权利或者对抗承包人关于支付建设工程价款的请求权。但是承包人应当在建设工程的合理使用寿命内对地基基础工程和主体结构质量承担民事责任。

【关联司法解释】

《最高人民法院关于审理建设工程施工合同纠纷案件适用法律问题的解释（一）》

第14条 建设工程未经竣工验收，发包人擅自使用后，又以使用部分质量不符合约定为由主张权利的，人民法院不予支持；但是承包人应当在建设工程的合理使用寿命内对地基基础工程和主体结构质量承担民事责任。

第17条 有下列情形之一，承包人请求发包人返还工程质量保证金的，人民法院应予支持：

（一）当事人约定的工程质量保证金返还期限届满；

（二）当事人未约定工程质量保证金返还期限的，自建设工程通过竣工验收之日起满二年；

（三）因发包人原因建设工程未按约定期限进行竣工验收的，自承包人提交工程竣工验收报告九十日后当事人约定的工程质量保证金返还期限届满；当事人未约定工程质量保证金返还期限的，自承包人提交工程竣工验收报告九十日后起满二年。

发包人返还工程质量保证金后，不影响承包人根据合同约定或者法律规定履行工程保修义务。

第19条 当事人对建设工程的计价标准或者计价方法有约定的，按照约定结算工程价款。

因设计变更导致建设工程的工程量或者质量标准发生变化，当事人对该部分工程价款不能协商一致的，可以参照签订建设工程施工合同时当地建设行政主管部门发布的计价方法或者计价标准结算工程价款。

建设工程施工合同有效，但建设工程经竣工验收不合格的，依照民法典第五百七十七条规定处理。

第20条 当事人对工程量有争议的，按照施工过程中形成的签证等书面文件确认。承包人能够证明发包人同意其施工，但未能提供签证文件证明工程量发生的，可以按照当事人提供的其他证据确认实际发生的工程量。

第21条 当事人约定，发包人收到竣工结算文件后，在约定期限内不予答复，视为认可竣工结算文件的，按照约定处理。承包人请求按照竣工结算文件结算工程价款的，人民法院应予支持。

第25条 当事人对垫资和垫资利息有约定，承包人请求按照约定返还垫资及其利息的，人民法院应予支持，但是约定的利息计算标准高于垫资时的同类贷款利率或者同期贷款市场报价利率的部分除外。

当事人对垫资没有约定的，按照工程欠款处理。

当事人对垫资利息没有约定，承包人请求支付利息的，人民法院不予支持。

第26条 当事人对欠付工程价款利息计付标准有约定的，按照约定处理。没有约定的，按照同期同类贷款利率或者同期贷款市场报价利率计息。

第27条 利息从应付工程价款之日开始计付。当事人对付款时间没有约定或者约定不明的,下列时间视为应付款时间:

(一)建设工程已实际交付的,为交付之日;

(二)建设工程没有交付的,为提交竣工结算文件之日;

(三)建设工程未交付,工程价款也未结算的,为当事人起诉之日。

第28条 当事人约定按照固定价结算工程价款,一方当事人请求对建设工程造价进行鉴定的,人民法院不予支持。

第29条 当事人在诉讼前已经对建设工程价款结算达成协议,诉讼中一方当事人申请对工程造价进行鉴定的,人民法院不予准许。

第30条 当事人在诉讼前共同委托有关机构、人员对建设工程造价出具咨询意见,诉讼中一方当事人不认可该咨询意见申请鉴定的,人民法院应予准许,但双方当事人明确表示受该咨询意见约束的除外。

第31条 当事人对部分案件事实有争议的,仅对有争议的事实进行鉴定,但争议事实范围不能确定,或者双方当事人请求对全部事实鉴定的除外。

第32条 当事人对工程造价、质量、修复费用等专门性问题有争议,人民法院认为需要鉴定的,应当向负有举证责任的当事人释明。当事人经释明未申请鉴定,虽申请鉴定但未支付鉴定费用或者拒不提供相关材料的,应当承担举证不能的法律后果。

一审诉讼中负有举证责任的当事人未申请鉴定,虽申请鉴定但未支付鉴定费用或者拒不提供相关材料,二审诉讼中申请鉴定,人民法院认为确有必要的,应当依照民事诉讼法第一百七十条[①]第一款第三项的规定处理。

第33条 人民法院准许当事人的鉴定申请后,应当根据当事人申请及查明案件事实的需要,确定委托鉴定的事项、范围、鉴定期限等,并组织当事人对争议的鉴定材料进行质证。

第34条 人民法院应当组织当事人对鉴定意见进行质证。鉴定人将当事人有争议且未经质证的材料作为鉴定依据的,人民法院应当组织当事人就

---

① 现为第177条。

该部分材料进行质证。经质证认为不能作为鉴定依据的，根据该材料作出的鉴定意见不得作为认定案件事实的依据。

第43条 实际施工人以转包人、违法分包人为被告起诉的，人民法院应当依法受理。

实际施工人以发包人为被告主张权利的，人民法院应当追加转包人或者违法分包人为本案第三人，在查明发包人欠付转包人或者违法分包人建设工程价款的数额后，判决发包人在欠付建设工程价款范围内对实际施工人承担责任。

第44条 实际施工人依据民法典第五百三十五条规定，以转包人或者违法分包人怠于向发包人行使到期债权或者与该债权有关的从权利，影响其到期债权实现，提起代位权诉讼的，人民法院应予支持。

第800条【勘察人、设计人的责任】

勘察、设计的质量不符合要求或者未按照期限提交勘察、设计文件拖延工期，造成发包人损失的，勘察人、设计人应当继续完善勘察、设计，减收或者免收勘察、设计费并赔偿损失。

★★第801条【施工人应承担的建设工程质量责任】

因施工人的原因致使建设工程质量不符合约定的，发包人有权请求施工人在合理期限内无偿修理或者返工、改建。经过修理或者返工、改建后，造成逾期交付的，施工人应当承担违约责任。

【条文解读】

本条是关于施工建设工程质量责任的规定。本条承继了原《合同法》第281条的规定。

工程质量问题是司法实践中较常遇见的争议问题。根据《民法典》和《最高人民法院关于审理建设工程施工合同纠纷案件适用法律问题的解释

（一）》的规定，无论建设工程施工合同是否有效，建设工程质量合格都是发包人依照合同约定支付工程款或者参照合同约定折价补偿的前提条件。如果建设工程质量不合格，发包人有权不支付或者减少支付工程款。此外，如果建设工程质量不合格，承包人还可能无法获得质保金，且要承担保修、返工、改建责任和赔偿损失责任。

【条文适用疑难解析】

1. 哪些施工人应当对建设工程质量承担责任

如果建设工程质量不合格，发包人有权不支付或者减少支付工程款。实践中，承包人和施工人的情况较为复杂，尤其是在分包、转包、违法分包以及借用资质与发包人签订建设工程施工合同的情况下，哪些主体应当对建设工程质量不合格承担民事责任的问题，需要予以明确。

第一，在建设工程实行总承包的情况下，总承包单位应当对全部建设工程质量负责。对此，《建设工程质量管理条例》第26条第3款规定："建设工程实行总承包的，总承包单位应当对全部建设工程质量负责；建设工程勘察、设计、施工、设备采购的一项或者多项实行总承包的，总承包单位应当对其承包的建设工程或者采购的设备的质量负责。"

第二，在合法分包的情况下，分包人（总承包人）和分承包人都应当对分包工程质量承担责任。《建筑法》第55条规定："建筑工程实行总承包的，工程质量由工程总承包单位负责，总承包单位将建筑工程分包给其他单位的，应当对分包工程的质量与分包单位承担连带责任。分包单位应当接受总承包单位的质量管理。"即在分包的情况下，分包单位即分承包人作为施工人，应当对分包工程质量问题承担责任，而总承包单位即分包人对分承包人负有进行质量管理的义务，其对分包工程的质量应当与分承包人承担连带责任。

第三，在违法分包的情况下，分包人和分承包人都应当对分包工程质量承担责任。《建筑法》第55条只是规定，分包人应当对分包工程的质量与分承包人承担连带责任。从文义上看，该条规定未区分合法分包和违法分包。但无论如何理解，在违法分包的情况下，分包人和分承包人都应当对分包工程质量承担责任。首先，如果从广义上理解，《建筑法》第55条所规定的分包既包括合法分包，也包括违法分包，则违法分包合同的分包人和分承包人都应当对分包工程质量承担连带责任。其次，如果从狭义上理解，《建筑法》第55条所规定的分包只包括合法分包，不包括违法分包，则依据举轻以明重的原则，既然合法分包合同的分包人和分承包人都应当对分包工程质量承担连带责任，违法分包合同的分包人和分承包人更应当对分包工程质量承担连带责任。结合《建筑法》第67条规定，从体系解释的角度看，《建筑法》第55条所规定的分包似应只包含合法分包。对于违法分包，应依据《建筑法》第67条规定处理。再次，无论是在合法分包的情况下，还是在违法分包的情况下，分包人和分承包人都是广义上的施工人，都应当对其所施工的工程质量承担责任。最后，《建筑法》第67条规定，承包单位将承包的工程违反该法规定进行分包的，对因违法分包的工程不符合规定的质量标准造成的损失，与接受分包的单位承担连带赔偿责任。该条所规定的连带责任系承包人与实际施工人对建设工程质量承担连带赔偿责任的一种表现。

第四，在转包的情况下，转包人与转承包人应当对建设工程质量承担连带责任。转包人将其所承包的工程转包给第三人，不仅违反法律规定，而且会损害发包人的利益。发包人在与转包人签订建设工程施工合同时，对于其所发包的工程将由第三方施工的事实并不知情。转包人将其所承包的工程转包给第三人，既违反了法律的规定，也违反了建设工程施工合同的约定。而转包人和转承包人均知道或者应当知道其转包行为属于违法和违反约定的行为，在主观上均具有过错。《建筑法》第67条也规定："承包单位将承包的工程转包的，或者违反本法规定进行分包的，责令改正，没收违法所得，并处罚款，可以责令停业整顿，降低资质等级；情节严重的，吊销资质证书。承包单位有前款规定的违法行为的，对因转包工程或者违法分包的工程不符合规定的质量标准造成的损失，与接受转包或者分包的单位承担连带赔偿责任。"

第五，在缺乏资质的单位或者个人借用资质签订建设工程施工合同的情况下，出借资质一方应当与借用资质一方对建设工程质量承担连带责任。《最高人民法院关于审理建设工程施工合同纠纷案件适用法律问题的解释（一）》第7条规定："缺乏资质的单位或者个人借用有资质的建筑施工企业名义签订建设工程施工合同，发包人请求出借方与借用方对建设工程质量不合格等因出借资质造成的损失承担连带赔偿责任的，人民法院应予支持。"

2.哪些情形下发包人对建设工程质量承担责任

原则上，施工人应当对其施工的建设工程质量承担责任，但是建设工程质量不合格，既有可能是施工人的原因，也有可能是建设单位的原因。《民法典》第801条规定："因施工人的原因致使建设工程质量不符合约定的，发包人有权请求施工人在合理期限内无偿修理或者返工、改建。经过修理或者返工、改建后，造成逾期交付的，施工人应当承担违约责任。"

《民法典》第793条第3款规定："发包人对因建设工程不合格造成的损失有过错的，应当承担相应的责任。"《最高人民法院关于审理建设工程施工合同纠纷案件适用法律问题的解释（一）》第13条规定："发包人具有下列情形之一，造成建设工程质量缺陷，应当承担过错责任：（一）提供的设计有缺陷；（二）提供或者指定购买的建筑材料、建筑构配件、设备不符合强制性标准；（三）直接指定分包人分包专业工程。承包人有过错的，也应当承担相应的过错责任。"《建设工程质量管理条例》第10条规定："建设工程发包单位不得迫使承包方以低于成本的价格竞标，不得任意压缩合理工期。建设单位不得明示或者暗示设计单位或者施工单位违反工程建设强制性标准，降低建设工程质量。"实践中，由发包人原因导致建设工程质量不合格的情况主要包括以下情形：

一是发包人提供的设计存在缺陷，导致建设工程存在质量问题。为确保建设工程施工合同顺利履行，发包人要承担支付工程款的主要义务，还需要承担一系列辅助义务。提供建设工程的施工设计图就是发包人的一项重要协助义务。《建筑法》第58条规定："建筑施工企业对工程的施工质量负责。建筑施工企业必须按照工程设计图纸和施工技术标准施工，不得偷工减料，工程设计的修改由原设计单位负责，建筑施工企业不得擅自修改工程设计。"因此，承包人必须按照发包人提供的设计图进行施工，不得擅自修改工程设计。如果发包人提供的建设工程的施工设计图存在缺陷，承包人依据设计图进行施工完成的建设工程也会出现质量问题。在这种情况下，系由发包人原因导致建设工程质量问题，故应由发包人承担相应的责任。

二是发包人提供或者指定购买的建筑材料、建筑构配件、设备不符合强制性标准。影响建设工程质量的主要因素除了设计的科学合理性外，还包括建材、配件、设备等的质量以及施工人的施工资质、能力等因素。实践中，有的建设工程施工合同约定由发包人提供建筑材料、建筑构配件、设备，或者由承包人向发包人指定的出售方购买建筑材料、建筑构配件、设备。如果发包人提供或者指定购买的建筑材料、建筑构配件、设备不符合强制性标准，则会导致建设工程质量问题。这种情况下，发包人存在过错，应当对建设工程质量负责。实践中还有一种情况，即发包人和承包人协商选择建筑材料、建筑构配件、设备等的出售方，或者共同进行了验收等采购行为。在这种情况下，双方当事人共同采购的建筑材料、建筑构配件、设备等质量不合格，导致建设工程质量问题的，由于双方当事人均存在过错，应由双方当事人根据各自过错承担相应的民事责任。

三是由承包人直接指定分包人分包专业工程。专业工程对施工人的专业施工资质要求较高，选择有资质、专业施工能力强、市场信誉好的专业分包人分包专业工程，对于建设工程质量具有重要意义。整体上看，发包人在建筑市场上处于优势地位，其在缔结建设工程施工合同时，通常会利用其优势地位向承包人施加一些附加条件。这类附加条件有时体现在建设工程施工合同中，有时则体现在双方的其他协议中，甚至口头协议中。但实践中更常见的是，发包人在与承包人签订建设工程施工合同之前或者之时就已经指定了分包人。而承包人由于在缔约时的经济地位不平等，议价能力不强，通常只能接受发包人的指定。由于分承包人由发包人指定，则因分承包人造成分包工程质量不合格的，发包人也有过错，应当由发包人承担相应的责任。

四是发包人利用其在建筑市场上的优势地位，迫使承包方以低于成本的价格竞标。承包方面临激烈的市场竞争和生存压力，面对发包人让其低于成本价竞标的意志，往往只能选择屈服，先承包工程再通过偷工减料等方式完成工程施工，最终会导致建设工程质量问题。这种情况下，发包人的行为不仅违反了《招标投标法》第33条"投标人不得以低于成本的报价竞标"、第41条关于中标人的"投标价格不得低于成本"的规定，也是导致建设工程质量不合格的原因，应当承担相应的民事责任。

五是发包人违约、违规任意压缩建设工程的合理工期。工期对于发包人和承包人都具有重要意义，对于建设工程质量也具有决定性意义，不合理地压缩工期，必然会影响建设工程质量。发包人有时为尽快向第三方交付房屋或者将建设工程投入使用，会任意压缩建设工程的合理工期。对于特定工程和相应的工程量所需要的工期，建筑市场有相应惯例。承包人在承包建设工程时，也会对其是否有能力在合同约定工期内完成施工进行衡量。而且工程还有定额工期，最低工期有国家强制性标准，各方当事人都必须遵照执行。《建设工程质量管理条例》第10条第1款规定："建设工程发包单位不得迫使承包方以低于成本的价格竞标，不得任意压缩合理工期。"至于什么情况下属于"任意压缩合理工期"，实践中有观点认为，合同工期少于定额工期30%以上部分就属于压缩合理工期。当然，如果压缩合理工期是双方当事人协商一致的结果，则双方均应对此导致的建设工程质量问题承担民事责任。但压缩合理工期通常都是由于发包人单方的意志，承包人通常是被动接受一方，因此应当由发包人承担主要或者全部责任。

六是发包人明示或者暗示设计单位或者施工单位违反工程建设强制性标准。建设工程的一个突出特点就是具有外部性，建设工程的最终所有人、使用者往往不是建设工程施工合同的当事人，发包人为实现自身利益最大化或者为了当前的短期利益可能会不惜损害他人利益或者牺牲长远利益。此外，发包人的管理者也可能会甘冒道德风险，为个人短期利益最大化而损害发包人的利益。因此，实践中发包人可能会通过明示或者暗示等方式，让设计单位或者施工单位违反工程建设强制性标准，以达到减少建设工程价款或者缩短建设工期的目的。无论是让设计单位违反工程建设强制性标准，还是让施工单位违反工程建设强制性标准，都会对建设工程质量造成负面影响。这种情况下，发包人应当对其过错行为承担责任。

【关联司法解释】

《最高人民法院关于审理建设工程施工合同纠纷案件适用法律问题的解释（一）》

第11条 建设工程竣工前，当事人对工程质量发生争议，工程质量经鉴定合格的，鉴定期间为顺延工期期间。

第12条 因承包人的原因造成建设工程质量不符合约定，承包人拒绝修理、返工或者改建，发包人请求减少支付工程价款的，人民法院应予支持。

第15条 因建设工程质量发生争议的，发包人可以以总承包人、分包人和实际施工人为共同被告提起诉讼。

第16条 发包人在承包人提起的建设工程施工合同纠纷案件中，以建设工程质量不符合合同约定或者法律规定为由，就承包人支付违约金或者赔偿修理、返工、改建的合理费用等损失提出反诉的，人民法院可以合并审理。

第802条【合理使用期限内质量保证责任】

因承包人的原因致使建设工程在合理使用期限内造成人身损害和财产损失的，承包人应当承担赔偿责任。

【关联司法解释】

《最高人民法院关于审理建设工程施工合同纠纷案件适用法律问题的解释（一）》

第7条 缺乏资质的单位或者个人借用有资质的建筑施工企业名义签订建设工程施工合同，发包人请求出借方与借用方对建设工程质量不合格等因出借资质造成的损失承担连带赔偿责任的，人民法院应予支持。

第18条　因保修人未及时履行保修义务，导致建筑物毁损或者造成人身损害、财产损失的，保修人应当承担赔偿责任。

保修人与建筑物所有人或者发包人对建筑物毁损均有过错的，各自承担相应的责任。

第803条【发包人未按约定提供原材料、设备、场地、资金、技术资料的责任】

发包人未按照约定的时间和要求提供原材料、设备、场地、资金、技术资料的，承包人可以顺延工程日期，并有权请求赔偿停工、窝工等损失。

【关联司法解释】

《最高人民法院关于审理建设工程施工合同纠纷案件适用法律问题的解释（一）》

第8条　当事人对建设工程开工日期有争议的，人民法院应当分别按照以下情形予以认定：

（一）开工日期为发包人或者监理人发出的开工通知载明的开工日期；开工通知发出后，尚不具备开工条件的，以开工条件具备的时间为开工日期；因承包人原因导致开工时间推迟的，以开工通知载明的时间为开工日期。

（二）承包人经发包人同意已经实际进场施工的，以实际进场施工时间为开工日期。

（三）发包人或者监理人未发出开工通知，亦无相关证据证明实际开工日期的，应当综合考虑开工报告、合同、施工许可证、竣工验收报告或者竣工验收备案表等载明的时间，并结合是否具备开工条件的事实，认定开工日期。

第9条　当事人对建设工程实际竣工日期有争议的，人民法院应当分别按照以下情形予以认定：

（一）建设工程经竣工验收合格的，以竣工验收合格之日为竣工日期；

（二）承包人已经提交竣工验收报告，发包人拖延验收的，以承包人提交验收报告之日为竣工日期；

（三）建设工程未经竣工验收，发包人擅自使用的，以转移占有建设工程之日为竣工日期。

第804条【因发包人原因造成工程停建、缓建所应承担责任】

因发包人的原因致使工程中途停建、缓建的，发包人应当采取措施弥补或者减少损失，赔偿承包人因此造成的停工、窝工、倒运、机械设备调迁、材料和构件积压等损失和实际费用。

第805条【因发包人原因造成勘察、设计的返工、停工或者修改设计所应承担责任】

因发包人变更计划，提供的资料不准确，或者未按照期限提供必需的勘察、设计工作条件而造成勘察、设计的返工、停工或者修改设计，发包人应当按照勘察人、设计人实际消耗的工作量增付费用。

★ 第806条【建设工程施工合同法定解除权及解除后果】

承包人将建设工程转包、违法分包的，发包人可以解除合同。

发包人提供的主要建筑材料、建筑构配件和设备不符合强制性标准或者不履行协助义务，致使承包人无法施工，经催告后在合理期限内仍未履行相应义务的，承包人可以解除合同。

合同解除后，已经完成的建设工程质量合格的，发包人应当按照约定支付相应的工程价款；已经完成的建设工程质量不合格的，参照本法第七百九十三条的规定处理。

【条文解读】

本条是关于建设工程施工合同法定解除权及解除后果的规定。本条是《民法典》新增加的规定，吸收了2004年《最高人民法院关于审理建设工程施工合同纠纷案件适用法律问题的解释》第8条至第10条的规定。

关于建设工程合同的解除，除本条规定外，还应当注意适用《民法典》第563条规定："有下列情形之一的，当事人可以解除合同：（一）因不可抗力致使不能实现合同目的；（二）在履行期限届满前，当事人一方明确表示或者以自己的行为表明不履行主要债务；（三）当事人一方迟延履行主要债务，经催告后在合理期限内仍未履行；（四）当事人一方迟延履行债务或者有其他违约行为致使不能实现合同目的；（五）法律规定的其他情形。以持续履行的债务为内容的不定期合同，当事人可以随时解除合同，但是应当在合理期限之前通知对方。"

根据本条第3款的规定，建设工程施工合同解除后，将产生以下法律后果：第一，建设工程施工合同权利义务终止。第二，承包人交付合格工程，发包人支付工程款。第三，采取其他补救措施。较常见的是：工程质量不合格，承包人采取修复等补救措施。第四，赔偿损失。赔偿损失责任具有兜底性。第五，合同清算。

★★ 第807条【建设工程价款优先受偿权】

发包人未按照约定支付价款的，承包人可以催告发包人在合理期限内支付价款。发包人逾期不支付的，除根据建设工程的性质不宜折价、拍卖外，承包人可以与发包人协议将该工程折价，也可以请求人民法院将该工程依法拍卖。建设工程的价款就该工程折价或者拍卖的价款优先受偿。

【条文解读】

本条是关于建设工程价款优先受偿权的规定。本条承继了原《合同法》第286条的规定。

本条规定确定了承包人享有的建设工程价款优先受偿权。这是为适应我国社会主义市场经济发展的需要而规定的一项重要法律制度，目的是对农民工等建筑工人的工资权益予以优先保护，但此项保护并非直接指向建筑工人的工资权益，而是以保护承包人的建设工程价款债权为媒介，间接保护建筑工人的权益。建设工程价款优先受偿权虽然规定在《民法典》合同编中，但不属于合同权利，而是法定权利，无须当事人专门作出约定，只要符合《民法典》合同编规定的条件，该权利就存在。关于建设工程价款优先受偿权的性质，实践和理论上存在争议，主要有以下三种观点：

第一种观点是留置权说。该说认为，建设工程价款优先受偿权为留置权。建设工程施工合同在性质上属于承揽合同，《民法典》第808条规定："本章没有规定的，适用承揽合同的有关规定。"即对于建设工程施工合同，《民法典》合同编第十八章未作规定的，应当适用第十七章的规定。《民法典》第783条规定，承揽人享有留置权。该条规定："定作人未向承揽人支付报酬或者材料费等价款的，承揽人对完成的工作成果享有留置权或者有权拒绝交付，但是当事人另有约定的除外。"《民法典》第807条实际扩大了留置财产的范围，建设工程合同的债权人对不动产同样可以行使留置权。但留置权说存在弊端，这与留置权的行使对象为动产相悖。而且，留置权的存续以留置人占有留置物为条件，实践中，很多承包人在未取得建设工程价款的情况下已经丧失了对建设工程的占有。如果将建设工程价款优先受偿权作为留置权，在承包人失去对建设工程的占有的情况下就得不到保护，对承包人亦不公平。

第二种观点是法定抵押权说。该说认为，从原《合同法》和《民法典》的立法和编纂过程可知，《民法典》第807条从设计、起草、讨论、修改、审议直至最后通过，始终是指法定抵押权。法定抵押权说在理论上和实践中拥有较多支持者。这一观点的弊端在于与物权法定原则存在矛盾，而且设立于不动产之上的抵押权，于登记后才成立，但建设工程价款优先受偿权无须登记。有观点认为，建设工程价款优先受偿权作为法定抵押权，为维护交易安全和第三人利益，应当建立建设工程价款优先受偿权登记制度。即建设工程价款优先受偿权依法律规定而设立，无须当事人另行签订合同设立，但建设工程价款优先受偿权具有对世性，应当以可信之方式予以公示，以使交易相对人产生合理信赖，未经登记，建设工程价款优先受偿权不成立，即使成立，能够对抗发包人，但不能对抗善意相对人。这一观点具有一定合理性，但在现行法律制度下，这一观点仍缺乏法律依据。

第三种观点是优先权说。该说认为，建设工程价款优先受偿权属于优先权，符合优先权的特点。首先，建设工程价款优先受偿权只要符合《民法典》第807条规定的条件即成立，既不需要以承包人占有建设工程为要件，也不需要登记；其次，我国其他法律，如《企业破产法》《民用航空法》《海商法》等，也规定了优先权。这种权利系立法者基于特定政策考量，为追求实质公平而赋予了特定民事主体权利优先保护的法律效力。

【条文适用疑难解析】

1.建设工程价款优先受偿权的主体

《最高人民法院关于审理建设工程施工合同纠纷案件适用法律问题的解释（一）》第35条规定："与发包人订立建设工程施工合同的承包人，依据民法典第八百零七条的规定请求其承建工程的价款就工程折价或者拍卖的价款优先受偿的，人民法院应予支持。"之所以作此规定，主要是为了做好交易安全和保护建筑工人利益两方面的平衡。《民法典》规定建设工程价款优先受偿权，目的是通过保护承包人的建设工程价款债权来保护农民工等建筑工人的利益。根据《最高人民法院关于审理建设工程施工合同纠纷案件适用法律问题的解释（一）》第36条的规定，建设工程价款优先受偿权不仅优先于普通债权，而且优先于在建设工程上设立的抵押权。建设工程价款优先受偿权对于承包人建设工程价款债权的实现具有重大意义，同时对于交易安全和发包人及其债权人、抵押权人等利害相关方的利益影响重大。实际施工人并非严格的立法概念，其范围在实践中不易确定，而且一个工程可能存在多个实际施工人，如果都能够行使建设工程价款优先受偿权，则围绕建设工程设立的各个法律关系均处于不稳定之中，既影响建设工程的流转和使用，也影响抵押权人等利益主体权利的实现。尤其是对于发包人而言，如果发包人在与承包人签订建设工程施工合同时并不知道工程会由实际施工人施工，其本意就是由承包人负责施工，结果承包人与实际施工人背地里签订了转包或者违法分包合同，已经损害了发包人的权益，如果还允许实际施工人向其主张建设工程价款优先受偿权，对发包人明显不公平。将建设工程价款优先受偿权的主体锁定为对发包人享有建设工程价款债权的承包人，既符合《民法典》第807条的本意，也有利于保护交易安全。根据上述解释规定，转承包人和违法分承包人均不享有建设工程价款优先受偿权。

2.承包人行使建设工程价款优先受偿权的条件

《最高人民法院关于审理建设工程施工合同纠纷案件适用法律问题的解释（一）》第38条规定："建设工程质量合格，承包人请求其承建工程的价款就工程折价或者拍卖的价款优先受偿的，人民法院应予支持。"该条解释仅将建设工程质量合格作为承包人行使建设工程价款优先受偿权的条件，未将建设工程施工合同有效也作为条件。之所以这样规定，是因为上述司法解释以保障建设工程质量为首要价值选择，规定承包人行使建设工程价款优先受偿权必须以建设工程质量合格为条件。同时，鉴于建设工程领域特有的资质与招标投标管理要求，实践中建设工程施工合同无效的情况较为常见。该条解释并未将建设工程施工合同有效作为承包人行使建设工程价款优先受偿权的条件，以保护农民工等建筑工人的合法利益。无论工程是否竣工，只要建设工程质量合格，承包人就有权行使建设工程价款优先受偿权。对此，《最高人民法院关于审理建设工程施工合同纠纷案件适用法律问题的解释（一）》第39条规定："未竣工的建设工程质量合格，承包人请求其承建工程的价款就其承建工程部分折价或者拍卖的价款优先受偿的，人民法院应予支持。"

3.建设工程价款优先受偿的范围

《最高人民法院关于审理建设工程施工合同纠纷案件适用法律问题的解释（一）》第40条规定："承包人建设工程价款优先受偿的范围依照国务院有关行政主管部门关于建设工程价款范围的规定确定。承包人就逾期支付建设工程价款的利息、违约金、损害赔偿金等主张优先受偿的，人民法院不予支持。"2002年《最高人民法院关于建设工程价款优先受偿权问题的批复》第3条规定："建筑工程价款包括承包人为建设工程应当支付的工作人员报酬、材料款等实际支出的费用，不包括承包人因发包人违约所造成的损失。"

该规定的目的是回归原《合同法》第286条设立建设工程价款优先受偿权制度的本意。建设工程价款优先受偿权不仅优先于普通债权,而且优先于抵押权,具有对抗第三人的效力,对发包人的债权人、建设工程的抵押权人和交易安全影响巨大。原《合同法》第286条设立建设工程价款优先受偿权制度的本意是保护农民工等建筑工人的合法权益,将建设工程价款优先受偿的范围限定为承包人为建设工程应当支付的工作人员报酬、材料款等实际支出的费用,有利于进一步平衡各方当事人的权益。从价值取向和法理基础而言,该条批复是适当的,但该条批复也存在不足,即缺乏可操作性,没有考虑诉讼成本。从建设工程施工合同司法实践来看,由于建设工程的项目多、周期长,工程价款计算方式较为特殊,要从建设工程价款中区分出利润未必可行,成本太高,而且根据不同计算方式和依据,结果未必相同。要从建设工程价款中计算承包人为建设工程应当支付的工作人员报酬、材料款等实际支出的费用,缺乏可操作性,即使可能,成本也太高。因此,该批复在司法实践中适用的效果并不太理想,现已失效。《民法典》第807条对建筑工人权益的保护具有间接性。因为实践中,发包人往往并不是将承包人的劳务成本单独支付给承包人、承包人再将这一部分价款全部支付给建筑工人。如果对承包人应得的全部工程价款不予优先保护,就可能会导致承包人的资产负债状况恶化,造成承包人发不出工资,从而影响建筑工人的合法权益。因此,对承包人的利润以优先保护,符合《民法典》第807条的立法精神。由于《最高人民法院关于审理建设工程施工合同纠纷案件适用法律问题的解释(一)》第40条已经将包括承包人利润在内的全部建设工程价款债权纳入优先受偿的范围,作为利益平衡的手段,该条解释未将工程款利息纳入优先受偿的范围。

【关联司法解释】

《最高人民法院关于审理建设工程施工合同纠纷案件适用法律问题的解释(一)》

第35条 与发包人订立建设工程施工合同的承包人,依据民法典第八百零七条的规定请求其承建工程的价款就工程折价或者拍卖的价款优先受偿的，人民法院应予支持。

第36条　承包人根据民法典第八百零七条规定享有的建设工程价款优先受偿权优于抵押权和其他债权。

第37条　装饰装修工程具备折价或者拍卖条件，装饰装修工程的承包人请求工程价款就该装饰装修工程折价或者拍卖的价款优先受偿的，人民法院应予支持。

第38条　建设工程质量合格，承包人请求其承建工程的价款就工程折价或者拍卖的价款优先受偿的，人民法院应予支持。

第39条　未竣工的建设工程质量合格，承包人请求其承建工程的价款就其承建工程部分折价或者拍卖的价款优先受偿的，人民法院应予支持。

第40条　承包人建设工程价款优先受偿的范围依照国务院有关行政主管部门关于建设工程价款范围的规定确定。

承包人就逾期支付建设工程价款的利息、违约金、损害赔偿金等主张优先受偿的，人民法院不予支持。

第41条　承包人应当在合理期限内行使建设工程价款优先受偿权，但最长不得超过十八个月，自发包人应当给付建设工程价款之日起算。

第42条　发包人与承包人约定放弃或者限制建设工程价款优先受偿权，损害建筑工人利益，发包人根据该约定主张承包人不享有建设工程价款优先受偿权的，人民法院不予支持。

★★ 第808条【建设工程施工合同可适用承揽合同的规定】

本章没有规定的，适用承揽合同的有关规定。

【条文解读】

本条是关于建设工程施工合同可适用承揽合同的相关规定的规定。本条承继了原《合同法》第287条的规定。

建设工程施工合同是一种特殊的承揽合同，以交付符合合同约定的劳动成果为标的。因此，《民法典》对建设工程施工合同有特别规定的，在处理建设工程合同时应适用这些特别规定。《民法典》对建设工程施工合同未作特别规定的，则适用承揽合同的有关规定。

【条文适用疑难解析】

建设工程施工合同发包人不享有任意解除权

《民法典》第808条规定："本章没有规定的，适用承揽合同的有关规定。"关于承揽合同，《民法典》第787条规定："定作人在承揽人完成工作前可以随时解除合同，造成承揽人损失的，应当赔偿损失。"实践中有争议的问题是，建设工程施工合同的发包人可否参照第787条规定，对建设工程施工合同享有任意解除权？司法实践中倾向性观点认为，建设工程施工合同发包人不享有任意解除权。建设工程施工合同标的额大，承包人为履行合同需要做大量准备工作，而且实践中极少存在建设工程施工合同签订后，发包人不需要建设工程的情形，如果允许发包人享有建设工程施工合同任意解除权，不仅对承包人不利，也不利于维护建筑市场秩序，导致巨大的建筑市场的低效率。

第十九章　运输合同

第一节　一般规定

第809条【运输合同定义】

运输合同是承运人将旅客或者货物从起运地点运输到约定地点，旅客、托运人或者收货人支付票款或者运输费用的合同。

第810条【承运人强制缔约义务】

从事公共运输的承运人不得拒绝旅客、托运人通常、合理的运输要求。

第811条【承运人安全运输义务】

承运人应当在约定期限或者合理期限内将旅客、货物安全运输到约定地点。

【关联司法解释】

《最高人民法院关于审理铁路运输损害赔偿案件若干问题的解释》

七、逾期交付的责任

货物、包裹、行李逾期交付，如果是因铁路逾期运到造成的，由铁路运输企业支付逾期违约金；如果是因收货人或旅客逾期领取造成的，由收货人或旅客支付保管费；既因逾期运到又因收货人或旅客逾期领取造成的，由双方各自承担相应的责任。

铁路逾期运到并且发生损失时，铁路运输企业除支付逾期违约金外，还应当赔偿损失。对收货人或者旅客逾期领取，铁路运输企业在代保管期间因保管不当造成损失的，由铁路运输企业赔偿。

八、误交付的责任

货物、包裹、行李误交付（包括被第三者冒领造成的误交付），铁路运输企业查找超过运到期限的，由铁路运输企业支付逾期违约金。不能交付的，或者交付时有损失的，由铁路运输企业赔偿。铁路运输企业赔付后，再向有责任的第三者追偿。

【其他关联规定】

《中华人民共和国铁路法》

第16条 铁路运输企业应当按照合同约定的期限或者国务院铁路主管部门规定的期限，将货物、包裹、行李运到目的站；逾期运到的，铁路运输企业应当支付违约金。

铁路运输企业逾期三十日仍未将货物、包裹、行李交付收货人或者旅客的，托运人、收货人或者旅客有权按货物、包裹、行李灭失向铁路运输企业要求赔偿。

《中华人民共和国民用航空法》

第124条　因发生在民用航空器上或者在旅客上、下民用航空器过程中的事件，造成旅客人身伤亡的，承运人应当承担责任；但是，旅客的人身伤亡完全是由于旅客本人的健康状况造成的，承运人不承担责任。

第126条　旅客、行李或者货物在航空运输中因延误造成的损失，承运人应当承担责任；但是，承运人证明本人或者其受雇人、代理人为了避免损失的发生，已经采取一切必要措施或者不可能采取此种措施的，不承担责任。

第812条【承运人合理运输义务】

承运人应当按照约定的或者通常的运输路线将旅客、货物运输到约定地点。

【其他关联规定】

《中华人民共和国铁路法》

第12条　铁路运输企业应当保证旅客按车票载明的日期、车次乘车，并到达目的站。因铁路运输企业的责任造成旅客不能按车票载明的日期、车次乘车的，铁路运输企业应当按照旅客的要求，退还全部票款或者安排改乘到达相同目的站的其他列车。

第813条【支付票款或者运输费用】

旅客、托运人或者收货人应当支付票款或者运输费用。承运人未按照约定路线或者通常路线运输增加票款或者运输费用的，旅客、托运人或者收货人可以拒绝支付增加部分的票款或者运输费用。

第二节　客运合同

第814条【客运合同成立时间】

客运合同自承运人向旅客出具客票时成立，但是当事人另有约定或者另有交易习惯的除外。

【其他关联规定】

《中华人民共和国民用航空法》

第111条　客票是航空旅客运输合同订立和运输合同条件的初步证据。

旅客未能出示客票、客票不符合规定或者客票遗失，不影响运输合同的存在或者有效。

在国内航空运输中，承运人同意旅客不经其出票而乘坐民用航空器的，承运人无权援用本法第一百二十八条有关赔偿责任限制的规定。

在国际航空运输中，承运人同意旅客不经其出票而乘坐民用航空器的，或者客票上未依照本法第一百一十条第（三）项的规定声明的，承运人无权援用本法第一百二十九条有关赔偿责任限制的规定。

★ 第815条【旅客乘运义务的一般规定】

旅客应当按照有效客票记载的时间、班次和座位号乘坐。旅客无票乘坐、超程乘坐、越级乘坐或者持不符合减价条件的优惠客票乘坐的，应当补交票款，承运人可以按照规定加收票款；旅客不支付票款的，承运人可以拒绝运输。

实名制客运合同的旅客丢失客票的，可以请求承运人挂失补办，承运人不得再次收取票款和其他不合理费用。

【条文解读】

本条是关于旅客应当依照客票记载事项乘坐和实名制客运合同旅客有

权请求挂失补办客票的规定。本条第1款在原《合同法》第294条的基础上进一步明确了"旅客应当按照有效客票记载的时间、班次和座位号乘坐"内容；第2款系新增加条款，进一步明确了承运人挂失补办的义务。客票既是记载当事人之间合同关系内容的凭证，也是旅客预付运费的凭证。本条第2款对于处理其他预付费凭证挂失补办具有参照意义。

第816条【旅客办理退票或者变更乘运手续】

旅客因自己的原因不能按照客票记载的时间乘坐的，应当在约定的期限内办理退票或者变更手续；逾期办理的，承运人可以不退票款，并不再承担运输义务。

第817条【行李携带及托运要求】

旅客随身携带行李应当符合约定的限量和品类要求；超过限量**或者违反品类要求**携带行李的，应当办理托运手续。

第818条【禁止旅客携带危险物品、违禁物品】

旅客不得随身携带或者在行李中夹带易燃、易爆、有毒、有腐蚀性、有放射性以及可能危及运输工具上人身和财产安全的危险物品或者违禁物品。

旅客违反前款规定的，承运人可以将**危险物品或者**违禁物品卸下、销毁或者送交有关部门。旅客坚持携带或者夹带**危险物品或者**违禁物品的，承运人应当拒绝运输。

【其他关联规定】

《中华人民共和国海商法》

第113条 旅客不得随身携带或者在行李中夹带违禁品或者易燃、易爆、有毒、有腐蚀性、有放射性以及有可能危及船上人身和财产安全的其他危险品。

承运人可以在任何时间、任何地点将旅客违反前款规定随身携带或者在行李中夹带的违禁品、危险品卸下、销毁或者使之不能为害，或者送交有关部门，而不负赔偿责任。

旅客违反本条第一款规定，造成损害的，应当负赔偿责任。

第819条【承运人的告知义务和旅客的协助义务】

承运人应当**严格履行安全运输义务**，及时告知旅客安全运输应当注意的事项。旅客对承运人为安全运输所作的合理安排应当积极协助和配合。

★ 第820条【承运人按照约定运输的义务】

承运人应当按照**有效**客票记载的时间、班次和座位号运输旅客。承运人迟延运输或者有其他不能正常运输情形的，应当及时告知和提醒旅客，采取必要的安置措施，并根据旅客的要求安排改乘其他班次或者退票；由此造成旅客损失的，承运人应当承担赔偿责任，但是不可归责于承运人的除外。

【条文解读】

本条是关于客运承运人应按约定履行运输义务和迟延运输后的补救措施、责任承担的规定。本条规定在原《合同法》第299条的基础上，增加了三项表述：第一，承运人应当按照有效客票记载的时间、班次和座位号运输旅客，增加了"有效""座位号"这两个表述；第二，承运人迟延运输的，应当履行及时告知和提醒义务，采取必要的安置措施；第三，由此造成旅客损失的，承运人应当承担赔偿责任，但是不可归责于承运人的除外。

迟延运输或者出现不能正常运输的情形是旅客运输中的一个较为普遍的现象，根据本条规定，在客运合同中，承运人应当履行以下义务：1.告知和提醒义务。《民法典》第509条第2款规定，当事人应当遵循诚信原则，根据合同的性质、目的和交易习惯履行通知、协助、保密等义务。一旦迟延运输或者有其他不能正常运输的情形发生，不论是因承运人自身的原因，还是不可抗力因素所致，承运人迟延运输的，均应及时、充分地履行告知和提醒义务，以方便旅客根据具体情况，及时对行程作出相应调整和安排。2.采取必要的安置措施。比如，由于天气、突发事件、空中交通管制、安检以及旅客等原因，造成航班延误或者取消的，承运人应当采取各种必要的安置措施，包括协助旅客安排餐食和住宿等。3.根据旅客的要求安排改乘其他班次或者退票。在承运人迟延运输的情况下，如何处理的选择权在旅客手中。旅客可以要求退票，同时，如果旅客还要求继续乘坐运输工具的，承运人应当根据旅客的要求安排旅客改乘其他班次以到达目的地。4.承担违约责任。由此造成旅客损失的，需要判断迟延运输造成的损失是否由承运人违约造成。如果迟延运输是由于异常天气、航空管制等不能预见、不可抗拒的因素以及因旅客自身原因导致的，则承运人无需承担赔偿责任。如果迟延运输是由于承运人班次调配、工作协调等自身原因造成的，旅客因此遭受的损失则应由承运人承担。审判实践中，在承运人援引不可抗力等因素作出抗辩时，人民法院应当在本条的基础上全面结合《民法典》第590条等其他条款予以审查，从而有效判定承运人是否可以减轻或免除责任。

【其他关联规定】

《中华人民共和国铁路法》

第12条　铁路运输企业应当保证旅客按车票载明的日期、车次乘车，并到达目的站。因铁路运输企业的责任造成旅客不能按车票载明的日期、车次乘车的，铁路运输企业应当按照旅客的要求，退还全部票款或者安排改乘到达相同目的站的其他列车。

【关联指导案例】

最高人民法院指导案例51号：阿卜杜勒·瓦希德诉中国东方航空股份有限公司航空旅客运输合同纠纷案

裁判要点：1.对航空旅客运输实际承运人提起的诉讼，可以选择对实际承运人或缔约承运人提起诉讼，也可以同时对实际承运人和缔约承运人提起诉讼。被诉承运人申请追加另一方承运人参加诉讼的，法院可以根据案件的实际情况决定是否准许。

2.当不可抗力造成航班延误，致使航空公司不能将换乘其他航班的旅客按时运抵目的地时，航空公司有义务及时向换乘的旅客明确告知到达目的地后是否提供转签服务，以及在不能提供转签服务时旅客如何办理旅行手续。航空公司未履行该项义务，给换乘旅客造成损失的，应当承担赔偿责任。

3.航空公司在打折机票上注明"不得退票，不得转签"，只是限制购买打折机票的旅客由于自身原因而不得退票和转签，不能据此剥夺旅客在支付票款后享有的乘坐航班按时抵达目的地的权利。

第821条【承运人擅自降低或者提高服务标准的后果】

承运人擅自降低服务标准的，应当根据旅客的请求退票或者减收票款；提高服务标准的，不得加收票款。

第822条【承运人救助义务】

承运人在运输过程中，应当尽力救助患有急病、分娩、遇险的旅客。

第823条【旅客伤亡责任】

承运人应当对运输过程中旅客的伤亡承担赔偿责任；但是，伤亡是旅客自身健康原因造成的或者承运人证明伤亡是旅客故意、重大过失造成的除外。

前款规定适用于按照规定免票、持优待票或者经承运人许可搭乘的无票旅客。

【关联司法解释】

《最高人民法院关于审理铁路运输损害赔偿案件若干问题的解释》
十一、铁路旅客运送责任期间
铁路运输企业对旅客运送的责任期间自旅客持有效车票进站时起到旅客

出站或者应当出站时止。不包括旅客在候车室内的期间。

十二、第三者责任造成旅客伤亡的赔偿

在铁路旅客运送期间因第三者责任造成旅客伤亡，旅客或者其继承人要求铁路运输企业先予赔偿的，应予支持。铁路运输企业赔付后，有权向有责任的第三者追偿。

【其他关联规定】

《中华人民共和国铁路法》

第58条 因铁路行车事故及其他铁路运营事故造成人身伤亡的，铁路运输企业应当承担赔偿责任；如果人身伤亡是因不可抗力或者由于受害人自身的原因造成的，铁路运输企业不承担赔偿责任。

违章通过平交道口或者人行过道，或者在铁路线路上行走、坐卧造成的人身伤亡，属于受害人自身的原因造成的人员伤亡。

《中华人民共和国民用航空法》

第124条 因发生在民用航空器上或者在旅客上、下民用航空器过程中的事件，造成旅客人身伤亡的，承运人应当承担责任；但是，旅客的人身伤亡完全是由于旅客本人的健康状况造成的，承运人不承担责任。

第824条【旅客随身携带物品毁损、灭失的责任承担】

在运输过程中旅客随身携带物品毁损、灭失，承运人有过错的，应当承担赔偿责任。

旅客托运的行李毁损、灭失的，适用货物运输的有关规定。

【其他关联规定】

《中华人民共和国铁路法》

第17条 铁路运输企业应当对承运的货物、包裹、行李自接受承运时起到交付时止发生的灭失、短少、变质、污染或者损坏，承担赔偿责任：

（一）托运人或者旅客根据自愿申请办理保价运输的，按照实际损失赔偿，但最高不超过保价额。

（二）未按保价运输承运的，按照实际损失赔偿，但最高不超过国务院铁路主管部门规定的赔偿限额；如果损失是由于铁路运输企业的故意或者重大过失造成的，不适用赔偿限额的规定，按照实际损失赔偿。

托运人或者旅客根据自愿可以向保险公司办理货物运输保险，保险公司按照保险合同的约定承担赔偿责任。

托运人或者旅客根据自愿，可以办理保价运输，也可以办理货物运输保险；还可以既不办理保价运输，也不办理货物运输保险。不得以任何方式强迫办理保价运输或者货物运输保险。

第18条　由于下列原因造成的货物、包裹、行李损失的，铁路运输企业不承担赔偿责任：

（一）不可抗力。

（二）货物或者包裹、行李中的物品本身的自然属性，或者合理损耗。

（三）托运人、收货人或者旅客的过错。

《中华人民共和国民用航空法》

第125条　因发生在民用航空器上或者在旅客上、下民用航空器过程中的事件，造成旅客随身携带物品毁灭、遗失或者损坏的，承运人应当承担责任。因发生在航空运输期间的事件，造成旅客的托运行李毁灭、遗失或者损坏的，承运人应当承担责任。

旅客随身携带物品或者托运行李的毁灭、遗失或者损坏完全是由于行李本身的自然属性、质量或者缺陷造成的，承运人不承担责任。

本章所称行李，包括托运行李和旅客随身携带的物品。

因发生在航空运输期间的事件，造成货物毁灭、遗失或者损坏的，承运人应当承担责任；但是，承运人证明货物的毁灭、遗失或者损坏完全是由于下列原因之一造成的，不承担责任：

（一）货物本身的自然属性、质量或者缺陷；

（二）承运人或者其受雇人、代理人以外的人包装货物的，货物包装不良；

（三）战争或者武装冲突；

（四）政府有关部门实施的与货物入境、出境或者过境有关的行为。

本条所称航空运输期间，是指在机场内、民用航空器上或者机场外降落的任何地点，托运行李、货物处于承运人掌管之下的全部期间。

航空运输期间，不包括机场外的任何陆路运输、海上运输、内河运输过程；但是，此种陆路运输、海上运输、内河运输是为了履行航空运输合同而装载、交付或者转运，在没有相反证据的情况下，所发生的损失视为在航空运输期间发生的损失。

第126条　旅客、行李或者货物在航空运输中因延误造成的损失，承运人应当承担责任；但是，承运人证明本人或者其受雇人、代理人为了避免损失的发生，已经采取一切必要措施或者不可能采取此种措施的，不承担责任。

第三节　货运合同

第825条【托运人如实申报义务】

托运人办理货物运输，应当向承运人准确表明收货人的姓名、名称或者凭指示的收货人，货物的名称、性质、重量、数量，收货地点等有关货物运输的必要情况。

因托运人申报不实或者遗漏重要情况，造成承运人损失的，托运人应当承担赔偿责任。

【其他关联规定】

《中华人民共和国铁路法》

第19条　托运人应当如实填报托运单，铁路运输企业有权对填报的货物和包裹的品名、重量、数量进行检查。经检查，申报与实际不符的，检查费用由托运人承担；申报与实际相符的，检查费用由铁路运输企业承担，因检查对货物和包裹中的物品造成的损坏由铁路运输企业赔偿。

托运人因申报不实而少交的运费和其他费用应当补交，铁路运输企业按照国务院铁路主管部门的规定加收运费和其他费用。

《中华人民共和国民用航空法》

第117条 托运人应当对航空货运单上所填关于货物的说明和声明的正确性负责。

因航空货运单上所填的说明和声明不符合规定、不正确或者不完全，给承运人或者承运人对之负责的其他人造成损失的，托运人应当承担赔偿责任。

第826条【托运人提交有关文件义务】

货物运输需要办理审批、检验等手续的，托运人应当将办理完有关手续的文件提交承运人。

【其他关联规定】

《中华人民共和国民用航空法》

第123条 托运人应当提供必需的资料和文件，以便在货物交付收货人前完成法律、行政法规规定的有关手续；因没有此种资料、文件，或者此种资料、文件不充足或者不符合规定造成的损失，除由于承运人或者其受雇人、代理人的过错造成的外，托运人应当对承运人承担责任。

除法律、行政法规另有规定外，承运人没有对前款规定的资料或者文件进行检查的义务。

第827条【托运人货物包装义务】

托运人应当按照约定的方式包装货物。对包装方式没有约定或者约定不明确的，适用本法第六百一十九条的规定。

托运人违反前款规定的，承运人可以拒绝运输。

第828条【运输危险货物】

托运人托运易燃、易爆、有毒、有腐蚀性、有放射性等危险物品的，应当按照国家有关危险物品运输的规定对危险物品妥善包装，做出危险物品标志和标签，并将有关危险物品的名称、性质和防范措施的书面材料提交承运人。

托运人违反前款规定的，承运人可以拒绝运输，也可以采取相应措施以避免损失的发生，因此产生的费用由托运人负担。

【其他关联规定】

《中华人民共和国铁路法》

第28条 托运、承运货物、包裹、行李，必须遵守国家关于禁止或者限制运输物品的规定。

第48条 运输危险品必须按照国务院铁路主管部门的规定办理，禁止以非危险品品名托运危险品。

禁止旅客携带危险品进站上车。铁路公安人员和国务院铁路主管部门规定的铁路职工，有权对旅客携带的物品进行运输安全检查。实施运输安全检查的铁路职工应当佩戴执勤标志。

危险品的品名由国务院铁路主管部门规定并公布。

《中华人民共和国民用航空法》

第101条 公共航空运输企业运输危险品，应当遵守国家有关规定。

禁止以非危险品品名托运危险品。

禁止旅客随身携带危险品乘坐民用航空器。除因执行公务并按照国家规定经过批准外，禁止旅客携带枪支、管制刀具乘坐民用航空器。禁止违反国务院民用航空主管部门的规定将危险品作为行李托运。

危险品品名由国务院民用航空主管部门规定并公布。

第829条【托运人变更或者解除运输合同权利】

在承运人将货物交付收货人之前，托运人可以要求承运人中止运输、返还货物、变更到达地或者将货物交给其他收货人,但是应当赔偿承运人因此受到的损失。

【其他关联规定】

《中华人民共和国民用航空法》

第119条 托运人在履行航空货物运输合同规定的义务的条件下,有权在出发地机场或者目的地机场将货物提回,或者在途中经停时中止运输,或者在目的地点或者途中要求将货物交给非航空货运单上指定的收货人,或者要求将货物运回出发地机场;但是,托运人不得因行使此种权利而使承运人或者其他托运人遭受损失,并应当偿付由此产生的费用。

托运人的指示不能执行的,承运人应当立即通知托运人。

承运人按照托运人的指示处理货物,没有要求托运人出示其所收执的航空货运单,给该航空货运单的合法持有人造成损失的,承运人应当承担责任,但是不妨碍承运人向托运人追偿。

收货人的权利依照本法第一百二十条规定开始时,托运人的权利即告终止;但是,收货人拒绝接受航空货运单或者货物,或者承运人无法同收货人联系的,托运人恢复其对货物的处置权。

第830条【承运人的通知义务和收货人及时提货义务】

货物运输到达后,承运人知道收货人的,应当及时通知收货人,收货人应当及时提货。收货人逾期提货的,应当向承运人支付保管费等费用。

【其他关联规定】

《中华人民共和国民用航空法》

第119条 托运人在履行航空货物运输合同规定的义务的条件下,有权在出发地机场或者目的地机场将货物提回,或者在途中经停时中止运输,或者在目的地点或者途中要求将货物交给非航空货运单上指定的收货人,或者要求将货物运回出发地机场;但是,托运人不得因行使此种权利而使承运人或者其他托运人遭受损失,并应当偿付由此产生的费用。

托运人的指示不能执行的,承运人应当立即通知托运人。

承运人按照托运人的指示处理货物,没有要求托运人出示其所收执的航空货运单,给该航空货运单的合法持有人造成损失的,承运人应当承担责任,但是不妨碍承运人向托运人追偿。

收货人的权利依照本法第一百二十条规定开始时,托运人的权利即告终止;但是,收货人拒绝接受航空货运单或者货物,或者承运人无法同收货人联系的,托运人恢复其对货物的处置权。

第120条 除本法第一百一十九条所列情形外,收货人于货物到达目的地点,并在缴付应付款项和履行航空货运单上所列运输条件后,有权要求承运人移交航空货运单并交付货物。

除另有约定外,承运人应当在货物到达后立即通知收货人。

承运人承认货物已经遗失,或者货物在应当到达之日起七日后仍未到达的,收货人有权向承运人行使航空货物运输合同所赋予的权利。

第831条【收货人检验货物】

收货人提货时应当按照约定的期限检验货物。对检验货物的期限没有约定或者约定不明确,依据本法第五百一十条的规定仍不能确定的,应当在合理期限内检验货物。收货人在约定的期限或者合理期限内对货物的数量、毁损等未提出异议的,视为承运人已经按照运输单证的记载交付的初步证据。

【其他关联规定】

《中华人民共和国民用航空法》

第134条 旅客或者收货人收受托运行李或者货物而未提出异议,为托运行李或者货物已经完好交付并与运输凭证相符的初步证据。

托运行李或者货物发生损失的，旅客或者收货人应当在发现损失后向承运人提出异议。托运行李发生损失的，至迟应当自收到托运行李之日起七日内提出；货物发生损失的，至迟应当自收到货物之日起十四日内提出。托运行李或者货物发生延误的，至迟应当自托运行李或者货物交付旅客或者收货人处置之日起二十一日内提出。

任何异议均应当在前款规定的期间内写在运输凭证上或者另以书面提出。

除承运人有欺诈行为外，旅客或者收货人未在本条第二款规定的期间内提出异议的，不能向承运人提出索赔诉讼。

第832条【运输过程中货物毁损、灭失的责任承担】

承运人对运输过程中货物的毁损、灭失承担赔偿责任。但是，承运人证明货物的毁损、灭失是因不可抗力、货物本身的自然性质或者合理损耗以及托运人、收货人的过错造成的，不承担赔偿责任。

【其他关联规定】

《中华人民共和国铁路法》

第16条 铁路运输企业应当按照合同约定的期限或者国务院铁路主管部门规定的期限，将货物、包裹、行李运到目的站；逾期运到的，铁路运输企业应当支付违约金。

铁路运输企业逾期三十日仍未将货物、包裹、行李交付收货人或者旅客的，托运人、收货人或者旅客有权按货物、包裹、行李灭失向铁路运输企业要求赔偿。

第17条 铁路运输企业应当对承运的货物、包裹、行李自接受承运时起到交付时止发生的灭失、短少、变质、污染或者损坏，承担赔偿责任：

（一）托运人或者旅客根据自愿申请办理保价运输的，按照实际损失赔偿，但最高不超过保价额。

（二）未按保价运输承运的，按照实际损失赔偿，但最高不超过国务院铁路主管部门规定的赔偿限额；如果损失是由于铁路运输企业的故意或者重大过失造成的，不适用赔偿限额的规定，按照实际损失赔偿。

托运人或者旅客根据自愿可以向保险公司办理货物运输保险，保险公司按照保险合同的约定承担赔偿责任。

托运人或者旅客根据自愿，可以办理保价运输，也可以办理货物运输保险；还可以既不办理保价运输，也不办理货物运输保险。不得以任何方式强迫办理保价运输或者货物运输保险。

第18条 由于下列原因造成的货物、包裹、行李损失的，铁路运输企业不承担赔偿责任：

（一）不可抗力。

（二）货物或者包裹、行李中的物品本身的自然属性，或者合理损耗。

（三）托运人、收货人或者旅客的过错。

《中华人民共和国民用航空法》

第125条 因发生在民用航空器上或者在旅客上、下民用航空器过程中的事件，造成旅客随身携带物品毁灭、遗失或者损坏的，承运人应当承担责任。因发生在航空运输期间的事件，造成旅客的托运行李毁灭、遗失或者损坏的，承运人应当承担责任。

旅客随身携带物品或者托运行李的毁灭、遗失或者损坏完全是由于行李本身的自然属性、质量或者缺陷造成的，承运人不承担责任。

本章所称行李，包括托运行李和旅客随身携带的物品。

因发生在航空运输期间的事件，造成货物毁灭、遗失或者损坏的，承运人应当承担责任；但是，承运人证明货物的毁灭、遗失或者损坏完全是由于下列原因之一造成的，不承担责任：

（一）货物本身的自然属性、质量或者缺陷；

（二）承运人或者其受雇人、代理人以外的人包装货物的，货物包装不良；

（三）战争或者武装冲突；

（四）政府有关部门实施的与货物入境、出境或者过境有关的行为。

本条所称航空运输期间，是指在机场内、民用航空器上或者机场外降落的任何地点，托运行李、货物处于承运人掌管之下的全部期间。

航空运输期间，不包括机场外的任何陆路运输、海上运输、内河运输过程；但是，此种陆路运输、海上运输、内河运输是为了履行航空运输合同而装载、交付或者转运，在没有相反证据的情况下，所发生的损失视为在航空运输期间发生的损失。

第833条【确定货损赔偿额】

货物的毁损、灭失的赔偿额，当事人有约定的，按照其约定；没有约定或者约定不明确，依据本法第五百一十条的规定仍不能确定的，按照交付或者应当交付时货物到达地的市场价格计算。法律、行政法规对赔偿额的计算方法和赔偿限额另有规定的，依照其规定。

【其他关联规定】

《中华人民共和国铁路法》

第17条 铁路运输企业应当对承运的货物、包裹、行李自接受承运时起到交付时止发生的灭失、短少、变质、污染或者损坏，承担赔偿责任：

（一）托运人或者旅客根据自愿申请办理保价运输的，按照实际损失赔偿，但最高不超过保价额。

（二）未按保价运输承运的，按照实际损失赔偿，但最高不超过国务院铁路主管部门规定的赔偿限额；如果损失是由于铁路运输企业的故意或者重大过失造成的，不适用赔偿限额的规定，按照实际损失赔偿。

托运人或者旅客根据自愿可以向保险公司办理货物运输保险，保险公司按照保险合同的约定承担赔偿责任。

托运人或者旅客根据自愿，可以办理保价运输，也可以办理货物运输保险；还可以既不办理保价运输，也不办理货物运输保险。不得以任何方式强迫办理保价运输或者货物运输保险。

《中华人民共和国民用航空法》

第128条 国内航空运输承运人的赔偿责任限额由国务院民用航空主管部门制定，报国务院批准后公布执行。

旅客或者托运人在交运托运行李或者货物时，特别声明在目的地点交付时的利益，并在必要时支付附加费的，除承运人证明旅客或者托运人声明的金额高于托运行李或者货物在目的地点交付时的实际利益外，承运人应当在声明金额范围内承担责任；本法第一百二十九条的其他规定，除赔偿责任限额外，适用于国内航空运输。

《中华人民共和国邮政法》

第47条 邮政企业对给据邮件的损失依照下列规定赔偿：

（一）保价的给据邮件丢失或者全部损毁的，按照保价额赔偿；部分损毁或者内件短少的，按照保价额与邮件全部价值的比例对邮件的实际损失予以赔偿。

（二）未保价的给据邮件丢失、损毁或者内件短少的，按照实际损失赔偿，但最高赔偿额不超过所收取资费的三倍；挂号信件丢失、损毁的，按照所收取资费的三倍予以赔偿。

邮政企业应当在营业场所的告示中和提供给用户的给据邮件单据上，以足以引起用户注意的方式载明前款规定。

邮政企业因故意或者重大过失造成给据邮件损失，或者未履行前款规定义务的，无权援用本条第一款的规定限制赔偿责任。

第834条【相继运输】

两个以上承运人以同一运输方式联运的，与托运人订立合同的承运人应当对全程运输承担责任；损失发生在某一运输区段的，与托运人订立合同的承运人和该区段的承运人承担连带责任。

【其他关联规定】

《中华人民共和国民用航空法》

第136条 由几个航空承运人办理的连续运输，接受旅客、行李或者货物的每一个承运人应当受本法规定的约束，并就其根据合同办理的运输区段作为运输合同的订约一方。

对前款规定的连续运输，除合同明文约定第一承运人应当对全程运输承担责任外，旅客或者其继承人只能对发生事故或者延误的运输区段的承运人提起诉讼。

托运行李或者货物的毁灭、遗失、损坏或者延误，旅客或者托运人有权对第一承运人提起诉讼，旅客或者收货人有权对最后承运人提起诉讼，旅客、托运人和收货人均可以对发生毁灭、遗失、损坏或者延误的运输区段的承运人提起诉讼。上述承运人应当对旅客、托运人或者收货人承担连带责任。

第835条【货物因不可抗力灭失的运费处理】

货物在运输过程中因不可抗力灭失，未收取运费的，承运人不得请求支付运费；已经收取运费的，托运人可以请求返还。**法律另有规定的，依照其规定。**

第836条【承运人留置权】

托运人或者收货人不支付运费、保管费或者其他费用的，承运人对相应的运输货物享有留置权，但是当事人另有约定的除外。

第837条【承运人提存货物】

收货人不明或者收货人无正当理由拒绝受领货物的，承运人**依法**可以提存货物。

【其他关联规定】

《中华人民共和国铁路法》

第22条　自铁路运输企业发出领取货物通知之日起满三十日仍无人领

取的货物,或者收货人书面通知铁路运输企业拒绝领取的货物,铁路运输企业应当通知托运人,托运人自接到通知之日起满三十日未作答复的,由铁路运输企业变卖;所得价款在扣除保管等费用后尚有余款的,应当退还托运人,无法退还、自变卖之日起一百八十日内托运人又未领回的,上缴国库。

自铁路运输企业发出领取通知之日起满九十日仍无人领取的包裹或者到站后满九十日仍无人领取的行李,铁路运输企业应当公告,公告满九十日仍无人领取的,可以变卖;所得价款在扣除保管等费用后尚有余款的,托运人、收货人或者旅客可以自变卖之日起一百八十日内领回,逾期不领回的,上缴国库。

对危险物品和规定限制运输的物品,应当移交公安机关或者有关部门处理,不得自行变卖。

对不宜长期保存的物品,可以按照国务院铁路主管部门的规定缩短处理期限。

《中华人民共和国海商法》

第86条 在卸货港无人提取货物或者收货人迟延、拒绝提取货物的,船长可以将货物卸在仓库或者其他适当场所,由此产生的费用和风险由收货人承担。

第四节 多式联运合同

第838条【多式联运经营人的权利义务】

多式联运经营人负责履行或者组织履行多式联运合同,对全程运输享有承运人的权利,承担承运人的义务。

第839条【多式联运合同责任制度】

多式联运经营人可以与参加多式联运的各区段承运人就多式联运合同的各区段运输约定相互之间的责任;但是,该约定不影响多式联运经营人对全程运输承担的义务。

第840条【多式联运单据】

多式联运经营人收到托运人交付的货物时,应当签发多式联运单据。按照托运人的要求,多式联运单据可以是可转让单据,也可以是不可转让单据。

第841条【托运人承担过错责任】

因托运人托运货物时的过错造成多式联运经营人损失的,即使托运人已经转让多式联运单据,托运人仍然应当承担赔偿责任。

第842条【多式联运经营人赔偿责任的法律适用】

货物的毁损、灭失发生于多式联运的某一运输区段的,多式联运经营人的赔偿责任和责任限额,适用调整该区段运输方式的有关法律规定;货物毁损、灭失发生的运输区段不能确定的,依照本章规定承担赔偿责任。

【其他关联规定】

《中华人民共和国海商法》

第105条 货物的灭失或者损坏发生于多式联运的某一运输区段的,多式联运经营人的赔偿责任和责任限额,适用调整该区段运输方式的有关法律规定。

第106条 货物的灭失或者损坏发生的运输区段不能确定的,多式联运经营人应当依照本章关于承运人赔偿责任和责任限额的规定负赔偿责任。

第二十章 技术合同

第一节 一般规定

第843条【技术合同定义】

技术合同是当事人就技术开发、转让、许可、咨询或者服务订立的确立相互之间权利和义务的合同。

【关联司法解释】

《最高人民法院关于审理技术合同纠纷案件适用法律若干问题的解释》

第7条 不具有民事主体资格的科研组织订立的技术合同，经法人或者非法人组织授权或者认可的，视为法人或者非法人组织订立的合同，由法人或者非法人组织承担责任；未经法人或者非法人组织授权或者认可的，由该科研组织成员共同承担责任，但法人或者非法人组织因该合同受益的，应当在其受益范围内承担相应责任。

前款所称不具有民事主体资格的科研组织，包括法人或者非法人组织设立的从事技术研究开发、转让等活动的课题组、工作室等。

第42条 当事人将技术合同和其他合同内容或者将不同类型的技术合同内容订立在一个合同中的，应当根据当事人争议的权利义务内容，确定案件的性质和案由。

技术合同名称与约定的权利义务关系不一致的，应当按照约定的权利义务内容，确定合同的类型和案由。

技术转让合同或者技术许可合同中约定让与人或者许可人负责包销或者回购受让人、被许可人实施合同标的技术制造的产品，仅因让与人或者许可人不履行或者不能全部履行包销或者回购义务引起纠纷，不涉及技术问题的，应当按照包销或者回购条款约定的权利义务内容确定案由。

第43条 技术合同纠纷案件一般由中级以上人民法院管辖。

各高级人民法院根据本辖区的实际情况并报经最高人民法院批准，可以指定若干基层人民法院管辖第一审技术合同纠纷案件。

其他司法解释对技术合同纠纷案件管辖另有规定的，从其规定。

合同中既有技术合同内容，又有其他合同内容，当事人就技术合同内容和其他合同内容均发生争议的，由具有技术合同纠纷案件管辖权的人民法院受理。

第44条　一方当事人以诉讼争议的技术合同侵害他人技术成果为由请求确认合同无效，或者人民法院在审理技术合同纠纷中发现可能存在该无效事由的，人民法院应当依法通知有关利害关系人，其可以作为有独立请求权的第三人参加诉讼或者依法向有管辖权的人民法院另行起诉。

利害关系人在接到通知后15日内不提起诉讼的，不影响人民法院对案件的审理。

第45条　第三人向受理技术合同纠纷案件的人民法院就合同标的技术提出权属或者侵权请求时，受诉人民法院对此也有管辖权的，可以将权属或者侵权纠纷与合同纠纷合并审理；受诉人民法院对此没有管辖权的，应当告知其向有管辖权的人民法院另行起诉或者将已经受理的权属或者侵权纠纷案件移送有管辖权的人民法院。权属或者侵权纠纷另案受理后，合同纠纷应当中止诉讼。

专利实施许可合同诉讼中，被许可人或者第三人向国家知识产权局请求宣告专利权无效的，人民法院可以不中止诉讼。在案件审理过程中专利权被宣告无效的，按照专利法第四十七条第二款和第三款的规定处理。

第844条【技术合同订立的目的】

订立技术合同，应当有利于**知识产权的保护**和科学技术的进步，促进科学技术成果的**研发**、转化、应用和推广。

【关联司法解释】

《最高人民法院关于审理技术合同纠纷案件适用法律若干问题的解释》

第1条　技术成果，是指利用科学技术知识、信息和经验作出的涉及产品、工艺、材料及其改进等的技术方案，包括专利、专利申请、技术秘密、计算机软件、集成电路布图设计、植物新品种等。

技术秘密，是指不为公众所知悉、具有商业价值并经权利人采取保密措施的技术信息。

第845条【技术合同主要条款】

技术合同的内容一般包括项目的名称,标的的内容、范围和要求,履行的计划、地点和方式,技术信息和资料的保密,技术成果的归属和收益的分配办法,验收标准和方法,名词和术语的解释等条款。

与履行合同有关的技术背景资料、可行性论证和技术评价报告、项目任务书和计划书、技术标准、技术规范、原始设计和工艺文件,以及其他技术文档,按照当事人的约定可以作为合同的组成部分。

技术合同涉及专利的,应当注明发明创造的名称、专利申请人和专利权人、申请日期、申请号、专利号以及专利权的有效期限。

第846条【技术合同价款、报酬及使用费】

技术合同价款、报酬或者使用费的支付方式由当事人约定,可以采取一次总算、一次总付或者一次总算、分期支付,也可以采取提成支付或者提成支付附加预付入门费的方式。

约定提成支付的,可以按照产品价格、实施专利和使用技术秘密后新增的产值、利润或者产品销售额的一定比例提成,也可以按照约定的其他方式计算。提成支付的比例可以采取固定比例、逐年递增比例或者逐年递减比例。

约定提成支付的,当事人可以约定查阅有关会计账目的办法。

【关联司法解释】

《最高人民法院关于审理技术合同纠纷案件适用法律若干问题的解释》

第14条 对技术合同的价款、报酬和使用费,当事人没有约定或者约定不明确的,人民法院可以按照以下原则处理:

(一)对于技术开发合同和技术转让合同、技术许可合同,根据有关技术成果的研究开发成本、先进性、实施转化和应用的程度,当事人享有的权益和承担的责任,以及技术成果的经济效益等合理确定;

（二）对于技术咨询合同和技术服务合同，根据有关咨询服务工作的技术含量、质量和数量，以及已经产生和预期产生的经济效益等合理确定。

技术合同价款、报酬、使用费中包含非技术性款项的，应当分项计算。

第847条【职务技术成果的财产权权属】

职务技术成果的使用权、转让权属于法人或者非法人组织的，法人或者非法人组织可以就该项职务技术成果订立技术合同。法人或者非法人组织订立技术合同转让职务技术成果时，职务技术成果的完成人享有以同等条件优先受让的权利。

职务技术成果是执行法人或者非法人组织的工作任务，或者主要是利用法人或者非法人组织的物质技术条件所完成的技术成果。

【关联司法解释】

《最高人民法院关于审理技术合同纠纷案件适用法律若干问题的解释》

第2条 民法典第八百四十七条第二款所称"执行法人或者非法人组织的工作任务"，包括：

（一）履行法人或者非法人组织的岗位职责或者承担其交付的其他技术开发任务；

（二）离职后一年内继续从事与其原所在法人或者非法人组织的岗位职责或者交付的任务有关的技术开发工作，但法律、行政法规另有规定的除外。

法人或者非法人组织与其职工就职工在职期间或者离职以后所完成的技术成果的权益有约定的，人民法院应当依约定确认。

第3条 民法典第八百四十七条第二款所称"物质技术条件"，包括资金、设备、器材、原材料、未公开的技术信息和资料等。

第4条 民法典第八百四十七条第二款所称"主要是利用法人或者非法人组织的物质技术条件"，包括职工在技术成果的研究开发过程中，全部或者大部分利用了法人或者非法人组织的资金、设备、器材或者原材料等物质条件，并且这些物质条件对形成该技术成果具有实质性的影响；还包括该技术成果实质性内容是在法人或者非法人组织尚未公开的技术成果、阶段性技术成果基础上完成的情形。但下列情况除外：

（一）对利用法人或者非法人组织提供的物质技术条件，约定返还资金或者交纳使用费的；

（二）在技术成果完成后利用法人或者非法人组织的物质技术条件对技术方案进行验证、测试的。

第5条 个人完成的技术成果，属于执行原所在法人或者非法人组织的工作任务，又主要利用了现所在法人或者非法人组织的物质技术条件的，应当按照该自然人原所在和现所在法人或者非法人组织达成的协议确认权益。不能达成协议的，根据对完成该项技术成果的贡献大小由双方合理分享。

第6条 民法典第八百四十七条所称"职务技术成果的完成人"、第八百四十八条所称"完成技术成果的个人"，包括对技术成果单独或者共同作出创造性贡献的人，也即技术成果的发明人或者设计人。人民法院在对创造性贡献进行认定时，应当分解所涉及技术成果的实质性技术构成。提出实质性技术构成并由此实现技术方案的人，是作出创造性贡献的人。

提供资金、设备、材料、试验条件，进行组织管理，协助绘制图纸、整理资料、翻译文献等人员，不属于职务技术成果的完成人、完成技术成果的个人。

第848条【非职务技术成果的财产权权属】

非职务技术成果的使用权、转让权属于完成技术成果的个人，完成技术成果的个人可以就该项非职务技术成果订立技术合同。

第849条【技术成果的人身权归属】

完成技术成果的个人享有在有关技术成果文件上写明自己是技术成果完成者的权利和取得荣誉证书、奖励的权利。

第850条【技术合同无效】

非法垄断技术或者侵害他人技术成果的技术合同无效。

【关联司法解释】

《最高人民法院关于审理技术合同纠纷案件适用法律若干问题的解释》

第10条 下列情形，属于民法典第八百五十条所称的"非法垄断技术"：

（一）限制当事人一方在合同标的技术基础上进行新的研究开发或者限制其使用所改进的技术，或者双方交换改进技术的条件不对等，包括要求一方将其自行改进的技术无偿提供给对方、非互惠性转让给对方、无偿独占或者共享该改进技术的知识产权；

（二）限制当事人一方从其他来源获得与技术提供方类似技术或者与其竞争的技术；

（三）阻碍当事人一方根据市场需求，按照合理方式充分实施合同标的技术，包括明显不合理地限制技术接受方实施合同标的技术生产产品或者提供服务的数量、品种、价格、销售渠道和出口市场；

（四）要求技术接受方接受并非实施技术必不可少的附带条件，包括购买非必需的技术、原材料、产品、设备、服务以及接收非必需的人员等；

（五）不合理地限制技术接受方购买原材料、零部件、产品或者设备等的渠道或者来源；

（六）禁止技术接受方对合同标的技术知识产权的有效性提出异议或者对提出异议附加条件。

第11条 技术合同无效或者被撤销后，技术开发合同研究开发人、技术转让合同让与人、技术许可合同许可人、技术咨询合同和技术服务合同的受托人已经履行或者部分履行了约定的义务，并且造成合同无效或者被撤销的过错在对方的，对其已履行部分应当收取的研究开发经费、技术使用费、提供咨询服务的报酬，人民法院可以认定为因对方原因导致合同无效或者被撤销给其造成的损失。

技术合同无效或者被撤销后，因履行合同所完成新的技术成果或者在他人技术成果基础上完成后续改进技术成果的权利归属和利益分享，当事人不能重新协议确定的，人民法院可以判决由完成技术成果的一方享有。

第12条 根据民法典第八百五十条的规定，侵害他人技术秘密的技术合同被确认无效后，除法律、行政法规另有规定的以外，善意取得该技术秘密的一方当事人可以在其取得时的范围内继续使用该技术秘密，但应当向权利人支付合理的使用费并承担保密义务。

当事人双方恶意串通或者一方知道或者应当知道另一方侵权仍与其订立或者履行合同的，属于共同侵权，人民法院应当判令侵权人承担连带赔偿责任和保密义务，因此取得技术秘密的当事人不得继续使用该技术秘密。

第二节 技术开发合同

第851条【技术开发合同定义及合同形式】

技术开发合同是当事人之间就新技术、新产品、新工艺、**新品种**或者新材料及其系统的研究开发所订立的合同。

技术开发合同包括委托开发合同和合作开发合同。

技术开发合同应当采用书面形式。

当事人之间就具有实用价值的科技成果实施转化订立的合同，参照适用技术开发合同的有关规定。

【关联司法解释】

《最高人民法院关于审理技术合同纠纷案件适用法律若干问题的解释》

第14条 民法典第八百五十一条第一款所称"新技术、新产品、新工艺、新品种或者新材料及其系统"，包括当事人在订立技术合同时尚未掌握的产品、工艺、材料及其系统等技术方案，但对技术上没有创新的现有产品的改型、工艺变更、材料配方调整以及对技术成果的验证、测试和使用除外。

第18条　民法典第八百五十一条第四款规定的"当事人之间就具有实用价值的科技成果实施转化订立的"技术转化合同，是指当事人之间就具有实用价值但尚未实现工业化应用的科技成果包括阶段性技术成果，以实现该科技成果工业化应用为目标，约定后续试验、开发和应用等内容的合同。

第852条【委托开发合同的委托人义务】

委托开发合同的委托人应当按照约定支付研究开发经费和报酬，提供技术资料，**提出研究开发要求**，完成协作事项，接受研究开发成果。

第853条【委托开发合同的研究开发人义务】

委托开发合同的研究开发人应当按照约定制定和实施研究开发计划，合理使用研究开发经费，按期完成研究开发工作，交付研究开发成果，提供有关的技术资料和必要的技术指导，帮助委托人掌握研究开发成果。

第854条【委托开发合同的违约责任】

委托开发合同的当事人违反约定造成研究开发工作停滞、延误或者失败的，应当承担违约责任。

第855条【合作开发合同的当事人主要义务】

合作开发合同的当事人应当按照约定进行投资，包括以技术进行投资，分工参与研究开发工作，协作配合研究开发工作。

【关联司法解释】

《最高人民法院关于审理技术合同纠纷案件适用法律若干问题的解释》

第19条　民法典第八百五十五条所称"分工参与研究开发工作"，包括当事人按照约定的计划和分工，共同或者分别承担设计、工艺、试验、试制等工作。

技术开发合同当事人一方仅提供资金、设备、材料等物质条件或者承担辅助协作事项，另一方进行研究开发工作的，属于委托开发合同。

第856条【合作开发合同的违约责任】

合作开发合同的当事人违反约定造成研究开发工作停滞、延误或者失败的，应当承担违约责任。

第857条【技术开发合同解除】

作为技术开发合同标的的技术已经由他人公开，致使技术开发合同的履行没有意义的，当事人可以解除合同。

第858条【技术开发合同风险负担及通知义务】

技术开发合同履行过程中，因出现无法克服的技术困难，致使研究开发失败或者部分失败的，该风险由当事人约定；没有约定或者约定不明确，依据本法第五百一十条的规定仍不能确定的，风险由当事人合理分担。

当事人一方发现前款规定的可能致使研究开发失败或者部分失败的情形时，应当及时通知另一方并采取适当措施减少损失；没有及时通知并采取适当措施，致使损失扩大的，应当就扩大的损失承担责任。

第859条【委托开发合同的技术成果归属】

委托开发完成的发明创造，除法律另有规定或者当事人另有约定外，申请专利的权利属于研究开发人。研究开发人取得专利权的，委托人可以依法实施该专利。

研究开发人转让专利申请权的，委托人享有以同等条件优先受让的权利。

第860条【合作开发合同的技术成果归属】

合作开发完成的发明创造，申请专利的权利属于合作开发的当事人共有；当事人一方转让其共有的专利申请权的，其他各方享有以同等条件优先受让的权利。**但是，当事人另有约定的除外。**

合作开发的当事人一方声明放弃其共有的专利申请权的，**除当事人另有约定外**，可以由另一方单独申请或者由其他各方共同申请。申请人取得专利权的，放弃专利申请权的一方可以免费实施该专利。

合作开发的当事人一方不同意申请专利的，另一方或者其他各方不得申请专利。

第861条【技术秘密成果归属与分享】

委托开发或者合作开发完成的技术秘密成果的使用权、转让权以及收益的分配办法，由当事人约定；没有约定或者约定不明确，依据本法第五百一十条的规定仍不能确定的，**在没有相同技术方案被授予专利权前，当事人均有使用和转让的权利。但是，委托开发的研究开发人不得在向委托人交付研究开发成果之前，将研究开发成果转让给第三人。**

【关联司法解释】

《最高人民法院关于审理技术合同纠纷案件适用法律若干问题的解释》

第20条 民法典第八百六十一条所称"当事人均有使用和转让的权利"，包括当事人均有不经对方同意而自己使用或者以普通使用许可的方式许可他人使用技术秘密，并独占由此所获利益的权利。当事人一方将技术秘密成果的转让权让与他人，或者以独占或者排他使用许可的方式许可他人使用技术秘密，未经对方当事人同意或者追认的，应当认定该让与或者许可行为无效。

第三节 技术转让合同和技术许可合同

第862条【技术转让合同和技术许可合同定义】

技术转让合同是合法拥有技术的权利人，将现有特定的专利、专利申请、技术秘密的相关权利让与他人所订立的合同。

技术许可合同是合法拥有技术的权利人，将现有特定的专利、技术秘密的相关权利许可他人实施、使用所订立的合同。

技术转让合同和技术许可合同中关于提供实施技术的专用设备、原材料或者提供有关的技术咨询、技术服务的约定，属于合同的组成部分。

【关联司法解释】

《最高人民法院关于审理技术合同纠纷案件适用法律若干问题的解释》

第22条 就尚待研究开发的技术成果或者不涉及专利、专利申请或者技术秘密的知识、技术、经验和信息所订立的合同，不属于民法典第八百六十二条规定的技术转让合同或者技术许可合同。

技术转让合同中关于让与人向受让人提供实施技术的专用设备、原材料或者提供有关的技术咨询、技术服务的约定，属于技术转让合同的组成部分。因此发生的纠纷，按照技术转让合同处理。

当事人以技术入股方式订立联营合同，但技术入股人不参与联营体的经营管理，并且以保底条款形式约定联营体或者联营对方支付其技术价款或者使用费的，视为技术转让合同或者技术许可合同。

第24条 订立专利权转让合同或者专利申请权转让合同前，让与人自己已经实施发明创造，在合同生效后，受让人要求让与人停止实施的，人民法院应当予以支持，但当事人另有约定的除外。

让与人与受让人订立的专利权、专利申请权转让合同，不影响在合同成立前让与人与他人订立的相关专利实施许可合同或者技术秘密转让合同的效力。

第863条【技术转让合同和技术许可合同类型和形式】
技术转让合同包括专利权转让、专利申请权转让、技术秘密转让等合同。
技术许可合同包括专利实施许可、技术秘密使用许可等合同。

技术转让合同和技术许可合同应当采用书面形式。

【关联司法解释】

《最高人民法院关于审理技术合同纠纷案件适用法律若干问题的解释》

第25条　专利实施许可包括以下方式：

（一）独占实施许可，是指许可人在约定许可实施专利的范围内，将该专利仅许可一个被许可人实施，许可人依约定不得实施该专利；

（二）排他实施许可，是指许可人在约定许可实施专利的范围内，将该专利仅许可一个被许可人实施，但许可人依约定可以自行实施该专利；

（三）普通实施许可，是指许可人在约定许可实施专利的范围内许可他人实施该专利，并且可以自行实施该专利。

当事人对专利实施许可方式没有约定或者约定不明确的，认定为普通实施许可。专利实施许可合同约定被许可人可以再许可他人实施专利的，认定该再许可为普通实施许可，但当事人另有约定的除外。

技术秘密的许可使用方式，参照本条第一、二款的规定确定。

第27条　排他实施许可合同许可人不具备独立实施其专利的条件，以一个普通许可的方式许可他人实施专利的，人民法院可以认定为许可人自己实施专利，但当事人另有约定的除外。

第864条【技术转让合同和技术许可合同的限制性条款】

技术转让合同和技术许可合同可以约定实施专利或者使用技术秘密的范围，但是不得限制技术竞争和技术发展。

【关联司法解释】

《最高人民法院关于审理技术合同纠纷案件适用法律若干问题的解释》

第28条　民法典第八百六十四条所称"实施专利或者使用技术秘密的

范围",包括实施专利或者使用技术秘密的期限、地域、方式以及接触技术秘密的人员等。

当事人对实施专利或者使用技术秘密的期限没有约定或者约定不明确的,受让人、被许可人实施专利或者使用技术秘密不受期限限制。

第865条【专利实施许可合同限制】

专利实施许可合同仅在该专利权的存续期限内有效。专利权有效期限届满或者专利权被宣告无效的,专利权人不得就该专利与他人订立专利实施许可合同。

第866条【专利实施许可合同许可人主要义务】

专利实施许可合同的许可人应当按照约定许可被许可人实施专利,交付实施专利有关的技术资料,提供必要的技术指导。

【关联司法解释】

《最高人民法院关于审理技术合同纠纷案件适用法律若干问题的解释》

第26条 专利实施许可合同许可人负有在合同有效期内维持专利权有效的义务,包括依法缴纳专利年费和积极应对他人提出宣告专利权无效的请求,但当事人另有约定的除外。

第867条【专利实施许可合同被许可人主要义务】

专利实施许可合同的被许可人应当按照约定实施专利,不得许可约定以外的第三人实施该专利,并按照约定支付使用费。

★ 第868条【技术秘密让与人和许可人主要义务】

技术秘密转让合同的让与人和技术秘密使用许可合同的许可人应当按照约定提供技术资料,进行技术指导,保证技术的实用性、可靠性,承担保密义务。

前款规定的保密义务，不限制许可人申请专利，但是当事人另有约定的除外。

【条文解读】

本条是关于技术秘密让与人和许可人主要义务的规定。本条第2款是关于技术秘密使用许可合同许可人的保密义务与申请专利权利如何协调的规定。除非当事人另有约定，原则上不应限制技术秘密使用许可合同的许可人就合同所涉技术秘密申请专利的权利。许可人就合同所涉技术秘密申请专利的行为，不属于违反保密义务的行为。

第869条【技术秘密受让人和被许可人主要义务】

技术秘密转让合同的受让人和**技术秘密使用许可合同的被许可人**应当按照约定使用技术，支付**转让费**、使用费，承担保密义务。

第870条【技术转让合同让与人和技术许可合同许可人保证义务】

技术转让合同的让与人和技术许可合同的许可人应当保证自己是所提供的技术的合法拥有者，并保证所提供的技术完整、无误、有效，能够达到约定的目标。

第871条【技术转让合同受让人和技术许可合同被许可人保密义务】

技术转让合同的受让人和**技术许可合同的被许可人**应当按照约定的范围和期限，对让与人、许可人提供的技术中尚未公开的秘密部分，承担保密义务。

第872条【许可人和让与人违约责任】

许可人未按照约定许可技术的，应当返还部分或者全部使用费，并应当承担违约责任；实施专利或者使用技术秘密超越约定的范围的，违反约定擅自许可第三人实施该项专利或者使用该项技术秘密的，应当停止违约行为，承担违约责任；违反约定的保密义务的，应当承担违约责任。

让与人承担违约责任，参照适用前款规定。

第873条【被许可人和受让人违约责任】

被许可人未按照约定支付使用费的，应当补交使用费并按照约定支付违约金；不补交使用费或者支付违约金的，应当停止实施专利或者使用技术秘密，交还技术资料，承担违约责任；实施专利或者使用技术秘密超越约定的范围的，未经许可人同意擅自许可第三人实施该专利或者使用该技术秘密的，应当停止违约行为，承担违约责任；违反约定的保密义务的，应当承担违约责任。

受让人承担违约责任，参照适用前款规定。

第874条【受让人和被许可人侵权责任】

受让人或者被许可人按照约定实施专利、使用技术秘密侵害他人合法权益的，由让与人或者许可人承担责任，但是当事人另有约定的除外。

第875条【后续技术成果的归属与分享】

当事人可以按照互利的原则，在合同中约定实施专利、使用技术秘密后续改进的技术成果的分享办法；没有约定或者约定不明确，依据本法第五百一十条的规定仍不能确定的，一方后续改进的技术成果，其他各方无权分享。

第876条【其他知识产权的转让和许可】

集成电路布图设计专有权、植物新品种权、计算机软件著作权等其他知识产权的转让和许可，参照适用本节的有关规定。

第877条【技术进出口合同或者专利、专利申请合同法律适用】

法律、行政法规对技术进出口合同或者专利、专利申请合同另有规定的，依照其规定。

第四节　技术咨询合同和技术服务合同

第878条【技术咨询合同和技术服务合同定义】

技术咨询合同是当事人一方以技术知识为对方就特定技术项目提供可行性论证、技术预测、专题技术调查、分析评价报告等所订立的合同。

技术服务合同是当事人一方以技术知识为对方解决特定技术问题所订立的合同，不包括承揽合同和建设工程合同。

【关联司法解释】

《最高人民法院关于审理技术合同纠纷案件适用法律若干问题的解释》

第33条　民法典第八百七十八条第二款所称"特定技术问题"，包括需要运用专业技术知识、经验和信息解决的有关改进产品结构、改良工艺流程、提高产品质量、降低产品成本、节约资源能耗、保护资源环境、实现安全操作、提高经济效益和社会效益等专业技术问题。

第34条　当事人一方以技术转让或者技术许可的名义提供已进入公有领域的技术，或者在技术转让合同、技术许可合同履行过程中合同标的技术进入公有领域，但是技术提供方进行技术指导、传授技术知识，为对方解决特定技术问题符合约定条件的，按照技术服务合同处理，约定的技术转让费、使用费可以视为提供技术服务的报酬和费用，但是法律、行政法规另有规定的除外。

依照前款规定，技术转让费或者使用费视为提供技术服务的报酬和费用明显不合理的，人民法院可以根据当事人的请求合理确定。

第879条【技术咨询合同委托人义务】

技术咨询合同的委托人应当按照约定阐明咨询的问题，提供技术背景材料及有关技术资料，接受受托人的工作成果，支付报酬。

【关联司法解释】

《最高人民法院关于审理技术合同纠纷案件适用法律若干问题的解释》
第29条 当事人对技术咨询合同委托人提供的技术资料和数据或者受托人提出的咨询报告和意见未约定保密义务，当事人一方引用、发表或者向第三人提供的，不认定为违约行为，但侵害对方当事人对此享有的合法权益的，应当依法承担民事责任。

第880条【技术咨询合同受托人义务】

技术咨询合同的受托人应当按照约定的期限完成咨询报告或者解答问题，提出的咨询报告应当达到约定的要求。

第881条【技术咨询合同当事人的违约责任】

技术咨询合同的委托人未按照约定提供必要的资料，影响工作进度和质量，不接受或者逾期接受工作成果的，支付的报酬不得追回，未支付的报酬应当支付。

技术咨询合同的受托人未按期提出咨询报告或者提出的咨询报告不符合约定的，应当承担减收或者免收报酬等违约责任。

技术咨询合同的委托人按照受托人符合约定要求的咨询报告和意见作出决策所造成的损失，由委托人承担，但是当事人另有约定的除外。

【关联司法解释】

《最高人民法院关于审理技术合同纠纷案件适用法律若干问题的解释》
第32条 技术咨询合同受托人发现委托人提供的资料、数据等有明显错误或者缺陷，未在合理期限内通知委托人的，视为其对委托人提供的技术资料、数据等予以认可。委托人在接到受托人的补正通知后未在合理期限内答复并予补正的，发生的损失由委托人承担。

第882条【技术服务合同委托人义务】

技术服务合同的委托人应当按照约定提供工作条件，完成配合事项，接受工作成果并支付报酬。

【关联司法解释】

《最高人民法院关于审理技术合同纠纷案件适用法律若干问题的解释》
第35条 当事人对技术服务合同受托人提供服务所需费用的负担没有约定或者约定不明确的，由受托人承担。

技术服务合同受托人发现委托人提供的资料、数据、样品、材料、场地等工作条件不符合约定，未在合理期限内通知委托人的，视为其对委托人提供的工作条件予以认可。委托人在接到受托人的补正通知后未在合理期限内答复并予补正的，发生的损失由委托人承担。

第883条【技术服务合同受托人义务】

技术服务合同的受托人应当按照约定完成服务项目，解决技术问题，保证工作质量，并传授解决技术问题的知识。

第884条【技术服务合同当事人的违约责任】

技术服务合同的委托人不履行合同义务或者履行合同义务不符合约定，影响工作进度和质量，不接受或者逾期接受工作成果的，支付的报酬不得追回，未支付的报酬应当支付。

技术服务合同的受托人未按照约定完成服务工作的，应当承担免收报酬等违约责任。

【关联司法解释】

《最高人民法院关于审理技术合同纠纷案件适用法律若干问题的解释》

第37条 当事人对技术培训必需的场地、设施和试验条件等工作条件的提供和管理责任没有约定或者约定不明确的，由委托人负责提供和管理。

技术培训合同委托人派出的学员不符合约定条件，影响培训质量的，由委托人按照约定支付报酬。

受托人配备的教员不符合约定条件，影响培训质量，或者受托人未按照计划和项目进行培训，导致不能实现约定培训目标的，应当减收或者免收报酬。

受托人发现学员不符合约定条件或者委托人发现教员不符合约定条件，未在合理期限内通知对方，或者接到通知的一方未在合理期限内按约定改派的，应当由负有履行义务的当事人承担相应的民事责任。

第885条【创新技术成果归属】

技术咨询合同、技术服务合同履行过程中，受托人利用委托人提供的技术资料和工作条件完成的新的技术成果，属于受托人。委托人利用受托人的工作成果完成的新的技术成果，属于委托人。当事人另有约定的，按照其约定。

第886条【工作费用的负担】

技术咨询合同和技术服务合同对受托人正常开展工作所需费用的负担没有约定或者约定不明确的，由受托人负担。

第887条【技术中介合同和技术培训合同法律适用】

法律、行政法规对技术中介合同、技术培训合同另有规定的，依照其规定。

【关联司法解释】

《最高人民法院关于审理技术合同纠纷案件适用法律若干问题的解释》

第36条 民法典第八百八十七条规定的"技术培训合同",是指当事人一方委托另一方对指定的学员进行特定项目的专业技术训练和技术指导所订立的合同,不包括职业培训、文化学习和按照行业、法人或者非法人组织的计划进行的职工业余教育。

第38条 民法典第八百八十七条规定的"技术中介合同",是指当事人一方以知识、技术、经验和信息为另一方与第三人订立技术合同进行联系、介绍以及对履行合同提供专门服务所订立的合同。

第39条 中介人从事中介活动的费用,是指中介人在委托人和第三人订立技术合同前,进行联系、介绍活动所支出的通信、交通和必要的调查研究等费用。中介人的报酬,是指中介人为委托人与第三人订立技术合同以及对履行该合同提供服务应当得到的收益。

当事人对中介人从事中介活动的费用负担没有约定或者约定不明确的,由中介人承担。当事人约定该费用由委托人承担但未约定具体数额或者计算方法的,由委托人支付中介人从事中介活动支出的必要费用。

当事人对中介人的报酬数额没有约定或者约定不明确的,应当根据中介人所进行的劳务合理确定,并由委托人承担。仅在委托人与第三人订立的技术合同中约定中介条款,但未约定给付中介人报酬或者约定不明确的,应当支付的报酬由委托人和第三人平均承担。

第二十一章　保管合同

★ **第888条【保管合同定义】**

保管合同是保管人保管寄存人交付的保管物,并返还该物的合同。

寄存人到保管人处从事购物、就餐、住宿等活动,将物品存放在指定场

所的，视为保管，但是当事人另有约定或者另有交易习惯的除外。

【条文解读】

本条是关于保管合同定义的规定。

本条第1款沿用了原《合同法》第365条对保管合同的定义，即保管合同是保管人保管寄存人交付的保管物，并返还该物的合同。保管物品的一方称为保管人，交付物品的一方称为寄存人，由保管人保管的物品称为保管物。

本条第2款则是新增加的条款，规定了法定保管情形，将保管义务扩大到以购物、就餐和住宿等活动为业的经营者。在《民法典》颁布之前，理论上和实践中关于在商场、饭店及酒店存放物品的法律性质以及物品丢失后的责任承担，存在不同的认识。如对于经营场所为消费者提供的自助寄存柜的性质，第一种观点认为，这种在经营场所形成的存放关系属于保管合同关系；第二种观点则认为该种存放关系并非保管合同关系，而是借用合同关系；第三种观点认为，《消费者权益保护法》第7条第1款规定："消费者在购买、使用商品和接受服务时享有人身、财产安全不受损害的权利。"据此，管护消费者财物是消费服务合同的具体内容，属于从给付义务的范畴。为此，本条专门增加了法定保管的规定，即"寄存人到保管人处从事购物、就餐、住宿等活动，将物品存放在指定场所的，视为保管，但是当事人另有约定或者另有交易习惯的除外"。

适用法定保管应符合以下条件：第一，寄存人需到购物中心、饭店、宾馆等场所从事购物、就餐、住宿等活动。第二，寄存人应将物品存放于指定场所。购物中心、饭店、宾馆等场所一般均设置了储物柜、停车场等专门场所，用于存放消费者的物品、车辆，寄存人只有将物品寄存在指定场所、将车辆停放于指定区域，才与保管人就物品保管形成保管合同关系。如果消费者将物品擅自存放于其他区域，则双方之间并未形成保管合同关系，消费者无权要求经营者就物品丢失承担赔偿责任。

【其他关联规定】

《中华人民共和国消费者权益保护法》

第7条 消费者在购买、使用商品和接受服务时享有人身、财产安全不受损害的权利。

消费者有权要求经营者提供的商品和服务，符合保障人身、财产安全的要求。

第889条【保管费】

寄存人应当按照约定向保管人支付保管费。

当事人对保管费没有约定或者约定不明确，依据本法第五百一十条的规定仍不能确定的，视为无偿保管。

第890条【保管合同成立时间】

保管合同自保管物交付时成立，但是当事人另有约定的除外。

第891条【保管人出具保管凭证义务】

寄存人向保管人交付保管物的，保管人应当出具保管凭证，但是另有交易习惯的除外。

第892条【保管人妥善保管义务】

保管人应当妥善保管保管物。

当事人可以约定保管场所或者方法。除紧急情况或者为维护寄存人利益外，不得擅自改变保管场所或者方法。

第893条【寄存人告知义务】

寄存人交付的保管物有瑕疵或者根据保管物的性质需要采取特殊保管措施的，寄存人应当将有关情况告知保管人。寄存人未告知，致使保管物受损失的，保管人不承担赔偿责任；保管人因此受损失的，除保管人知道或者应当知道且未采取补救措施外，寄存人应当承担赔偿责任。

第894条【保管人亲自保管保管物义务】

保管人不得将保管物转交第三人保管，但是当事人另有约定的除外。

保管人违反前款规定，将保管物转交第三人保管，造成保管物损失的，应当承担赔偿责任。

第895条【保管人不得使用或者许可他人使用保管物的义务】

保管人不得使用或者许可第三人使用保管物，但是当事人另有约定的除外。

第896条【保管人返还保管物及通知寄存人的义务】

第三人对保管物主张权利的，除依法对保管物采取保全或者执行措施外，保管人应当履行向寄存人返还保管物的义务。

第三人对保管人提起诉讼或者对保管物申请扣押的，保管人应当及时通知寄存人。

★ 第897条【保管人赔偿责任】

保管期内，因保管人保管不善造成保管物毁损、灭失的，保管人应当承担赔偿责任。但是，**无偿保管人证明自己没有故意或者重大过失的，不承担**赔偿责任。

【条文解读】

本条是关于保管人对保管物毁损、灭失的赔偿责任的规定，是由原《合同法》第374条修改而来。妥善保管保管物是保管人的合同义务，保管期内，因保管不善造成保管物毁损、灭失的，保管人应当承担赔偿责任。由于保管合同分为有偿合同和无偿合同，因此不同合同项下保管人的权利义务不同。根据权利义务相对等原则，应当区分有偿合同和无偿合同下保管人的注意义务和赔偿责任。

有偿保管合同中，保管人应对保管期内保管物的毁损、灭失承担赔偿责任。但是，保管人在两种情形下可以免责：一是保管人能证明其已经尽到妥善保管义务，如保管人已经提供正确合适的保管场所、合理适当的保管方法、禁止保管物的使用等；二是因寄存人过错导致保管物毁损、灭失，如保管物的毁损、灭失是由于保管物自身的性质或者包装不符合约定造成的，或者对于需要采取特殊保管措施的物品，寄存人未尽到告知义务等。

无偿保管合同中，由于保管人仅履行义务而不享有权利，故保管人仅对其故意或者重大过失造成的保管物毁损、灭失承担损害赔偿责任。保管人应当对其对保管物毁损、灭失没有故意或重大过失承担举证责任。

【关联司法解释】

《最高人民法院关于审理旅游纠纷案件适用法律若干问题的规定》

第21条　旅游经营者因过错致其代办的手续、证件存在瑕疵，或者未尽妥善保管义务而遗失、毁损，旅游者请求旅游经营者补办或者协助补办相关手续、证件并承担相应费用的，人民法院应予支持。

因上述行为影响旅游行程，旅游者请求旅游经营者退还尚未发生的费用、赔偿损失的，人民法院应予支持。

【其他关联规定】

《中华人民共和国消费者权益保护法》

第18条　经营者应当保证其提供的商品或者服务符合保障人身、财产安全的要求。对可能危及人身、财产安全的商品和服务，应当向消费者作出真实的说明和明确的警示，并说明和标明正确使用商品或者接受服务的方法以及防止危害发生的方法。

宾馆、商场、餐馆、银行、机场、车站、港口、影剧院等经营场所的经营者，应当对消费者尽到安全保障义务。

第898条【寄存人声明义务】

寄存人寄存货币、有价证券或者其他贵重物品的，应当向保管人声明，由保管人验收或者封存；寄存人未声明的，该物品毁损、灭失后，保管人可以按照一般物品予以赔偿。

第899条【领取保管物时间】

寄存人可以随时领取保管物。

当事人对保管**期限**没有约定或者约定不明确的，保管人可以随时**请求**寄存人领取保管物；约定保管**期限**的，保管人无特别事由，不得**请求**寄存人提前领取保管物。

第900条【返还保管物及其孳息】

保管期限届满或者寄存人提前领取保管物的，保管人应当将原物及其孳息归还寄存人。

第901条【消费保管合同】

保管人保管货币的，可以返还相同种类、数量的货币；保管其他可替代物的，可以按照约定返还相同种类、品质、数量的物品。

第902条【保管费支付期限】

有偿的保管合同，寄存人应当按照约定的期限向保管人支付保管费。

当事人对支付期限没有约定或者约定不明确，依据本法第五百一十条的规定仍不能确定的，应当在领取保管物的同时支付。

第903条【保管人留置权】

寄存人未按照约定支付保管费或者其他费用的，保管人对保管物享有留置权，但是当事人另有约定的除外。

第二十二章 仓储合同

第904条【仓储合同定义】

仓储合同是保管人储存存货人交付的仓储物，存货人支付仓储费的合同。

★ #### 第905条【仓储合同成立时间】

仓储合同自保管人和存货人意思表示一致时成立。

【条文解读】

本条是关于仓储合同成立时间的规定。原《合同法》第382条规定"仓储合同自成立时生效"，未规定仓储合同是实践性合同还是诺成性合同。在《民法典》施行之前，理论上对仓储合同的成立时间存在两种不同的观点：第一种观点认为，仓储合同为诺成性合同，当事人双方意思表示一致即可成立；第二种观点则认为，仓储合同为实践性合同。由于仓储合同为双务有偿合同，合同标的物通常为大宗商品，保管人在接受仓储物之前需要进行一定的准备活动，同时保管人的临时反悔则可能使存货人短时间内无法存放货物而遭受巨大损失，因此如将仓储合同认定为实践性合同，既不利于保护保管人和存放人的合法权益，也不利于维护交易安全和稳定。为此，《民法典》明确仓储合同为诺成性合同，自保管人和存货人意思表示一致时成立。这是仓储合同与保管合同的主要区别之一。保管合同是一种典型的实践性合同，又称为要物合同。保管合同除双方当事人达成合意外，还必须由寄存人交付保管物，合同从保管物交付起成立。

第906条【危险物品和易变质物品的储存】

储存易燃、易爆、有毒、有腐蚀性、有放射性等危险物品或者易变质物品的，存货人应当说明该物品的性质，提供有关资料。

存货人违反前款规定的，保管人可以拒收仓储物，也可以采取相应措施以避免损失的发生，因此产生的费用由存货人负担。

保管人储存易燃、易爆、有毒、有腐蚀性、有放射性等危险物品的，应当具备相应的保管条件。

第907条【保管人验收义务以及损害赔偿】

保管人应当按照约定对入库仓储物进行验收。保管人验收时发现入库仓储物与约定不符合的，应当及时通知存货人。保管人验收后，发生仓储物的品种、数量、质量不符合约定的，保管人应当承担赔偿责任。

第908条【保管人出具仓单、入库单义务】

存货人交付仓储物的，保管人应当出具仓单、入库单等凭证。

第909条【仓单】

保管人应当在仓单上签名或者盖章。仓单包括下列事项：

（一）存货人的姓名或者名称和住所；

（二）仓储物的品种、数量、质量、包装及其件数和标记；

（三）仓储物的损耗标准；

（四）储存场所；

（五）储存期限；

（六）仓储费；

（七）仓储物已经办理保险的，其保险金额、期间以及保险人的名称；

（八）填发人、填发地和填发日期。

第910条【仓单性质和转让】

仓单是提取仓储物的凭证。存货人或者仓单持有人在仓单上背书并经保管人签名或者盖章的，可以转让提取仓储物的权利。

【关联司法解释】

《最高人民法院关于适用〈中华人民共和国民法典〉有关担保制度的解释》

第59条 存货人或者仓单持有人在仓单上以背书记载"质押"字样，并经保管人签章，仓单已经交付质权人的，人民法院应当认定质权自仓单交付质权人时设立。没有权利凭证的仓单，依法可以办理出质登记的，仓单质权自办理出质登记时设立。

出质人既以仓单出质，又以仓储物设立担保，按照公示的先后确定清偿顺序；难以确定先后的，按照债权比例清偿。

保管人为同一货物签发多份仓单，出质人在多份仓单上设立多个质权，按照公示的先后确定清偿顺序；难以确定先后的，按照债权比例受偿。

存在第二款、第三款规定的情形，债权人举证证明其损失系由出质人与保管人的共同行为所致，请求出质人与保管人承担连带赔偿责任的，人民法院应予支持。

第911条【存货人或者仓单持有人检查权和提取样品权】

保管人根据存货人或者仓单持有人的要求，应当同意其检查仓储物或者提取样品。

第912条【保管人危险通知义务】

保管人发现入库仓储物有变质或者其他损坏的，应当及时通知存货人或者仓单持有人。

第913条【保管人危险催告义务和紧急处置权】

保管人发现入库仓储物有变质或者其他损坏，危及其他仓储物的安全和正常保管的，应当催告存货人或者仓单持有人作出必要的处置。因情况紧急，保管人可以作出必要的处置；但是，事后应当将该情况及时通知存货人或者仓单持有人。

第914条【储存期限不明确时仓储物提取】

当事人对储存期限没有约定或者约定不明确的，存货人或者仓单持有人可以随时提取仓储物，保管人也可以随时请求存货人或者仓单持有人提取仓储物，但是应当给予必要的准备时间。

第915条【逾期提取仓储物时保管人的催告权、提存权】

储存期限届满，存货人或者仓单持有人应当凭仓单、入库单等提取仓储物。存货人或者仓单持有人逾期提取的，应当加收仓储费；提前提取的，不减收仓储费。

第916条【逾期提取仓储物】

储存期限届满，存货人或者仓单持有人不提取仓储物的，保管人可以催告其在合理期限内提取；逾期不提取的，保管人可以提存仓储物。

第917条【保管人的损害赔偿责任】

储存期内，因保管不善造成仓储物毁损、灭失的，保管人应当承担赔偿责任。因仓储物本身的自然性质、包装不符合约定或者超过有效储存期造成仓储物变质、损坏的，保管人不承担赔偿责任。

第918条【适用保管合同】

本章没有规定的，适用保管合同的有关规定。

第二十三章　委托合同

第919条【委托合同定义】
委托合同是委托人和受托人约定，由受托人处理委托人事务的合同。

第920条【委托事项】
委托人可以特别委托受托人处理一项或者数项事务，也可以概括委托受托人处理一切事务。

第921条【委托费用的预付和垫付】
委托人应当预付处理委托事务的费用。受托人为处理委托事务垫付的必要费用，委托人应当偿还该费用并支付利息。

第922条【受托人应当按照委托人的指示处理委托事务】
受托人应当按照委托人的指示处理委托事务。需要变更委托人指示的，应当经委托人同意；因情况紧急，难以和委托人取得联系的，受托人应当妥善处理委托事务，但是事后应当将该情况及时报告委托人。

★ 第923条【受托人亲自处理委托事务】
受托人应当亲自处理委托事务。经委托人同意，受托人可以转委托。转委托经同意或者追认的，委托人可以就委托事务直接指示转委托的第三人，受托人仅就第三人的选任及其对第三人的指示承担责任。转委托未经同意或者追认的，受托人应当对转委托的第三人的行为承担责任；但是，在紧急情况下受托人为了维护委托人的利益需要转委托第三人的除外。

【条文解读】

本条是关于受托人应当亲自处理委托事务以及转委托的规定。本条自原

《合同法》第400条修改而来：一是增加了委托人对受托人转委托追认的内容，即将"转委托经同意的"修改为"转委托经同意或者追认的"；将"转委托未经同意的"修改为"转委托未经同意或者追认的"。二是在最后一句中增加了"第三人"的表述，使表述更加精准。

委托合同的订立和履行以当事人之间的信任为基础，委托人选择受托人以对其能力和信誉的信赖为前提，受托人接受委托亦是基于对委托人的了解和为委托人办理委托事务的意愿。委托合同具有的人身信赖的特点要求受托人亲自办理委托事务，不得擅自将自己受托的事务转委托给他人办理。

实践中，受托人可能基于客观情况或者自身能力的变化，出于妥善处理委托事务、保护委托人利益的考虑，需要将委托事务转委托第三人处理。转委托必须符合法定条件：

第一，转委托经委托人同意或者追认。法律之所以限制转委托，是为防止受托人损害委托人利益，而委托人同意转委托是基于转委托符合其利益才作出的决定，这亦属于当事人意思自治范畴，当事人意思表示一致即可。委托人对转委托的同意也包括追认。

第二，紧急情况下为维护委托人利益，即使未经委托人同意也可以转委托。如由于急病、通讯联络中断等特殊原因，受托人自己不能办理委托事务，又不能与委托人及时取得联系，如不及时转委托他人处理，会给委托人的利益造成损失或扩大损失的，受托人可转委托。需要注意的是，在紧急情形下的转委托，委托人事后是否追认，并不影响转委托的效力。

法定情形下的转委托，具有以下法律效果：一是受托人与委托人之间的原委托合同仍然有效，不受转委托合同关系的影响，受托人仍然受原委托合同约束；二是委托人可以就委托事务直接指示次受托人；三是次受托人处理委托事务的效果归属于委托人；四是在转委托事务范围内，受托人仅就次受托人的选任及其对次受托人的指示承担责任，不再承担其他责任。如受托人选任不适格的次受托人或者对次受托人的指示不当，致委托人损害时，受托人应负损害赔偿责任。

在未经委托人同意、追认或者非紧急情况下，受托人擅自转委托的，则受托人应当对次受托人的行为承担责任。

【关联司法解释】

《最高人民法院关于审理海上货运代理纠纷案件若干问题的规定》
第5条　委托人与货运代理企业约定了转委托权限，当事人就权限范围内的海上货运代理事务主张委托人同意转委托的，人民法院应予支持。

没有约定转委托权限，货运代理企业或第三人以委托人知道货运代理企业将海上货运代理事务转委托或部分转委托第三人处理而未表示反对为由，主张委托人同意转委托的，人民法院不予支持，但委托人的行为明确表明其接受转委托的除外。

第924条【受托人的报告义务】

受托人应当按照委托人的要求，报告委托事务的处理情况。委托合同终止时，受托人应当报告委托事务的结果。

第925条【隐名代理】

受托人以自己的名义，在委托人的授权范围内与第三人订立的合同，第三人在订立合同时知道受托人与委托人之间的代理关系的，该合同直接约束委托人和第三人；但是，有确切证据证明该合同只约束受托人和第三人的除外。

第926条【间接代理】

受托人以自己的名义与第三人订立合同时，第三人不知道受托人与委托人之间的代理关系的，受托人因第三人的原因对委托人不履行义务，受托人应当向委托人披露第三人，委托人因此可以行使受托人对第三人的权利。但是，第三人与受托人订立合同时如果知道该委托人就不会订立合同的除外。

受托人因委托人的原因对第三人不履行义务，受托人应当向第三人披露委托人，第三人因此可以选择受托人或者委托人作为相对人主张其权利，但是第三人不得变更选定的相对人。

委托人行使受托人对第三人的权利的，第三人可以向委托人主张其对受托人的抗辩。第三人选定委托人作为其相对人的，委托人可以向第三人主张其对受托人的抗辩以及受托人对第三人的抗辩。

第927条【受托人转移利益】

受托人处理委托事务取得的财产，应当转交给委托人。

第928条【委托人支付报酬】

受托人完成委托事务的，委托人应当按照约定向其支付报酬。

因不可归责于受托人的事由，委托合同解除或者委托事务不能完成的，委托人应当向受托人支付相应的报酬。当事人另有约定的，按照其约定。

【关联司法解释】

《最高人民法院关于审理海上货运代理纠纷案件若干问题的规定》

第9条 货运代理企业按照概括委托权限完成海上货运代理事务，请求委托人支付相关合理费用的，人民法院应予支持。

第929条【受托人的赔偿责任】

有偿的委托合同，因受托人的过错造成委托人损失的，委托人可以请求赔偿损失。无偿的委托合同，因受托人的故意或者重大过失造成委托人损失的，委托人可以请求赔偿损失。

受托人超越权限造成委托人损失的，应当赔偿损失。

第930条【委托人的赔偿责任】

受托人处理委托事务时，因不可归责于自己的事由受到损失的，可以向委托人请求赔偿损失。

第931条【委托人另行委托他人处理事务】

委托人经受托人同意，可以在受托人之外委托第三人处理委托事务。因此造成受托人损失的，受托人可以向委托人请求赔偿损失。

第932条【受托人的连带责任】

两个以上的受托人共同处理委托事务的，对委托人承担连带责任。

★ 第933条【委托合同解除】

委托人或者受托人可以随时解除委托合同。因解除合同造成对方损失的，除不可归责于该当事人的事由外，**无偿委托合同的解除方应当赔偿因解除时间不当造成的直接损失，有偿委托合同的解除方应当赔偿对方的直接损失和合同履行后可以获得的利益。**

【条文解读】

本条是关于委托合同任意解除权及解除后的损失赔偿的规定。本条承继了原《合同法》第410条规定，并作了修改完善。相较原《合同法》第410条，本条解答了理论界和实务界对委托合同任意解除权争议的两大核心问题：任意解除权能否予以限制以及任意解除权行使后的损失赔偿范围。本条明确规定委托人或者受托人可以随时解除委托合同，同时区分有偿委托与无偿委托，就解除方的赔偿责任作了不同规定。需要注意的是，委托合同的任意解除权属于一种特殊的法定解除权，除此之外，合同的解除还包括约定解除和一般的法定解除。上述几类解除权可以在委托合同中并存，委托合同的任意解除权，并不排斥其他解除权的行使。如合同订立时约定了解除条件的，当事人仍可在条件成就时解除合同。合同履行过程中，当事人也可协商解除委托合同。在符合《民法典》规定的一般法定解除事由时，当事人也可以依据一般法定解除权解除合同。此外，任意解除权只能适用于单纯的委托合同关系，如果合同中除了委托关系还有其他法律关系，不是单纯的委托性质，则合同当事人不能行使任意解除权。

本条区分无偿委托合同与有偿委托合同，对损害赔偿范围作出不同的规定："无偿委托合同的解除方应当赔偿因解除时间不当造成的直接损失，有偿委托合同的解除方应当赔偿对方的直接损失和合同履行后可以获得的利益。"在无偿委托中，合同解除方承担赔偿责任的范围仅限于直接损失；在有偿委托合同中，合同解除方承担赔偿责任的范围不仅包括直接损失，还包括可得利益损失。

需要注意的是，委托合同的解除仅向未来发生效力。在委托合同解除前，受托人已经处理了一部分事务，因处理这部分事务所支付的费用，可依照《民法典》第921条的规定主张；对于已完成部分事务的报酬，受托人可依照《民法典》第928条的规定主张。本条中任意解除权的行使并不影响当事人主张该部分费用和报酬。

★ 第934条【委托合同终止】

委托人死亡、终止或者受托人死亡、丧失民事行为能力、终止的，委托合同终止；但是，当事人另有约定或者根据委托事务的性质不宜终止的除外。

【条文解读】

本条是关于委托合同因法定事由终止的规定。

委托合同以双方当事人的信任为基础。委托人或者受托人一方死亡、终止，意味着委托合同的信任基础不复存在。而受托人丧失行为能力，则无法妥善管理或者处置受托事务。因此，委托人死亡、终止或者受托人死亡、丧失民事行为能力、终止，是委托合同终止的法定事由。根据《民法典》的规定，组织包括法人和非法人组织，破产仅仅是组织的终止情形之一。故本条将委托合同终止情形之一由原《合同法》第411条规定的委托人、受托人破产修改为委托人、受托人终止，表述更为科学、精准。

委托人死亡、终止或者受托人死亡、终止、丧失民事行为能力是委托合同终止的法定事由，但是也有例外情形：

一是合同另有约定。当事人可以在合同中约定即使委托人一方死亡、终止，委托合同仍不终止。

二是根据委托事务的性质不宜终止。委托合同终止后，可能会因特殊事由，要求委托人或其继承人等履行继续处理委托事务或者采取必要措施的义务。如《民法典》第935条规定，因委托人死亡或者宣告破产、解散，致使委托合同终止将损害委托人利益的，在委托人的继承人、遗产管理人或者清算人承受委托事务之前，受托人应当继续处理委托事务。《民法典》第936条规定，因受托人死亡、丧失民事行为能力或者被宣告破产、解散，致使委托合同终止的，受托人的继承人、遗产管理人、法定代理人或者清算人应当及时通知委托人。因委托合同终止将损害委托人利益的，在委托人作出善后处理之前，受托人的继承人、遗产管理人、法定代理人或者清算人应当采取必要措施。

★ **第935条【受托人继续处理委托事务】**

因委托人死亡或者被宣告破产、解散，致使委托合同终止将损害委托人利益的，在委托人的继承人、**遗产管理人**或者清算人承受委托事务之前，受托人应当继续处理委托事务。

【条文解读】

本条是关于受托人应继续处理委托事务的义务的规定。相较于原《合同法》第412条，本条增加了"遗产管理人"的表述，与《民法典》总则编、继承编的相关规定呼应。

委托人死亡或者被宣告破产、解散时，委托合同终止。但是，如出现本条规定情形下,即委托合同终止将损害委托人利益时,受托人应采取必要措施保护对方当事人的利益,负有继续处理委托事务的义务,直至委托人的继承人、遗产管理人或者清算人承受委托事务。需要注意的是,本条规定的"清算人"与"清算义务人"是两个不同的法律概念。"清算义务人"是指在公司解散时对公司负有依法组织清算义务,并在公司未及时清算给相关权利人造成损害时依法承担相应责任的民事主体,主要包括有限责任公司的股东、股份有限公司的董事和控股股东。

第936条【受托人的继承人等的义务】

因受托人死亡、丧失民事行为能力或者**被宣告破产**、**解散**,致使委托合同终止的,受托人的继承人、**遗产管理人**、法定代理人或者清算人应当及时通知委托人。因委托合同终止将损害委托人利益的,在委托人作出善后处理之前,受托人的继承人、**遗产管理人**、法定代理人或者清算人应当采取必要措施。

第二十四章 物业服务合同

★ 第937条【物业服务合同定义】

物业服务合同是物业服务人在物业服务区域内,为业主提供建筑物及其附属设施的维修养护、环境卫生和相关秩序的管理维护等物业服务,业主支付物业费的合同。

物业服务人包括物业服务企业和其他管理人。

【条文解读】

本条是关于物业服务合同定义的规定。本条是新增加的规定,明确了合同涉及的内容范围及物业服务人的主体范围。相较于原《合同法》,本章是增加的一章，物业服务合同是《民法典》新增加的有名合同。

随着我国城市建设和房地产业的高速发展，物业服务行业迅速发展，物业服务合同纠纷大量出现。《民法典》施行之前，物业服务合同纠纷处理的依据主要是《物业管理条例》以及2009年《最高人民法院关于审理物业服务纠纷案件具体应用法律若干问题的解释》。《民法典》回应我国现实需要，积极总结既有立法、司法实践经验，针对物业服务领域的突出问题，在典型合同中增加了物业服务合同，为物业服务合同纠纷的处理提供了民事基本法律依据。

物业服务合同是物业服务人在物业服务区域内，为业主提供建筑物及其附属设施的维修养护、环境卫生和相关秩序的管理维护等物业服务，业主支付物业费的合同。理论界对物业服务合同的定义有广义和狭义之分。狭义的物业服务合同是指业主通过业主委员会或者业主大会与物业服务人订立的物业服务合同。如《物业管理条例》第2条规定："本条例所称物业管理，是指业主通过选聘物业服务企业，由业主和物业服务企业按照物业服务合同约定，对房屋及配套的设施设备和相关场地进行维修、养护、管理，维护物业管理区域内的环境卫生和相关秩序的活动。"广义的物业服务合同还包括前期由建设单位与物业服务人订立的前期物业服务合同。本条所指的物业服务合同是广义上的物业服务合同，因此本章的规定一般也都适用于前期物业服务合同。

物业服务合同具有以下特点：

第一，物业服务合同是平等主体之间的民事合同，服务性是合同内容的基本特点。虽然物业服务人可能会根据法律规定或接受社区居委会、街道办事处的委托从事一定的管理活动，但是业主聘用物业服务人的目的是获取其提供的物业服务。

第二，物业服务合同的当事人为业主和物业服务人，其中物业服务人包括物业服务企业和其他管理人。虽然与物业服务人签订物业服务合同的可能是业主、业主委员会或者建设单位，但物业服务合同的当事人是全体业主，由全体业主享有物业服务合同的权利，承担合同义务。

第三，物业服务合同的客体是物业服务人提供的物业服务行为。物业服务主体提供的服务行为不仅具有持续性、重复性，还具有综合性和专业性。

第四，物业服务合同的签订需要遵循法定程序。根据《民法典》第278条规定，选聘和解聘物业服务企业或者其他管理人时，应由专有部分面积占比2/3以上的业主且人数占2/3以上的业主参与表决，并且经参与表决专有部分面积过半数的业主且参与表决人数过半数的业主同意。经业主大会选聘后，由业主委员会代表全体业主与物业服务人签订物业服务合同。

【其他关联规定】

《物业管理条例》

第2条 本条例所称物业管理，是指业主通过选聘物业服务企业，由业主和物业服务企业按照物业服务合同约定，对房屋及配套的设施设备和相关场地进行维修、养护、管理，维护物业管理区域内的环境卫生和相关秩序的活动。

★ **第938条【物业服务合同内容和形式】**

物业服务合同的内容一般包括服务事项、服务质量、服务费用的标准和收取办法、维修资金的使用、服务用房的管理和使用、服务期限、服务交接等条款。

物业服务人公开作出的有利于业主的服务承诺，为物业服务合同的组成部分。

物业服务合同应当采用书面形式。

【条文解读】

本条是关于物业服务合同内容及形式的规定，在吸收《物业管理条例》和2009年《最高人民法院关于审理物业服务纠纷案件具体应用法律若干问题的解释》相关规定的基础上，明确了物业服务合同的内容，并规定应采取书面形式。

物业服务合同是确立业主与物业服务人双方主体享有的权利和承担的义务的依据，主要包括服务事项、服务质量、服务费用的标准和收取办法、维修资金的使用、服务用房的管理和使用、服务期限、服务交接等条款。

1.服务事项即物业服务人具体管理事项，包括房屋的使用、维修、养护；消防、电梯、机电设备、道路、停车场等公共设施的使用、维修、养护和管理；清洁卫生；公共秩序；房地产主管部门规定或物业服务合同规定的其他物业服务事项。对于超出物业服务范围的事项，物业服务人可能需要另行收费。

2.服务质量即物业服务需要达到的标准。中国物业管理协会颁布了《普通住宅小区物业管理服务等级标准（试行）》，为物业服务合同双方当事人确定物业服务等级、约定物业服务项目、内容与标准以及测算物业服务价格提供了参考依据。该标准确定了三个等级标准，当事人可以进行选择，如果有超过或低于标准的特别约定可以自行协商确定。

3.服务费用的标准和收取办法。物业服务费用是物业服务人提供的服务的对价，可以采取包干制或者酬金制。包干制是指由业主向物业服务人支付固定物业服务费用，盈余或者亏损均由物业服务人享有或者承担的物业服务计费方式。酬金制是指在预收的物业服务资金中按约定比例或者约定数额提取酬金支付给物业管理企业，其余全部用于物业服务合同约定的支出，结余或者不足均由业主享有或者承担的物业服务计费方式。

4.维修资金的使用。《住宅专项维修资金管理办法》第23条规定："住宅专项维修资金划转业主大会管理后，需要使用住宅专项维修资金的，按照以下程序办理：（一）物业服务企业提出使用方案，使用方案应当包括拟维修和更新、改造的项目、费用预算、列支范围、发生危及房屋安全等紧急情况以及其他需临时使用住宅专项维修资金的情况的处置办法等；（二）业主大会依法通过使用方案；（三）物业服务企业组织实施使用方案；（四）物业服务企业持有关材料向业主委员会提出列支住宅专项维修资金；其中，动用公有住房住宅专项维修资金的，向负责管理公有住房住宅专项维修资金的部门申请列支；（五）业主委员会依据使用方案审核同意，并报直辖市、市、县人民政府建设（房地产）主管部门备案；动用公有住房住宅专项维修资金的，经负责管理公有住房住宅专项维修资金的部门审核同意；直辖市、市、县人民政府建设（房地产）主管部门或者负责管理公有住房住宅专项维修资金的部门发现不符合有关法律、法规、规章和使用方案的，应当责令改正；（六）业主委员会、负责管理公有住房住宅专项维修资金的部门向专户管理银行发出划转住宅专项维修资金的通知；（七）专户管理银行将所需住宅专项维修资金划转至维修单位。"

5.服务用房的管理和使用。物业管理用房是指物业服务人为管理整个小区的物业而使用的房屋。《民法典》第274条规定，物业管理用房属于业主共有。物业管理用房是向小区提供物业服务所必需的。《物业管理条例》第37条规定："物业管理用房的所有权依法属于业主。未经业主大会同意，物业服务企业不得改变物业管理用房的用途。"依据该规定，物业服务人应当将物业管理用房用于物业管理，而不得擅自改变物业管理用房的用途，但经过业主大会同意的除外。

6.服务期限，即物业服务合同的起止时间。服务期限届满，物业服务合同终止，合同当事人不需要行使解除权。服务期限未届满，业主或者物业服务人提前解除合同均需符合法律规定的解除条件，否则应承担赔偿损失等责任。

7.服务交接。物业服务合同开始履行和终止后，都涉及交接问题，当事人应对期限、方式、交接材料等予以约定。例如，约定物业服务人在合同终止后应向业委会移交公共部位和物业管理资料的期限和方式，明确需要移交的部位和资料目录，进行财务交接等。

物业服务合同的内容，除了合同中明确约定内容以及物业服务人作出的有利于业主的服务承诺，还应当包括以下内容：

第一，法律法规规定的内容。由于物业服务关系到业主的居住权利、生活质量，具有公共服务特征，有些法律、行政法规对物业服务人和业主的权利义务作出了规定。例如，《民法典》第282条规定，物业服务企业利用业主的共有部分产生的收入，在扣除合理成本后，属于业主共有；第285条规定，业主有权监督物业服务企业。

第二，物业服务人的服务细则。服务细则是物业服务人依据《物业管理条例》等规定单方面制定的用于指导物业服务的细则。需要指出的是，服务细则中违反法律法规规定的条款、擅自改变物业服务合同约定、加重业主义务或责任的条款无效。

【关联司法解释】

《最高人民法院关于审理物业服务纠纷案件适用法律若干问题的解释》

第1条　业主违反物业服务合同或者法律、法规、管理规约，实施妨碍物业服务与管理的行为，物业服务人请求业主承担停止侵害、排除妨碍、恢复原状等相应民事责任的，人民法院应予支持。

【其他关联规定】

《物业管理条例》

第37条　物业管理用房的所有权依法属于业主。未经业主大会同意，物业服务企业不得改变物业管理用房的用途。

《住宅专项维修资金管理办法》

第22条　住宅专项维修资金划转业主大会管理前，需要使用住宅专项维修资金的，按照以下程序办理：

（一）物业服务企业根据维修和更新、改造项目提出使用建议；没有物业服务企业的，由相关业主提出使用建议；

（二）住宅专项维修资金列支范围内专有部分占建筑物总面积三分之二以上的业主且占总人数三分之二以上的业主讨论通过使用建议；

（三）物业服务企业或者相关业主组织实施使用方案；

（四）物业服务企业或者相关业主持有关材料，向所在地直辖市、市、县人民政府建设（房地产）主管部门申请列支；其中，动用公有住房住宅专项维修资金的，向负责管理公有住房住宅专项维修资金的部门申请列支；

（五）直辖市、市、县人民政府建设（房地产）主管部门或者负责管理公有住房住宅专项维修资金的部门审核同意后，向专户管理银行发出划转住宅专项维修资金的通知；

（六）专户管理银行将所需住宅专项维修资金划转至维修单位。

第23条 住宅专项维修资金划转业主大会管理后，需要使用住宅专项维修资金的，按照以下程序办理：

（一）物业服务企业提出使用方案，使用方案应当包括拟维修和更新、改造的项目、费用预算、列支范围、发生危及房屋安全等紧急情况以及其他需临时使用住宅专项维修资金的情况的处置办法等；

（二）业主大会依法通过使用方案；

（三）物业服务企业组织实施使用方案；

（四）物业服务企业持有关材料向业主委员会提出列支住宅专项维修资金；其中，动用公有住房住宅专项维修资金的，向负责管理公有住房住宅专项维修资金的部门申请列支；

（五）业主委员会依据使用方案审核同意，并报直辖市、市、县人民政府建设（房地产）主管部门备案；动用公有住房住宅专项维修资金的，经负责管理公有住房住宅专项维修资金的部门审核同意；直辖市、市、县人民政府建设（房地产）主管部门或者负责管理公有住房住宅专项维修资金的部门发现不符合有关法律、法规、规章和使用方案的，应当责令改正；

（六）业主委员会、负责管理公有住房住宅专项维修资金的部门向专户管理银行发出划转住宅专项维修资金的通知；

（七）专户管理银行将所需住宅专项维修资金划转至维修单位。

★ **第939条【物业服务合同的效力】**

建设单位依法与物业服务人订立的前期物业服务合同，以及业主委员会与业主大会依法选聘的物业服务人订立的物业服务合同，对业主具有法律约束力。

【条文解读】

本条是关于前期物业服务合同及物业服务合同对业主发生效力的规定。本条为《民法典》新增条款，明确规定物业服务合同对业主具有法律约束力。

物业服务合同可以分成两类，即前期物业服务合同和普通物业服务合同。这两类物业服务合同的主要区别在于：1.合同签订主体不同。前期物业服务合同的相对方是建设单位，普通物业服务合同的相对方是业主委员会。2.合同的内容不同。前期物业服务合同侧重于对建筑物建成初期的养护、安全保障以及配合建设单位为将入住的业主提供服务等，另外包括管理遗留的扫尾工程、空置房出租或者看管、协助办理业主入住等事项。普通物业服务合同侧重于对建筑规划内建筑物的维护、环境及居住条件的保障等，目的系为业主正常的起居生活提供服务。3.存续阶段不同。前期物业服务合同仅存在于项目建成初期，业主入住人数较少，尚未成立业主大会及业主委员会的阶段。普通物业服务合同存在于符合法律规定条件的业主大会及业主委员会已经产生，多数业主已经入住，建设单位基本撤出的后期阶段。4.合同终止方式不同。前期物业服务合同当事人虽然能够约定服务期限，但是业主委员会与业主大会选聘的物业服务人签订的物业服务合同生效之时，前期物业服务合同即应终止。普通物业服务合同的期限则由双方当事人协商确定。

建设单位依法与物业服务人订立的前期物业服务合同，对业主具有法律约束力，业主不能以未同意选聘物业服务人为由主张物业服务合同无效或者拒绝承担支付物业费的义务。

【关联司法解释】

《最高人民法院关于审理物业服务纠纷案件适用法律若干问题的解释》

第4条 因物业的承租人、借用人或者其他物业使用人实施违反物业服务合同，以及法律、法规或者管理规约的行为引起的物业服务纠纷，人民法院可以参照关于业主的规定处理。

【其他关联规定】

《物业管理条例》

第21条　在业主、业主大会选聘物业服务企业之前，建设单位选聘物业服务企业的，应当签订书面的前期物业服务合同。

第25条　建设单位与物业买受人签订的买卖合同应当包含前期物业服务合同约定的内容。

★ 第940条【前期物业服务合同法定终止条件】

建设单位依法与物业服务人订立的前期物业服务合同约定的服务期限届满前，业主委员会或者业主与新物业服务人订立的物业服务合同生效的，前期物业服务合同终止。

【条文解读】

本条是关于前期物业服务合同因物业服务合同生效而终止的规定。本条在借鉴《物业管理条例》第26条基础上，明确了前期物业服务合同随新物业服务合同的生效而终止。

前期物业服务合同具有临时性，业主一旦经法定程序选聘新的物业服务人，物业服务合同生效，前期物业服务合同即完成使命，应当终止，且业主不需要赔偿前期物业服务人损失。

业主选聘物业服务人首先要成立业主大会或者业主委员会。《民法典》和《物业管理条例》对首次业主大会的召开条件和时间并没有规定。受业主入住状况及房屋工程质量等因素的影响，业主大会、业主委员会成立的时间以及全体业主选聘物业服务企业的时间具有不确定性。从行业实践看，前期物业服务合同的期限普遍超过2年。在小区业主大会召开之前，如果开发商对物业服务人不能形成有效监督，业主又不能解聘物业服务人，可能产生物业服务质量下降等问题。因此，一些地方为解决业主大会和业主委员会不能及时成立的问题，采取了一些变通方式。例如，《深圳经济特区物业管理条例》第49条规定，建设单位选聘物业服务企业提供前期物业服务，其合同期限由建设单位和物业服务企业约定，最长期限不超过2年。前期物业服务合同期届满，尚未成立业主大会，物业服务企业按照原合同继续提供服务的，经物业管理区域占业主总人数50%以上的业主或者占全体业主所持投票权数50%以上的业主联名书面提出更换物业服务企业，可以由街道办事处通过招投标方式选取物业服务企业提供物业服务。

【其他关联规定】

《物业管理条例》

第26条　前期物业服务合同可以约定期限；但是，期限未满、业主委员会与物业服务企业签订的物业服务合同生效的，前期物业服务合同终止。

★ 第941条【物业服务转委托的条件和限制性条款】

物业服务人将物业服务区域内的部分专项服务事项委托给专业性服务组织或者其他第三人的，应当就该部分专项服务事项向业主负责。

物业服务人不得将其应当提供的全部物业服务转委托给第三人，或者将全部物业服务支解后分别转委托给第三人。

【条文解读】

本条是关于物业服务事项转委托的规定。本条在借鉴《物业管理条例》第39条的基础上，就物业服务事项的转委托与限制作了规定。

由于物业服务内容繁杂，既包括对物的管理也包括对人的管理，部分管理内容如水电维修、电梯维护等具有专业性，物业服务人可能不具备维修能力。因此，允许物业服务人将部分服务交由专业性机构完成，有助于为业主提供更为完善的服务。需要注意的是，本条的转委托不同于委托合同中的转委托，物业服务人将部分物业服务委托给第三人，无须经过业主同意，但应当就该部分委托事务向业主负责。

【其他关联规定】

《物业管理条例》

第39条 物业服务企业可以将物业管理区域内的专项服务业务委托给专业性服务企业，但不得将该区域内的全部物业管理一并委托给他人。

★ 第942条【物业服务人的主要义务】

物业服务人应当按照约定和物业的使用性质，妥善维修、养护、清洁、绿化和经营管理物业服务区域内的业主共有部分，维护物业服务区域内的基本秩序，采取合理措施保护业主的人身、财产安全。

对物业服务区域内违反有关治安、环保、消防等法律法规的行为，物业服务人应当及时采取合理措施制止、向有关行政主管部门报告并协助处理。

【条文解读】

本条是关于物业服务人主要义务的规定。本条是《民法典》新增条款。

物业服务人的主要义务为按照合同约定和物业使用性质，为业主提供物业服务，主要包括管理和维护业主共有部分、维护物业服务区域内基本秩序、保护业主人身和财产安全、制止和报告违法行为等方面。当然，由于物业服务区域内业主共有部分的管理是物业服务人的主要服务事项，因此，物业服务人在接管物业时，具有验收接管义务，即应当对物业共用部位、共用设施进行查验，这在业主依法聘任新的物业服务人时尤为重要。

【其他关联规定】

《物业管理条例》

第35条 物业服务企业应当按照物业服务合同的约定，提供相应的服务。

物业服务企业未能履行物业服务合同的约定，导致业主人身、财产安全受到损害的，应当依法承担相应的法律责任。

第45条 对物业管理区域内违反有关治安、环保、物业装饰装修和使用等方面法律、法规规定的行为，物业服务企业应当制止，并及时向有关行政管理部门报告。

有关行政管理部门在接到物业服务企业的报告后，应当依法对违法行为予以制止或者依法处理。

第46条 物业服务企业应当协助做好物业管理区域内的安全防范工作。发生安全事故时，物业服务企业在采取应急措施的同时，应当及时向有关行政管理部门报告，协助做好救助工作。

物业服务企业雇请保安人员的，应当遵守国家有关规定。保安人员在维护物业管理区域内的公共秩序时，应当履行职责，不得侵害公民的合法权益。

★ **第943条【物业服务人的公开和报告重大事项义务】**

物业服务人应当定期将服务的事项、负责人员、质量要求、收费项目、收费标准、履行情况，以及维修资金使用情况、业主共有部分的经营与收益情况等以合理方式向业主公开并向业主大会、业主委员会报告。

【条文解读】

本条是关于物业服务人公开和报告重大事项的义务的规定。本条是《民法典》新增条款。

我国物业管理制度的基本框架是由业主交纳物业费，物业服务人提供物业服务，物业费是物业服务人开展服务工作以及获得合理报酬的基础。然而，长期以来，业主交纳完物业费之后，物业费的去向、用途、收支、标准等问题始终处于不明朗的状态。本条是对物业服务人关于物业服务事项、收费标准、维修资金以及共有部分的经营与收益情况的强制公开义务和强制报告义务的规定。

【其他关联规定】

《物业管理条例》

第15条 业主委员会执行业主大会的决定事项，履行下列职责：

（一）召集业主大会会议，报告物业管理的实施情况；

（二）代表业主与业主大会选聘的物业服务企业签订物业服务合同；

（三）及时了解业主、物业使用人的意见和建议，监督和协助物业服务企业履行物业服务合同；

（四）监督管理规约的实施；

（五）业主大会赋予的其他职责。

《物业服务收费管理办法》

第12条 实行物业服务费用酬金制的，预收的物业服务支出属于代管性质，为所交纳的业主所有，物业管理企业不得将其用于物业服务合同约定以外的支出。

物业管理企业应当向业主大会或者全体业主公布物业服务资金年度预决算并每年不少于一次公布物业服务资金的收支情况。

业主或者业主大会对公布的物业服务资金年度预决算和物业服务资金的收支情况提出质询时，物业管理企业应当及时答复。

★ **第944条【业主支付物业费义务】**

业主应当按照约定向物业服务人支付物业费。物业服务人已经按照约定和有关规定提供服务的，业主不得以未接受或者无需接受相关物业服务为由拒绝支付物业费。

业主违反约定逾期不支付物业费的，物业服务人可以催告其在合理期限内支付；合理期限届满仍不支付的，物业服务人可以提起诉讼或者申请仲裁。

物业服务人不得采取停止供电、供水、供热、供燃气等方式催交物业费。

【条文解读】

本条是关于业主支付物业费义务的规定。本条是《民法典》新增条款。

物业服务合同是有偿合同，交纳物业费是业主的主要合同义务，业主自房屋交付之日起即应承担物业费，不得以未接受或者无需接受相关物业服务为由拒绝支付物业费。

本条第2款明确将催告作为物业服务人通过诉讼或仲裁方式主张物业费的前置条件。催告的方式可以多样化，物业服务人既可以书面形式向业主单独催告，也可以在小区内以公告形式进行。

本条第3款明确了物业服务人不得采取停止供电、供水、供热、供燃气等方式催交物业费。如物业服务人为催交物业费，采取停止向业主供电、供水、供热、供燃气等措施造成业主损失的，应当承担相应的赔偿责任。

【其他关联规定】

《物业服务收费管理办法》

第6条 物业服务收费应当区分不同物业的性质和特点分别实行政府指导价和市场调节价。具体定价形式由省、自治区、直辖市人民政府价格主管部门会同房地产行政主管部门确定。

第9条 业主与物业管理企业可以采取包干制或者酬金制等形式约定物业服务费用。

包干制是指由业主向物业管理企业支付固定物业服务费用，盈余或者亏损均由物业管理企业享有或者承担的物业服务计费方式。

酬金制是指在预收的物业服务资金中按约定比例或者约定数额提取酬金支付给物业管理企业，其余全部用于物业服务合同约定的支出，结余或者不足均由业主享有或者承担的物业服务计费方式。

第15条　业主应当按照物业服务合同的约定按时足额交纳物业服务费用或者物业服务资金。业主违反物业服务合同约定逾期不交纳服务费用或者物业服务资金的，业主委员会应当督促其限期交纳；逾期仍不交纳的，物业管理企业可以依法追缴。

业主与物业使用人约定由物业使用人交纳物业服务费用或者物业服务资金的，从其约定，业主负连带交纳责任。

物业发生产权转移时，业主或者物业使用人应当结清物业服务费用或者物业服务资金。

第16条　纳入物业管理范围的已竣工但尚未出售，或者因开发建设单位原因未按时交给物业买受人的物业，物业服务费用或者物业服务资金由开发建设单位全额交纳。

★ **第945条【业主告知、协助义务】**

业主装饰装修房屋的，应当事先告知物业服务人，遵守物业服务人提示的合理注意事项，并配合其进行必要的现场检查。

业主转让、出租物业专有部分、设立居住权或者依法改变共有部分用途的，应当及时将相关情况告知物业服务人。

【条文解读】

本条是关于业主就重要事项告知物业服务人义务的规定。本条是《民法典》新增条款。

业主作为所有权人，有权利对自己的专有部分进行装修，但是在区分所有的建筑中，业主的专有部分往往与其他业主的专有部分相邻或与公共部分相邻，业主的装修活动不可避免地对其他业主及公共环境、公共秩序产生影响。《民法典》对业主的装饰装修活动作出专门规定，有利于服务人提供物业服务和开展物业管理。

【其他关联规定】

《物业管理条例》

第52条 业主需要装饰装修房屋的，应当事先告知物业服务企业。

物业服务企业应当将房屋装饰装修中的禁止行为和注意事项告知业主。

★ **第946条【业主合同任意解除权】**

业主依照法定程序共同决定解聘物业服务人的，可以解除物业服务合同。决定解聘的，应当提前六十日书面通知物业服务人，但是合同对通知期限另有约定的除外。

依据前款规定解除合同造成物业服务人损失的，除不可归责于业主的事由外，业主应当赔偿损失。

【条文解读】

本条是关于业主对物业管理合同享有任意解除权的规定。本条是《民法典》新增条款。

《物业管理条例》规定了业主单方解除物业服务合同的相关内容，但相对比较原则，并没有对业主行使解除权的条件和程序作出具体规定。本条在明确业主有单方解除权的同时，强调业主行使单方解除权必须履行内部决定程序，即本条规定的"法定程序"。根据《民法典》第278条的规定，解聘物业服务企业或者其他管理人由业主通过业主大会共同决定，应当由专有部分面积占比2/3以上的业主且人数占比2/3以上的业主参与表决，经参与表决专有部分面积超过半数的业主且参与表决人数过半数的业主同意。

【其他关联规定】

《物业管理条例》

第11条 下列事项由业主共同决定:

(一)制定和修改业主大会议事规则;

(二)制定和修改管理规约;

(三)选举业主委员会或者更换业主委员会成员;

(四)选聘和解聘物业服务企业;

(五)筹集和使用专项维修资金;

(六)改建、重建建筑物及其附属设施;

(七)有关共有和共同管理权利的其他重大事项。

★ **第947条【物业服务合同的续订】**

物业服务期限届满前,业主依法共同决定续聘的,应当与原物业服务人在合同期限届满前续订物业服务合同。

物业服务期限届满前,物业服务人不同意续聘的,应当在合同期限届满前九十日书面通知业主或者业主委员会,但是合同对通知期限另有约定的除外。

【条文解读】

本条是关于物业服务合同续订的规定。本条是《民法典》新增条款。

续聘应由业主依法共同决定,即由专有部分面积占比2/3以上的业主且人数占比2/3以上的业主参与表决,经参与表决专有部分面积超过半数的业主且参与表决人数过半数的业主同意。为保障业主合法权益,确保物业服务的有序交接和连续性,本条第2款明确了物业服务人不同意续聘情形下的提前通知义务。

★ **第948条【不定期物业服务合同】**

物业服务期限届满后,业主没有依法作出续聘或者另聘物业服务人的决定,物业服务人继续提供物业服务的,原物业服务合同继续有效,但是服务期限为不定期。

当事人可以随时解除不定期物业服务合同,但是应当提前六十日书面通知对方。

【条文解读】

本条是关于物业服务合同自动展期和不定期物业服务合同的规定。本条是《民法典》新增条款。

从本条规定的"原物业服务合同继续有效,但是服务期限为不定期"的表述来看,原物业服务合同并没有因物业服务期限届满而终止,而是继续有效;当事人之间并未成立新的债权债务关系,而是原来约定的物业服务期限变更为不定期。在《民法典》的租赁合同、保管合同、合伙合同中也有类似的不定期合同的规定。

★ 第949条【物业服务人的移交义务及法律责任】

物业服务合同终止的,原物业服务人应当在约定期限或者合理期限内退出物业服务区域,将物业服务用房、相关设施、物业服务所必需的相关资料等交还给业主委员会、决定自行管理的业主或者其指定的人,配合新物业服务人做好交接工作,并如实告知物业的使用和管理状况。

原物业服务人违反前款规定的,不得请求业主支付物业服务合同终止后的物业费;造成业主损失的,应当赔偿损失。

【条文解读】

本条是关于物业服务合同终止后物业服务人退出物业、移交资料等义务的规定。本条是《民法典》新增条款。

物业服务合同终止后涉及物业交接的问题,这是当下物业服务领域的一个热点难点问题。本条在规定物业服务合同终止的情况下，各方当事人应当进行物业服务交接的同时，明确了物业服务人具有退出物业服务区域、交还物业服务用房和相关设施、交还物业服务资料、配合新物业服务人做好交接工作、如实告知物业状况等义务。

【关联司法解释】

《最高人民法院关于审理物业服务纠纷案件适用法律若干问题的解释》

第3条　物业服务合同的权利义务终止后，业主请求物业服务人退还已经预收，但尚未提供物业服务期间的物业费的，人民法院应予支持。

【其他关联规定】

《物业管理条例》

第38条　物业服务合同终止时，物业服务企业应当将物业管理用房和本条例第二十九条第一款规定的资料交还给业主委员会。

物业服务合同终止时，业主大会选聘了新的物业服务企业的，物业服务企业之间应当做好交接工作。

★ **第950条【物业服务人的后合同义务】**

物业服务合同终止后，在业主或者业主大会选聘的新物业服务人或者决定自行管理的业主接管之前，原物业服务人应当继续处理物业服务事项，并可以请求业主支付该期间的物业费。

【条文解读】

本条是关于物业服务人的后合同义务的规定。本条是《民法典》新增条款。对于物业服务交接的程序和内容，在《民法典》第949条已经进行了较为详细的规定。保持物业服务的连续性，有利于营造干净、安全、舒适的居住环境。在物业服务合同终止后、新物业服务人或业主接管前，由原物业服务人继续处理物业服务事项，有利于物业服务的有序交接，避免物业服务"断档"。

第二十五章　行纪合同

第951条【行纪合同定义】

行纪合同是行纪人以自己的名义为委托人从事贸易活动，委托人支付报酬的合同。

第952条【行纪人承担费用的义务】

行纪人处理委托事务支出的费用，由行纪人负担，但是当事人另有约定的除外。

第953条【行纪人的保管义务】

行纪人占有委托物的，应当妥善保管委托物。

第954条【委托物有瑕疵或者容易腐烂、变质的处分】

委托物交付给行纪人时有瑕疵或者容易腐烂、变质的，经委托人同意，行纪人可以处分该物；不能与委托人及时取得联系的，行纪人可以合理处分。

第955条【行纪人依照委托人指定价格买卖的义务】

行纪人低于委托人指定的价格卖出或者高于委托人指定的价格买入的，应当经委托人同意；未经委托人同意，行纪人补偿其差额的，该买卖对委托人发生效力。

行纪人高于委托人指定的价格卖出或者低于委托人指定的价格买入的，可以按照约定增加报酬；没有约定或者约定不明确，依据本法第五百一十条的规定仍不能确定的，该利益属于委托人。

委托人对价格有特别指示的，行纪人不得违背该指示卖出或者买入。

第956条【行纪人的介入权】

行纪人卖出或者买入具有市场定价的商品，除委托人有相反的意思表示外，行纪人自己可以作为买受人或者出卖人。

行纪人有前款规定情形的，仍然可以请求委托人支付报酬。

第957条【委托人及时受领、取回和处分委托物及行纪人提存委托物】

行纪人按照约定买入委托物，委托人应当及时受领。经行纪人催告，委托人无正当理由拒绝受领的，行纪人依法可以提存委托物。

委托物不能卖出或者委托人撤回出卖，经行纪人催告，委托人不取回或者不处分该物的，行纪人依法可以提存委托物。

第958条【行纪人的直接履行义务】

行纪人与第三人订立合同的，行纪人对该合同直接享有权利、承担义务。

第三人不履行义务致使委托人受到损害的，行纪人应当承担赔偿责任，但是行纪人与委托人另有约定的除外。

第959条【行纪人的报酬请求权及留置权】

行纪人完成或者部分完成委托事务的，委托人应当向其支付相应的报酬。委托人逾期不支付报酬的，行纪人对委托物享有留置权，但是当事人另有约定的除外。

第960条【参照适用委托合同】

本章没有规定的，参照适用委托合同的有关规定。

第二十六章　中介合同

★ **第961条【中介合同定义】**

中介合同是中介人向委托人报告订立合同的机会或者提供订立合同的媒介服务，委托人支付报酬的合同。

【条文解读】

本条是关于中介合同定义的规定。本条对原《合同法》第424条作了修改，将"居间合同"修改为"中介合同"，"居间人"修改为"中介人"。中介合同具有以下特征：一是中介合同以促成委托人与第三人订立合同为目的；二是中介合同是双务有偿合同；三是中介人在合同关系中的性质为介绍人。

第962条【中介人报告义务】

中介人应当就有关订立合同的事项向委托人如实报告。

中介人故意隐瞒与订立合同有关的重要事实或者提供虚假情况，损害委托人利益的，不得请求支付报酬并应当承担赔偿责任。

第963条【中介人报酬请求权】

中介人促成合同成立的，委托人应当按照约定支付报酬。对中介人的报酬没有约定或者约定不明确，依据本法第五百一十条的规定仍不能确定的，根据中介人的劳务合理确定。因中介人提供订立合同的媒介服务而促成合同成立的，由该合同的当事人平均负担中介人的报酬。

中介人促成合同成立的，中介活动的费用，由中介人负担。

第964条【中介人必要费用请求权】

中介人未促成合同成立的，不得请求支付报酬；但是，可以按照约定请求委托人支付从事中介活动支出的必要费用。

★ **第965条【委托人私下与第三人订立合同后果】**
委托人在接受中介人的服务后，利用中介人提供的交易机会或者媒介服务，绕开中介人直接订立合同的，应当向中介人支付报酬。

【条文解读】

本条是关于委托人利用中介人提供的交易机会或者媒介服务绕开中介人直接订立合同应当向中介人支付报酬的规定。本条是《民法典》新增条款。

本条规范的是俗称为"跳单"的行为。所谓"跳单"，是指在中介人向委托人提供中介服务后，委托人利用中介人提供的服务，绕开中介人私下与相对人订立合同，或者另行委托其他中介人与相对人订立合同的现象。《民法典》基于回应实践需求，总结司法实践经验，增加了本条规定。对"跳单"行为的认定应综合考量以下因素：一是中介人是否向委托人提供了交易机构或者媒介服务；二是委托人是否存在私下直接与相对人签订合同或者另外委托中介的行为；三是委托人是否存在利用中介人提供的交易信息、交易机会与他人签订合同的情形。

【关联指导案例】

最高人民法院指导案例1号：上海中原物业顾问有限公司诉陶德华居间合同纠纷案

裁判要点：房屋买卖居间合同中关于禁止买方利用中介公司提供的房源信息却绕开该中介公司与卖方签订房屋买卖合同的约定合法有效。但是，当卖方将同一房屋通过多个中介公司挂牌出售时，买方通过其他公众可以获知的正当途径获得相同房源信息的，买方有权选择报价低、服务好的中介公司促成房屋买卖合同成立，其行为并没有利用先前与之签约中介公司的房源信息，故不构成违约。

第966条【参照适用委托合同】
本章没有规定的，参照适用委托合同的有关规定。

第二十七章　合伙合同

★ 第967条【合伙合同定义】
合伙合同是两个以上合伙人为了共同的事业目的，订立的共享利益、共担风险的协议。

【条文解读】

本条是关于合伙合同定义的规定。《民法典》在合同编中将合伙合同作为独立的合同类型，从合伙合同的定义、合伙人出资、合伙财产、合伙事务执行、合伙债务承担等方面构建了合伙合同制度。至此，就合伙法律制度，我国形成了《民法典》总则编、《民法典》合同编、《合伙企业法》共同调整的模式。《民法典》总则编确立了合伙企业的独立民事主体地位，为该类主体广泛从事市场交易活动奠定了基础。《民法典》合同编调整民事合伙法律关系，侧重调整合伙的内部关系，是处理合伙法律关系的一般规定。《合伙企业法》则全面规定了合伙企业内外部关系规则，属于对商事合伙的特别规定。

第968条【合伙人履行出资义务】
合伙人应当按照约定的出资方式、数额和缴付期限，履行出资义务。

第969条【合伙财产】
合伙人的出资、因合伙事务依法取得的收益和其他财产，属于合伙财产。

合伙合同终止前，合伙人不得请求分割合伙财产。

★ **第970条【合伙事务的执行】**

合伙人就合伙事务作出决定的，除合伙合同另有约定外，应当经全体合伙人一致同意。

合伙事务由全体合伙人共同执行。按照合伙合同的约定或者全体合伙人的决定，可以委托一个或者数个合伙人执行合伙事务；其他合伙人不再执行合伙事务，但是有权监督执行情况。

合伙人分别执行合伙事务的，执行事务合伙人可以对其他合伙人执行的事务提出异议；提出异议后，其他合伙人应当暂停该项事务的执行。

【条文解读】

本条是关于合伙事务决定、执行以及合伙人监督权和异议权的规定。本条在原《民法通则》第34条规定基础上，对合伙事务的决定和执行进行了全面细致的规定，并增加规定了合伙人的监督权和异议权。具体而言，第一，合伙事务的决定应当经全体合伙人一致同意，合伙合同另有约定的除外。第二，合伙事务原则上应当由全体合伙人共同执行，合伙人对执行合伙事务享有同等权利。第三，为提高经营效率，合伙人可以在合伙合同中约定或者由全体合伙人共同决定，委托一个或者数个合伙人来执行合伙事务。非执行事务合伙人具有监督权，有权要求执行事务的合伙人报告业务经营情况、查阅相关会计账册等。第四，合伙人具有异议权，如执行事务合伙人的行为不当或有损合伙利益时，其他执行事务的合伙人可以提出异议。一旦异议提出，该项事务即应暂停。

★ **第971条【执行合伙事务报酬】**

合伙人不得因执行合伙事务而请求支付报酬，但是合伙合同另有约定的除外。

【条文解读】

本条是关于合伙人不得因执行合伙事务请求支付报酬的规定。本条是《民法典》新增规定，规定了合伙人执行合伙事务以不支付报酬为原则，当事人另有约定为例外。

★ 第972条【合伙的利润分配和亏损分担】
合伙的利润分配和亏损分担，按照合伙合同的约定办理；合伙合同没有约定或者约定不明确的，由合伙人协商决定；协商不成的，由合伙人按照实缴出资比例分配、分担；无法确定出资比例的，由合伙人平均分配、分担。

【条文解读】

本条是关于合伙的利润分配和亏损分担的规定。本条对原《民法通则》第35条第1款规定作了完善。

合伙利润分配和亏损分担属于合伙内部关系的核心事项，与合伙人利益密切相关。合伙的利润是指合伙财产多于合伙债务及出资总额的部分；合伙的亏损是指合伙财产少于合伙债务及出资总额的部分。本条规定严格贯彻合同自由原则，对于利润分配和亏损分担事项，交由合伙人自行约定；合伙合同没有约定或者约定不明的，仍先由合伙人自行协商；如果协商不成的，再由合伙人按照实缴出资比例分配、分担；如果无法确定出资比例，由合伙人平均分配、分担。

第973条【合伙人的连带责任及追偿权】
合伙人对合伙债务承担连带责任。清偿合伙债务超过自己应当承担份额的合伙人，有权向其他合伙人追偿。

第974条【合伙人对外转让财产份额】
除合伙合同另有约定外，合伙人向合伙人以外的人转让其全部或者部分财产份额的，须经其他合伙人一致同意。

第975条【合伙人权利代位】

合伙人的债权人不得代位行使合伙人依照本章规定和合伙合同享有的权利，但是合伙人享有的利益分配请求权除外。

★ 第976条【合伙期限】

合伙人对合伙期限没有约定或者约定不明确，依据本法第五百一十条的规定仍不能确定的，视为不定期合伙。

合伙期限届满，合伙人继续执行合伙事务，其他合伙人没有提出异议的，原合伙合同继续有效，但是合伙期限为不定期。

合伙人可以随时解除不定期合伙合同，但是应当在合理期限之前通知其他合伙人。

【条文解读】

本条是关于不定期合伙的规定。实践中存在合伙期限届满后，各合伙人继续执行合伙事务的情形。在此情形下，合伙人继续执行合伙事务所发生的法律后果是否由其他合伙人承担、对第三人产生的债务是否属于合伙债务等存在争议，也易引发纠纷。本条将无法确定合伙期限的合伙视为不定期合伙，从而确认了不定期合伙合同的效力。同时，明确合伙期限届满后合伙人继续执行合伙事务的，原合伙合同继续有效，但合伙人有权随时解除合伙合同。需要注意的是，如合伙合同约定了合伙期限，在约定期限届满前，除非出现合伙合同约定的事由或者法定解除事由，合伙人不得解除合伙合同或者退伙。

第977条【合伙合同终止】

合伙人死亡、丧失民事行为能力或者终止的，合伙合同终止；但是，合伙合同另有约定或者根据合伙事务的性质不宜终止的除外。

★★ **第978条【合伙剩余财产分配顺序】**
合伙合同终止后，合伙财产在支付因终止而产生的费用以及清偿合伙债务后有剩余的，依据本法第九百七十二条的规定进行分配。

【条文解读】

本条是关于合伙合同终止后剩余财产分配的规定。本条是《民法典》新增规定，吸纳了原《最高人民法院关于贯彻执行〈中华人民共和国民法通则〉若干问题的意见（试行）》第55条规定。

合同终止后，合伙人应当对合伙合同终止前发生的尚未完结的事务、合伙存续期间合伙所负债务，以及对合伙存续期间取得的固定资产、流动资产、无形资产等财产进行处理、清算。本条适用的难点在于因终止产生的费用如何理解。一般而言，因终止产生的费用包括合伙人一致决定终止与第三人的合同而承担的赔偿金、清缴合伙所欠税款等费用。合伙财产在支付因终止而产生的费用以及清偿合伙债务后的剩余，在性质上看属于合伙存续期间取得利润或者收入，包括合伙人的出资和合伙存续期间积累的财产，应当由全体合伙人共同共有并分配给合伙人。对于剩余的盈利或利润，合伙合同有约定的，按照约定分配；没有约定或者约定不明确的，由合伙人协商决定；协商不成的，由合伙人按照实缴出资比例分配、分担；无法确定出资比例的，由合伙人平均分配、分担。

【条文适用疑难解析】

合伙合同的清算

本条和《民法典》第972条只规定了合伙利润如何分配、合伙亏损如何分担，但司法实践中最棘手的是由谁对合伙事务进行清算、如何清算，以研究合伙事务是盈利还是亏损以及利润数额和亏损数额。由于合伙事务由合伙事务执行人负责，因此，应当由合伙事务执行人承担合伙事务的清算工作，有多名合伙事务执行人的，则由各执行人共同负责合伙事务清算。如果清算义务人未适当履行清算义务，造成其他合伙人损失的，应当承担赔偿责任。

第三分编　准合同

第二十八章　无因管理

★ **第979条【无因管理构成要件及法律效果】**

管理人没有法定的或者约定的义务，为避免他人利益受损失而管理他人事务的，可以请求受益人偿还因管理事务而支出的必要费用；管理人因管理事务受到损失的，可以请求受益人给予适当补偿。

管理事务不符合受益人真实意思的，管理人不享有前款规定的权利；但是，受益人的真实意思违反法律或者违背公序良俗的除外。

【条文解读】

本条是关于无因管理构成要件及法律效果的规定。《民法典》第121条规定了无因管理制度，本章关于无因管理的6条规定是对总则编规定的进一步具体化。无因管理是债的发生原因之一，在管理人和受益人（本人）之间产生债权债务关系。

无因管理的构成要件如下：

第一，管理人对所管理的事务没有法定或者约定的义务。判断管理人有无义务，应当按照客观标准。管理人原没有义务，而在管理时有义务的，不能成立无因管理；原有义务，而至管理时没有义务的，自没有义务之时即可成立无因管理，本有义务而误认为自己没有义务的，不为无因管理；本无义务，而误认为自己有义务的，则仍可成立无因管理。

第二，管理人管理的是他人的事务。他人事务包括有关人们生活利益并能成为债务目的的一切事项，既可以是涉及他人经济利益的事项，也可以是涉及他人非经济利益的事项，既可以是管理财产的事项，也可以是提供服务的事项。对于管理属于自己的事务或者不适宜由他人管理的事务，不得为无因管理的事项。一般情况下，下列事项不宜作为无因管理的事项：一是违法行为，如为他人销赃等；二是必须经本人授权、同意或者必须由本人亲为的行为，如股东的投票权、演员亲自表演节目等；三是违背公序良俗的行为；四是单纯属于管理人自己的事项。至于管理他人事务的目的是否最终达到，即本人是否因管理人的管理行为而获得利益，或者甚至因此受到损失，并不影响无因管理的成立。

第三，管理人是基于为他人利益的意思管理事务。1.管理人管理他人事务，是为他人谋取利益或是为了将其管理所产生的利益最终归属于本人所有，而非由管理人自己享有。误将他人事务当作自己的事务管理，或管理所得利益归属自己所有的，不构成无因管理，但管理人在管理他人事务中可以同时兼顾自己的利益。管理人具有管理他人事务的意思，并不意味着要明确知道他人具体是谁，即使不知道他人具体是谁，也不影响无因管理的成立。但是，若管理人与本人就是否具有管理意思产生争议时，原则上应当由管理人承担举证责任。2.为他人利益管理事务仅限于避免他人损失，而不包括广义上一切使他人获益的管理行为。例如，将他人收藏的古董以高价卖出，即便该管理行为使他人获益，也不构成无因管理。又如，主动为停在路边的车提供洗车服务，由于该服务并非为了避免车主的损失，同样不构成无因管理。3.管理人的行为不得违反本人明示或可推知的意思。根据本条第1款的规定，是否符合本人的意愿虽不影响无因管理的构成，但是自愿原则是民法的基本原则，若管理行为完全违背了本人的意愿，例如违背本人的意愿替本人偿还自然债务等，则损害了本人处理自己事务的自由和权利，构成对本人事务的不当干预，其正当性不宜予以认可。故根据本条第2款规定，虽然管理人的管理行为构成前述三个要件，但如果管理行为违背了本人的真实意思，则其管理行为就构成不适当的无因管理，管理人不享有向本人请求偿还必要费用和请求损害补偿的权利。本人的真实意思可以是明示的，这种明示可以向管理人直接作出,也可以不直接向管理人作出,只需管理人通过其他途径了解或者知道这种意思即可。本人的真实意愿也可以是默示的,即可以推定的意思,就是依据一般社会观念或者根据一般人处于同样的情形都可以判断出管理行为是符合本人意愿或者有利于保护本人利益的。但是,管理人的行为虽违背本人的意愿,但其管理的事务是为本人履行公益性或者法定义务的,即使不符合本人的意愿,仍享有请求本人偿还管理事务所支付的必要费用的权利;因管理事务受到损失的,也可以请求受益人给予适当补偿。因此,本条第2款规定,管理事务不符合受益人真实意愿的,管理人不享有本条第1款规定的权利,但是,受益人的真实意愿违反法律或者违背公序良俗的除外。需要注意的是,管理人管理事务的行为不符合受益人的真实意思,其虽不享有向本人请求偿还必要费用和请求损害补偿的权利,但是根据《民法典》第980条的规定,本人最终享有管理利益的,则其应当在获得的利益范围内向管理人承担偿还必要费用和补偿损失的义务。所以,对无因管理的规定应结合本章的其他条款整体进行理解。

对于满足前述条件的适当的无因管理,管理人享有以下权利:

一是请求本人偿还必要费用的权利。必要费用是指一个理性的管理人在完成管理事务时所支出的合理费用。对于管理事务无益的支出费用,管理人无权请求本人偿还。本人偿还必要费用,并不以本人是否获得管理利益为前提条件,即使本人没有因管理人管理事务的行为而获得管理收益,但只要管理人为管理其事务尽到了合理义务,且没有违背本人真实意愿,本人也应当向管理人偿还必要的费用支出。至于管理他人事务的目的是否最终达到,不影响无因管理的成立。

二是补偿管理人因此所受到的损失。这里的损失是管理人除去支出的必要费用以外的损失,一般认为包括财产权益损失和人身权益损失,限于因管理行为而给管理人造成的实际发生的损失,不包括可得利益损失。本人对管理人的损失赔偿不以过错为要件,也不以是否给本人带来实际利益为要件,即使本人对损害的发生没有过错,本人也没有因管理人的管理事务而获得管理收益,也要承担补偿性的赔偿责任。但管理人对损害的发生有过错的,应当适当减轻本人的赔偿责任,这就要求管理人在管理他人事务时要尽到本章第981条规定的适当管理注意义务,量力而行。

如管理人在管理事务过程中因第三人的原因受到损害的,在法律适用上应注意与《民法典》总则编第183条规定相衔接。第183条规定,因保护他人民事权益而使自己受到损害的,由侵权人承担责任,受益人可以给予适当补偿。没有侵权人、侵权人逃逸或者无力承担民事责任,受害人请求补偿的,受益人应当给予适当补偿。因此,对于管理人在管理事务过程中因第三人的原因受到损害的,管理人原则上得向第三人请求损害赔偿,只有在第三人逃逸或者无力承担责任,受害人请求补偿的情况下,受益人才应当给予适当补偿。

关于管理人因管理事务而负担的债务如何处理的问题,本书认为,管理人因管理事务而负担的债务,可请求受益人代为清偿。管理人在管理过程中以本人名义负担债务的,发生无因管理和无权代理或表见代理的竞合,可依无权代理或者表见代理制度处理本人与第三人之间的关系,依无因管理制度处理本人与管理人之间的关系;管理人在管理过程中以自己的名义负担债务的,管理人可请求受益人直接向债权人清偿。

【关联司法解释】

《最高人民法院关于审理民事案件适用诉讼时效制度若干问题的规定》

第7条 管理人因无因管理行为产生的给付必要管理费用、赔偿损失请求权的诉讼时效期间,从无因管理行为结束并且管理人知道或者应当知道本人之日起计算。

本人因不当无因管理行为产生的赔偿损失请求权的诉讼时效期间,从其知道或者应当知道管理人及损害事实之日起计算。

★ 第980条【受益人享有管理利益时的法律适用】

管理人管理事务不属于前条规定的情形,但是受益人享有管理利益的,受益人应当在其获得的利益范围内向管理人承担前条第一款规定的义务。

【条文解读】

本条是关于受益人享有管理利益时的法律适用的规定。本条是《民法典》新增条款。

根据管理人的管理行为是否符合本人的真实意思,《民法典》规定的无因管理可以分为适当的无因管理和不适当的无因管理两类。《民法典》第979条第1款规定的是适当的无因管理行为,是管理人没有法定的或者约定的义务,为避免他人利益受损失而管理他人事务,并且符合受益人真实意思的管理行为。适当的无因管理的管理人享有请求受益人偿还必要费用和补偿损失的权利。本条规定的不适当的无因管理,是管理人没有法定或者约定的义务,为避免他人利益受损失而管理他人事务,但不符合受益人真实意思的管理行为。对于不适当无因管理的后果,根据《民法典》第979条第2款的规定,除受益人的真实意思违反法律或者违背公序良俗外,不适当无因管理的管理人原则上不享有请求受益人偿还必要费用和补偿损失的权利。实践中,管理人的管理行为虽不符合受益人的真实意思,但却可能使受益人因管理行为而受益。根据本条规定,管理人为避免他人利益受损失而管理他人事务,并使他人获得利益,虽然违反受益人的意思,但受益人享有因管理行为所产生的利益的,应当在受益范围内偿还管理人在管理事务中所支付的必要费用,补偿管理人因管理事务受到的损失。

★ 第981条【管理人的适当管理、继续管理义务】

管理人管理他人事务,应当采取有利于受益人的方法。中断管理对受益人不利的,无正当理由不得中断。

【条文解读】

本条是关于管理人的适当管理、继续管理义务的规定。本条是《民法典》新增条款。

关于如何认定管理人履行了适当管理义务，本条规定的判断标准为是否"采取了有利于受益人的方法"。在判断管理人的管理行为是否采取了有利于受益人的方法时，应当考虑以下因素：第一，在主观上，应考察管理人实施管理行为时是否履行了与处理自己的事务的同一注意义务，不应要求其承担过高的注意义务。第二，在管理结果上，如管理结果客观上是有利于受益人的，一般应认为管理人的管理方法是适当的。第三，如果管理人已知悉或可以推知受益人的意思，应依受益人的意思进行管理。如受益人的意思与其真正利益有冲突的，虽违反受益人的意思，但符合其真正利益的，也应认为管理人履行了适当管理的义务。第四，在特殊情况下，应适当减轻管理人的注意义务。管理人为本人管理的是公共利益上的事务或者紧急事务的，仅就其故意或者重大过失管理行为承担损害赔偿责任。适当认定管理人的注意义务，以鼓励人们从事这类有利于公共利益的无因管理行为，防止管理人贻误时机而不利于保护本人的利益。

关于管理人的继续管理义务。根据本条的规定，无因管理应当符合受益人的意愿，如果受益人可以自己管理其事务时，管理人仍继续管理他人事务，将很有可能与受益人的意愿相冲突。因此，管理人在受益人自己能进行管理时，可以停止管理行为，并将管理事务移交给受益人。但是管理人在开始管理后，如其中途停止管理行为对本人更为不利的，管理人不得中断对事务的管理，而应当继续管理事务。管理人违反该义务导致受益人的利益受到损害的，管理人应当承担损害赔偿责任。

★ **第982条【管理人通知义务】**

管理人管理他人事务，能够通知受益人的，应当及时通知受益人。管理的事务不需要紧急处理的，应当等待受益人的指示。

【条文解读】

本条是关于管理人通知义务的规定。本条是《民法典》新增条款。

在无因管理中，管理人开始管理他人事务时，通常受益人并不知道管理人的管理行为，因此管理人在开始实施管理行为后，应当及时通知受益人。通知义务的履行，应以通知行为具有可能性和必要性为前提。如果管理人不知受益人是谁，或者虽知道受益人是谁但因客观情况无法与受益人取得联系的，则免除管理人的法定通知义务。同理，如果受益人已经知悉了管理人的管理行为，则不应再要求管理人履行通知义务。管理人通知的事项主要是开始管理的事实，通知的方式既可以是书面方式，也可以是口头或者其他方式。

管理人发出通知后原则上应当中止管理行为，等待受益人的指示。如果受益人同意管理人继续管理，则在管理人与受益人之间成立委托合同关系；如果受益人接到通知后拒绝管理人的管理，管理人不得再继续管理，否则造成受益人损失的，管理人应当对受益人承担损害赔偿责任；如果受益人收到通知后不作出具体指示，也无从推知其真实意思的，管理人在收到受益人指示前不应继续管理事务，除非中断管理对受益人不利。

★ 第983条【管理人报告和交付财产义务】

管理结束后，管理人应当向受益人报告管理事务的情况。管理人管理事务取得的财产，应当及时转交给受益人。

【条文解读】

本条是关于管理人在完成管理行为后向受益人报告和交付财产义务的规定。对受益人而言，管理人在管理事务结束后，如果不将管理事务的结果或者状况告知受益人，受益人将难以得知管理人为其管理事务的具体情况。对管理人而言，如果其不向受益人报告管理的后果和状况，其也无法向受益人请求偿还因管理事务支出的必要费用以及补偿其在管理事务中受到的损失。因此，为了更好地保护受益人及管理人自己的利益，避免发生不必要的争议，管理人应当在管理事务结束后向受益人报告管理情况，并向受益人提供涉及管理的相关资料。

无因管理制度的设立目的是鼓励民事主体为他人利益而实施管理行为,因此,管理人不得因无因管理而获取利益,应将因管理事务而获得的利益返还给他人。在管理事务结束后,管理人除了要履行报告义务外,还应当将因管理事务所收取的金钱、物品及其孳息等财产,及时转交给受益人;管理人以自己的名义为本人所取得的权利,也应当转移给受益人。管理人在为受益人管理事务期间,第三人所给付的所有财产,包括物、权利、金钱等,只要应当归属于受益人的,管理人都应当移交给受益人。管理人拒绝移交的,受益人可以根据不当得利制度要求管理人返还;管理人因拒绝移交给受益人造成损害的,应当承担损害赔偿责任。

★ **第984条【无因管理与委托合同衔接】**

管理人管理事务经受益人事后追认的,从管理事务开始时起,适用委托合同的有关规定,但是管理人另有意思表示的除外。

【条文解读】

本条是关于无因管理与委托合同衔接的规定。在管理人进行管理的过程中,受益人可以通过追认方式对管理人管理自己的事务予以追认。受益人的追认须以明示的意思表示作出。一旦受益人追认,自管理行为开始时在管理人与受益人之间形成委托合同关系,双方均应按《民法典》关于委托合同的规定履行义务,享有权利,无因管理关系视为自始不存在。

委托合同与无因管理对当事人权利义务调整的规范不同,对当事人注意义务等的要求也不同,管理人有可能并不愿意受益人追认后依照委托合同处理其与受益人之间的关系。在这种情况下,应当尊重管理人的意愿。基于此,本条还规定,管理人另有意思表示的除外。即本人事后对管理人的管理事务进行了追认,但管理人用书面或者口头等方式表明自己不愿意按照委托合同调整其与本人的权利义务关系时,仍应当按照无因管理制度调整二者之间的关系。

在受益人追认后，如委托合同又被认定为无效或被撤销的，当事人之间并不能恢复为无因管理关系，也不应当按照无因管理的规则处理当事人之间的关系，而应根据《民法典》合同编关于合同无效或被撤销的规定确定当事人之间的权利义务。

第二十九章　不当得利

★ **第985条【不当得利的构成要件、法律效果及除外情形】**
得利人没有法律根据取得不当利益的，受损失的人可以请求得利人返还取得的利益，但是有下列情形之一的除外：
（一）为履行道德义务进行的给付；
（二）债务到期之前的清偿；
（三）明知无给付义务而进行的债务清偿。

【条文解读】

本条是关于不当得利的构成要件、法律效果及除外情形的规定。《民法典》第122条规定了不当得利制度，本章用4个条文对该条规定作了细化。

不当得利是指没有合法根据，使他人受到损失而自己获得利益的事实。根据本条规定，认定不当得利成立需要符合以下四个构成要件：一方获得利益、他方受到损失、获得利益与受到损失之间具有因果关系、获得利益没有法律上的原因。第一，所谓一方获得利益，应包括两种情况：第一种情况是财产积极增加，指财产本不应增加而增加；第二种情况是财产消极增加，指财产本应减少而未减少。第二，他方受到损失。这里的损失并不是侵权赔偿中的损失，而是相对于取得利益方而言，是另一方的利益因为利益转移导致的利益减少或者债务增加。第三，一方获得利益与另一方受到损失之间具有引起与被引起的因果关系，这是司法实践中认定不当得利之债是否成立的一个重要依据，获益的另一面必然有他人的损失作为一个对等关系。如果一方获得的利益并不损害他人的合法利益，则不构成法律上的不当得利。第四，获得利益没有法律上的原因。如果具有法律上的原因，则不成立不当得利。

本条专门针对排除不当得利的情况作了规定，这三种情形都属于给付型不当得利的范畴：

一是为履行道德义务进行的给付。将因履行道德义务的给付排除在不当得利之债外，目的在于调和法律与道德之间的关系，使法律规定符合一般的道德观念。如本无赡养义务而误以为有的，受赡养人确实是构成不当得利，但支付赡养费属于非债清偿，虽然自始缺乏给付目的，但属于履行道德义务而为给付，故双方间虽成立不当得利关系但是排除了利益受损人的不当得利返还请求权。

二是债务到期之前的清偿。债务人为清偿未到期债务而提前给付也排除在不当得利之债的适用范围外，主要原因是债务未届清偿期的抗辩并不是永久性抗辩，债务到期前的清偿，债务并非不存在，债权人受领给付，不能称之为无法律上的原因，债务人不能以此主张不当得利之债。

三是明知无给付义务而进行的债务清偿。明知无给付义务而进行的债务清偿，目的在于维护诚实信用，禁止当事人出尔反尔，理论基础在于禁反言原则。实践中需要注意与第三人代为清偿问题的区分，两者分属不同的法律制度，法律适用亦不相同。第三人清偿债务后不能因为其与债权人之间没有债务，而主张不当得利返还，只能取得原债权人对债务人的债权。《民法典》在第524条新增加了第三人代为清偿制度，即"债权人接受第三人履行后，其对债务人的债权转让给第三人，但是债务人和第三人另有约定的除外"。此处债权转让的规定就排除了第三人向原债权人主张不当得利的可能。

【关联司法解释】

《最高人民法院关于审理民事案件适用诉讼时效制度若干问题的规定》

第6条 返还不当得利请求权的诉讼时效期间，从当事人一方知道或者应当知道不当得利事实及相对人之日起计算。

【其他关联规定】

《最高人民法院关于广州中谷投资有限公司与中国银行股份有限公司茂名分行、中国东方资产管理公司广州办事处、顺威联合资产管理有限公司不当得利纠纷一案请示的答复》

广东省高级人民法院：

你院粤高法〔2010〕95号《关于原告广州中谷投资有限公司诉被告中国银行股份有限公司茂名分行、第三人中国东方资产管理公司广州办事处、第三人顺威联合资产管理有限公司不当得利纠纷一案的请示》收悉。经研究，答复如下：

我院于2009年4月3日发布的法发（2009）19号《关于审理涉及金融不良债权转让案件工作座谈会纪要》（以下简称《纪要》）的主要目的在于规范金融不良债权转让行为，维护企业和社会稳定，防止国有资产流失，保障国家金融安全。根据《纪要》的精神和目的，涉及非国有企业债务人的金融不良债权转让纠纷案件，亦应参照适用《纪要》的规定。

根据《纪要》关于"国有企业债务人不知道不良债权已经转让而向原国有银行清偿的，可以对抗受让人对其提起的追索之诉。受让人向国有银行提起返还不当得利之诉的，人民法院应予受理"的规定及精神，你院请示案件所涉不良债权受让人应先行向债务人提起债权债务追索之诉，经人民法院生效判决认定债务人或担保人已向原国有银行清偿的，方可对国有银行提起返还不当得利之诉。

以上意见，供参考。

此复。

★ 第986条【善意得利人的返还范围】

得利人不知道且不应当知道取得的利益没有法律根据，取得的利益已经不存在的，不承担返还该利益的义务。

【条文解读】

　　本条是关于善意得利人返还范围的规定。善意得利,是指得利人在取得利益之时不知道并且不应当知道其受益没有法律上的原因。不当得利的功能不在于填平损失,而在于返还所取得的没有法律根据的利益,法律区分得利人主观上是否为善意而对其应于返还所得利益的范围作了不同规定。根据本条规定,善意得利人不当得利返还的范围,以现存利益为限。判断现存利益的时点以受损人行使返还请求权之时的尚存利益为限,若受损人在诉讼前已经催告得利人返还其所获利益,得利人应当知晓其获益没有法律根据,所受利益是否尚存的判断应以催告时确定。

　　善意得利情形下返还的基本原则是:1.原物存在的,返还原物以及因为原物而取得的其他利益(包括原物的孳息以及使用利益);2.原物毁损后存在代位物的,比如因原物毁损而获得的保险金、补偿金、赔偿金,应返还原物的代位物;3.原物因有偿转让而不存在的,得利人实际取得的利益高于受损人的客观损失的,返还范围以客观损失额为限;得利人实际获利低于受损人的客观损失的,返还以实际获利额为限。除以上情形外,取得的利益已经不存在的,善意得利人不需要承担返还利益的义务。得利人主张其所得利益已经不存在的,应当由其举证,不能证明者,不认为现存利益不存在。返还现存利益时,得利人在受益过程中所受到的损失和支出可予以扣除。

★ **第987条【恶意得利人的返还范围】**

　　得利人知道或者应当知道取得的利益没有法律根据的,受损失的人可以请求得利人返还其取得的利益并依法赔偿损失。

【条文解读】

　　本条是对恶意得利人的返还范围的规定。恶意得利,是指得利人在受益时知道或应当知道没有法律上的根据，或受领后知道或者应当知道得利没有法律上的根据的不当得利。得利人知道的时间是在受领利益之时的为自始恶意；在受领时不知，但在其后知道的，自其知道之时成为恶意得利人，为嗣后恶意。

根据本条规定，基于"法律不保护恶意"的基本原则，恶意得利人的返还利益范围，不仅包括所得的全部利益，即受领时的所得利益以及基于该利益所生的利益。例如，所受领利益为金钱时，应附加利息。同时，如返还利益不足以弥补损失的，或者所获利益已不存在的，得利人还须另行赔偿损害。

对于嗣后恶意的得利人的返还义务可区分成立恶意前、成立恶意后，两阶段适用不同的规则：在知道或者应当知道无法律上的原因以前，仍应适用关于善意得利人的返还义务的规则，仅返还现存利益，取得利益时所支出的费用也可以请求扣除；在知道或者应当知道无法律上的原因之后，负加重责任，即将现存利益附加利息一并偿还，如有损失还需承担相应损失赔偿责任。

★ **第988条【无偿受让利益第三人的返还义务】**
得利人已经将取得的利益无偿转让给第三人的，受损失的人可以请求第三人在相应范围内承担返还义务。

【条文解读】

本条是关于无偿受让利益第三人返还义务的规定。如果善意得利人将其取得的利益无偿转让给第三人，因受领人所取得的利益已经不存在，根据《民法典》第986条的规定，受领人对受损人不承担返还该利益的义务，此时受损人可向受利益的第三人请求返还。如果恶意得利人将其取得的利益无偿转让给第三人的，该恶意得利人不得基于所取得的利益已经不存在而主张免予返还义务，根据《民法典》第987条的规定，受损人可以选择向该恶意得利人主张损害赔偿，也可以选择请求第三人承担相应的返还义务，但受损人在选择权行使时不能多重受偿、重复获益。

本条的适用条件是得利人将取得的利益"无偿"转让给第三人，如第三人系"有偿"取得，则可能构成善意取得，受损人无权向第三人主张返还。第三人仅在"无偿"取得的情况下，才承担返还义务，返还的范围以其无偿取得的现存利益为限，现存利益包括原物或其价值代偿物。如第三人所取得的利益因意外事件毁损、灭失而不存在的，则不承担返还义务。

第四编　人格权

第一章　一般规定

★ **第989条【人格权编的调整范围】**
本编调整因人格权的享有和保护产生的民事关系。

【条文解读】

本条是关于人格权编调整范围的规定。本条是《民法典》新增加的规定。

人格权编是调整有关因人格权的享有和保护所产生的民事关系，是调整有关因人格权的确认和保障而产生的民事关系的规范。调整人格权关系的法律规范并不限于《民法典》人格权编，还包括《民法典》其他各编以及其他单行法的规定。如《民法典》第109条至第111条对人格权进行了一般性的规定，同时《民法典》其他各编，尤其是侵权责任编，也有关于人格权保护的相关规定。《民法典》人格权编只是调整部分人格权关系，人格权关系不仅受人格权编调整，同时也受到《民法典》其他编以及有关特别法的调整。就《民法典》人格权编和人格权法（即所有有关确认和保护人格权的法律规范的总称）之间的关系而言，人格权编是人格权法的重要组成部分，是人格权法最为基础的法律规范，是法官处理人格权纠纷应当首先适用且主要的法律依据，也是解释其他有关确认和保护人格权的法律规范的依据。

人格权的客体是人格利益，保护的是人之所以为人的人格。《民法典》人格权编调整因人格权的享有和保护产生的民事关系。因人格权的享有而产生的民事关系，主要是指民事主体因为法律的确认而享有各项人格权。如因名称权的归属产生的争议，就属于因人格权的享有而形成的民事关系。因人格权的保护而产生的民事法律关系，既包括因人格权遭受侵害而产生的权利义务关系，也包括因人格权的行使、人格利益的利用等而产生的民事法律关系。人格权编通过规定人格权的类型、权利内容、权利边界、与其他价值之间的协调、行为人的义务和特殊保护方式等规则实现对人格权的保护。在人格权遭受侵害时，权利人可行使人格权请求权，即在权利人对其人格利益的圆满支配状态受到不当影响时，权利人有权主张人格权请求权，以维持其对其人格利益的圆满支配状态。《民法典》侵权责任编则主要着眼于对人格权的事后救济，对于人格权的确认、利用、行使规则以及人格权与其他权利的冲突和解决规则并不涉及。事实上，侵权责任构成的前提离不开所侵犯权利的具体类型、具体内容以及行为人违反的具体义务，而这些都建立在人格权的确认、内容、利用和保护等具体规范之上。

★ **第990条【人格权类型】**

人格权是民事主体享有的生命权、身体权、健康权、姓名权、名称权、肖像权、名誉权、荣誉权、隐私权等权利。

除前款规定的人格权外，自然人享有基于人身自由、人格尊严产生的其他人格权益。

【条文解读】

本条是关于人格权类型的规定。本条是《民法典》新增加的规定。准确理解和把握本条规定，对于从整体上了解和掌握人格权编的相关规定具有重要意义。本条规定了具体人格权的类型及一般人格权。

具体人格权又称个别人格权，是指由法律具体列举的由公民或法人享有的各项人格权。本条第1款确认了民事主体所享有的各项具体人格权，包括自然人的人格权、法人和非法人组织的人格权。从自然人的角度，按照权利客体的不同和法律保护方法的不同，人格权可以分为物质性的人格权和精神性的人格权两类。物质性的人格权是指自然人对其生命、身体、健康等物质性人格要素享有的权利，包括生命权、身体权、健康权。精神性的人格权是指不以具体的物质性实体为标的，而是以抽象的精神价值为标的的不可转让的人格权，包括姓名权、名称权、肖像权、名誉权、荣誉权、隐私权等权利。物质性人格权的权利主体只能是自然人，而精神性人格权的权利主体既包括自然人，也包括法人和非法人组织。物质性人格权相对于精神性人格权处于优越地位，在二者发生冲突时，应优先保护物质性人格权。物质性人格权不得由权利人进行商业化利用，而精神性人格权如肖像权、名称权等人格利益可以由权利人许可他人进行利用。物质性人格权的损害赔偿有法定的损害赔偿规则，主要通过财产损害赔偿获得救济，即根据法律规定的损害赔偿范围、标准进行赔偿救济；精神性人格权的损害赔偿通常没有法定的损害赔偿规则，其主要以精神损害赔偿以及恢复名誉、消除影响等作为救济方式。

虽然本条第1款列举了民事主体所享有的人格权的具体类型，但是该条并非全面列举，如《民法典》第110条第1款规定的婚姻自主权，就未在本条第1款中进行列举。《民法典》第1042条第1款规定："禁止包办、买卖婚姻和其他干涉婚姻自由的行为，禁止借婚姻索取财物。"婚姻自主权应属于本条"等"的范围，仍属于具体人格权。由此可知，本条第1款规定的"人格权"既包括明确列举的人格权，也包括自然人所享有的除明确列举的人格权之外的、由其他民事法律规范规定的具体人格权。

本条第2款是采用概括性条款保护人身自由和人格尊严，属于关于一般人格权的规定。规定人格权一般条款可以有效回应社会发展所产生的新型人格权益保护需求，确保人格权制度的开放性，对人格权益形成兜底性保护。根据本条第2款规定，在未来产生某种新型民事权益后，只要其内容包含了人身自由、人格尊严的价值，就应当受到人格利益的保护。适用第2款应当满足以下条件：一是被侵犯的人格权益不是法律规定的具体人格权。二是被侵犯的人格权益是基于人身自由、人格尊严产生的。人身自由，是指自然人在法律规定的范围内享有人身权利不受侵犯和自主行为的权利，包括身体行动的自由和自主决定的自由，是自然人从事社会各项活动、参与各种社会关系、行使其他人身权和财产权的基本保障，是自然人行使其他一切权利的前提和基础。人格尊严，是指自然人基于自己所处的社会环境、工作生活环境以及基于地位、声望、名誉、声誉等各种因素而形成的人格价值以及得到社会、他人尊重的品性，包括静态和消极的人格尊严以及动态和积极的人格尊严，即人格的形成和人格发展。人格尊严不受侵犯，是自然人作为人的基本条件之一，也是社会文明进步的一个基本标志。三是主体应当为自然人。从本条第2款规定的用词来看，享有基于人身自由、人格尊严产生的其他人格权益的主体应当限定于自然人，而不包括法人和非法人组织。

第991条【人格权受法律保护】

民事主体的人格权受法律保护，任何组织或者个人不得侵害。

★ 第992条【人格权禁止性规定】

人格权不得放弃、转让或者继承。

【条文解读】

本条是关于人格权不得放弃、转让或者继承的规定。本条是《民法典》新增加的规定。

人格权具有专属性，只能为特定的权利人所享有，与权利主体不可分离。从本条规定来看，人格权的专属性具体表现为：

一是人格权不得放弃。如果人格权被一般性地、概括性地放弃，必然导致人格缺损，甚至会威胁到人的主体地位，走向对自由的自我否定。[①]人格权不得放弃的规定，意味着"安乐死"在我国不被法律所认可。

二是人格权具有不可转让性。人格权是民事主体自身固有的权利，与财产权可以转让不同，人格权不可转让。人格权不得转让属于一般性规定，在法律有特别规定的情形下，人格权也可以依法转让。如《民法典》第1016条

---

① 张翔：《民法人格权规范的宪法意涵》，载《法制与社会发展》2020年第4期。

规定，法人、非法人组织可以依法转让其名称。此外，人格权不得转让，并不意味着个别具体人格权益不能许可他人使用。如《民法典》第993条规定，民事主体可以将自己的姓名、名称、肖像等许可他人使用，但是依照法律规定或者根据其性质不得许可的除外。

三是人格权不得继承。人格权作为专属于特定主体的权利，其通常是与主体相伴随，始于出生，终于死亡。一旦个人死亡，其主体资格消灭，其人格也随之消灭，无法成为继承的对象。但是，自然人死亡后，其生前的人格要素并未随之全部消灭。身体（遗体）、姓名、肖像、声音、个人信息资料等仍然存在于社会之中，即所谓人格要素的遗存。[①]

★ 第993条【人格利益的许可使用】

民事主体可以将自己的姓名、名称、肖像等许可他人使用，但是依照法律规定或者根据其性质不得许可的除外。

【条文解读】

本条是关于姓名、名称、肖像等许可使用规则的规定。本条是《民法典》新增加的规定。

本条规定不仅确认个人有权许可他人对其人格利益进行利用，而且本条还规定了可以许可使用的人格利益的范围。可进行许可利用的人格权益主要有以下几种：

一是姓名权。姓名权在性质上属于精神性人格权，并不具有财产价值，其是人和人相互区别的语言文字标识，主要功能是防止个人身份混淆。基于姓名对个人身份的识别作用，实践中，经常将一些名人的姓名用于产品的宣传广告，以提高产品知名度，并促进产品的销售。同时，姓名也可以用于商标、企业名称，通过名人效应扩大商标无形价值和企业知名度。

[①] 韩强：《人格权确认与构造的法律依据》，载《中国法学》2015年第3期。

二是名称权。法人和非法人组织享有名称权，名称权不仅具有标识法人及非法人组织身份的功能，而且具有商业利用价值，权利人可以许可他人使用其名称。

三是肖像权。根据《民法典》第1018条第2款规定，肖像是通过影像、雕塑、绘画等方式在一定载体上所反映的特定自然人可以被识别的外部形象。肖像作为自然人人格的组成部分，所体现的精神特征在特定条件下可以转化或派生出自然人的物质利益。自然人对自己的肖像享有专有权，既可以对自己的肖像权利进行自由处分，也有权禁止他人在未经其同意的情况下，擅自使用其专有的肖像。

四是隐私和个人信息。隐私权可以成为许可利用的对象，如对某个人的生活起居、工作等进行网络直播，就构成对隐私权的积极利用。个人信息本身就兼具人身属性和财产属性，绝大多数个人信息都可以进行经济利用，如将个人信息汇聚成大数据由他人共享，或者用于商业分析和商业规划等。《民法典》第1035条就规定了自然人可以许可他人处理其个人信息。

五是其他人格利益。从本条表述内容来看，用了"等"字，表明许可使用的人格利益并不限于姓名、名称、肖像等人格利益，还可能包括其他的人格利益，如声音等。

民事主体许可使用的人格利益不得是依照法律规定或者根据其性质不得许可使用的人格利益。通常来说，物质性人格权如生命权、身体权、健康权不能成为许可利用对象，应当排除在许可之外。此外，具有明显人身依附性的名誉权和荣誉权，因其背后的人格利益无法脱离权利人而存在，依据其性质，也无法许可他人利用。

★ **第994条【死者人格利益保护】**

死者的姓名、肖像、名誉、荣誉、隐私、遗体等受到侵害的，其配偶、子女、父母有权依法请求行为人承担民事责任；死者没有配偶、子女且父母已经死亡的，其他近亲属有权依法请求行为人承担民事责任。

【条文解读】

本条是关于死者人格利益保护的规定。本条吸纳了2001年《最高人民法院关于确定民事侵权精神损害赔偿责任若干问题的解释》第3条规定。

关于死者的人格利益范围问题。根据本条规定，死者的人格利益范围包括死者的姓名、肖像、名誉、荣誉、隐私、遗体等。从规定的范围来看，显然一个人生前所享有的人格权和其死后享有的人格利益是不同的，其生前享有的物质性人格权不可能继续存在，与身体相联系的人格权，如身体权等也不可能继续存在，可以继续存在的仅是一些精神人格利益。

关于侵害死者人格利益的请求权主体问题。自然人死亡后，已无利益可言，但自然人的近亲属对于死者之人格要素尚有利益。该利益在法律上受到保护。因此，本条所规定的死者的人格利益，本质上是死者近亲属对死者人格之利益，应当由死者近亲属享有。根据本条规定，死者的人格利益遭受侵害的，其配偶、子女、父母有权请求行为人承担民事责任。明确了死者的近亲属为请求权主体，同时，明确了死者的近亲属在提出请求时受到主体顺序限制，即在死者没有配偶、子女并且父母已经死亡的情况下，死者的其他近亲属才有权向行为人提出请求。

关于侵害死者人格利益的民事责任问题。本条规定承担的是"民事责任"，民事责任的概念十分宽泛，既包括赔偿损失，也包括停止侵害等预防性责任方式。死者的近亲属可以要求侵权人承担停止侵害、排除妨碍，请求赔偿财产损失和请求赔偿精神损害等民事责任。

【关联司法解释】

《最高人民法院关于确定民事侵权精神损害赔偿责任若干问题的解释》

第3条 死者的姓名、肖像、名誉、荣誉、隐私、遗体、遗骨等受到侵害，其近亲属向人民法院提起诉讼请求精神损害赔偿的，人民法院应当依法予以支持。

《最高人民法院关于审理使用人脸识别技术处理个人信息相关民事案件适用法律若干问题的规定》

第15条　自然人死亡后，信息处理者违反法律、行政法规的规定或者双方的约定处理人脸信息，死者的近亲属依据民法典第九百九十四条请求信息处理者承担民事责任的，适用本规定。

★ **第995条【人格权保护的请求权】**

人格权受到侵害的，受害人有权依照本法和其他法律的规定请求行为人承担民事责任。受害人的停止侵害、排除妨碍、消除危险、消除影响、恢复名誉、赔礼道歉请求权，不适用诉讼时效的规定。

【条文解读】

本条是关于人格权保护和损害赔偿请求权之外的其他请求权不适用诉讼时效的规定。本条承继了原《民法通则》第120条的规定。

关于人格权请求权基础。本条第1句是关于人格权遭受侵害应受到法律保护的一般原则性规定，但该规定为不完全法条，需要结合其他规范适用，才能确定法律效果，成为请求权基础。其他法律规范主要指《民法典》人格权编、总则编和侵权责任编的规定。《民法典》总则编在民事权利一章中具体规定了一般人格权和具体人格权、个人信息，在民事责任一章中规定了各种承担民事责任的方式。人格权作为一项绝对权，应当受到侵权责任法的保护。在人格权遭受侵害的情形下，受害人可以依据《民法典》侵权责任编相关规定请求行为人承担侵权责任。除总则编和侵权责任编外，其他各编也有与人格权保护相关的法律规定，如《民法典》第286条规定的侵害业主合法权益，即包括业主的人身权益。又如《民法典》第731条规定的"租赁物危及承租人的安全或者健康的，即使承租人订立合同时明知该租赁物质量不合格，承租人仍然可以随时解除合同"，体现了生命健康权优先保护的立法理念。《民法典》婚姻家庭编确认的婚姻自主权性质上亦属于一种自由权。本条的"其他法律规定",主要包括《未成年人保护法》《妇女权益保护法》《老年人权益保障法》《残疾人保障法》等。

关于人格权请求权的内容。人格权请求权是指民事主体在其人格权利受到侵害、妨害或者有妨害之虞时,得向加害人或者人民法院请求加害人为一定行为或者不为一定行为,以恢复人格权的圆满状态或者放弃妨害的权利[1]。人格权请求权是一种特殊的请求权,其目的在于预防和停止侵害以及填补损害。停止侵害、排除妨害、消除危险、恢复名誉、赔礼道歉等请求权既是侵害人格权的责任承担方式,也是人格权请求权的内容。在人格权遭受侵害之后,权利人虽然也有权请求财产损害赔偿,以使自己的损害得到救济,但是损害赔偿在性质上属于侵权法上的请求权,不能为人格权请求权所包含。停止侵害,是指因加害人的行为使人格权益遭受损害或即将发生损害时,受害人请求加害人停止实施侵害行为,主要是针对正在发生的和即将发生的侵害行为进行适用。排除妨害,针对的是正在进行的妨害人格利益的行为,通过排除,恢复到其人格权圆满状态。消除危险,主要适用于危害他人生命权、健康权等人格权益的情形,其实质是消除可能导致损害发生的危险源。消除影响,主要适用于侵害名誉权等精神性人格权的情形,其功能是消除已经给权利人的精神人格权造成的不良影响,消除影响应当采取合理的方式。恢复名誉,适用于名誉受损后,要求加害人在合理范围内采取恰当措施恢复受害人名誉的情形。赔礼道歉,旨在对被侵权人的精神伤害予以抚慰,通常适用于故意侵害他人人格权益的侵害行为。

关于人格权请求权的构成。人格权请求权是专门针对人格权的救济方法。在人格权遭受侵害后,人格权请求权的作用在于恢复人格权的圆满状态,而非填补权利人的实际损害。相较于侵权损害赔偿请求权,人格权请求权具有以下特征:

---

[1] 杨立新、袁雪石:《论人格权请求权》,载《法学研究》2003年第6期。

一是人格权请求权不以行为人具有过错为要件。人格权请求权在性质上属于绝对请求权，该请求权的行使不以行为人故意或过失为要件。[1]

二是人格权请求权的行使侧重预防并可积极使用。侵权损害赔偿主要是一种事后的救济，而人格权请求权则侧重于对损害的事先预防，如人格权请求权中的消除危险等即具有事先预防的功能。此外，人格权请求权具有积极主动的特点，即在侵害隐私和个人信息权时，受害人可以通过要求采取更正、删除、封锁、补充等措施，积极主动地保护自身权利。

三是主张人格权请求权，不以证明存在实际损害为前提条件。人格权请求权的行使，并不要求损害已经实际发生，在人格权益遭受损害之虞时，权利人即可以要求行为人消除危险。

四是主张人格权请求权，不以构成侵权为要件，但须其侵害行为具有违法性[2]。

关于人格权请求权的行使期限。侵权损害赔偿之债作为一种债的关系，应当适用诉讼时效制度。而人格权作为一种绝对权，其请求权并不适用诉讼时效，换言之，在人格权受到妨害或者可能受到妨害的情形下，权利人有权随时提出请求，以恢复权利人对其人格利益圆满支配状态。事实上，在人格权受到侵害或者妨害的情形下，由于行为人的行为一直处于持续状态，诉讼时效也无法确定起算点。根据本条规定，受害人就其人格权益请求停止侵害、排除妨碍、消除危险、消除影响、恢复名誉、赔礼道歉的，不适用诉讼时效的规定。

★ **第996条【人格权责任竞合下的精神损害赔偿】**

因当事人一方的违约行为，损害对方人格权并造成严重精神损害，受损害方选择请求其承担违约责任的，不影响受损害方请求精神损害赔偿。

---

[1] 王泽鉴：《人格权法》，北京大学出版社2013年版，第387页。
[2] 同上注。

【条文解读】

本条是关于人格权责任竞合下的精神损害赔偿的规定。

精神损害赔偿，是指自然人人身权益遭受损害时要求加害人对其遭受的精神损害承担赔偿责任。《民法典》第1183条第1款规定："侵害自然人人身权益造成严重精神损害的，被侵权人有权请求精神损害赔偿。"这是关于精神损害赔偿的一般规定。本条规定的违约精神损害赔偿相对第1183条第1款规定来说，属于该条款的特别规定。根据特别法优先于一般法的适用规则，如果符合本条规定的，应当优先适用本条规定。

根据本条规定，主张违约精神损害赔偿，应当符合以下条件：

一是人格权因对方的违约行为而受到侵害。对财产权和合同权利的侵害，通常不会导致对个人人格利益的直接侵害，通常也不会产生精神损害赔偿请求权。但是，违约行为损害对方人格权的，造成非违约一方的损失通常为非金钱损失，难以通过市场价值准确衡量，适用财产损害赔偿难以对非违约方进行救济，此时，可以采用精神损害赔偿方式对非违约方人格权遭受的侵害进行全面救济。

二是违约责任与侵权责任竞合。《民法典》第186条规定："因当事人一方的违约行为，损害对方人身权益、财产权益的，受损害方有权选择请求其承担违约责任或者侵权责任。"该条规定了违约责任和侵权责任竞合时，受损害方可以选择要求违约方承担违约责任或者选择侵权行为人承担侵权责任，属于违约责任和侵权责任竞合时的一般规则。而从本条规定来看，实际上是将违约精神损害赔偿请求权限定于违约责任与侵权责任竞合的情形，也即只有在违约方的违约行为同时侵害了受害人的人格权和财产权时，才符合主张违约精神损害赔偿的条件。如果只是单纯的违约而没有侵害人格权，不能适用本条规定。

三是非违约方因对方的违约行为遭受严重精神损害。从本条规定来看，只有非违约方遭受严重精神损害的情形下，其才能在违约责任中主张精神损害赔偿。是否构成严重精神损害，可以从损害后果的严重性、精神痛苦的严重性、损害的持续性等方面进行综合判断。损害后果的严重性，也就是受害人因人身、精神遭受损害对日常生活、工作、社会交往等产生了明显不利影响。精神痛苦的严重性，是指侵害人格权所造成的精神痛苦已经超出社会一般人的容忍限度。损害的持续性，即要求损害所造成的痛苦不是立刻消失的，而是要持续一段时间。

从司法实践来看，在违约与侵权发生竞合的情形下，在因当事人一方的违约行为损害对方的人格权并造成严重精神损害，或者合同的履行与人格利益的实现具有密切联系，尤其是在签订合同的目的就是实现某种人格利益时，因一方违约而导致另一方精神损害的，可以适用违约精神损害赔偿。以实现精神利益为目的的合同主要包括：遗体、骨灰等人格物保管合同，医疗服务合同，旅游服务合同，婚礼服务合同以及其他可能造成严重精神损害的合同。

本条规定"受损害方选择请求其承担违约责任的，不影响受损害方请求精神损害"，并未规定受损害方需通过另行起诉侵权主张精神损害赔偿，故受损害方可以在提起违约之诉的同时一并主张精神损害赔偿。

★ **第997条【侵害人格权禁令】**

民事主体有证据证明行为人正在实施或者即将实施侵害其人格权的违法行为，不及时制止将使其合法权益受到难以弥补的损害的，有权依法向人民法院申请采取责令行为人停止有关行为的措施。

【条文解读】

本条是关于侵害人格权的禁令制度的规定。本条是《民法典》新增加的规定。

禁令，是指申请人为及时制止正在实施或即将实施的侵权行为，或可能造成侵害的行为，在诉前或诉中请求法院作出禁止或限制被申请人实施某种行为的强制命令。[1]人格权禁令制度对于及时制止侵害人格权的行为、有效

---

[1] 刘晴辉：《正当程序视野下的诉前禁令制度》，载《清华法学》2008年第4期。

预防侵害损害后果的发生和扩大,强化对人格权的保护具有重要意义。禁令分为诉前禁令和诉中禁令,本条并未规定侵害人申请禁令的时间,从制定禁令制度的目的来看,本条规定的禁令包括诉前禁令和诉中禁令。

依据本条规定,适用人格权禁令应当具备以下要件:

一是行为人正在实施或者即将实施侵害人格权的违法行为。行为人正在实施或者即将实施侵害人格权的行为是适用人格权禁令的前提条件。行为人正在实施侵害他人人格权的违法行为较好理解。行为人即将实施侵害他人人格权的违法行为,是指未来可能发生侵害人格权的现实危险,如准备刊载可能侵犯他人名誉权的文章。

二是不及时制止将使权利人的合法权益受到难以弥补的损害。禁令针对的是正在发生和将要发生的侵害行为,损害常常具有急迫性。难以弥补的损害,通常是指该种人格权益的损害具有不可逆性,即无法通过其他方式予以弥补,事后的恢复已属于不可能或者极为困难。如果损害的发生不具有急迫性,或者即便发生也可以通过其他方式予以弥补,则行为人可通过普通诉讼程序请求人民法院判决而获得救济,而无需通过申请人格权禁令的方式予以保护。

三是申请人有证据证明行为人正在实施或者即将实施相关侵害行为。申请人格权禁令的民事主体必须提出相关证据,证明已经具备了申请责令停止有关行为的前提条件,即证明行为人正在实施或者即将实施侵害权利人人格权的行为,不及时制止将使其合法权益受到难以弥补的损害。申请人格权禁令应当达到"有证据证明"的标准,换言之,人民法院应当对申请人的人格权禁令申请进行实体审查,通过审查申请人提交的证据,判断申请人的人格权是否正在遭受侵害或者具有被侵害的现实危险性,并综合考量不颁布禁令可能存在的后果以及颁布禁令可能造成的影响等因素,最终作出是否颁布禁令的决定。对于证明应当达到何种标准,可以参考《最高人民法院关于适用〈中华人民共和国民事诉讼法〉的解释》第108条规定,采纳高度盖然性标准进行审查,即只要当事人证明他人的行为可能造成损害或者有损害之虞,则应当认定满足了相应的证明标准,此时即可以采取措施。

本条未规定人格权禁令的生效时间，但一般认为，禁令颁布后，在到达行为人时即发生效力，行为人应当按照禁令的要求立即停止侵害行为。本条对于人格权禁令的失效也未作规定，有观点认为[1]，人格权禁令失去效力主要包括两种情形：一是法院撤销禁令，即被申请人可以向人民法院提出复议，法院在审查过程中发现不符合颁发禁令条件的，可以撤销禁令；二是终局裁判生效后自动失效，终局判决对于双方权利义务关系具有最终确定的效力，在已有终局判决的情形下，禁令已无存在之必要，人格权禁令应当失去效力。

【关联司法解释】

《最高人民法院关于审理使用人脸识别技术处理个人信息相关民事案件适用法律若干问题的规定》

第9条　自然人有证据证明信息处理者使用人脸识别技术正在实施或者即将实施侵害其隐私权或者其他人格权益的行为，不及时制止将使其合法权益受到难以弥补的损害，向人民法院申请采取责令信息处理者停止有关行为的措施的，人民法院可以根据案件具体情况依法作出人格权侵害禁令。

★ 第998条【认定行为人承担责任时的考量因素】
认定行为人承担侵害除生命权、身体权和健康权外的人格权的民事责任，应当考虑行为人和受害人的职业、影响范围、过错程度，以及行为的目的、方式、后果等因素。

【条文解读】

本条是关于认定行为人承担责任时的考量因素的规定。本条是《民法

---

[1] 王利明：《论侵害人格权的诉前禁令制度》，载《财经法学》2019年第4期。

典》新增加的规定。

本条规定只适用于除侵害生命权、身体权和健康权的物质性人格权之外的人格权民事责任承担。这意味着，在认定对生命权、身体权、健康权等物质性人格权侵害的情形下，无需依照本条规定考虑行为人和受害人的职业、影响范围、过错程度以及行为的目的、方式、后果等因素。

本条将动态系统论的思想运用到侵害物质性人格权以外的人格权的民事责任中，有助于协调和平衡人格权与其他利益之间的冲突。根据本条规定，在认定侵害物质性人格权以外的人格权的民事责任时，应当综合考量以下因素：

一是行为人和受害人的职业。就行为人而言，其自身职业与责任的认定、影响的范围等都有直接联系，如行为人从事的是新闻媒体工作，因其新闻媒体职业而作出行为报道行为，在认定责任时，就应当协调人格权的保护与新闻报道和舆论监督的价值之间的关系。就受害人而言，若其属于公众人物或公职人员，对其行为进行适度的评论或批评，则可能并不构成侵害其人格权。

二是影响范围。影响范围通常与行为人的行为方式联系在一起，通过判断行为人具体行为的影响范围进而确定行为人应当承担或者如何承担消除影响、恢复名誉、赔礼道歉的责任。

三是过错程度。行为人的过错程度，对于判断行为人应否承担责任以及承担何种责任具有积极意义。

四是行为的目的。这涉及是否属于合理使用的判断，例如行为人利用他人的人格权是为了正当的舆论监督、新闻报道等符合公共利益的目的，可能构成合理使用。

五是行为的方式和后果。不同的行为方式和损害后果，对侵害除物质性人格权外的人格权的影响是不同的，通过考察行为人的行为方式和后果，有利于确定人格权的民事责任。

★ 第999条【人格利益的合理使用】

为公共利益实施新闻报道、舆论监督等行为的，可以合理使用民事主体的姓名、名称、肖像、个人信息等；使用不合理侵害民事主体人格权的，应当依法承担民事责任。

【条文解读】

本条是关于合理使用民事主体的姓名、名称、肖像、个人信息等的规定。本条是《民法典》新增加规定。

根据本条规定，对人格利益的合理使用，应当符合以下几个条件：

一是必须出于公共利益需要。公共利益是不特定多数人的利益。通常，新闻报道和舆论监督主要涉及公共利益的保护，基于这种公共利益，诸如姓名权、名称权、肖像权和个人信息等可以被合理使用。

二是必须是实施新闻报道、舆论监督等行为。根据本条规定，合理使用的情形限于新闻报道和舆论监督等为公共利益服务的行为。

三是必须符合人格权的性质。物质性人格权依据其性质不能进行使用，不得成为本条限制的对象，只有根据其性质可以许可使用的人格权如姓名权、名称权、肖像权、个人信息等才能构成合理使用。

第1000条【消除影响、恢复名誉、赔礼道歉等民事责任的承担】

行为人因侵害人格权承担消除影响、恢复名誉、赔礼道歉等民事责任的，应当与行为的具体方式和造成的影响范围相当。

行为人拒不承担前款规定的民事责任的，人民法院可以采取在报刊、网络等媒体上发布公告或者公布生效裁判文书等方式执行，产生的费用由行为人负担。

第1001条【自然人身份权利保护的参照】

对自然人因婚姻家庭关系等产生的身份权利的保护，适用本法第一编、第五编和其他法律的相关规定；没有规定的，可以根据其性质参照适用本编人格权保护的有关规定。

第二章 生命权、身体权和健康权

第1002条【生命权】

自然人享有生命权。自然人的生命安全和生命尊严受法律保护。任何组织或者个人不得侵害他人的生命权。

第1003条【身体权】

自然人享有身体权。自然人的身体完整和行动自由受法律保护。任何组织或者个人不得侵害他人的身体权。

第1004条【健康权】

自然人享有健康权。自然人的身心健康受法律保护。任何组织或者个人不得侵害他人的健康权。

★ 第1005条【法定救助义务】

自然人的生命权、身体权、健康权受到侵害或者处于其他危难情形的，负有法定救助义务的组织或者个人应当及时施救。

【条文解读】

本条是关于对生命权、身体权、健康权的法定救助义务的规定。本条是《民法典》新增加的规定。

本条规定的救助主体为负有法定救助义务的组织或者个人，但是对于哪些属于负有法定救助义务的组织或者个人，并未作出明确规定。通常来说，本条规定的负有法定救助义务的机构或者个人主要包括以下情形：

一是法律法规规定有救助义务的人。目前，我国有关救助义务的法律规定主要有：《消防法》第44条第4款规定："消防队接到火警，必须立即赶赴火灾现场，救助遇险人员，排除险情，扑灭火灾。"《道路交通安全法》第70

条规定了发生交通事故的车辆驾驶人对受伤人员的立即抢救义务；第72条规定了交通警察对交通事故受伤人员的先行组织抢救义务；第75条规定了医疗机构对事故受伤人员的及时抢救义务。此外，《海商法》第38条以及《民用航空法》第48条等法律也作了相应的相关规定。

二是负有安全保障义务的人。通常情形下，安全保障义务也包括在遭受危险时应当及时救助的义务，比如储户到银行存钱遭到歹徒抢劫受伤，银行应当采取适当措施履行紧急救助义务。

三是其他负有法定救助义务的人。基于特定关系的主体之间也可能存在法定的救助义务，如监护人负有保护被监护人的义务，特定情形下基于合同关系也可能产生法定救助义务。

本条仅规定了负有法定救助义务的组织或者个人负有紧急施救的义务，但是并未规定违反该义务应当承担的责任，从性质上来说，本条款属于不完全法条，需要结合其他民事法律规定进行适用。

第1006条【人体捐献】

完全民事行为能力人有权依法自主决定无偿捐献其人体细胞、人体组织、人体器官、遗体。任何组织或者个人不得强迫、欺骗、利诱其捐献。

完全民事行为能力人依据前款规定同意捐献的，应当采用书面形式，也可以订立遗嘱。

自然人生前未表示不同意捐献的，该自然人死亡后，其配偶、成年子女、父母可以共同决定捐献，决定捐献应当采用书面形式。

【其他关联规定】

《人体器官捐献和移植条例》

第8条　人体器官捐献应当遵循自愿、无偿的原则。

公民享有捐献或者不捐献其人体器官的权利；任何组织或者个人不得强迫、欺骗或者利诱他人捐献人体器官。

第9条　具有完全民事行为能力的公民有权依法自主决定捐献其人体器官。公民表示捐献其人体器官的意愿，应当采用书面形式，也可以订立遗嘱。公民对已经表示捐献其人体器官的意愿，有权予以撤销。

公民生前表示不同意捐献其遗体器官的，任何组织或者个人不得捐献、获取该公民的遗体器官；公民生前未表示不同意捐献其遗体器官的，该公民死亡后，其配偶、成年子女、父母可以共同决定捐献，决定捐献应当采用书面形式。

第1007条【禁止人体买卖】

禁止以任何形式买卖人体细胞、人体组织、人体器官、遗体。

违反前款规定的买卖行为无效。

【其他关联规定】

《人体器官捐献和移植条例》

第6条　任何组织或者个人不得以任何形式买卖人体器官，不得从事与买卖人体器官有关的活动。

第1008条【人体临床试验】

为研制新药、医疗器械或者发展新的预防和治疗方法，需要进行临床试验的，应当依法经相关主管部门批准并经伦理委员会审查同意，向受试者或者受试者的监护人告知试验目的、用途和可能产生的风险等详细情况，并经其书面同意。

进行临床试验的，不得向受试者收取试验费用。

【其他关联规定】

《中华人民共和国药品管理法》

第20条　开展药物临床试验，应当符合伦理原则，制定临床试验方案，经伦理委员会审查同意。

伦理委员会应当建立伦理审查工作制度，保证伦理审查过程独立、客观、公正，监督规范开展药物临床试验，保障受试者合法权益，维护社会公共利益。

第21条 实施药物临床试验，应当向受试者或者其监护人如实说明和解释临床试验的目的和风险等详细情况，取得受试者或者其监护人自愿签署的知情同意书，并采取有效措施保护受试者合法权益。

第1009条【从事人体基因、人体胚胎等医学和科研活动的法定限制】

从事与人体基因、人体胚胎等有关的医学和科研活动，应当遵守法律、行政法规和国家有关规定，不得危害人体健康，不得违背伦理道德，不得损害公共利益。

★ **第1010条【性骚扰】**

违背他人意愿，以言语、文字、图像、肢体行为等方式对他人实施性骚扰的，受害人有权依法请求行为人承担民事责任。

机关、企业、学校等单位应当采取合理的预防、受理投诉、调查处置等措施，防止和制止利用职权、从属关系等实施性骚扰。

【条文解读】

本条是关于禁止性骚扰的规定。本条是《民法典》新增加的规定。

性骚扰是指以身体、语言、动作、文字或者图像等方式，违背他人意愿而对其实施的以性为取向的有辱其尊严的性暗示、性挑逗以及性暴力等行为。[①]

根据本条第1款规定，构成性骚扰应当具备以下要件：

一是性骚扰是与性有关的骚扰行为。性骚扰并不限于肢体上的接触，行为人在实施性骚扰时可能采取口头的方式（如讲下流话、性挑逗语言等），

---

① 王利明：《人格权重大疑难问题研究》，法律出版社2019年版，第414页。

也可能采用书面形式（如发送具有性内容或性暗示的文字、语音或视频资料等），还可能采取性暗示姿态骚扰他人等形式。总的来说，性骚扰的表现方式多种多样，但都是和性有关。

二是骚扰行为违背他人意愿。根据本条规定，性骚扰应当是违背他人意愿的行为，正是因为性骚扰行为违背了他人意愿，侵害了他人人格尊严，才可能会进一步导致受害人产生愤怒、焦虑等不良情绪。若行为人实施的与性有关的行为系两相情愿，则不存在性骚扰的情形。判断是否违背受害人的意愿，应当结合具体场景和受害人当时的行为表现进行综合认定。同时，在认定是否违背受害人意愿时，还应当区分成年人和未成年人，根据具体情况作出认定。

三是性骚扰行为应当针对特定的对象。性骚扰行为应当是向特定的对象作出的，如果相关骚扰行为没有明确的指向对象，即使该行为会使某个或某些人感到不悦，也不应当将其认定为性骚扰。相较于《妇女权益保障法》第23条规定了禁止对妇女实施性骚扰，本条规定的是"对他人实施"，并未限定被骚扰的受害主体只能是女性，因此，男性也可以成为性骚扰的受害人。

本条第2款规定了机关、企业、学校等单位有预防和制止性骚扰的义务。机关、企业、学校等单位应当就性骚扰采取以下几方面的措施：

一是采取预防措施，即相关单位应当针对可能存在性骚扰的场所、环境等采取预防措施，通过建立完善的制度有效防范性骚扰的发生。

二是建立投诉、调查机制。相关单位要确保投诉渠道畅通，在接到投诉后不得推诿、拖延或压制，并做好保密工作和建立措施防止投诉所可能遭受的报复行为，确保投诉无后顾之忧。同时，要建立健全调查机制，通过中立、全面、客观的调查还原事实真相。

三是建立处置机制。对于查实的性骚扰事件，相关单位要及时处置，强化惩处威慑作用。

本条并未对性骚扰行为应当承担民事责任作出明确规定，也未对用人单位未尽到预防和制止性骚扰义务应当承担责任作出明确规定。对于前者，受害人可以依照《民法典》第995条和侵权责任编相关规定要求侵害人承担停止侵害、赔偿损失、消除影响、恢复名誉等民事责任。对于后者，可以依照

《民法典》侵权责任编相关规定认定相关单位的责任。

【关联指导案例】

最高人民法院指导案例第181号：郑某诉霍尼韦尔自动化控制（中国）有限公司劳动合同纠纷案

裁判要点：用人单位的管理人员对被性骚扰员工的投诉，应采取合理措施进行处置。管理人员未采取合理措施或者存在纵容性骚扰行为、干扰对性骚扰行为调查等情形，用人单位以管理人员未尽岗位职责，严重违反规章制度为由解除劳动合同，管理人员主张解除劳动合同违法的，人民法院不予支持。

第1011条【侵害行动自由和非法搜查身体】

以非法拘禁等方式剥夺、限制他人的行动自由，或者非法搜查他人身体的，受害人有权依法请求行为人承担民事责任。

第三章　姓名权和名称权

第1012条【姓名权】

自然人享有姓名权，有权依法决定、使用、变更或者许可他人使用自己的姓名，但是不得违背公序良俗。

第1013条【名称权】

法人、非法人组织享有名称权，有权依法决定、使用、变更、转让或者许可他人使用自己的名称。

第1014条【姓名权或名称权不得被非法侵害】

任何组织或者个人不得以干涉、盗用、假冒等方式侵害他人的姓名权或者名称权。

★ 第1015条【自然人姓氏的选取】

自然人应当随父姓或者母姓，但是有下列情形之一的，可以在父姓和母姓之外选取姓氏：

（一）选取其他直系长辈血亲的姓氏；

（二）因由法定扶养人以外的人扶养而选取扶养人姓氏；

（三）有不违背公序良俗的其他正当理由。

少数民族自然人的姓氏可以遵从本民族的文化传统和风俗习惯。

【条文解读】

本条是关于自然人姓氏的取得制度和选择权利的规定。本条承继了原《全国人民代表大会常务委员会关于〈中华人民共和国民法通则〉第九十九条第一款、〈中华人民共和国婚姻法〉第二十二条的解释》的规定。

姓名是每个自然人的特定名称符号，是通过语言文字进行个体标识的标志。姓名不仅构成了自然人社会交往的前提，也是社会管理的手段，同时承载着传统文化价值，浸透着父辈对子女的亲情。在中华传统文化中，"姓名"中的"姓"，即姓氏，体现着血缘传承、伦理秩序和文化传统，自然人在选取姓氏时，涉及公序良俗，其选取姓氏的自由应当受到一定限制。

根据本条规定，自然人选取自己的姓氏原则上应当随父姓或者随母姓，只有在出现法定情形时才可以在父姓和母姓之外选取姓氏。一是选取其他直系长辈血亲的姓氏。父母之外的直系长辈血亲包括祖父母、外祖父母、曾祖父母、外曾祖父母等直系长辈。二是因由法定扶养人以外的人扶养而选取扶养人的姓氏。法定扶养义务主要是指子女对父母的赡养义务和父母对子女的扶养义务。在法定扶养义务之外，其他近亲属也可能负担相应的扶养义务。自然人选取法定扶养人以外的扶养人的姓氏作为自己的姓氏，客观上有利于鼓励法定扶养人之外的近亲属对该自然人履行扶养义务。三是有不违背公序良俗的其他正当理由。该项规定属于自然人在父姓和母姓之外选择姓氏作了兜底性规定，具体如何认定，应当根据个案情况进行综合认定，但从为了防止法律关于姓氏选取原则上随父姓或随母姓规则的目的落空，应当对该事由从严认定。

根据本条第2款规定，少数民族自然人在选取姓氏时，可以不受原则上随父姓或者随母姓的限制，按照本民族的文化传统和风俗习惯选取姓氏。

第1016条【姓名、名称的登记和变更的法定程序以及法律效力】

自然人决定、变更姓名，或者法人、非法人组织决定、变更、转让名称的，应当依法向有关机关办理登记手续，但是法律另有规定的除外。

民事主体变更姓名、名称的，变更前实施的民事法律行为对其具有法律约束力。

★ **第1017条【笔名、艺名等的保护】**

具有一定社会知名度，被他人使用足以造成公众混淆的笔名、艺名、网名、译名、字号、姓名和名称的简称等，参照适用姓名权和名称权保护的有关规定。

【条文解读】

本条是关于保护笔名、艺名、网名、字号等的规定。本条是《民法典》新增加的规定。

姓名仅指自然人在公安户籍登记机关登记的名字，名称仅指法人、非法人组织在工商行政管理部门登记的企业名称。但是，随着经济社会的发展，具有一定知名度的笔名、艺名、网名、译名、字号、姓名和名称的简称等，可能比本名更为人们所熟知，与其人格利益具有密切联系，理应受人格权法的保护。

根据本条规定，笔名、艺名、网名、译名、字号、姓名和名称的简称等受法律保护，应当具备以下条件：

一是与民事主体的身份具有稳定的对应关系。这是笔名、艺名等受人格权法保护的前提条件，只有笔名、艺名、网名、译名、字号、姓名和名称的简称等与自然人、法人或非法人组织之间建立稳定的对应关系，其才具备参照适用姓名权和名称权保护的必要性，否则其因与特定个人的身份、人格尊严不具有内在联系，与人格利益无关，自然不能参照姓名权和名称权进行人格权保护。

二是具有一定的社会知名度，为相关公众所知悉。若笔名、艺名、网名、译名、字号、姓名和名称的简称等不具有社会知名度，其与自然人或者法人、非法人组织之间的对应关系不为人知，法律自无保护的必要。判断是否具有一定知名度，通常从知名度的广度（即公众知悉的比例）和深度（即公众知悉的程度）两个方面进行综合考量。

三是被他人使用足以使社会公众产生混淆。之所以要对具有一定社会知名度的笔名、艺名、网名、译名、字号、姓名和名称的简称等进行规范，是因为消费者会基于知名度及影响力，误认为使用笔名、艺名等的商品或服务与公众人物或知名企业存在关联。若个人的笔名、艺名、网名、译名等的使用不会使社会公众产生混淆，就表明该个人的笔名、艺名、网名、译名等不足以标识该个人的身份，不需受到法律保护。该规定中的"社会公众"应当理解为是相关领域的社会公众，而不能泛指一般的社会公众。

第四章　肖像权

第1018条【肖像权及肖像】

自然人享有肖像权，有权依法制作、使用、公开或者许可他人使用自己的肖像。

肖像是通过影像、雕塑、绘画等方式在一定载体上所反映的特定自然人可以被识别的外部形象。

第1019条【肖像权的保护】

任何组织或者个人不得以丑化、污损,或者利用信息技术手段伪造等方式侵害他人的肖像权。未经肖像权人同意,不得制作、使用、公开肖像权人的肖像,但是法律另有规定的除外。

未经肖像权人同意,肖像作品权利人不得以发表、复制、发行、出租、展览等方式使用或者公开肖像权人的肖像。

★ 第1020条【肖像权的合理使用】

合理实施下列行为的,可以不经肖像权人同意:

(一)为个人学习、艺术欣赏、课堂教学或者科学研究,在必要范围内使用肖像权人已经公开的肖像;

(二)为实施新闻报道,不可避免地制作、使用、公开肖像权人的肖像;

(三)为依法履行职责,国家机关在必要范围内制作、使用、公开肖像权人的肖像;

(四)为展示特定公共环境,不可避免地制作、使用、公开肖像权人的肖像;

(五)为维护公共利益或者肖像权人合法权益,制作、使用、公开肖像权人的肖像的其他行为。

【条文解读】

本条是关于肖像权合理使用的规定。本条是《民法典》新增加的规定。

肖像权合理使用是指行为人虽然未经权利人同意,但基于公共利益等目的的需要,可以无偿对他人肖像加以利用的行为。[1]根据本条规定,肖像权合理使用主要包括以下几种情形:

一是为个人学习、艺术欣赏、课堂教学或者科学研究而在必要范围内使

---

[1] 张红:《肖像权保护中的利益平衡》,载《中国法学》2014年第1期。

用肖像权人已经公开的肖像。此种情形下，构成合理使用肖像，应当同时满足三个条件：首先，使用的目的限于个人学习、艺术欣赏、课堂教学或者科学研究。通常来说，个人学习、艺术欣赏、课堂教学或者科学研究均属于自用，且不以营利为目的。若使用过程中含有商业目的，则就不能适用合理使用规则。其次，在特定范围内使用肖像，即在个人学习、艺术欣赏、课堂教学或者科学研究过程中使用肖像，应当限定在必要的范围内。最后，使用的肖像必须是肖像权人已经公开的肖像，未公开的肖像不得使用。

二是为实施新闻报道，不可避免地制作、使用、公开肖像权人的肖像。新闻报道关系到社会公共利益和人民的福祉，新闻报道自由也关系着公众知情权的事项。新闻报道过程中经常需要使用与报道相关的当事人的肖像，许多事件本身是通过现场拍摄来报道的，如果不能利用肖像，则可能导致新闻报道将无法进行。此种情形要求新闻报道制作、使用、公开肖像权人的肖像必须是"不可避免"的，才能构成合理使用。不可避免，是指不使用他人肖像就无法实现新闻报道的目的。

三是为依法履行职责，国家机关在必要范围内制作、使用、公开肖像权人的肖像。国家机关合理使用肖像权人的肖像，应当同时满足两个要求：一方面，必须是依法履行职责的行为，即国家机关制作、使用、公开肖像权人的肖像是为了执行职务的需要；另一方面，必须是在必要范围内制作、使用、公开他人肖像，也即国家机关应当在能够实现依法履行职责目的的情况下，在最小范围和最低限度上制作、使用、公开他人肖像。

四是为展示特定公共环境，不可避免地制作、使用、公开肖像权人的肖像。基于人群共处相互容忍的必要，及社会之利益，肖像权的保护应受限制。若行为人为拍摄风景、建筑、街道，而不可避免地涉及他人肖像的，此种情形下构成对肖像的合理使用。

五是为维护公共利益或者肖像权人合法权益，制作、使用、公开肖像权人的肖像的其他行为。本款属于兜底条款。肖像权在行使中，因各种原因不可避免地会与公共利益等发生冲突，合理使用的情形也无法一一列举。本条款概括性规定了两大类肖像合理使用的情形，一种是为维护公共利益而制作、使用、公开肖像权人的肖像的行为；另一种是为维护肖像权人合法权益而制作、使用、公开肖像权人肖像的行为，典型的如张贴载有失联人肖像寻人启事。

★ **第1021条【肖像许可使用合同的解释】**
当事人对肖像许可使用合同中关于肖像使用条款的理解有争议的，应当作出有利于肖像权人的解释。

【条文解读】

本条是关于肖像许可使用合同解释规则的规定。本条是《民法典》新增加的规定。

本条从更好地保护肖像权人的利益角度出发，确立了当事人对肖像许可使用合同中关于肖像使用条款的理解有争议时，应当作出有利于肖像权人的解释的规则。根据《民法典》第466条第1款的规定，当事人对合同条款的理解有争议的，应当按照所使用的词句，结合相关条款、行为的性质和目的、习惯以及诚信原则，确定争议条款的含义。本条规定的"关于肖像使用条款的理解有争议"，应当限定于因合同条款的内容模糊不清等原因导致双方理解不一，发生争议的情况，而不能扩大到与"肖像使用条款"无关的管辖、违约、价款支付等条款。

★ **第1022条【肖像许可使用合同期限】**
当事人对肖像许可使用期限没有约定或者约定不明确的，任何一方当事人可以随时解除肖像许可使用合同，但是应当在合理期限之前通知对方。

当事人对肖像许可使用期限有明确约定，肖像权人有正当理由的，可以解除肖像许可使用合同，但是应当在合理期限之前通知对方。因解除合同造成对方损失的，除不可归责于肖像权人的事由外，应当赔偿损失。

【条文解读】

本条是关于肖像许可使用合同期限的规定。本条是《民法典》新增加的规定。

肖像许可使用合同是肖像权人许可他人在特定的期限、特定的范围以特定的方式使用自己的肖像而签订的合同。肖像许可使用合同作为一种合同，可以是有偿的，也可以是无偿的，而且其作为一种有名合同，总则编和合同编规定的有关合同的基本原则和基本规则对其仍然适用。如合同自愿原则、公序良俗原则、诚信原则、民事法律行为无效的规定等均可适用于肖像许可使用合同。

本条针对肖像许可使用合同的解除作了特别规定，分别确定了任意解除权和基于正当理由的法定解除权。

根据本条第1款的规定，当事人对肖像许可使用期限没有约定或者约定不明的，任何一方当事人可以随时解除肖像许可使用合同，但是应当在合理期限之前通知对方。本条规定属于《民法典》第563条第2款规定的"以持续履行的债务为内容的不定期合同，当事人可以随时解除合同，但是应当在合理期限之前通知对方"规则在人格权许可使用合同适用中的确认。根据该款的规定，当事人行使任意解除权应当符合以下条件：一是当事人未在合同中约定肖像许可使用期限，或者约定的期限不明确。肖像许可使用合同中是否有关于肖像许可使用期限的约定，或者约定是否明确，一般来说，根据合同约定内容都可以直接作出判断，在当事人没有在合同中明确约定肖像许可使用的期限，但是当事人约定以完成某项特定事项为期限的，完成该特定事项的时间也应当属于当事人约定的肖像许可使用期限。二是一方当事人行使了任意解除权。任意解除权是一种形成权，须有当事人的意思表示，才能发生解除合同的法律效果，本条款并未限定任意解除权的主体为肖像权人，这意味着肖像许可使用合同任何一方均可行使任意解除权。三是应当在合理期限之前通知对方。本条未对何为"合理期限"作出明确规定，应当根据个案具体情况进行判断，一般而言，当事人的通知期限应当使对方当事人有充足的时间作出合同解除后的安排，以尽可能减少因合同解除而遭受的损失。

根据本条第2款的规定，肖像许可使用合同约定了肖像许可使用期限的情况下，肖像权人基于正当理由可单方解除合同。适用本款规定解除肖像许可使用合同，应当符合以下条件：一是当事人对肖像许可使用期限有明确约定。这是区别于本条第1款的前提条件，若当事人对肖像权许可使用期限未作约定或约定不明确，则当事人可通过行使任意解除权达到解除合同的目的。二是肖像权人有正当理由。本条款限定了有解除权的一方为肖像权人，意味着合同另一方无权援引本条行使法定解除权。本条规定的法定解除事由，即肖像权人的"正当理由"，应当为《民法典》第563条规定的法定解除权事由之外的理由，否则当事人可以根据第563条的规定解除合同，没有适用本条款的必要。判断何为"正当理由"，可以结合肖像权人解除合同目的和使用人使用具体情况进行综合判断，如被许可人对肖像的使用达到不合理程度或可能给肖像权人造成严重损失时，可以结合具体情况认定肖像权人有正当理由。三是在合理期限之前通知对方。

本条第1款和第2款对合同解除后的法律后果作了不同安排，第1款未对当事人行使任意解除权解除许可使用合同后的法律后果作出规定，这意味着，当事人行使任意解除权，如果当事人在合理期限之前尽到通知义务，即使对方当事人因此而遭受损失，行使解除权一方原则上不承担赔偿责任。第2款规定了肖像权人行使法定解除权，造成对方损失的，除不可归责于肖像权人的事由外，应当赔偿损失。

★ **第1023条【姓名许可和声音保护的参照适用】**
对姓名等的许可使用，参照适用肖像许可使用的有关规定。
对自然人声音的保护，参照适用肖像权保护的有关规定。

【条文解读】

本条是关于姓名的许可使用和对声音的保护参照适用肖像权保护有关规

定的规定。本条是《民法典》新增加的条款。

根据本条第1款的规定，肖像权许可使用规则可以准用于姓名等人格利益的许可使用，意味着关于肖像权许可使用的规则不仅适用于肖像，实际上还为人格权的许可使用确定了一般性的规则。虽然本条第1款仅列举了姓名，但是从后面的"等"字来看，还可包括隐私、个人信息、声音、死者姓名及肖像等人格利益。可参照适用的规定只限于对姓名等的许可使用方面。

本条第2款规定了自然人的声音可以参照肖像权保护，实际是将声音作为一项人格权益进行保护。声音是通过物体振动产生的声波，人的声音是由人的声带振动发出，自然人的声音具有独特性、唯一性、稳定性的特征，几乎每个人的声音都是不一样的，因此，声音与肖像一样都可以成为标识自然人的人格标志，可以对外展示个人行为和身份，具有一定的人格属性。本条第2款并未像第1款一样将参照适用范围限定于"许可使用"的范围，这意味着，对自然人声音的保护可以参照本章关于肖像权保护的所有规定。

第五章　名誉权和荣誉权

第1024条【名誉权及名誉】

民事主体享有名誉权。任何组织或者个人不得以侮辱、诽谤等方式侵害他人的名誉权。

名誉是对民事主体的品德、声望、才能、信用等的社会评价。

★ 第1025条【名誉权的限制】

行为人为公共利益实施新闻报道、舆论监督等行为，影响他人名誉的，不承担民事责任，但是有下列情形之一的除外：

（一）捏造、歪曲事实；

（二）对他人提供的严重失实内容未尽到合理核实义务；

（三）使用侮辱性言辞等贬损他人名誉。

【条文解读】

本条是关于如何处理好实施新闻报道、舆论监督等行为与保护名誉权关系问题的规定。

根据本条规定，为公共利益而实施的新闻报道、舆论监督等行为，即使影响他人名誉，也应被免责。《宪法》第35条规定："中华人民共和国公民有言论、出版、集会、结社、游行、示威的自由。"而保护正当的新闻报道和舆论监督正是我国《宪法》规定的公民的言论、出版自由在新闻活动中的体现。新闻报道是指对新近发生的事实进行报道的行为。正当的舆论监督是指新闻工作者以及其他人依法通过新闻媒介发表评论，对社会的政治生活、经济生活、文化生活等方面进行批评，实行监督。[1]本条是以概括列举的方式规定"等行为"，意味着只要符合为公共利益的需要而进行的其他正当性的言论自由行为，影响他人名誉的，亦可免责。

从本条但书条款规定的内容来看，本条规定了新闻报道、舆论监督等侵害名誉权的三种情形，前两种情形均涉及内容失实，属于客观方面的内容，第三种情形中的侮辱言辞是意见的表达，涉及主观的判断。

一是捏造、歪曲事实。新闻报道和舆论监督应当以反映社会现实为主要内容，真实是新闻的生命、媒体公信力的基础，也是新闻工作者的基本准则。捏造、歪曲事实是诽谤的基本形式之一，属于《民法典》第1024条规定的侵害名誉权的基本行为，具有明显的不正当性。鉴于新闻的时效性、公众知情权要求的急迫性和新闻从业者有限的能力，新闻报道的事实可能会与真实情况有一定偏差，这种轻微的失实和偏差不一定会产生较为严重的后果，故而在基本事实是真实的情况下，不应当构成侵害名誉权。

二是对他人提供的严重失实内容未尽到合理核实义务。在新闻报道、舆

---

[1] 王利明：《人格权法研究》（第三版），中国人民大学出版社2018年版，第509页。

论监督等行为中,不可避免地需要利用他人提供的事实信息进行报道,但是新闻报道、舆论监督主体仍然负有合理的核实义务。构成本条款的侵害名誉权应当同时符合他人提供的内容严重失实和行为人未尽到合理核实义务两个要件。判断他人提供的内容是否严重失实,通常以报道的基本事实是否严重与客观事实不符作为标准。判断行为人是否尽到合理核实义务,可以依照《民法典》第1026条规定的六种因素进行考量。

三是使用侮辱性言辞等贬损他人名誉。根据《民法典》第1024条的规定,侮辱是侵害名誉权的基本形式之一,就此而言,使用辱骂、贬损、恶毒的侮辱性言辞导致他人名誉受到贬损的,就已经构成侵害名誉权,并不需要满足该言辞本身为编造或不真实的要件。侮辱言辞,从性质上说属意见表达,属于言论范畴。是否属于侮辱性言辞,可以从行为人的主观动机是否善意,语句的通常含义以及表达行为进行整体性判断。

第1026条【合理核实义务的认定因素】

认定行为人是否尽到前条第二项规定的合理核实义务,应当考虑下列因素:

(一)内容来源的可信度;

(二)对明显可能引发争议的内容是否进行了必要的调查;

(三)内容的时限性;

(四)内容与公序良俗的关联性;

(五)受害人名誉受贬损的可能性;

(六)核实能力和核实成本。

第1027条【文学、艺术作品侵害名誉权的认定与例外】

行为人发表的文学、艺术作品以真人真事或者特定人为描述对象,含有侮辱、诽谤内容,侵害他人名誉权的,受害人有权依法请求该行为人承担民事责任。

行为人发表的文学、艺术作品不以特定人为描述对象,仅其中的情节与该特定人的情况相似的,不承担民事责任。

第1028条【名誉权人更正权】

民事主体有证据证明报刊、网络等媒体报道的内容失实，侵害其名誉权的，有权请求该媒体及时采取更正或者删除等必要措施。

★ #### 第1029条【信用评价】

民事主体可以依法查询自己的信用评价；发现信用评价不当的，有权提出异议并请求采取更正、删除等必要措施。信用评价人应当及时核查，经核查属实的，应当及时采取必要措施。

【条文解读】

本条是关于民事主体信用评价的规定。本条吸纳了《征信业管理条例》第17条和第25条规定。

《民法典》第1024条第2款规定："名誉是对民事主体的品德、声望、才能、信用等的社会评价。"由该条规定可知，对信用的社会评价是名誉的重要组成部分。《民法典》人格权编将信用权置于名誉权之中，将信用利益作为名誉权予以保护，并未承认独立于名誉权之外的信用权。

信用是指对一个民事主体履行义务能力，特别是经济能力的一种社会评价。市场经济既是法治经济，也是信用经济。只有在诚信的基础上，市场主体才能坦诚地进行交易，交易安全才有保障，交易双方才不会因核实成本过高而阻碍商品快速流通。建立良好的信用环境和信用制度，对促进我国社会主义市场经济健康有序发展具有极为重要的意义。

本条首先确认了民事主体享有对自己信用评价的查询权。查询权是指民事主体有查看其个人信用信息被收集后的状态以及被处理的情况的权利。此处的民事主体既包括自然人，又包括法人和非法人组织。本条规定的民事主体可以"依法查询"，表明相关民事主体应当依据法律规定的程序进行查询。实践中，不同的信用评价体系受到不同的法律法规约束。如中国人民银行的征信系统的相关查询应该受到《征信业管理条例》规定的查询规则约束。

《征信业管理条例》第18条规定："向征信机构查询个人信息的，应当取得信息主体本人的书面同意并约定用途。但是，法律法规可以不经同意查询的除外。"

本条规定民事主体查询自身信用信息后，发现信用评价不当的，有权提出异议并请求采取更正、删除等必要措施。信用评价包括信用评估、信用评级、资信评估、资信评级等。信用评价本身只是一种意见的表达，与事实存在正确与否不同，信用评价主要是存在当与不当之分。本条并未对"信用评价不当"的具体方式作出规定，需要结合相关法律法规和案件事实作出认定。总体来说，信用评价不当主要包括两种情况：一是信用评价的基础信息有误，导致信用评价不当。包括错误记载信息，如当事人没有欠费记录，但信用记录记载错误而导致评价不当，还包括收集的信息没有及时更新，导致评价不准确，如当事人欠费记录已经消除，但信用记录未更新导致信用评价不当。二是信用评价基础信息是真实的，但是评价机构的算法模型有错误，导致评价不客观、不准确。常见的评价不当的情形为算法歧视。算法往往是建立于大量来自社会现实的数据材料分析基础之上的，这就导致算法并非一种完全价值中立的活动，算法中隐含了价值判断，此时算法中的价值判断如果显著失去公平就造成了算法歧视。民事主体在发现信用评价不当时，有权提出异议并请求采取更正、删除等必要措施予以救济。

本条不仅从信用信息主体角度规定了其享有查询权和享有信用评价不当救济权，还规定了信用评价人负有及时核查和及时采取必要措施的义务。参照《征信业管理条例》第5条规定，信用评价人为依法设立，主要经营信用评价业务的机构。目前我国最重要的信用评价机构为中国人民银行征信中心，该中心的征信系统收集的信息以银行信贷信息为核心，另包括企业和个人基本信息以及反映企业和个人信用状况的非金融负债信息、法院信息和政府部门公共信息等。对于不正确、不完整的信用信息，当事人有权要求相应的信用评价人予以删除和更正。信用评价人在收到权利人异议或者删除和更正通知后，应当及时进行核查，并根据核查结果及时采取措施，未及时采取措施造成权利人财产损害和精神损害的，应当承担相应的侵权责任。

第1030条【处理信用信息的法律适用】

民事主体与征信机构等信用信息处理者之间的关系，适用本编有关个人信息保护的规定和其他法律、行政法规的有关规定。

第1031条【荣誉权】

民事主体享有荣誉权。任何组织或者个人不得非法剥夺他人的荣誉称号，不得诋毁、贬损他人的荣誉。

获得的荣誉称号应当记载而没有记载的，民事主体可以请求记载；获得的荣誉称号记载错误的，民事主体可以请求更正。

第六章　隐私权和个人信息保护

★ 第1032条【隐私权及隐私】

自然人享有隐私权。任何组织或者个人不得以刺探、侵扰、泄露、公开等方式侵害他人的隐私权。

隐私是自然人的私人生活安宁和不愿为他人知晓的私密空间、私密活动、私密信息。

【条文解读】

本条是关于自然人隐私权的内容以及隐私定义的规定。本条是《民法典》新增加的规定。

本条从两个层面对隐私权作了规定，第1款明确了享有隐私权的主体为自然人，不包括法人和非法人组织。自然人享有的隐私权主要包括以下几方面：一是隐私享有权。即自然人有权对自己的私密信息、私密活动和私密空间进行隐匿，有权享有生活安宁状态，有权保护自己的隐私不受他人的非法披露和公开，禁止任何个人和组织非法披露、公开自己的隐私。不过，这种隐私享有权会受到公共利益的限制，如公安机关为侦查犯罪的需要，可以根据法律授权对犯罪嫌疑人的活动进行跟踪或者监听。二是隐私维护权。所谓隐私维护权，主要是指权利人对自己的隐私所享有的维护其不受侵犯的权利。隐私维护权通常只有在隐私权受到外来侵害时才发挥作用，属于防御性的消极权能。在隐私权受到侵害后，权利人可以基于隐私维护权而直接向侵权人请求停止侵害、排除妨碍等，并要求其不得非法收集、散布个人隐私，或者请求司法机关予以保护。三是隐私利用权和隐私公开权。隐私利用权，是指隐私权人有权利用自己的隐私或者允许他人利用自己的隐私，以满足自己精神上和物质上的需要。前者如自己撰写传记、发表回忆录，或者利用自身的形象、形体进行绘画或摄影等；后者如向他人披露自己的经历，允许他人将其整理出版，或者允许征信机构、银行、保险公司等机构收集其个人的信息等，在该过程中获取相应的财产或者精神利益。隐私公开权，从性质上来说属于隐私利用的一种方式，是指隐私权人在法律和道德允许的范围内有权公开自己的隐私，此种公开既可以是向特定人公开，也可以是向社会公开，公开的方式可以是由自己亲自公开，也可以是允许他人公开。隐私权属于绝对权，其义务主体为除权利人以外的一切人，任何人都不得侵害权利人的隐私权。本条第1款通过列举方式，明确规定禁止通过刺探、侵扰、泄露、公开等方式侵害隐私权。

本条第2款对隐私权的定义作了界定。根据该款规定，隐私包括四部分内容：

一是私人生活安宁。私人生活安宁是指自然人享有的、排除他人对自己生活安定和安静的不当打扰和妨碍的权利，包括日常生活安宁、住宅安宁、通讯安宁等。

二是私密空间。私密空间是指私人支配的空间场所。空间隐私权是指当事人就特定私密空间不受他人窥探、侵入、干扰的隐私权。隐私权所涉及的私密空间不限于物理意义上的空间，只要是个人所生活的隐秘范围，如个人居所、旅客行李、个人包裹、口袋、日记、通讯等均为私密空间。

三是私密活动。私密活动是指自然人进行的与公共利益无关的个人活动，如日常生活、家庭活动、婚姻活动、个人在社会中的私人活动等活动。根据《民法典》第1033条的规定，除法律另有规定或者权利人明确同意外，任何组织或者个人不得拍摄、窥视、窃听、公开他人的私密活动。

四是私密信息。私人生活秘密的范围非常广泛，任何私人不愿意公开的信息都可以构成私密信息。根据私密信息是否涉及他人，可以将其分为个人私密信息和共同私密信息。行为人未经许可擅自泄露、公开他人的私人信息的，将构成对他人隐私权的侵害。私密信息主要包括个人的生理信息、身体隐私、健康隐私、财产隐私、家庭隐私、基因隐私、个人经历隐私和其他有关个人生活的私人信息等。

第1033条【侵害隐私权的行为】

除法律另有规定或者权利人明确同意外，任何组织或者个人不得实施下列行为：

（一）以电话、短信、即时通讯工具、电子邮件、传单等方式侵扰他人的私人生活安宁；

（二）进入、拍摄、窥视他人的住宅、宾馆房间等私密空间；

（三）拍摄、窥视、窃听、公开他人的私密活动；

（四）拍摄、窥视他人身体的私密部位；

（五）处理他人的私密信息；

（六）以其他方式侵害他人的隐私权。

★ 第1034条【个人信息的保护】

自然人的个人信息受法律保护。

个人信息是以电子或者其他方式记录的能够单独或者与其他信息结合识别**特定**自然人的各种信息，包括自然人的姓名、出生日期、身份证件号码、生物识别信息、住址、电话号码、**电子邮箱、健康信息、行踪信息**等。

个人信息中的私密信息，适用有关隐私权的规定；没有规定的，适用有关个人信息保护的规定。

【条文解读】

本条是关于个人信息保护的规定。本条吸纳了《网络安全法》第76条第5项规定，并作了完善。

本条第1款延续了《民法典》第111条宣示的个人信息受法律保护这一基本理念，均将保护主体限定为自然人。

本条第2款采用抽象定义和具体列举的方式对个人信息的概念予以明确。根据该款规定，个人信息具有以下两项重要特征：一是个人信息是指自然人的个人信息。个人信息中的"个人"本身指的就是自然人，与第1款规定的"自然人的个人信息"中的"个人"相一致，显然不包括法人、非法人组织。该个人信息，应当仅仅是指活着即生存着的自然人的个人信息，而不包括已死亡的人。已死亡的人，不再属于民事主体，其各种信息已成为历史资料，无须通过个人信息制度加以保护。如果侵害死者的信息的行为构成对死者的姓名、肖像、名誉、荣誉、隐私等的侵害，死者的配偶、子女、父母或其近亲属可以依照《民法典》第994条的规定请求行为人承担民事责任。

二是个人信息是可以识别特定自然人的信息。个人信息的核心特征就在于"可识别性"，即能够单独或者与其他信息相结合识别特定的自然人。若信息根本无法识别特定的自然人，则对于这些信息的收集、存储、使用、共享等并不会对特定自然人的权益造成侵害或产生侵害的危险，自然也就没有通过个人信息制度加以保护的必要。《个人信息保护法》第4条规定，"个人信息是以电子或者其他方式记录的与已识别或者可识别的自然人有关的各种信息，不包括匿名化处理后的信息"。"可识别性"包括单独识别和间接识别。单独识别，也称直接识别，即仅凭单一信息就完全可以识别出特定的自然人，如身份证号码。间接识别，是指与其他信息结合后可以识别特定自然人，即仅凭该信息本身尚无法识别特定的自然人，但是将该信息与其他信息相结合就可以识别出特定的自然人,如网络信息浏览者结合其注册信息就可以识别出特定的自然人。

依据个人信息是否属于隐私权所保护的范畴,可以将其分为私密的个人信息和非私密的信息。私密的个人信息即私密信息,其与非私密信息的根本区别在于前者是自然人不愿意为他人知晓的信息。本条第3款规定:"个人信息中的私密信息,适用有关隐私权的规定。""有关隐私权的规定"是一个范围很广的概念,不仅包括《民法典》第1032条和第1033条这两个直接针对隐私权的法律条文,还包括《民法典》其他可以适用于隐私权的规定,如第991条、第992条、第995条、第996条、第997条、第998条、第1000条等,也包括其他法律中有关隐私权的规定,如《妇女权益保障法》第28条、《涉外民事关系法律适用法》第46条和有关行政法规的规定如《人类遗传资源管理条例》的相关规定。因隐私权的相关条款并未对隐私的收集、利用、查询、更正等各个环节进行具体规范,而且隐私权的保护主要侧重事后的救济,与本法第1037条规定的"有权提出异议并请求及时采取更正等必要措施"和"有权请求信息处理者及时删除"保护内容并不完全重合,故而在隐私权保护规则没有具体规定,或者隐私权的规定无法实现对受害人有效救济的情况下,该受害人可以依个人信息保护的规则实现对自己个人信息的有效保护。有关个人信息保护的规定,范围也非常广泛,既包括《民法典》第1034条至第1039条规定,也包括《个人信息保护法》《全国人民代表大会常务委员会关于加强网络信息保护的决定》《网络安全法》《电子商务法》《消费者权益保护法》《刑法》等法律以及相关行政法规、部门规章和司法解释中关于个人信息保护的规定。

【关联司法解释】

《最高人民法院关于审理使用人脸识别技术处理个人信息相关民事案件适用法律若干问题的规定》

第1条 因信息处理者违反法律、行政法规的规定或者双方的约定使用人脸识别技术处理人脸信息、处理基于人脸识别技术生成的人脸信息所引起的民事案件，适用本规定。

人脸信息的处理包括人脸信息的收集、存储、使用、加工、传输、提供、公开等。

本规定所称人脸信息属于民法典第一千零三十四条规定的"生物识别信息"。

【其他关联规定】

《中华人民共和国个人信息保护法》

第4条　个人信息是以电子或者其他方式记录的与已识别或者可识别的自然人有关的各种信息，不包括匿名化处理后的信息。

个人信息的处理包括个人信息的收集、存储、使用、加工、传输、提供、公开、删除等。

《最高人民法院关于为促进消费提供司法服务和保障的意见》

9.加强消费者个人信息保护。经营者处理敏感个人信息、跨境转移个人信息等行为应当取得消费者单独同意，经营者以其获得消费者概括同意为由进行免责抗辩的，人民法院对其抗辩不予支持。经营者过度收集消费者个人信息、在消费者撤回同意后未停止处理或者未及时删除消费者个人信息、未取得未成年消费者父母或者其他监护人的同意处理不满十四周岁未成年消费者个人信息，消费者请求经营者承担停止侵害等民事责任的，人民法院应当依法支持。经营者以消费者不同意处理个人信息为由拒绝提供商品或者服务，致使消费者被迫同意经营者处理个人信息，消费者请求经营者承担停止侵害等民事责任的，人民法院应当依法支持。经营者处理个人信息侵害个人信息权益造成损害，不能证明自己没有过错的，应当承担损害赔偿等侵权责任。

★ **第1035条【个人信息处理的原则和条件】**

处理个人信息的，应当遵循合法、正当、必要原则，不得过度处理，并符合下列条件：

（一）征得该自然人或者其监护人同意，但是法律、行政法规另有规定的除外；

（二）公开处理信息的规则；

（三）明示处理信息的目的、方式和范围；

（四）不违反法律、行政法规的规定和双方的约定。

个人信息的处理包括个人信息的收集、存储、使用、加工、传输、提供、公开等。

【条文解读】

本条是关于个人信息处理的原则和条件的规定。本条吸纳了《网络安全法》第41条规定，并作了完善。

根据本条第1款的规定，处理个人信息应当遵循合法、正当、必要三项原则，该三项原则在《全国人民代表大会常务委员会关于加强网络信息保护的决定》第2条、《网络安全法》第41条第1款以及《个人信息保护法》第5条中也有规定。合法原则，是指在对个人信息进行收集、存储、使用、加工、传输、提供、公开等活动时，行为人应当严格按照法律法规的规定，不得违法处理个人信息。合法性原则要求处理个人信息必须得到自然人或其监护人的同意或者符合当事人之间的约定，除非法律、行政法规另有规定，而且要求处理个人信息的方法符合法律法规规定，并且不违反双方的约定。正当性原则是指处理个人信息除要遵循合法性原则外，信息处理的目的和手段还要正当，应当尊重公序良俗和遵守诚实信用原则，并要尽量满足透明的要求，以便当事人能够充分了解情况，自主行使权利。必要性原则要求无论是收集还是处理个人信息，都必须在以满足个人信息处理目的之必要限度范围内，"不得过度处理"个人信息。

本条第1款第1至4项对个人信息的处理提出了具体要求。第1款第1项将自然人的知情同意作为合法收集和处理个人信息的前提，充分体现了当事人自己的意思在信息收集和使用中的重要地位,保障当事人对自己信息的自主决定权。该条款确定的知情同意规则,具体而言包括两项规则:一是告知规则,二是同意规则,二者缺一不可,即须有充分、清晰的告知和应当取得自然人或者其监护人的明确同意。本条第1款第2项和第3项规定了自然人有效同意的前提条件是,应当公开处理信息的规则和明示处理信息的目的、方式和范围。第4项一方面明确规定了当事人的约定对于个人信息处理的限制作用,即处理个人信息必须不违反当事人的约定;另一方面也为将来法律和行政法规规定其他禁止行为提供了空间,属于兜底性质的规定。

根据本条第2款的规定,个人信息的处理包括个人信息的收集、存储、使用、加工、传输、提供、公开等,列举了与个人信息相关的最典型的七种行为类型,但实践中的处理行为不限于此,还可能包括其他类型的处理行为,如个人信息的删除、销毁等。

【关联司法解释】

《最高人民法院关于审理使用人脸识别技术处理个人信息相关民事案件适用法律若干问题的规定》

第2条 信息处理者处理人脸信息有下列情形之一的,人民法院应当认定属于侵害自然人人格利益的行为:

(一)在宾馆、商场、银行、车站、机场、体育场馆、娱乐场所等经营场所、公共场所违反法律、行政法规的规定使用人脸识别技术进行人脸验证、辨识或者分析;

(二)未公开处理人脸信息的规则或者未明示处理的目的、方式、范围;

(三)基于个人同意处理人脸信息的,未征得自然人或者其监护人的单独同意,或者未按照法律、行政法规的规定征得自然人或者其监护人的书面同意;

(四)违反信息处理者明示或者双方约定的处理人脸信息的目的、方式、范围等;

（五）未采取应有的技术措施或者其他必要措施确保其收集、存储的人脸信息安全，致使人脸信息泄露、篡改、丢失；

（六）违反法律、行政法规的规定或者双方的约定，向他人提供人脸信息；

（七）违背公序良俗处理个人信息；

（八）违反合法、正当、必要原则处理人脸信息的其他情形。

第4条 有下列情形之一，信息处理者以已征得自然人或者其监护人同意为由抗辩的，人民法院不予支持：

（一）信息处理者要求自然人同意处理其人脸信息才提供产品或者服务的，但是处理人脸信息属于提供产品或者服务所必需的除外；

（二）信息处理者已与其他授权捆绑等方式要求自然人同意处理其人脸信息的；

（三）强迫或者变相强迫自然人同意处理其人脸信息的其他情形。

第6条 当事人请求信息处理者承担民事责任的，人民法院应当依据民事诉讼法第六十四条[①]及《最高人民法院关于适用〈中华人民共和国民事诉讼法〉的解释》第九十条、第九十一条，《最高人民法院关于民事诉讼证据的若干规定》的相关规定确定双方当事人的举证责任。

信息处理者主张其行为符合民法典第一千零三十五条第一款规定情形的，应当就此所依据的事实承担举证责任。

信息处理者主张其不承担民事责任的，应当就其行为符合本规定第五条规定的情形承担举证责任。

【其他关联规定】

《中华人民共和国个人信息保护法》

第5条 处理个人信息应当遵循合法、正当、必要和诚信原则，不得通过误导、欺诈、胁迫等方式处理个人信息。

[①] 现为第67条。

第6条 处理个人信息应当具有明确、合理的目的,并应当与处理目的直接相关,采取对个人权益影响最小的方式。

收集个人信息,应当限于实现处理目的的最小范围,不得过度收集个人信息。

第7条 处理个人信息应当遵循公开、透明原则,公开个人信息处理规则,明示处理的目的、方式和范围。

第8条 处理个人信息应当保证个人信息的质量,避免因个人信息不准确、不完整对个人权益造成不利影响。

第9条 个人信息处理者应当对其个人信息处理活动负责,并采取必要措施保障所处理的个人信息的安全。

第10条 任何组织、个人不得非法收集、使用、加工、传输他人个人信息,不得非法买卖、提供或者公开他人个人信息;不得从事危害国家安全、公共利益的个人信息处理活动。

★ **第1036条【处理个人信息的免责事由】**

处理个人信息,有下列情形之一的,行为人不承担民事责任:

(一)在该自然人或者其监护人同意的范围内合理实施的行为;

(二)合理处理该自然人自行公开的或者其他已经合法公开的信息,但是该自然人明确拒绝或者处理该信息侵害其重大利益的除外;

(三)为维护公共利益或者该自然人合法权益,合理实施的其他行为。

【条文解读】

本条是关于处理个人信息免责事由的规定。本条是《民法典》新增加的规定。

本条规定的民事责任,应当为广泛意义上的责任,既包括违约责任也包括侵权责任。在个人信息处理者与自然人之间就个人信息的处理存在合同关系,但个人信息处理者违反合同处理个人信息的,该自然人可以要求个人信息处理者承担违约责任。在个人信息处理者不法侵害自然人的个人信息权益，符合侵权构成要件的情况下，个人信息权益人可以主张侵权人承担侵权责任。对此，《个人信息保护法》第69条规定："处理个人信息侵害个人信息权益造成损害，个人信息处理者不能证明自己没有过错的，应当承担损害赔偿等侵权责任。前款规定的损害赔偿责任按照个人因此受到的损失或者个人信息处理者因此获得的利益确定；个人因此受到的损失和个人信息处理者因此获得的利益难以确定的，根据实际情况确定赔偿数额。"

本条规定在确定侵害个人信息权益应当承担民事责任的基础上，规定了侵害个人信息的免责事由，该免责事由既适用于违约责任，也适用于侵权责任。主要包括以下事由：

一是在该自然人或者其监护人同意的范围内合理实施的行为。处理人依法取得自然人或者其监护人的同意且在该同意的范围内对个人信息进行处理和利用，属于合法的个人信息处理行为，处理者无须承担民事责任，但是，若没有取得同意或者虽然取得同意但是超出了同意的范围的，仍然构成侵害个人信息的违法行为，应当承担民事责任。

二是合理处理该自然人自行公开的或者其他已经合法公开的信息，但是该自然人明确拒绝或者处理该信息侵害其重点利益的除外。自然人自愿公开的个人信息，通常应当视为权利人放弃了对该信息的保护，一般也无保护的必要，故而处理人合理处理该公开信息的，不应当承担民事责任。但是该自然人明确拒绝或者处理该信息侵害其重大利益的除外。通常来说，"重大利益"应当是指涉及自然人生命、身体、自由、财产的利益或其他重大利益。

三是为维护公共利益或者该自然人的合法权益，合理实施的其他行为。此处的公共利益主要包括国家公权力机关为了制定国家经济、社会政策的需要而处理有关公民的个人信息，或是为了国家安全、公共安全、公共卫生安全等处理相关个人信息，以及与刑事侦查、起诉、审判和判决执行相关事务等而需要处理的个人信息。维护该自然人的合法权益，是指为了维护个人信息被处理者的合法权益而在不经过其个人或者其监护人同意的情形下处理个人信息，如为救治垂危病人而在无法取得其个人或其近亲属同意的情况下，处理其个人信息的行为。

【关联司法解释】

《最高人民法院关于审理使用人脸识别技术处理个人信息相关民事案件适用法律若干问题的规定》

第5条　有下列情形之一，信息处理者主张其不承担民事责任的，人民法院依法予以支持。

（一）为应对突发公共卫生事件，或者紧急情况下为保护自然人的生命健康和财产安全所必需而处理人脸信息的；

（二）为维护公共安全，依据国家有关规定在公共场所使用人脸识别技术的；

（三）为公共利益实施新闻报道、舆论监督等行为在合理的范围内处理人脸信息的；

（四）在自然人或者其监护人同意的范围内合理处理人脸信息的；

（五）符合法律、行政法规规定的其他情形。

第6条　当事人请求信息处理者承担民事责任的，人民法院应当依据民事诉讼法第六十四条[1]及《最高人民法院关于适用〈中华人民共和国民事诉讼法〉的解释》第九十条、第九十一条，《最高人民法院关于民事诉讼证据的若干规定》的相关规定确定双方当事人的举证责任。

信息处理者主张其行为符合民法典第一千零三十五条第一款规定情形的，应当就此所依据的事实承担举证责任。

信息处理者主张其不承担民事责任的，应当就其行为符合本规定第五条规定的情形承担举证责任。

---

[1]　现为第67条。

【其他关联规定】

《中华人民共和国个人信息保护法》

第13条 符合下列情形之一的，个人信息处理者方可处理个人信息：

（一）取得个人的同意；

（二）为订立、履行个人作为一方当事人的合同所必需，或者按照依法制定的劳动规章制度和依法签订的集体合同实施人力资源管理所必需；

（三）为履行法定职责或者法定义务所必需；

（四）为应对突发公共卫生事件，或者紧急情况下为保护自然人的生命健康和财产安全所必需；

（五）为公共利益实施新闻报道、舆论监督等行为，在合理的范围内处理个人信息；

（六）依照本法规定在合理的范围内处理个人自行公开或者其他已经合法公开的个人信息；

（七）法律、行政法规规定的其他情形。

依照本法其他有关规定，处理个人信息应当取得个人同意，但是有前款第二项至第七项规定情形的，不需取得个人同意。

第26条 在公共场所安装图像采集、个人身份识别设备，应当为维护公共安全所必需，遵守国家有关规定，并设置显著的提示标识。所收集的个人图像、身份识别信息只能用于维护公共安全的目的，不得用于其他目的；取得个人单独同意的除外。

第27条 个人信息处理者可以在合理的范围内处理个人自行公开或者其他已经合法公开的个人信息；个人明确拒绝的除外。个人信息处理者处理已公开的个人信息，对个人权益有重大影响的，应当依照本法规定取得个人同意。

第69条 处理个人信息侵害个人信息权益造成损害，个人信息处理者不能证明自己没有过错的，应当承担损害赔偿等侵权责任。

前款规定的损害赔偿责任按照个人因此受到的损失或者个人信息处理者因此获得的利益确定；个人因此受到的损失和个人信息处理者因此获得的利

益难以确定的，根据实际情况确定赔偿数额。

第1037条【个人信息主体的权利】

自然人可以依法向信息处理者查阅或者复制其个人信息；发现信息有错误的，有权提出异议并请求及时采取更正等必要措施。

自然人发现信息处理者违反法律、行政法规的规定或者双方的约定处理其个人信息的，有权请求信息处理者及时删除。

【关联司法解释】

《最高人民法院关于审理使用人脸识别技术处理个人信息相关民事案件适用法律若干问题的规定》

第12条 信息处理者违反约定处理自然人的人脸信息，该自然人请求其承担违约责任的，人民法院依法予以支持。该自然人请求信息处理者承担违约责任时，请求删除人脸信息的，人民法院依法予以支持；信息处理者以双方未对人脸信息的删除作出约定为由抗辩的，人民法院不予支持。

【其他关联规定】

《中华人民共和国个人信息保护法》

第17条 个人信息处理者在处理个人信息前，应当以显著方式、清晰易懂的语言真实、准确、完整地向个人告知下列事项：

（一）个人信息处理者的名称或者姓名和联系方式；

（二）个人信息的处理目的、处理方式，处理的个人信息种类、保存期限；

（三）个人行使本法规定权利的方式和程序；

（四）法律、行政法规规定应当告知的其他事项。

前款规定事项发生变更的，应当将变更部分告知个人。

个人信息处理者通过制定个人信息处理规则的方式告知第一款规定事项

的，处理规则应当公开，并且便于查阅和保存。

第18条 个人信息处理者处理个人信息，有法律、行政法规规定应当保密或者不需要告知的情形的，可以不向个人告知前条第一款规定的事项。

紧急情况下为保护自然人的生命健康和财产安全无法及时向个人告知的，个人信息处理者应当在紧急情况消除后及时告知。

第44条 个人对其个人信息的处理享有知情权、决定权，有权限制或者拒绝他人对其个人信息进行处理；法律、行政法规另有规定的除外。

第45条 个人有权向个人信息处理者查阅、复制其个人信息；有本法第十八条第一款、第三十五条规定情形的除外。

个人请求查阅、复制其个人信息的，个人信息处理者应当及时提供。

个人请求将个人信息转移至其指定的个人信息处理者，符合国家网信部门规定条件的，个人信息处理者应当提供转移的途径。

第46条 个人发现其个人信息不准确或者不完整的，有权请求个人信息处理者更正、补充。

个人请求更正、补充其个人信息的，个人信息处理者应当对其个人信息予以核实，并及时更正、补充。

第47条 有下列情形之一的，个人信息处理者应当主动删除个人信息；个人信息处理者未删除的，个人有权请求删除：

（一）处理目的已实现、无法实现或者为实现处理目的不再必要；

（二）个人信息处理者停止提供产品或者服务，或者保存期限已届满；

（三）个人撤回同意；

（四）个人信息处理者违反法律、行政法规或者违反约定处理个人信息；

（五）法律、行政法规规定的其他情形。

法律、行政法规规定的保存期限未届满，或者删除个人信息从技术上难以实现的，个人信息处理者应当停止除存储和采取必要的安全保护措施之外的处理。

第48条 个人有权要求个人信息处理者对其个人信息处理规则进行解释说明。

第49条　自然人死亡的，其近亲属为了自身的合法、正当利益，可以对死者的相关个人信息行使本章规定的查阅、复制、更正、删除等权利；死者生前另有安排的除外。

第50条　个人信息处理者应当建立便捷的个人行使权利的申请受理和处理机制。拒绝个人行使权利的请求的，应当说明理由。

个人信息处理者拒绝个人行使权利的请求的，个人可以依法向人民法院提起诉讼。

第1038条【信息处理者的信息安全保障义务】

信息处理者不得泄露或者篡改其收集、**存储**的个人信息；未经自然人同意，不得向他人非法提供其个人信息，但是经过加工无法识别特定个人且不能复原的除外。

信息处理者应当采取技术措施和其他必要措施，确保其收集、**存储**的个人信息安全，防止信息泄露、**篡改**、丢失；发生或者可能发生个人信息泄露、**篡改**、丢失的，应当及时采取补救措施，按照规定告知自然人并向有关主管部门报告。

【其他关联规定】

《中华人民共和国个人信息保护法》

第51条　个人信息处理者应当根据个人信息的处理目的、处理方式、个人信息的种类以及对个人权益的影响、可能存在的安全风险等，采取下列措施确保个人信息处理活动符合法律、行政法规的规定，并防止未经授权的访问以及个人信息泄露、篡改、丢失：

（一）制定内部管理制度和操作规程；

（二）对个人信息实行分类管理；

（三）采取相应的加密、去标识化等安全技术措施；

（四）合理确定个人信息处理的操作权限，并定期对从业人员进行安全教育和培训；

（五）制定并组织实施个人信息安全事件应急预案；

（六）法律、行政法规规定的其他措施。

第52条　处理个人信息达到国家网信部门规定数量的个人信息处理者应当指定个人信息保护负责人，负责对个人信息处理活动以及采取的保护措施等进行监督。

个人信息处理者应当公开个人信息保护负责人的联系方式，并将个人信息保护负责人的姓名、联系方式等报送履行个人信息保护职责的部门。

第1039条【国家机关及其工作人员对个人信息的保密义务】

国家机关、承担行政职能的法定机构及其工作人员对于履行职责过程中知悉的自然人的隐私和个人信息，应当予以保密，不得泄露或者向他人非法提供。

第五编 婚姻家庭

第一章　一般规定

第1040条【婚姻家庭编的调整范围】
本编调整因婚姻家庭产生的民事关系。

第1041条【婚姻家庭的基本原则】
婚姻家庭受国家保护。

实行婚姻自由、一夫一妻、男女平等的婚姻制度。

保护妇女、未成年人、老年人、残疾人的合法权益。

【其他关联规定】

《中华人民共和国妇女权益保障法》

第60条　国家保障妇女享有与男子平等的婚姻家庭权利。

第61条　国家保护妇女的婚姻自主权。禁止干涉妇女的结婚、离婚自由。

第1042条【婚姻家庭的禁止性规定】
禁止包办、买卖婚姻和其他干涉婚姻自由的行为。禁止借婚姻索取财物。

禁止重婚。禁止有配偶者与他人同居。

禁止家庭暴力。禁止家庭成员间的虐待和遗弃。

【关联司法解释】

《最高人民法院关于办理人身安全保护令案件适用法律若干问题的规定》

第1条　当事人因遭受家庭暴力或者面临家庭暴力的现实危险，依照反家庭暴力法向人民法院申请人身安全保护令的，人民法院应当受理。

向人民法院申请人身安全保护令，不以提起离婚等民事诉讼为条件。

第3条 家庭成员之间以冻饿或者经常性侮辱、诽谤、威胁、跟踪、骚扰等方式实施的身体或者精神侵害行为，应当认定为反家庭暴力法第二条规定的"家庭暴力"。

第6条 人身安全保护令案件中，人民法院根据相关证据，认为申请人遭受家庭暴力或者面临家庭暴力现实危险的事实存在较大可能性的，可以依法作出人身安全保护令。

前款所称"相关证据"包括：

（一）当事人的陈述；

（二）公安机关出具的家庭暴力告诫书、行政处罚决定书；

（三）公安机关的出警记录、讯问笔录、询问笔录、接警记录、报警回执等；

（四）被申请人曾出具的悔过书或者保证书等；

（五）记录家庭暴力发生或者解决过程等的视听资料；

（六）被申请人与申请人或者其近亲属之间的电话录音、短信、即时通讯信息、电子邮件等；

（七）医疗机构的诊疗记录；

（八）申请人或者被申请人所在单位、民政部门、居民委员会、村民委员会、妇女联合会、残疾人联合会、未成年人保护组织、依法设立的老年人组织、救助管理机构、反家暴社会公益机构等单位收到投诉、反映或者求助的记录；

（九）未成年子女提供的与其年龄、智力相适应的证言或者亲友、邻居等其他证人证言；

（十）伤情鉴定意见；

（十一）其他能够证明申请人遭受家庭暴力或者面临家庭暴力现实危险的证据。

《最高人民法院关于适用〈中华人民共和国民法典〉婚姻家庭编的解释（一）》

第1条 持续性、经常性的家庭暴力，可以认定为民法典第一千零四十二条、第一千零七十九条、第一千零九十一条所称的"虐待"。

第2条 民法典第一千零四十二条、第一千零七十九条、第一千零九十一条规定的"与他人同居"的情形，是指有配偶者与婚外异性，不以夫妻名义，持续、稳定地共同居住。

★ **第5条** 当事人请求返还按照习俗给付的彩礼的，如果查明属于以下情形，人民法院应当予以支持：

（一）双方未办理结婚登记手续；

（二）双方办理结婚登记手续但确未共同生活；

（三）婚前给付并导致给付人生活困难。

适用前款第二项、第三项的规定，应当以双方离婚为条件。

【司法解释条文解读】

本条是关于彩礼返还纠纷如何处理的规定。根据本条规定，人民法院对于彩礼问题的处理，主要视男女双方最终的现实结果而定。对于男女双方没有结婚的，应当返还彩礼；对于男女双方已经结婚的，原则上可不返还彩礼，但在两种特殊情形下，以双方离婚为前提条件，接受彩礼一方应当返还彩礼：一是双方结婚后但未共同生活的，二是因为婚前给付彩礼导致给付人生活困难的。对于彩礼，是有一定的内涵范围限制的，不仅与借婚姻索取财物、包办买卖婚姻等违法行为有本质区别，也与一般意义上的赠与行为不同，因为彩礼的给付更多是基于一种民间习俗，通常不是一方主动赠与。因此，司法实践中应注意认定彩礼的范围，即彩礼具有严格的针对性，必须是基于当地的风俗习惯，为了最终缔结婚姻关系，不得已而为给付的，其具有明显的习俗性。

在适用本条时还应注意两个方面的问题：第一，返还彩礼诉讼的当事人并非仅限于男女双方，还可能包括男女双方的父母和亲属。实践中，彩礼问题并不单纯是男女双方之间的事情，更多地涉及双方家庭，彩礼的给付大都由父母代送，或从家庭财产中支出，因此，对于彩礼的给付人和接受人都应当作广义的理解。实践中存在当事人父母作为原告起诉请求返还彩礼，或把对方当事人的父母列为被告请求承担责任的情形。第二，应注意对彩礼返还的范围的把握。由于不同地方的习俗不同，彩礼有可能是金钱、物品等，在返还时还需要考虑已给付彩礼的使用情况，双方共同生活中是否发生了消耗、转化等，在此基础上更好地把握返还的内容、方式，体现公平原则。

【其他关联规定】

《中华人民共和国妇女权益保障法》

第65条 禁止对妇女实施家庭暴力。

县级以上人民政府有关部门、司法机关、社会团体、企业事业单位、基层群众性自治组织以及其他组织，应当在各自的职责范围内预防和制止家庭暴力，依法为受害妇女提供救助。

《中华人民共和国反家庭暴力法》

第2条 本法所称家庭暴力，是指家庭成员之间以殴打、捆绑、残害、限制人身自由以及经常性谩骂、恐吓等方式实施的身体、精神等侵害行为。

第1043条【婚姻家庭的倡导性规定】

家庭应当树立优良家风，弘扬家庭美德，重视家庭文明建设。

夫妻应当互相忠实，互相尊重，互相关爱；家庭成员应当敬老爱幼，互相帮助，维护平等、和睦、文明的婚姻家庭关系。

【关联司法解释】

《最高人民法院关于适用〈中华人民共和国民法典〉婚姻家庭编的解释（一）》

第4条 当事人仅以民法典第一千零四十三条为依据提起诉讼的，人民法院不予受理；已经受理的，裁定驳回起诉。

第1044条【收养的基本原则】

收养应当遵循最有利于被收养人的原则，保障被收养人和收养人的合法权益。

禁止借收养名义买卖未成年人。

第1045条【亲属、近亲属及家庭成员】

亲属包括配偶、血亲和姻亲。

配偶、父母、子女、兄弟姐妹、祖父母、外祖父母、孙子女、外孙子女为近亲属。

配偶、父母、子女和其他共同生活的近亲属为家庭成员。

第二章　结婚

第1046条【结婚自愿】

结婚应当男女双方完全自愿，禁止任何一方对另一方加以强迫，禁止任何组织或者个人加以干涉。

第1047条【法定结婚年龄】

结婚年龄，男不得早于二十二周岁，女不得早于二十周岁。

第1048条【禁止结婚的情形】

直系血亲或者三代以内的旁系血亲禁止结婚。

第1049条【结婚登记】

要求结婚的男女双方应当亲自到婚姻登记机关申请结婚登记。符合本法规定的，予以登记，发给结婚证。完成结婚登记，即确立婚姻关系。未办理结婚登记的，应当补办登记。

【关联司法解释】

《最高人民法院关于适用〈中华人民共和国民法典〉婚姻家庭编的解释（一）》

第3条 当事人提起诉讼仅请求解除同居关系的，人民法院不予受理；已经受理的，裁定驳回起诉。

当事人因同居期间财产分割或者子女抚养纠纷提起诉讼的，人民法院应当受理。

第6条 男女双方依据民法典第一千零四十九条规定补办结婚登记的，婚姻关系的效力从双方均符合民法典所规定的结婚的实质要件时起算。

第7条 未依据民法典第一千零四十九条规定办理结婚登记而以夫妻名义共同生活的男女，提起诉讼要求离婚的，应当区别对待：

（一）1994年2月1日民政部《婚姻登记管理条例》公布实施以前，男女双方已经符合结婚实质要件的，按事实婚姻处理。

（二）1994年2月1日民政部《婚姻登记管理条例》公布实施以后，男女双方符合结婚实质要件的，人民法院应当告知其补办结婚登记。未补办结婚登记的，依据本解释第三条规定处理。

第1050条【婚后双方互为家庭成员】

登记结婚后，按照男女双方约定，女方可以成为男方家庭的成员，男方可以成为女方家庭的成员。

★ 第1051条【婚姻无效的情形】

有下列情形之一的，婚姻无效：

（一）重婚；

（二）有禁止结婚的亲属关系；

（三）未到法定婚龄。

【条文解读】

本条是关于婚姻无效情形的规定。本条删除了原《婚姻法》第10条中"婚前患有医学上认为不应当结婚的疾病，婚后尚未治愈的"的规定。除本条规定的三种情形之外的其他有瑕疵的婚姻，不属于无效婚姻。

对于重婚的理解，根据《刑法》及有关司法解释的规定，可分为法律上的重婚和事实上的重婚。法律上的重婚，是指有配偶者未办理离婚登记而与他人登记结婚的行为。事实上的重婚，是指有配偶者虽未与他人登记结婚，但以夫妻名义共同居住生活的行为。有配偶者与他人同居的行为，是指有配偶者与第三人未以夫妻名义共同居住生活，如姘居关系。对此，《最高人民法院关于适用〈中华人民共和国民法典〉婚姻家庭编的解释（一）》第2条规定："民法典第一千零四十二条、第一千零七十九条、第一千零九十一条规定的'与他人同居'的情形，是指有配偶者与婚外异性，不以夫妻名义，持续、稳定地共同居住。"根据《民法典》第1079条、第1091条的规定，重婚、有配偶者与他人同居均构成离婚的法定理由，且无过错的配偶一方有权提出离婚损害赔偿请求。

根据对婚姻无效的认定是否存在阻却事由，可以将婚姻无效的情形分为绝对无效和相对无效。未到法定婚龄属于相对无效的情形，而重婚和有禁止结婚的亲属关系则属于绝对无效的情形。对以重婚为由请求确认婚姻无效的，因重婚严重违反一夫一妻制，不应存在阻却事由，即无论当事人请求确认婚姻无效时，重婚者无论是有两个婚姻关系还是只有一个婚姻关系，都应宣告其中一个婚姻无效。对以有禁止结婚的亲属关系为由请求确认婚姻无效的，如果亲属关系是当事人之间因出生或血缘关系而产生的特定身份关系，它不会随着时间的推移而消失，也不会人为解除，因此也不存在阻却事由，即该婚姻无论经过多长时间和双方当事人是否有子女，都应是绝对无效。如果亲属关系是基于收养关系而形成的法律拟制血亲关系，在养父母与养子女没有解除收养关系而结婚的情形下，其婚姻属于无效婚姻。但是，在收养关系依法解除后，如果当事人或利害关系人还以有禁止结婚的亲属关系为由请求确认婚姻无效的，则不应支持。

对以未到法定婚龄为由请求确认婚姻无效的，如果申请时当事人已经达到法定结婚年龄，则构成婚姻无效认定的阻却事由，即只有在当事人及利害关系人提出请求时男女一方仍未达到法定婚龄的，才会确认其婚姻无效。

无效婚姻具有溯及力，自始无效，当事人之间不具有夫妻的权利和义务关系。但根据《最高人民法院关于适用〈中华人民共和国民法典〉婚姻家庭编的解释（一）》第20条的规定，无效婚姻只有经法院依法确认无效后才自始无效，即婚姻在被确认无效之前是有效的。对于实践中部分当事人虽前一个婚姻存在法定无效情形，但在未经法院确认该婚姻无效的情况下，双方就应该受婚姻关系约束。如果这种情况下一方又与他人登记结婚，就会构成本条规定的重婚。

【关联司法解释】

《最高人民法院关于适用〈中华人民共和国民法典〉婚姻家庭编的解释（一）》

第9条 有权依据民法典第一千零五十一条规定向人民法院就已办理结婚登记的婚姻请求确认婚姻无效的主体，包括婚姻当事人及利害关系人。其中，利害关系人包括：

（一）以重婚为由的，为当事人的近亲属及基层组织；

（二）以未到法定婚龄为由的，为未到法定婚龄者的近亲属；

（三）以有禁止结婚的亲属关系为由的，为当事人的近亲属。

第10条 当事人依据民法典第一千零五十一条规定向人民法院请求确认婚姻无效，法定的无效婚姻情形在提起诉讼时已经消失的，人民法院不予支持。

★ **第11条** 人民法院受理请求确认婚姻无效案件后，原告申请撤诉的，不予准许。

对婚姻效力的审理不适用调解，应当依法作出判决。

涉及财产分割和子女抚养的，可以调解。调解达成协议的，另行制作调解书；未达成调解协议的，应当一并作出判决。

【司法解释条文解读】

本条是关于人民法院审理确认婚姻无效案件是否准许撤诉、是否适用调解的规定。本条第1款规定了人民法院审理确认婚姻无效案件，只要审理查明属于无效婚姻的，一律不准撤诉。《民事诉讼法》第13条规定，当事人处分自己的诉讼权利应当在法律规定的范围内行使，并应当按照法定的程序进行。如果当事人的处分行为违反了法律规定，侵犯了国家、集体及他人的合法权益，其处分权就不能生效。《民法典》第1051条规定的婚姻无效的三种情形，是法定的婚姻无效事由，不依个人意愿为转移。无效婚姻既违反了社会主义婚姻家庭道德观念，也违反了法律的禁止性规定，因此在诉讼程序上不准许当事人撤诉，是非常必要的。

本条第2款、第3款分别规定了对婚姻效力案件的审理不适用调解，但对涉及财产分割和子女抚养的可以调解。这是因为，法院依职权对婚姻民事行为效力作出裁决，体现了国家、社会对无效婚姻的干预。对涉及当事人财产权益和子女抚养的民事权益争议的，因其是当事人私权领域的权利义务关系，应充分尊重当事人的个人意愿。

本条第2款对原《最高人民法院关于〈中华人民共和国婚姻法〉若干问题的解释（一）》第9条作了修改，删除了其中"有关婚姻效力的判决一经作出，即发生法律效力"的规定。由此，对无效婚姻案件的审理，不再采取一审终审的特别程序，而是适用普通的诉讼程序，通过一审、二审程序的审理，使当事人充分行使诉权。所涉财产分割和子女抚养不能达成调解的情况下，确认婚姻无效和财产分割、子女抚养的诉讼请求应当一并审理、判决，且判决内容均可以提起上诉。这有利于人民法院对当事人之间的权利义务关系和财产分割、子女抚养问题一并处理。

第12条 人民法院受理离婚案件后，经审理确属无效婚姻的，应当将婚姻无效的情形告知当事人，并依法作出确认婚姻无效的判决。

★ **第14条** 夫妻一方或者双方死亡后，生存一方或者利害关系人依据民法典第一千零五十一条的规定请求确认婚姻无效的，人民法院应当受理。

【司法解释条文解读】

　　本条是关于夫妻一方或双方死亡的情形下，当事人请求确认婚姻无效人民法院应当受理的规定。由于婚姻关系不仅是夫妻双方之间的身份关系，在夫妻一方死亡时还涉及财产分割和继承问题，所以确认婚姻无效与因夫妻一方死亡而发生的婚姻关系自然终止会产生不同的法律效果。无效婚姻是法律所禁止的违法婚姻关系，且仅以人民法院确认无效而自始无效。因此，在夫妻一方死亡的情况下，应赋予生存一方或利害关系人请求确认婚姻无效的权利。一旦该婚姻关系被确认无效，婚姻关系当事人中生存一方原来依法享有的死者配偶的身份就会自始无效，同时丧失其作为死者第一顺序继承人的身份，与死者亲属之间的姻亲关系也归于消灭。在该情形下，申请人行使诉讼权利的期间，本条删除了原《最高人民法院关于〈中华人民共和国婚姻法〉若干问题的解释（二）》第5条中"夫妻一方或双方死后一年内"的规定，即申请人的诉讼权利不受1年除斥期间的限制。但对于该权利是否受诉讼时效的限制，有观点认为，婚姻法回归民法体系后，从体系解释角度看，确认婚姻无效与确认民事法律行为无效的路径一致，一般认为，民事法律行为的效力是公权力对私法自治的评价，不受诉讼时效制度规制，因此，本条不应适用诉讼时效的规定[①]。

　　第15条 利害关系人依据民法典第一千零五十一条的规定，请求人民法院确认婚姻无效的，利害关系人为原告，婚姻关系当事人双方为被告。

---

① 刘敏、王丹等：《〈关于适用民法典婚姻家庭编的解释（一）〉若干重点问题的理解与适用》，载《人民司法·应用》2021年第13期。

夫妻一方死亡的，生存一方为被告。

第17条 当事人以民法典第一千零五十一条规定的三种无效婚姻以外的情形请求确认婚姻无效的，人民法院应当判决驳回当事人的诉讼请求。

当事人以结婚登记程序存在瑕疵为由提起民事诉讼，主张撤销结婚登记的，告知其可以依法申请行政复议或者提起行政诉讼。

★ **第1052条【受胁迫结婚的可撤销婚姻】**

因胁迫结婚的，受胁迫的一方可以向人民法院请求撤销婚姻。

请求撤销婚姻的，应当自胁迫行为终止之日起一年内提出。

被非法限制人身自由的当事人请求撤销婚姻的，应当自恢复人身自由之日起一年内提出。

【条文解读】

本条是关于因胁迫结婚受胁迫方可请求撤销婚姻的规定。本条对原《婚姻法》第11条作了修改，将"应当自结婚登记之日起一年内提出"修改为"应当自胁迫行为终止之日起一年内提出"，并删除了可向婚姻登记机关请求撤销婚姻的规定。

关于请求权主体，由于婚姻主要是当事人本人的事务，不论是对其本人的胁迫还是以对其近亲属的生命、身体等造成损害相要挟，最终是违背当事人本人意志迫使其结婚，故《最高人民法院关于适用〈中华人民共和国民法典〉婚姻家庭编的解释（一）》第18条将受胁迫一方明确规定为受胁迫一方当事人本人。

关于撤销机关和程序，本条对原《婚姻法》第11条的规定进行了修改，即受胁迫的一方只能向人民法院起诉，不能再向婚姻登记机关申请撤销。这是由于受胁迫撤销婚姻的问题，涉及是否存在胁迫的认定，撤销婚姻后如何处理双方财产关系甚至子女抚养问题，通过法院审理后裁判更为妥当，也能够一并处理撤销婚姻后的相关问题。

关于权利行使期间，本条将原《婚姻法》第11条规定的"自结婚登记之日起一年内提出"修改为"自胁迫行为终止之日起一年内提出"，充分考虑了胁迫行为可能延续到结婚登记一年之后的情形，使受胁迫一方的合法权益得到全面保护。

可撤销婚姻与无效婚姻不同，一是可撤销婚姻以当事人申请撤销为前提，即使发现一方当事人系因胁迫而结婚的，也应充分尊重其婚姻自由，在当事人未提出撤销婚姻的诉讼请求时，不应主动依职权撤销；二是请求确认婚姻无效的权利不受期间限制，只要存在无效事由，相关权利主体就可以提出请求，但撤销权人受除斥期间的限制，未在法定期间内提出的，其权利即归于消灭。

【关联司法解释】

《最高人民法院关于适用〈中华人民共和国民法典〉婚姻家庭编的解释（一）》

第18条 行为人以给另一方当事人或者其近亲属的生命、身体、健康、名誉、财产等方面造成损害为要挟，迫使另一方当事人违背真实意愿结婚的，可以认定为民法典第一千零五十二条所称的"胁迫"。

因受胁迫而请求撤销婚姻的，只能是受胁迫一方的婚姻关系当事人本人。

★ 第19条 民法典第一千零五十二条规定的"一年"，不适用诉讼时效中止、中断或者延长的规定。

受胁迫或者被非法限制人身自由的当事人请求撤销婚姻的，不适用民法典第一百五十二条第二款的规定。

【司法解释条文解读】

本条是司法解释新增条文，与《民法典》总则编相衔接，是关于受胁迫或被非法限制人身自由的当事人请求撤销婚姻，不适用撤销权自民事法律行为发生之日起5年行权期间的限制。

关于撤销权的消灭时间,《民法典》总则编采取了"主观期间"和"客观期间"相结合的标准。即自知道或者应当知道撤销事由之日起、胁迫行为终止之日起,计算撤销权消灭的时间,此时权利人可以通过自己的主观意愿选择是否行使权利。但为了防止当事人之间的权利义务长期处于不稳定状态,保护交易秩序和交易安全,平衡双方当事人之间的利益,法律统一规定了"客观期间",即当事人自民事法律行为发生之日起5年内没有行使撤销权的,撤销权消灭。但是,对于被胁迫或者非法限制人身自由撤销婚姻的撤销权行使,《民法典》第1052条作出了权利行使期间的具体规定,该条并未像《民法典》第152条第2款一样对撤销权消灭的客观期间进行规定,按照特别法优于一般法的法律适用原则,该条可以理解为婚姻家庭编的特别规定。本条所规定的因胁迫或非法限制人身自由结婚的,严重违反《民法典》关于婚姻自由的规定,严重违背当事人自由意志,且实践中存在一些被绑架、拐卖的妇女被迫结婚而被长期限制人身自由的情况,不适用5年行权期间的客观标准,更有利于保护她们的合法权益,也能够更好地贯彻婚姻自由原则。

《最高人民法院关于适用〈中华人民共和国民法典〉时间效力的若干规定》

第26条　当事人以民法典施行前受胁迫结婚为由请求人民法院撤销婚姻的,撤销权的行使期限适用民法典第一千零五十二条第二款的规定。

★ **第1053条【婚前隐瞒重大疾病的可撤销婚姻】**

一方患有重大疾病的,应当在结婚登记前如实告知另一方;不如实告知的,另一方可以向人民法院请求撤销婚姻。

请求撤销婚姻的,应当自知道或者应当知道撤销事由之日起一年内提出。

【条文解读】

本条是关于因婚前隐瞒重大疾病的受欺瞒方可请求撤销婚姻的规定，是民法典新增条文，系由原《婚姻法》对婚姻无效事由的规定演化而来。

由于科技进步和现代医疗发展，不适宜结婚的疾病范围逐渐缩小，且随着现代社会婚姻生活的多样化，婚姻不一定与生育挂钩。在不违背国家和社会公共利益的前提下，应尽可能地保障公民的婚姻自主权，故不宜再对患有重大疾病的当事人自愿缔结婚姻的效力给予直接否定。但婚姻自由基本原则的本质是当事人对于是否结婚的意思表示是无瑕的，如果一方患有重大疾病，可能会对另一方是否作出结婚意思表示产生影响或起到决定作用的，就属于应当知情的基本信息，如果一方不如实告知，属于欺诈，故法律规定另一方可以向人民法院请求撤销婚姻。

对于哪些疾病属于应当告知的范围，《民法典》并未作出明确规定。根据《母婴保健法》关于婚前医学检查的范围的规定，婚前患有相关疾病的男女应当暂缓结婚，根据举重以明轻的原则，这些疾病应视为符合本条规定的重大疾病。对除"医学上认为不应当结婚的疾病"外，一方所患疾病构成重大疾病，另一方请求撤销婚姻的，应当按照相关疾病是否足以影响另一方决定结婚的自由意志或者对双方婚后生活造成重大影响的标准严格适用。

本条规定的重大疾病的患病时间应限于结婚前。对于婚后患病且未告知另一方的，不符合本条规定，另一方不享有撤销权，当事人可以通过离婚的方式解决。如果患病一方履行了如实告知义务，另一方仍自愿结婚的，则应认为其不享有撤销权，不应允许其在婚姻关系存续期间再以该事由请求撤销婚姻。

【其他关联规定】

《中华人民共和国母婴保健法》

第8条 婚前医学检查包括对下列疾病的检查：

（一）严重遗传性疾病；

（二）指定传染病；

（三）有关精神病。

经婚前医学检查，医疗保健机构应当出具婚前医学检查证明。

★ **第1054条【婚姻无效和被撤销的法律后果】**

无效的或者被撤销的婚姻自始没有法律约束力，当事人不具有夫妻的权利和义务。同居期间所得的财产，由当事人协议处理；协议不成的，由人民法院根据照顾无过错方的原则判决。对重婚导致的无效婚姻的财产处理，不得侵害合法婚姻当事人的财产权益。当事人所生的子女，适用本法关于父母子女的规定。

婚姻无效或者被撤销的，无过错方有权请求损害赔偿。

【条文解读】

本条是关于婚姻无效或者被撤销后的法律后果的规定。本条承继了原《婚姻法》第12条规定，并增加了第2款规定，明确了无过错方的损害赔偿请求权，系比照原《婚姻法》第46条关于离婚纠纷中无过错方有权请求损害赔偿的规定，旨在通过法律责任的方式更好地保护因婚姻关系无效或被撤销中无过错一方的利益。

本条规定的损失赔偿请求权的权利主体仅限于无过错方，也就是说如果双方均有过错，则意味着双方均不享有该权利。具体来说，在重婚情形下，无过错方一般为未重婚一方，但如果其对对方已婚是明知的，则无权根据本条请求损害赔偿；在有禁止结婚的亲属关系情形下，是否具有法律规定禁止的亲属关系，双方一般都比较清楚，是否存在一方完全不知情的无过错情形，需要根据个案具体判断；在未到法定婚龄情形下，符合法定婚龄的一方一般为无过错方，但如果其在结婚时明知对方未到法定婚龄的，则不属于无过错方；在胁迫或非法限制人身自由和婚前隐瞒重大疾病情形下，被胁迫或被限制人身自由的一方和受欺瞒一方并不存在过错，在婚姻关系被撤销时可根据本条请求损害赔偿。

关于损害赔偿的责任范围，应当包括物质损害赔偿和精神损害赔偿。对于精神损害赔偿的确定，应适用《最高人民法院关于确定民事侵权精神损害赔偿责任若干问题的解释》的相关规定。

关于婚姻被确认无效或被撤销后的财产问题。根据本条规定，无效的或者被撤销的婚姻自始没有法律约束力，当事人不具有夫妻的权利和义务，双方之间的财产关系属于同居期间所得的财产。对于同居期间所得的财产，法律并未规定为共同共有，而是指引当事人通过协议的方式处理。由此，在婚姻被确认无效或被撤销后，首先应当按照双方在同居期间达成的协议或由双方协议处理；协议不成的，由人民法院判决。人民法院在判决时，应坚持照顾无过错方的原则，同时，根据《最高人民法院关于适用〈中华人民共和国民法典〉婚姻家庭编的解释（一）》第22条的规定，如果有证据证明为同居一方所有的财产，应认定为个人财产。其次可以根据上述司法解释的规定，按照双方共同共有财产进行处理。

【关联司法解释】

《最高人民法院关于适用〈中华人民共和国民法典〉婚姻家庭编的解释（一）》

第16条 人民法院审理重婚导致的无效婚姻案件时，涉及财产处理的，应当准许合法婚姻当事人作为有独立请求权的第三人参加诉讼。

第20条 民法典第一千零五十四条所规定的"自始没有法律约束力"，是指无效婚姻或者可撤销婚姻在依法被确认无效或者被撤销时，才确定该婚姻自始不受法律保护。

第21条 人民法院根据当事人的请求，依法确认婚姻无效或者撤销婚姻的，应当收缴双方的结婚证书并将生效的判决书寄送当地婚姻登记管理机关。

第22条 被确认无效或者被撤销的婚姻，当事人同居期间所得的财产，除有证据证明为当事人一方所有的以外,按共同共有处理。

《最高人民法院关于确定民事侵权精神损害赔偿责任若干问题的解释》

第1条 因人身权益或者具有人身意义的特定物受到侵害,自然人或者其近亲属向人民法院提起诉讼请求精神损害赔偿的,人民法院应当依法予以受理。

第三章 家庭关系

第一节 夫妻关系

第1055条【夫妻地位平等】

夫妻在婚姻家庭中地位平等。

第1056条【夫妻姓名权】

夫妻双方都有各自使用自己姓名的权利。

第1057条【夫妻参加各种活动的自由】

夫妻双方都有参加生产、工作、学习和社会活动的自由,一方不得对另一方加以限制或者干涉。

【其他关联规定】

《中华人民共和国妇女权益保障法》

第2条 男女平等是国家的基本国策。妇女在政治的、经济的、文化的、社会的和家庭的生活等各方面享有同男子平等的权利。

国家采取必要措施,促进男女平等,消除对妇女一切形式的歧视,禁止排斥、限制妇女依法享有和行使各项权益。

国家保护妇女依法享有的特殊权益。

第1058条【夫妻抚养、教育和保护子女的权利义务平等】

夫妻双方平等享有对未成年子女抚养、教育和保护的权利，共同承担对未成年子女抚养、教育和保护的义务。

【其他关联规定】

《中华人民共和国家庭教育促进法》

第2条 本法所称家庭教育，是指父母或者其他监护人为促进未成年人全面健康成长，对其实施的道德品质、身体素质、生活技能、文化修养、行为习惯等方面的培育、引导和影响。

第3条 家庭教育以立德树人为根本任务，培育和践行社会主义核心价值观，弘扬中华民族优秀传统文化、革命文化、社会主义先进文化，促进未成年人健康成长。

第4条 未成年人的父母或者其他监护人负责实施家庭教育。

国家和社会为家庭教育提供指导、支持和服务。

国家工作人员应当带头树立良好家风，履行家庭教育责任。

第5条 家庭教育应当符合以下要求：

（一）尊重未成年人身心发展规律和个体差异；

（二）尊重未成年人人格尊严，保护未成年人隐私权和个人信息，保障未成年人合法权益；

（三）遵循家庭教育特点，贯彻科学的家庭教育理念和方法；

（四）家庭教育、学校教育、社会教育紧密结合、协调一致；

（五）结合实际情况采取灵活多样的措施。

第1059条【夫妻相互扶养义务】

夫妻有相互扶养的义务。

需要扶养的一方，在另一方不履行扶养义务时，有要求其给付扶养费的权利。

★★ 第1060条【日常家事代理权】

夫妻一方因家庭日常生活需要而实施的民事法律行为，对夫妻双方发生效力，但是夫妻一方与相对人另有约定的除外。

夫妻之间对一方可以实施的民事法律行为范围的限制，不得对抗善意相对人。

【条文解读】

本条是关于夫妻日常家事代理制度的规定。本条是《民法典》新增条文。根据本条规定，夫妻日常家事代理的范围仅限于"因家庭日常生活需要而实施的民事法律行为"。

对于家庭日常生活需要，一般认为是指满足夫妻共同生活和家庭生活所必要的，且非属人身性的事项。比如，有观点认为，可以参考国家统计局有关统计资料显示的我国城镇居民家庭消费的八大种类进行判断。这八大种类包括食品、衣着、家庭设备用品及维修服务、医疗保健、交通通信、文娱教育及服务、居住、其他商品及服务。判断时应当从夫妻共同生活的状态（如夫妻双方的职业、身份、资产、收入、兴趣、家庭人数等）和当地一般社会生活习惯予以认定[①]。

关于权利行使的方式，与一般代理需以被代理人的名义实施不同，夫妻日常家事代理权不以夫妻一方明示为必要，具有法定代理权的性质，夫妻任何一方可直接以自己的名义、对方名义或者双方名义为之。

对于夫妻日常家事代理的法律后果，代理行为的法律后果归属于夫妻双方，对夫妻双方均发生法律效力。但本条第1款后半段和第2款同时区分了内外部关系。在外部关系中尊重代理一方与相对人的特别约定。在夫妻内部

---

① 参见《妥善审理涉及夫妻债务纠纷案件 依法平等保护各方当事人合法权益——最高人民法院民一庭负责人就〈最高人民法院关于审理涉及夫妻债务纠纷案件适用法律有关问题的解释〉答记者问》，载最高人民法院网站 https://www.court.gov.cn/zixun/xiangqing/77362.html，最后访问日期：2024年4月2日。

关系中尊重双方之间的约定，但对外保护善意第三人的利益。此种情形下的善意第三人，也仅指夫妻一方系因家庭日常生活需要而与之为民事法律行为的人，如果超出家庭日常生活需要的行为则不能依据本条主张对夫妻双方发生法律效力。

【条文适用疑难解析】

婚姻关系存续期间夫妻一方擅自将共同财产赠与他人的效力问题

对于婚姻关系存续期间夫妻一方擅自将共同财产赠与他人的效力问题，实践中有不同的观点。第一种观点认为，该赠与行为应依照《民法典》合同编的规定进行判断。第二种观点认为，夫妻共同财产中既包含丈夫的份额也包含妻子的份额，一方处分自身份额意思表示真实应为有效。第三种观点认为，根据共同共有的一般原理，在夫妻关系存续期间，夫妻对全部共同财产不分份额地共同享有所有权，夫妻双方无法对共同财产划分个人份额，无法定情形下也无权在共有期间请求分割共同财产。只有在共同共有关系终止时，才可对共同财产进行分割，确定各自份额，故该赠与行为应认定为全部无效。本书同意第三种观点，一方将共同财产赠与他人，不属于本条规定的为家庭日常生活需要，侵犯了夫妻另一方的财产权益，应认定为无效。

第1061条【夫妻相互继承权】

夫妻有相互继承遗产的权利。

【关联司法解释】

《最高人民法院关于适用〈中华人民共和国民法典〉婚姻家庭编的解释（一）》

第7条 未依据民法典第一千零四十九条规定办理结婚登记而以夫妻名

义共同生活的男女，提起诉讼要求离婚的，应当区别对待：

（一）1994年2月1日民政部《婚姻登记管理条例》公布实施以前，男女双方已经符合结婚实质要件的，按事实婚姻处理。

（二）1994年2月1日民政部《婚姻登记管理条例》公布实施以后，男女双方符合结婚实质要件的，人民法院应当告知其补办结婚登记。未补办结婚登记的，依据本解释第三条规定处理。

第8条 未依据民法典第一千零四十九条规定办理结婚登记而以夫妻名义共同生活的男女，一方死亡，另一方以配偶身份主张享有继承权的，依据本解释第七条的原则处理。

★ **第1062条【夫妻共同财产】**

夫妻在婚姻关系存续期间所得的下列财产，为夫妻的共同财产，归夫妻共同所有：

（一）工资、奖金、劳务报酬；

（二）生产、经营、投资的收益；

（三）知识产权的收益；

（四）继承或者受赠的财产，但是本法第一千零六十三条第三项规定的除外；

（五）其他应当归共同所有的财产。

夫妻对共同财产，有平等的处理权。

【条文解读】

本条是关于夫妻共同财产范围、夫妻对共同财产享有平等处理权的规定。对于共同财产的范围，相较于原《婚姻法》的规定，本条第1款第1项增加了劳务报酬，其是指在当前多种经济形态下，夫妻一方通过非固定工作获得的报酬，如咨询费、讲课费、稿费等；本条第1款第2项增加了投资收益，适应了当前投资情形的普遍和投资形式的多元化趋势，包含如股票、基金、债券等收益。需要注意的是，本条第1款第4项规定的继承或受赠的财产，应结合《民法典》继承编的规定进行判断。根据相关规定，继承从被继承人死亡时开始，也就是说，只要继承的事实发生在婚姻关系存续期间，即使是在离婚后才对遗产进行分割，另一方仍可主张相关财产权益；但如果一方婚前其父母已死亡，在其婚姻关系存续期间才分割遗产，应属于其婚前个人财产。同时，本条规定的系继承的财产，如果作为继承人的配偶一方放弃继承权，则另一方也不享有相关财产权益。

本条所规定的"所得"强调的是财产权利，而非对财产的实际占有，且既包含夫妻共同所得，也包括夫妻一方所得。实践中由于家庭分工不同，部分家庭主妇虽不参加工作直接取得收益，也不实际占有财产，但不影响相关财产归属于共同财产。

【关联司法解释】

《最高人民法院关于适用〈中华人民共和国民法典〉婚姻家庭编的解释（一）》

第24条　民法典第一千零六十二条第一款第三项规定的"知识产权的收益"，是指婚姻关系存续期间，实际取得或者已经明确可以取得的财产性收益。

第25条　婚姻关系存续期间，下列财产属于民法典第一千零六十二条规定的"其他应当归共同所有的财产"：

（一）一方以个人财产投资取得的收益；

（二）男女双方实际取得或者应当取得的住房补贴、住房公积金；

（三）男女双方实际取得或者应当取得的基本养老金、破产安置补偿费。

第26条　夫妻一方个人财产在婚后产生的收益，除孳息和自然增值外，应认定为夫妻共同财产。

第27条　由一方婚前承租、婚后用共同财产购买的房屋，登记在一方名下的，应当认定为夫妻共同财产。

第28条　一方未经另一方同意出售夫妻共同所有的房屋，第三人善意购买、支付合理对价并已办理不动产登记，另一方主张追回该房屋的，人民法院不予支持。

夫妻一方擅自处分共同所有的房屋造成另一方损失，离婚时另一方请求赔偿损失的，人民法院应予支持。

第71条　人民法院审理离婚案件，涉及分割发放到军人名下的复员费、自主择业费等一次性费用的，以夫妻婚姻关系存续年限乘以年平均值，所得数额为夫妻共同财产。

前款所称年平均值，是指将发放到军人名下的上述费用总额按具体年限均分得出的数额。其具体年限为人均寿命七十岁与军人入伍时实际年龄的差额。

【其他关联规定】

《中华人民共和国妇女权益保障法》

第54条　在夫妻共同财产、家庭共有财产关系中，不得侵害妇女依法享有的权益。

第66条　妇女对夫妻共同财产享有与其配偶平等的占有、使用、收益和处分的权利，不受双方收入状况等情形的影响。

对夫妻共同所有的不动产以及可以联名登记的动产，女方有权要求在权属证书上记载其姓名；认为记载的权利人、标的物、权利比例等事项有错误的，有权依法申请更正登记或者异议登记，有关机构应当按照其申请依法办理相应登记手续。

★★ 第1063条【夫妻个人财产】

下列财产为夫妻一方的个人财产：

（一）一方的婚前财产；

（二）一方因受到人身损害获得的赔偿或者补偿；

（三）遗嘱或者赠与合同中确定只归一方的财产；

（四）一方专用的生活用品；

（五）其他应当归一方的财产。

【条文解读】

本条是关于夫妻个人财产范围的规定。根据本条规定，属于上述情形的财产适用分别财产制的规定，但应当注意的是，我国的夫妻财产制度是法定的婚后财产共同制，夫妻个人财产是在共同财产制前提下的，是对共同财产制的限制和补充，因此，虽本条与《民法典》第1062条均规定了兜底条款，但在适用本条第5项确定个人财产时，应坚持从严原则，对除本条前4项之外的财产无法确定是共同财产还是个人财产时，应确定为共同财产。

【条文适用疑难解析】

在转移赠与物所有权前，赠与人是否对夫妻之间赠与合同享有任意撤销权

对于婚前或者婚姻关系存续期间，当事人约定将一方所有的房产赠与另一方或者共有，赠与方能否在房产变更登记之前撤销赠与的问题，实践中有不同的观点。第一种观点认为，夫妻之间有关财产的约定，相对于《民法典》物权编和合同编的规定，属于特别规定，因该约定强烈的身份性不应适用赠与合同撤销权的规定。第二种观点认为，夫妻之间赠与房产的情形，存在与《民法典》物权编和合同编的衔接问题，虽然双方达成了有效的协议，但因未办理房产变更登记手续，根据《民法典》合同编的规定，赠与房产一方可以撤销赠与。《最高人民法院关于适用〈中华人民共和国民法典〉婚姻家庭编的解释（一）》第32条采纳了第二种观点，规定此种情况应当适用《民法典》合同编赠与合同的相关规定处理。即在没有办理变更登记手续之前，赠与房产一方可以撤销赠与，但这一规则不适用于经过公证的赠与合同及涉及社会公益和道德义务性质的赠与合同。该条司法解释的重点还在于明确了夫妻之间赠与按照《民法典》合同编规定处理的原则，因此，如果赠与房产已经变更登记的，根据《民法典》第663条的规定，受赠的夫妻一方严重侵害受赠人或者受赠人的近亲属、对赠与方负有扶养义务而不履行、不履行赠与合同约定的义务情形之一的，赠与人也可以行使法定撤销权。

【关联司法解释】

《最高人民法院关于适用〈中华人民共和国民法典〉婚姻家庭编的解释（一）》

★ 第29条 当事人结婚前，父母为双方购置房屋出资的，该出资应当认定为对自己子女个人的赠与，但父母明确表示赠与双方的除外。

当事人结婚后，父母为双方购置房屋出资的，依照约定处理；没有约定或者约定不明确的，按照民法典第一千零六十二条第一款第四项规定的原则处理。

【司法解释条文解读】

本条是关于父母为夫妻双方购置房屋出资时如何处理的规定，基本沿用了原《最高人民法院关于适用〈中华人民共和国婚姻法〉若干问题的解释（二）》第22条的规定。

实践中，父母出资为子女购房的情况复杂，存在全额出资、部分出资，未办理权属登记或办理权属登记及办理在一方或双方名下等不同情形。根据本条规定，在子女结婚前为子女购买的房屋，按照夫妻一方婚前财产为个人财产的规定，原则上认定为对自己子女个人的赠与；在子女结婚后为子女购买的房屋，有约定的贯彻意思自治原则，没有约定的直接转引至《民法典》第1062条第1款第4项关于夫妻共同财产的规定，即以视为对夫妻双方的赠与为原则，除非父母在赠与合同中明确表示是赠与一方。

对于但书部分"赠与合同中确定只归一方"的理解，司法实践中存在一定争议。有观点认为，本条司法解释的表述，与原《最高人民法院关于适用〈中华人民共和国婚姻法〉若干问题的解释（二）》第22条第2款规定中"但父母明确表示赠与一方的除外"不同，从文义表述上看，只排除了赠与合同确定只归属一方的情形。还有观点认为，基于父母子女间密切的人身关系和中国传统家庭文化的影响，实践中父母与子女之间一般并没有正式赠与合同的存在，或者说没有一个书面赠与合同的存在，对于是否存在口头的赠与合同以及赠与合同的内容，在夫妻离婚时往往是双方争议的焦点。在一方父母全额出资购买不动产并登记在自己一方子女名下的，考虑到原《物权法》已经实施多年，普通民众对不动产登记的意义已经有较为充分的认识，在出资后将不动产登记在自己一方子女名下，认定为是父母将出资确定赠与给自己子女一方的意思表示，符合当事人本意，也符合法律规定的精神。[①]本书认为，本条关于除外情形是"赠与合同中确定只归一方"的规定十分明确，原则上应按照《民法典》合同编关于赠与合同的规定进行分析，第二种观点也有一定的道理，可以在实践中作为参考。

本条适用的前提是父母出资的性质已经确定为赠与，解决的是赠与对象为夫妻一方还是双方的问题。实践中，各方还往往对父母为子女购房出资的性质是借贷还是赠与发生争议。在此情况下，应当将法律关系的性质作为争议焦点进行审理，根据查明的案件事实进行认定，不能仅依据本条规定当然地认为是赠与法律关系。在对父母出资是借贷还是赠与的认定上，有观点认为，如果父母出资的性质是赠与还是借款无法确定，父母凭转账凭证主张为借贷关系，另一方主张为赠与关系，根据《最高人民法院关于适用〈中华人民共和国民事诉讼法〉的解释》第109条的规定："当事人对欺诈、胁迫、恶意串通事实的证明，以及对口头遗嘱或者赠与事实

---

① 刘敏、王丹等：《〈关于适用民法典婚姻家庭编的解释（一）〉若干重点问题的理解与适用》，载《人民司法·应用》2021年第13期。

的证明，人民法院确信该待证事实存在的可能性能够排除合理怀疑的，应当认定该事实存在。"该条款表明对赠与事实的证明标准高于一般事实，父母提供的证据能够证明款项交付真实存在，另一方对此也予以认可，在父母没有明确赠与意思表示的情况下，另一方应承担该款项系赠与的举证责任。还有观点认为，从中国现实国情看，子女刚参加工作缺乏经济能力，无力独自负担买房费用，而父母基于对子女的亲情，往往自愿出资为子女购置房屋。大多数父母出资的目的是要解决或改善子女的居住条件，希望让子女生活更加幸福，而不是日后要回这笔出资，因此，在父母一方主张为借款的情况下，应当由父母来承担证明责任，这也与一般人的日常生活经验感知一致。[1]本书倾向于认为，在处理家庭关系纠纷时，不宜完全按照纯粹的调整财产关系的法律规定分析，或者完全适用证明财产分配的举证责任规定，更多时候父母在为子女购房出资时并不考虑是借贷或者赠与，而是基于子女夫妻双方长久生活考量，将父母及子女夫妻均作为一个家庭单位进行的投资，这种出资往往倾尽其一生积蓄，目的是希望子女夫妻和睦、整个家庭生活幸福，即出资带有对子女长久和睦的情感寄托、期望，但如果子女双方情感破裂或离婚，以家庭为单位的基础不再存在，那么父母所希望的回报并未实现，根据附条件赠与的理论，如果条件不成立或者条件消失，给付方可请求返还，故对父母返还出资的请求也应予以支持。

第30条 军人的伤亡保险金、伤残补助金、医药生活补助费属于个人财产。

第31条 民法典第一千零六十三条规定为夫妻一方的个人财产，不因婚姻关系的延续而转化为夫妻共同财产。但当事人另有约定的除外。

第32条 婚前或者婚姻关系存续期间，当事人约定将一方所有的房产

---

[1] 刘敏、王丹等：《〈关于适用民法典婚姻家庭编的解释（一）〉若干重点问题的理解与适用》，载《人民司法·应用》2021年第13期。

赠与另一方或者共有，赠与方在赠与房产变更登记之前撤销赠与，另一方请求判令继续履行的，人民法院可以按照民法典第六百五十八条的规定处理。

★ **第1064条【夫妻共同债务】**

夫妻双方共同签名或者夫妻一方事后追认等共同意思表示所负的债务，以及夫妻一方在婚姻关系存续期间以个人名义为家庭日常生活需要所负的债务，属于夫妻共同债务。

夫妻一方在婚姻关系存续期间以个人名义超出家庭日常生活需要所负的债务，不属于夫妻共同债务；但是，债权人能够证明该债务用于夫妻共同生活、共同生产经营或者基于夫妻双方共同意思表示的除外。

【条文解读】

本条是关于夫妻共同债务问题的规定。本条是《民法典》新增加的规定，吸纳了相关司法解释的规定。

夫妻共同债务的认定标准主要包括三个方面：

第一，基于夫妻共同意思表示所负债务，即所谓"共债共签""合意之债"，既可以是事前的共同签字，也可以是事后的追认，且一般认为追认的方式不限于书面形式，也可以通过口头形式或者其他形式追认。这既能够保障夫妻一方的知情权、同意权，也有利于减少事后纷争。

第二，为家庭日常生活需要所负的债务。这与《民法典》第1060条夫妻日常事务代理权制度相对应。根据《民法典》第1060条规定，夫妻一方因家庭日常生活需要而实施的民事法律行为，对夫妻双方发生法律效力。故由此取得的权利由双方共同享有，产生的债务由夫妻双方共同承担。实践中还应当根据该条的规定，对夫妻日常家事代理权的范围进行准确判断。

第三，对夫妻一方以个人名义超出家庭日常生活需要所负的债务，债权人能够举证证明系夫妻共同债务的情形。此种情形强调的是债权人的举证证明责任，能够倒逼债权人在交易时尽到审慎注意义务，也能够避免夫妻一方与他人串通损害另一方合法权益情形的出现。审判实践中，对于如何认定超出"家庭日常生活需要"，可以参考以下标准：（1）债务金额明显超出债务人日常消费水平的；（2）债务发生于夫妻感情不和分居期间或者离婚诉讼期间的；（3）债权人明知债务人从事吸毒、赌博等违法活动仍出借款项的；（4）债权人明知债务人已经大额负债无力偿还仍继续出借款项的。

本条是夫妻共同债务的认定规则，并非囊括了全部的夫妻共同债务类型。比如，根据《民法典》第1168条和第1188条第1款规定，对夫妻因共同侵权所负债务、被监护人侵权所负债务，也属于夫妻共同债务。在依据本条确定为夫妻共同债务的情况下，才能适用《民法典》第1089条关于离婚时夫妻共同债务应当共同偿还的规定。

【关联司法解释】

《最高人民法院关于适用〈中华人民共和国民法典〉婚姻家庭编的解释（一）》

第33条 债权人就一方婚前所负个人债务向债务人的配偶主张权利的，人民法院不予支持。但债权人能够证明所负债务用于婚后家庭共同生活的除外。

第34条 夫妻一方与第三人串通，虚构债务，第三人主张该债务为夫妻共同债务的，人民法院不予支持。

夫妻一方在从事赌博、吸毒等违法犯罪活动中所负债务，第三人主张该债务为夫妻共同债务的，人民法院不予支持。

★ 第35条 当事人的离婚协议或者人民法院生效判决、裁定、调解书已经对夫妻财产分割问题作出处理的，债权人仍有权就夫妻共同债务向男女双方主张权利。

一方就夫妻共同债务承担清偿责任后，主张由另一方按照离婚协议或者人民法院的法律文书承担相应债务的，人民法院应予支持。

【司法解释条文解读】

本条解释基本沿用了原《最高人民法院关于适用〈中华人民共和国婚姻法〉若干问题的解释（二）》第25条的规定，是关于夫妻双方对夫妻共同债务不因离婚而免除责任的规定。根据本条规定，债权人在夫妻双方离婚后，仍可以共同债务为由起诉男女双方，要求男女双方承担连带清偿责任，男女双方以离婚协议约定或生效裁决对夫妻财产进行分割为由抗辩的不能得到支持。夫妻双方对该共同债务的分担已有约定或者关于夫妻共同债务分担的生效裁判在夫妻双方内部产生法律效力。一方在对外承担清偿责任后，可以依约定或生效裁判向另一方追偿。

第36条　夫或者妻一方死亡的，生存一方应当对婚姻关系存续期间的夫妻共同债务承担清偿责任。

第1065条【夫妻约定财产制】

男女双方可以约定婚姻关系存续期间所得的财产以及婚前财产归各自所有、共同所有或者部分各自所有、部分共同所有。约定应当采用书面形式。没有约定或者约定不明确的，适用本法第一千零六十二条、第一千零六十三条的规定。

夫妻对婚姻关系存续期间所得的财产以及婚前财产的约定，对双方具有法律约束力。

夫妻对婚姻关系存续期间所得的财产约定归各自所有，夫或者妻一方对外所负的债务，相对人知道该约定的，以夫或者妻一方的个人财产清偿。

【关联司法解释】

《最高人民法院关于适用〈中华人民共和国民法典〉婚姻家庭编的解释（一）》

第37条　民法典第一千零六十五条第三款所称"相对人知道该约定的"，夫妻一方对此负有举证责任。

★ **第1066条【婚姻关系存续期间夫妻共同财产的分割】**

婚姻关系存续期间，有下列情形之一的，夫妻一方可以向人民法院请求分割共同财产：

（一）一方有隐藏、转移、变卖、毁损、挥霍夫妻共同财产或者伪造夫妻共同债务等严重损害夫妻共同财产利益的行为；

（二）一方负有法定扶养义务的人患重大疾病需要医治，另一方不同意支付相关医疗费用。

【条文解读】

本条是关于婚姻关系存续期间一方请求分割夫妻共同财产的规定。本条主要吸收了原《最高人民法院关于适用〈中华人民共和国婚姻法〉若干问题的解释（三）》第4条规定。

我国夫妻法定财产制为婚后所得共同制，即除另有约定外，婚后夫妻一方所得或双方所得，归夫妻共同所有，且这种共同所有为共同共有关系。《民法典》第303条规定："共有人约定不得分割共有的不动产或者动产，以维持共有关系的，应当按照约定，但是共有人有重大理由需要分割的，可以请求分割；没有约定或者约定不明确的，按份共有人可以随时请求分割，共同共有人在共有的基础丧失或者有重大理由需要分割时可以请求分割。因分割造成其他共有人损害的，应当给予赔偿。"本条即是在夫妻关系存续期间，在不改变共同关系的情况下，对分割夫妻共同财产的情形的规定。

在理解和适用本条规定时应注意三个方面的问题：一是本条是在不解除夫妻关系的前提下分割共同财产，亦不以夫妻关系解除为目的，故应从严把握分割的原则，将允许分割的情形严格限定在本条规定的情形内，不宜类推适用，亦不可扩大解释，以保持夫妻共同共有关系的稳定，维护家庭稳定。二是在适用本条第1项规定时，应强调"故意"状态和"严重损害夫妻共同财产利益"的后果。比如，故意将夫妻共同财产隐匿不让对方知晓，将夫妻共同财产转移至第三人名下故意不让对方知悉等；对于变卖夫妻共同财产，如果只是未达成一致擅自处分共同财产，但价格合理，并将所得款项交回共同财产或用于夫妻共同生活的，不应属于本条规定情形；对于毁损夫妻共同财产，指的是故意损害情形，不包含过失造成的损害。"严重损害"这一情节的认定需要结合行为的性质、共同财产的数额、造成的影响程度等因素判断。比如，一方虽有上述行为，但是金额不大，在共同财产中所占比例很小，不应视为符合本条规定的条件。在适用本条第2项规定时，需注意法定扶养人的范围，应包括抚养、赡养和扶养的对象。比如，兄、姐对未成年弟、妹的扶养义务是有条件的，要求兄、姐有负担能力，且父母已经死亡或者父母无力抚养，如果不符合这种条件，则不属于法定义务。同时，分割夫妻共同财产的条件是扶养义务人患"重大疾病"。对此，有观点认为可以参考《重大疾病保险的疾病定义使用规范》列举的重大疾病，或借鉴保险行业中对重大疾病的划定范围，根据病人实际病情、医疗费用等进行综合判断。一般认为，需要长期治疗、花费较高的疾病，或者直接关涉生命安全的疾病等属于重大疾病。三是对于夫妻一方患重大疾病，另一方不同意支付医疗费用的，根据《民法典》第1059条的规定，夫妻间有相互扶养的义务，故患病方可直接请求另一方支付医疗费、履行法定扶养义务，无需通过本条规定进行救济。

【关联司法解释】

《最高人民法院关于适用〈中华人民共和国民法典〉婚姻家庭编的解释（一）》

第38条 婚姻关系存续期间，除民法典第一千零六十六条规定情形以外，夫妻一方请求分割共同财产的，人民法院不予支持。

第二节 父母子女关系和其他近亲属关系

第1067条【父母的抚养义务和子女的赡养义务】

父母不履行抚养义务的，未成年子女或者不能独立生活的成年子女，有要求父母给付抚养费的权利。

成年子女不履行赡养义务的，缺乏劳动能力或者生活困难的父母，有要求成年子女给付赡养费的权利。

【关联司法解释】

《最高人民法院关于适用〈中华人民共和国民法典〉婚姻家庭编的解释（一）》

第40条 婚姻关系存续期间，夫妻双方一致同意进行人工授精，所生子女应视为婚生子女，父母子女间的权利义务关系适用民法典的有关规定。

第41条 尚在校接受高中及其以下学历教育，或者丧失、部分丧失劳动能力等非因主观原因而无法维持正常生活的成年子女，可以认定为民法典第一千零六十七条规定的"不能独立生活的成年子女"。

第42条 民法典第一千零六十七条所称"抚养费"，包括子女生活费、教育费、医疗费等费用。

第43条 婚姻关系存续期间，父母双方或者一方拒不履行抚养子女义务，未成年子女或者不能独立生活的成年子女请求支付抚养费的，人民法院应予支持。

第1068条【父母教育、保护未成年子女的权利义务】

父母有教育、保护未成年子女的权利和义务。未成年子女造成他人损害的，父母应当依法承担民事责任。

第1069条【子女应尊重父母的婚姻权利】

子女应当尊重父母的婚姻权利，不得干涉父母离婚、再婚以及婚后的生活。子女对父母的赡养义务，不因父母的婚姻关系变化而终止。

第1070条【父母子女相互继承权】

父母和子女有相互继承遗产的权利。

第1071条【非婚生子女的权利】

非婚生子女享有与婚生子女同等的权利，任何组织或者个人不得加以危害和歧视。

不直接抚养非婚生子女的生父或者生母，应当负担未成年子女或者不能独立生活的成年子女的抚养费。

第1072条【继父母与继子女间的权利义务关系】

继父母与继子女间，不得虐待或者歧视。

继父或者继母和受其抚养教育的继子女间的权利义务关系，适用本法关于父母子女关系的规定。

★ 第1073条【亲子关系异议之诉】

对亲子关系有异议且有正当理由的，父或者母可以向人民法院提起诉讼，请求确认或者否认亲子关系。

对亲子关系有异议且有正当理由的，成年子女可以向人民法院提起诉讼，请求确认亲子关系。

【条文解读】

本条是关于亲子关系异议之诉的规定。本条吸收完善了原《最高人民法院关于适用〈中华人民共和国婚姻法〉若干问题的解释（三）》第2条的规定。

关于起诉主体，本条第1款规定，提起诉讼的主体为"父或母"，诉讼请求为"确认或者否认亲子关系"，实践中父母提起亲子关系确认之诉的情形一般包括：一是生父起诉子女，请求确认亲子关系；二是生母起诉生父，请求确认其所生子女与生父具有亲子关系，常见于生母要求生父认领非婚生子女等情形；三是亲生父母起诉子女请求确认亲子关系，常见于子女出生时被抱错或子女被拐卖后寻回等情形。父母提起亲子关系否认之诉的情形一般有：一是离婚诉讼中，女方提出男方与子女不具有亲子关系，以争取对子女的抚养权；二是离婚诉讼中，男方提出与婚姻关系存续期间所生子女不具有亲子关系，请求离婚、不承担抚养子女的义务，或请求赔偿因受骗而支付的抚养费；三是婚姻关系存续期间，夫妻双方或一方认为现有亲子关系有错，请求确认与子女不具有亲子关系。本条第2款规定，提起诉讼的主体限于"成年子女"，这里仅指婚生子女，不包括养子女和继子女。诉讼请求为"确认亲子关系"，即与本条第1款规定不同，成年子女不能请求否认亲子关系。这是因为考虑到现实生活中存在非亲生父母将子女抚养成年的情形，如果允许成年子女提起否认亲子关系之诉，则可能会导致其逃避对父母的赡养义务，不符合传统家庭伦理道德，故进行了相应限制。

关于起诉条件，两款均规定的是"对亲子关系有异议且有正当理由的"。如何认定"有正当理由"，本条没有作出明确规定，需要由人民法院根据案件的具体情况作出判断。一般认为原告有初步的证据支持其主张而不能只是怀疑。比如，提供了专业机构开具的其与子女不存在亲子关系的亲子鉴定书，男方提供的医院出具的无生育能力的证明，男方提供的在妻子怀孕时处于分居状态的证据等。人民法院经审查符合"有正当理由的"，相关方提起的亲子关系异议之诉才能被受理。这主要是因为亲子关系对婚姻家庭关系影响很大，还涉及未成年人合法权益保护，仅凭猜测就随意起诉不利于个体的婚姻家庭稳定，也不利于社会和谐，故对此应持审慎态度。

【关联司法解释】

《最高人民法院关于适用〈中华人民共和国民法典〉婚姻家庭编的解释（一）》

第39条　父或者母向人民法院起诉请求否认亲子关系，并已提供必要证据予以证明，另一方没有相反证据又拒绝做亲子鉴定的，人民法院可以认定否认亲子关系一方的主张成立。

父或者母以及成年子女起诉请求确认亲子关系，并提供必要证据予以证明，另一方没有相反证据又拒绝做亲子鉴定的，人民法院可以认定确认亲子关系一方的主张成立。

第1074条【祖孙之间的抚养赡养义务】

有负担能力的祖父母、外祖父母，对于父母已经死亡或者父母无力抚养的未成年孙子女、外孙子女，有抚养的义务。

有负担能力的孙子女、外孙子女，对于子女已经死亡或者子女无力赡养的祖父母、外祖父母，有赡养的义务。

第1075条【兄弟姐妹间的扶养义务】

有负担能力的兄、姐，对于父母已经死亡或者父母无力抚养的未成年弟、妹，有扶养的义务。

由兄、姐扶养长大的有负担能力的弟、妹，对于缺乏劳动能力又缺乏生活来源的兄、姐，有扶养的义务。

第四章　离婚

第1076条【协议离婚】

夫妻双方自愿离婚的，应当签订书面离婚协议，并亲自到婚姻登记机关申请离婚登记。

离婚协议应当载明双方自愿离婚的意思表示和对子女抚养、财产以及债务处理等事项协商一致的意见。

【关联司法解释】

《最高人民法院关于适用〈中华人民共和国民法典〉婚姻家庭编的解释（一）》

第69条　当事人达成的以协议离婚或者到人民法院调解离婚为条件的财产以及债务处理协议，如果双方离婚未成，一方在离婚诉讼中反悔的，人民法院应当认定该财产以及债务处理协议没有生效，并根据实际情况依照民法典第一千零八十七条和第一千零八十九条的规定判决。

当事人依照民法典第一千零七十六条签订的离婚协议中关于财产以及债务处理的条款，对男女双方具有法律约束力。登记离婚后当事人因履行上述协议发生纠纷提起诉讼的，人民法院应当受理。

第70条　夫妻双方协议离婚后就财产分割问题反悔，请求撤销财产分割协议的，人民法院应当受理。

人民法院审理后，未发现订立财产分割协议时存在欺诈、胁迫等情形的，应当依法驳回当事人的诉讼请求。

【其他关联规定】

《中华人民共和国妇女权益保障法》

第71条　女方丧失生育能力的，在离婚处理子女抚养问题时，应当在最有利于未成年子女的条件下，优先考虑女方的抚养要求。

★ 第1077条【离婚冷静期】

自婚姻登记机关收到离婚登记申请之日起三十日内，任何一方不愿意离婚的，可以向婚姻登记机关撤回离婚登记申请。

前款规定期限届满后三十日内，双方应当亲自到婚姻登记机关申请发给离婚证；未申请的，视为撤回离婚登记申请。

【条文解读】

本条是关于登记离婚冷静期的规定。本条是《民法典》新增条文。

本条是立法在坚持离婚自由原则下，在协议离婚程序中增加的夫妻在向婚姻登记机关提交离婚申请后法定期限内冷静思考离婚问题，期限届满后再行决定是否离婚的规定。

根据本条第1款规定，婚姻登记机关在收到夫妻离婚登记申请之日起30日内不办理离婚登记手续。该期间内夫妻一方均可基于自身意愿申请撤回离婚登记。由此，该30日是不变期间，也被称为典型的离婚冷静期。根据本条第2款规定，在上述30日离婚冷静期届满后的30日内，如果夫妻双方亲自到婚姻登记机关申请发给离婚证，婚姻登记机关经审查符合离婚登记条件的，应当发给离婚证；如果双方没有提出申请的，视为撤回离婚登记申请，不再办理离婚登记；如果夫妻有一方未到场提出申请的，视为双方未达成一致，不适用协议离婚的行政程序。

实践中需要注意的是，法律虽没有规定诉讼离婚中的冷静期制度，但实践中，各地法院有探索离婚冷静期在审判中的应用。《最高人民法院关于进一步深化家事审判方式和工作机制改革的意见（试行）》第40条规定："人民法院审理离婚案件，经双方当事人同意，可以设置不超过3个月的冷静期。在冷静期内，人民法院可以根据案件情况开展调解、家事调查、心理疏导等工作。冷静期结束，人民法院应通知双方当事人。"据此，法院在审理离婚诉讼案件中，为了避免当事人冲动、草率离婚，根据案件的不同情况，以当事人双方同意为前提，可以考虑参照上述规定采取冷静期的方式，给予夫妻双方合理的考虑期限，并在该期限内开展适当的调查、调解等工作，从而进一步查明事实，对是否准予离婚作出精准判断。

第1078条【离婚登记】

婚姻登记机关查明双方确实是自愿离婚，并已经对子女抚养、财产以及债务处理等事项协商一致的，予以登记，发给离婚证。

第1079条【诉讼离婚】

夫妻一方要求离婚的，可以由有关组织进行调解或者直接向人民法院提起离婚诉讼。

人民法院审理离婚案件，应当进行调解；如果感情确已破裂，调解无效的，应当准予离婚。

有下列情形之一，调解无效的，应当准予离婚：

（一）重婚或者与他人同居；

（二）实施家庭暴力或者虐待、遗弃家庭成员；

（三）有赌博、吸毒等恶习屡教不改；

（四）因感情不和分居满二年；

（五）其他导致夫妻感情破裂的情形。

一方被宣告失踪，另一方提起离婚诉讼的，应当准予离婚。

经人民法院判决不准离婚后，双方又分居满一年，一方再次提起离婚诉讼的，应当准予离婚。

【关联司法解释】

《最高人民法院关于适用〈中华人民共和国民法典〉婚姻家庭编的解释（一）》

第1条　持续性、经常性的家庭暴力，可以认定为民法典第一千零四十二条、第一千零七十九条、第一千零九十一条所称的"虐待"。

第2条　民法典第一千零四十二条、第一千零七十九条、第一千零九十一条规定的"与他人同居"的情形，是指有配偶者与婚外异性，不以夫妻名义，持续、稳定地共同居住。

第3条 当事人提起诉讼仅请求解除同居关系的，人民法院不予受理；已经受理的，裁定驳回起诉。

当事人因同居期间财产分割或者子女抚养纠纷提起诉讼的，人民法院应当受理。

第13条 人民法院就同一婚姻关系分别受理了离婚和请求确认婚姻无效案件的，对于离婚案件的审理，应当待请求确认婚姻无效案件作出判决后进行。

第23条 夫以妻擅自中止妊娠侵犯其生育权为由请求损害赔偿的，人民法院不予支持；夫妻双方因是否生育发生纠纷，致使感情确已破裂，一方请求离婚的，人民法院经调解无效，应依照民法典第一千零七十九条第三款第五项的规定处理。

第62条 无民事行为能力人的配偶有民法典第三十六条第一款规定行为，其他有监护资格的人可以要求撤销其监护资格，并依法指定新的监护人；变更后的监护人代理无民事行为能力一方提起离婚诉讼的，人民法院应予受理。

第63条 人民法院审理离婚案件，符合民法典第一千零七十九条第三款规定"应当准予离婚"情形的，不应当因当事人有过错而判决不准离婚。

《最高人民法院关于适用〈中华人民共和国民法典〉时间效力的若干规定》

第22条 民法典施行前，经人民法院判决不准离婚后，双方又分居满一年，一方再次提起离婚诉讼的，适用民法典第一千零七十九条第五款的规定。

第1080条【婚姻关系解除时间】

完成离婚登记，或者离婚判决书、调解书生效，即解除婚姻关系。

第1081条【军婚的保护】

现役军人的配偶要求离婚，应当征得军人同意，但是军人一方有重大过错的除外。

【关联司法解释】

《最高人民法院关于适用〈中华人民共和国民法典〉婚姻家庭编的解释（一）》

第64条 民法典第一千零八十一条所称的"军人一方有重大过错"，可以依据民法典第一千零七十九条第三款前三项规定及军人有其他重大过错导致夫妻感情破裂的情形予以判断。

第1082条【男方离婚诉权的限制】

女方在怀孕期间、分娩后一年内或者终止妊娠后六个月内，男方不得提出离婚；但是，女方提出离婚或者人民法院认为确有必要受理男方离婚请求的除外。

【其他关联规定】

《中华人民共和国妇女权益保障法》

第64条 女方在怀孕期间、分娩后一年内或者终止妊娠后六个月内，男方不得提出离婚；但是，女方提出离婚或者人民法院认为确有必要受理男方离婚请求的除外。

第1083条【复婚登记】

离婚后，男女双方自愿恢复婚姻关系的，应当到婚姻登记机关重新进行结婚登记。

第1084条【离婚后的父母子女关系】

父母与子女间的关系，不因父母离婚而消除。离婚后，子女无论由父或者母直接抚养，仍是父母双方的子女。

离婚后，父母对于子女仍有抚养、教育、保护的权利和义务。

离婚后，不满两周岁的子女，以由母亲直接抚养为原则。已满两周岁的子女，父母双方对抚养问题协议不成的，由人民法院根据双方的具体情况，按照最有利于未成年子女的原则判决。子女已满八周岁的，应当尊重其真实意愿。

【关联司法解释】

《最高人民法院关于适用〈中华人民共和国民法典〉婚姻家庭编的解释（一）》

第44条 离婚案件涉及未成年子女抚养的，对不满两周岁的子女，按照民法典第一千零八十四条第三款规定的原则处理。母亲有下列情形之一，父亲请求直接抚养的，人民法院应予支持：

（一）患有久治不愈的传染性疾病或者其他严重疾病，子女不宜与其共同生活；

（二）有抚养条件不尽抚养义务，而父亲要求子女随其生活；

（三）因其他原因，子女确不宜随母亲生活。

第45条 父母双方协议不满两周岁子女由父亲直接抚养，并对子女健康成长无不利影响的，人民法院应予支持。

第46条 对已满两周岁的未成年子女，父母均要求直接抚养，一方有下列情形之一的，可予优先考虑：

（一）已做绝育手术或者因其他原因丧失生育能力；

（二）子女随其生活时间较长，改变生活环境对子女健康成长明显不利；

（三）无其他子女，而另一方有其他子女；

（四）子女随其生活，对子女成长有利，而另一方患有久治不愈的传染性疾病或者其他严重疾病，或者有其他不利于子女身心健康的情形，不宜与子女共同生活。

第47条　父母抚养子女的条件基本相同，双方均要求直接抚养子女，但子女单独随祖父母或者外祖父母共同生活多年，且祖父母或者外祖父母要求并且有能力帮助子女照顾孙子女或者外孙子女的，可以作为父或者母直接抚养子女的优先条件予以考虑。

第48条　在有利于保护子女利益的前提下，父母双方协议轮流直接抚养子女的，人民法院应予支持。

第54条　生父与继母离婚或者生母与继父离婚时，对曾受其抚养教育的继子女，继父或者继母不同意继续抚养的，仍应由生父或者生母抚养。

第55条　离婚后，父母一方要求变更子女抚养关系的，或者子女要求增加抚养费的，应当另行提起诉讼。

第56条　具有下列情形之一，父母一方要求变更子女抚养关系的，人民法院应予支持：

（一）与子女共同生活的一方因患严重疾病或者因伤残无力继续抚养子女；

（二）与子女共同生活的一方不尽抚养义务或有虐待子女行为，或者其与子女共同生活对子女身心健康确有不利影响；

（三）已满八周岁的子女，愿随另一方生活，该方又有抚养能力；

（四）有其他正当理由需要变更。

第57条　父母双方协议变更子女抚养关系的，人民法院应予支持。

第60条　在离婚诉讼期间，双方均拒绝抚养子女的，可以先行裁定暂由一方抚养。

第61条　对拒不履行或者妨害他人履行生效判决、裁定、调解书中有关子女抚养义务的当事人或者其他人，人民法院可依照民事诉讼法第一百一十一条①的规定采取强制措施。

第1085条【离婚后子女抚养费的负担】

离婚后，子女由一方直接抚养的，另一方应当负担部分或者全部抚养

---

① 现为第114条。

费。负担费用的多少和期限的长短，由双方协议；协议不成的，由人民法院判决。

前款规定的协议或者判决，不妨碍子女在必要时向父母任何一方提出超过协议或者判决原定数额的合理要求。

【关联司法解释】

《最高人民法院关于适用〈中华人民共和国民法典〉婚姻家庭编的解释（一）》

第49条 抚养费的数额，可以根据子女的实际需要、父母双方的负担能力和当地的实际生活水平确定。

有固定收入的，抚养费一般可以按其月总收入的百分之二十至三十的比例给付。负担两个以上子女抚养费的，比例可以适当提高，但一般不得超过月总收入的百分之五十。

无固定收入的，抚养费的数额可以依据当年总收入或者同行业平均收入，参照上述比例确定。

有特殊情况的，可以适当提高或者降低上述比例。

第50条 抚养费应当定期给付，有条件的可以一次性给付。

第51条 父母一方无经济收入或者下落不明的，可以用其财物折抵抚养费。

第52条 父母双方可以协议由一方直接抚养子女并由直接抚养方负担子女全部抚养费。但是，直接抚养方的抚养能力明显不能保障子女所需费用，影响子女健康成长的，人民法院不予支持。

第53条 抚养费的给付期限，一般至子女十八周岁为止。

十六周岁以上不满十八周岁，以其劳动收入为主要生活来源，并能维持当地一般生活水平的，父母可以停止给付抚养费。

第58条 具有下列情形之一，子女要求有负担能力的父或者母增加抚养费的，人民法院应予支持：

（一）原定抚养费数额不足以维持当地实际生活水平；

（二）因子女患病、上学，实际需要已超过原定数额；

（三）有其他正当理由应当增加。

第59条 父母不得因子女变更姓氏而拒付子女抚养费。父或者母擅自将子女姓氏改为继母或继父姓氏而引起纠纷的，应当责令恢复原姓氏。

第1086条【父母的探望权】

离婚后，不直接抚养子女的父或者母，有探望子女的权利，另一方有协助的义务。

行使探望权利的方式、时间由当事人协议；协议不成的，由人民法院判决。

父或者母探望子女，不利于子女身心健康的，由人民法院依法中止探望；中止的事由消失后，应当恢复探望。

【关联司法解释】

《最高人民法院关于适用〈中华人民共和国民法典〉婚姻家庭编的解释（一）》

第65条 人民法院作出的生效的离婚判决中未涉及探望权，当事人就探望权问题单独提起诉讼的，人民法院应予受理。

第66条 当事人在履行生效判决、裁定或者调解书的过程中，一方请求中止探望的，人民法院在征询双方当事人意见后，认为需要中止探望的，依法作出裁定；中止探望的情形消失后，人民法院应当根据当事人的请求书面通知其恢复探望。

第67条 未成年子女、直接抚养子女的父或者母以及其他对未成年子女负担抚养、教育、保护义务的法定监护人，有权向人民法院提出中止探望的请求。

第68条 对于拒不协助另一方行使探望权的有关个人或者组织，可以由人民法院依法采取拘留、罚款等强制措施，但是不能对子女的人身、探望行为进行强制执行。

★ **第1087条【离婚时夫妻共同财产的处理】**

离婚时，夫妻的共同财产由双方协议处理；协议不成的，由人民法院根据财产的具体情况，按照照顾子女、女方和无过错方权益的原则判决。

对夫或者妻在家庭土地承包经营中享有的权益等，应当依法予以保护。

【条文解读】

本条是关于离婚时夫妻共同财产处理的方式和原则的规定。本条在原《婚姻法》第39条规定的基础上，增加了照顾无过错方权益的处理原则。

关于离婚时夫妻共同财产的处理方式，首先，由夫妻双方协商确定，充分尊重双方当事人的意思自治。对此，《最高人民法院关于适用〈中华人民共和国民法典〉婚姻家庭编的解释（一）》第69条第2款也明确规定，当事人签订的离婚协议中关于财产及债务处理的条款，对男女双方具有法律约束力；第70条规定，夫妻双方协议离婚后就财产分割问题反悔，请求撤销财产分割协议的，人民法院应当受理。人民法院审理后，未发现订立财产分割协议时存在欺诈、胁迫等情形的，应当依法驳回当事人的诉讼请求。其次，对于夫妻双方协商不成的，由人民法院根据法定的原则判决分割。对于分割的原则，考虑到子女利益最大化以及夫妻双方家庭分工不同、女性在家庭中投入较多导致自我发展不足等社会环境因素，本条规定了照顾子女、女方权益的分割原则。同时，为了充分保护婚姻关系中的无过错方利益，加大对过错方的惩罚力度，本条还规定了照顾无过错方权益的分割原则，如存在重婚、家庭暴力、遗弃等情况，应当适当多分一些财产给予无过错方。

本条虽未规定"均等"原则，但根据《民法典》关于共同共有制度以及婚姻家庭编夫妻共同财产制度的规定，夫妻共同财产是共同共有关系，一般认为该共同共有关系本身包含有分割均等的含义，因此，人民法院在分割夫妻共同财产时，应注意到均等分割的含义，然后按照照顾子女、女方和无过错方权益的原则进行判决。

为了节约资源、物尽其用，在分割夫妻共同财产时，还需要根据待分割财产的具体状态、性质和用途等属性，尽量使财产在双方间的分配有利于当事人的生产、经营和生活，不损害财产的效用和经济价值。

关于农村土地承包经营权的保护。由于我国实行家庭联产承包责任制，承包土地以户为单位签订合同享有权利，因此，在离婚后，也应充分保护双方在家庭承包地中享有的权益。

【关联司法解释】

《最高人民法院关于适用〈中华人民共和国民法典〉婚姻家庭编的解释（一）》

第69条 当事人达成的以协议离婚或者到人民法院调解离婚为条件的财产以及债务处理协议，如果双方离婚未成，一方在离婚诉讼中反悔的，人民法院应当认定该财产以及债务处理协议没有生效，并根据实际情况依照民法典第一千零八十七条和第一千零八十九条的规定判决。

当事人依照民法典第一千零七十六条签订的离婚协议中关于财产以及债务处理的条款，对男女双方具有法律约束力。登记离婚后当事人因履行上述协议发生纠纷提起诉讼的，人民法院应当受理。

★ **第70条** 夫妻双方协议离婚后就财产分割问题反悔，请求撤销财产分割协议的，人民法院应当受理。

人民法院审理后，未发现订立财产分割协议时存在欺诈、胁迫等情形的，应当依法驳回当事人的诉讼请求。

【司法解释条文解读】

本条是关于夫妻双方协议离婚后就达成的财产分割协议享有撤销权的规定。对于"夫妻双方协议离婚后"应是指夫妻双方在婚姻登记机关办理离婚登记手续而离婚，不包括夫妻双方通过诉讼以调解方式结案而离婚的情形。这是因为婚姻登记机关对男女双方提交的离婚协议只是形式审查，对协议签订过程是否有欺诈、胁迫等情形并不审查，如果离婚协议签订后当事人主张存在上述情形的，应当给与一定的救济途径。但离婚调解协议是夫妻双方在法官的主持下达成，或者由法官对协议是否系双方真实意思表示、内容是否违反法律禁止性规定进行过审查，具有法律效力，故是不允许当事人另诉请求撤销的。《民事诉讼法》赋予了通过审判监督程序撤销调解书的程序和条件，因此，本条规定的撤销权对象仅指登记离婚达成的财产分割协议。

对于行使权利的期间，与原《最高人民法院关于适用〈中华人民共和国婚姻法〉若干问题的解释（二）》第9条规定的"男女双方协议离婚后一年内"的不变期间不同，本条未作明确规定，但根据撤销权的性质，应适用《民法典》总则编关于行使撤销权除斥期间的规定。根据《民法典》第152条规定，在受欺诈情形下，应当在知道或者应当知道欺诈事由之日起1年内行使；在受胁迫的情形下，应当在胁迫行为终了之日起1年内行使。由于离婚财产分割协议是以离婚为条件，根据《民法典》第152条第2款规定精神，自离婚之日起5年内没有行使撤销权的，撤销权即消灭。

对于"存在欺诈、胁迫等情形"的理解，一般认为除列举的欺诈、胁迫外，还包含《民法典》规定的显失公平、重大误解等情形。但应当注意的是，婚姻关系的本质是一种身份关系，离婚时所涉财产分割协议不可避免地存在感情因素，不同于一般的民事合同，故对于"欺诈、胁迫、显失公平"等的理解，不能仅作纯粹的经济利益考量，不能以等价有偿作为唯一标准，而应持严格审慎的态度。比如，一方在感情的支配下，或者考虑子女抚养问题，答应将共同财产的大部分给与另一方；有的为了获得配偶同意迅速离婚，答应将共同财产的大部分或全部给与对方，在上述情形下，一方以协议显失公平为由请求法院撤销的，就不应得到支持。

第71条 人民法院审理离婚案件，涉及分割发放到军人名下的复员费、自主择业费等一次性费用的，以夫妻婚姻关系存续年限乘以年平均值，所得数额为夫妻共同财产。

前款所称年平均值，是指将发放到军人名下的上述费用总额按具体年限均分得出的数额。其具体年限为人均寿命七十岁与军人入伍时实际年龄的差额。

第72条 夫妻双方分割共同财产中的股票、债券、投资基金份额等有价证券以及未上市股份有限公司股份时，协商不成或者按市价分配有困难的，人民法院可以根据数量按比例分配。

第73条 人民法院审理离婚案件，涉及分割夫妻共同财产中以一方名义在有限责任公司的出资额，另一方不是该公司股东的，按以下情形分别处理：

（一）夫妻双方协商一致将出资额部分或者全部转让给该股东的配偶，其他股东过半数同意，并且其他股东均明确表示放弃优先购买权的，该股东的配偶可以成为该公司股东；

（二）夫妻双方就出资额转让份额和转让价格等事项协商一致后，其他股东半数以上不同意转让，但愿意以同等条件购买该出资额的，人民法院可以对转让出资所得财产进行分割。其他股东半数以上不同意转让，也不愿意以同等条件购买该出资额的，视为其同意转让，该股东的配偶可以成为该公司股东。

用于证明前款规定的股东同意的证据，可以是股东会议材料，也可以是当事人通过其他合法途径取得的股东的书面声明材料。

第74条 人民法院审理离婚案件，涉及分割夫妻共同财产中以一方名义在合伙企业中的出资，另一方不是该企业合伙人的，当夫妻双方协商一致，将其合伙企业中的财产份额全部或者部分转让给对方时，按以下情形分别处理：

（一）其他合伙人一致同意的，该配偶依法取得合伙人地位；

（二）其他合伙人不同意转让，在同等条件下行使优先购买权的，可以对转让所得的财产进行分割；

（三）其他合伙人不同意转让，也不行使优先购买权，但同意该合伙人退伙或者削减部分财产份额的，可以对结算后的财产进行分割；

（四）其他合伙人既不同意转让，也不行使优先购买权，又不同意该合伙人退伙或者削减部分财产份额的，视为全体合伙人同意转让，该配偶依法取得合伙人地位。

第75条 夫妻以一方名义投资设立个人独资企业的，人民法院分割夫妻在该个人独资企业中的共同财产时，应当按照以下情形分别处理：

（一）一方主张经营该企业的，对企业资产进行评估后，由取得企业资产所有权一方给予另一方相应的补偿；

（二）双方均主张经营该企业的，在双方竞价基础上，由取得企业资产所有权的一方给予另一方相应的补偿；

（三）双方均不愿意经营该企业的，按照《中华人民共和国个人独资企业法》等有关规定办理。

第76条 双方对夫妻共同财产中的房屋价值及归属无法达成协议时，人民法院按以下情形分别处理：

（一）双方均主张房屋所有权并且同意竞价取得的，应当准许；

（二）一方主张房屋所有权的，由评估机构按市场价格对房屋作出评估，取得房屋所有权的一方应当给予另一方相应的补偿；

（三）双方均不主张房屋所有权的，根据当事人的申请拍卖、变卖房屋，就所得价款进行分割。

第77条 离婚时双方对尚未取得所有权或者尚未取得完全所有权的房屋有争议且协商不成的，人民法院不宜判决房屋所有权的归属，应当根据实际情况判决由当事人使用。

当事人就前款规定的房屋取得完全所有权后,有争议的,可以另行向人民法院提起诉讼。

第78条 夫妻一方婚前签订不动产买卖合同,以个人财产支付首付款并在银行贷款,婚后用夫妻共同财产还贷,不动产登记于首付款支付方名下的,离婚时该不动产由双方协议处理。

依前款规定不能达成协议的,人民法院可以判决该不动产归登记一方,尚未归还的贷款为不动产登记一方的个人债务。双方婚后共同还贷支付的款项及其相对应财产增值部分,离婚时应根据民法典第一千零八十七条第一款规定的原则,由不动产登记一方对另一方进行补偿。

第79条 婚姻关系存续期间,双方用夫妻共同财产出资购买以一方父母名义参加房改的房屋,登记在一方父母名下,离婚时另一方主张按照夫妻共同财产对该房屋进行分割的,人民法院不予支持。购买该房屋时的出资,可以作为债权处理。

第80条 离婚时夫妻一方尚未退休、不符合领取基本养老金条件,另一方请求按照夫妻共同财产分割基本养老金的,人民法院不予支持;婚后以夫妻共同财产缴纳基本养老保险费,离婚时一方主张将养老金账户中婚姻关系存续期间个人实际缴纳部分及利息作为夫妻共同财产分割的,人民法院应予支持。

第81条 婚姻关系存续期间,夫妻一方作为继承人依法可以继承的遗产,在继承人之间尚未实际分割,起诉离婚时另一方请求分割的,人民法院应当告知当事人在继承人之间实际分割遗产后另行起诉。

第82条 夫妻之间订立借款协议,以夫妻共同财产出借给一方从事个人经营活动或者用于其他个人事务的,应视为双方约定处分夫妻共同财产的行为,离婚时可以按照借款协议的约定处理。

第83条 离婚后,一方以尚有夫妻共同财产未处理为由向人民法院起诉请求分割的,经审查该财产确属离婚时未涉及的夫妻共同财产,人民法院应当依法予以分割。

★ **第1088条【离婚经济补偿】**

夫妻一方因抚育子女、照料老年人、协助另一方工作等负担较多义务的，离婚时有权向另一方请求补偿，另一方应当给予补偿。具体办法由双方协议；协议不成的，由人民法院判决。

【条文解读】

本条是关于夫妻一方在离婚时在法定情形下享有经济补偿权利的规定。本条对原《婚姻法》第40条进行了修改，将经济补偿范围由夫妻约定财产制扩大到包含夫妻法定和约定财产制情形。

根据本条规定，请求经济补偿的条件是在婚姻关系存续期间负担了较多的家庭义务，主要表现为家庭劳动，包括本条列举的抚育子女、照料老人、协助一方工作等，还包含为自己和家庭日常生活所作的活动，如做饭、打扫房屋、整理物品。判断是否承担了较多义务，需要结合一方在家庭义务上付出的时间成本、精力成本、效益效果等综合判断。

关于权利行使，本条规定，"有权向另一方请求补偿"，即以当事人提出请求补偿为前提，法院不得主动适用，但必要时法院可以向当事人释明相关权利由当事人决定是否提出。

关于权利行使时间，本条规定为"离婚时"，应理解为男女协议离婚时或者诉讼离婚过程中。如果是在婚姻关系存续期间或者离婚后提出的，人民法院不应受理。

关于行使的方式，首先由男女双方进行协商确定，充分贯彻当事人意思自治原则；协商不成时，可以就此提起离婚经济补偿诉讼，也可在相应离婚诉讼中一并主张。

关于离婚经济补偿数额的认定。由于劳动内容的纷繁复杂、难以量化计算，在确定离婚经济补偿数额时需要全面考虑家务劳动的特点及产生的效益，使补偿数额与一方付出的劳动、产生的价值相匹配。一般认为从以下方面考虑：（1）家务劳动的时间。除家务劳动本身的时间长短，还需考虑婚姻关系持续时间的长短，时间越长，补偿数额应相应增加。（2）投入家务劳动的精力，既包括有形的家务体力劳动，如打扫房屋、照看老人等，还包括无形的精神关怀，如陪伴孩子写作业、日常家庭教育等。根据劳动的强度、复杂程度等确定补偿数额。（3）家务劳动的效益，既包括直接产生的效益，也包括间接带来的环境改善、关系和谐、损失避免等。（4）因负担较多家庭义务造成的个人机会损失等。一方出于对家庭发展的考虑，付出较多精力从事家务劳动，导致个人工作机会放弃、个人自我发展限缩，或辅助另一方获得其学历学位、工作晋升、专业资格等无形财产利益方面，均应作为经济补偿的因素进行考量，才能更为合理公平。另外，对于经济补偿的支取，应当从承担支付义务一方的个人财产或其分得的共同财产中支取，不能采取在夫妻共同财产分割前预先扣除经济补偿金的方式，否则难以起到对负担较多义务一方的救济和补偿作用。

【其他关联规定】

《中华人民共和国妇女权益保障法》

第68条　夫妻双方应当共同负担家庭义务，共同照顾家庭生活。

女方因抚育子女、照料老人、协助男方工作等负担较多义务的，有权在离婚时要求男方予以补偿。补偿办法由双方协议确定；协议不成的，可以向人民法院提起诉讼。

第1089条【离婚时夫妻共同债务清偿】

离婚时，夫妻共同债务应当共同偿还。共同财产不足清偿或者财产归各自所有的，由双方协议清偿；协议不成的，由人民法院判决。

★ 第1090条【离婚经济帮助】

离婚时，如果一方生活困难，有负担能力的另一方应当给予适当帮助。具体办法由双方协议；协议不成的，由人民法院判决。

【条文解读】

本条是关于离婚时有负担能力的一方给予生活困难的另一方适当经济帮助的规定。本条对原《婚姻法》第42条进行了修改，增加了另一方"有负担能力"为提供经济帮助的条件，删除"应从其住房等个人财产中"给予帮助的财产范围限制。

根据本条规定，离婚经济帮助的适用情形是一方生活困难。对于生活困难的理解，本条及《最高人民法院关于适用〈中华人民共和国民法典〉婚姻家庭编的解释（一）》没有作具体规定，原《最高人民法院关于适用〈中华人民共和国婚姻法〉若干问题的解释（一）》第27条第1款、第2款规定："婚姻法第四十二条所称'一方生活困难'，是指依靠个人财产和离婚时分得的财产无法维持当地基本生活水平。一方离婚后没有住处的，属于生活困难。"该条司法解释虽已废除，但从中可以看出对生活困难的认定采取较为严格的标准，即离婚经济帮助制度旨在保护一方的基本生存权益，对一方因离婚而发生的基本生存权益没有保障所提供的救济。因此，在实践中需要结合案件的实际情况，具体问题具体分析认定。一般认为可通过以下情形判断：一是一方患病，个人财产和分割的财产不足以满足其基本医疗需求，生活无法维持当地基本生活水平；二是一方缺乏或丧失劳动能力，没有收入来源或收入来源低于当地最低工资水平，个人财产、分割的财产及收入不足以维持当地基本生活水平；三是没有住处的，包括没有所有或租住的房屋，但如果其分割的财产或个人财产足以承租房屋、维持当地生活水平的，就不宜认定为生活困难。

根据本条规定，离婚经济帮助的前提条件是另一方有负担能力。这是为了避免适用经济帮助可能出现导致另一方也发生生活困难的情况。

除以上两个条件之外，离婚经济帮助不附加其他任何条件，即无论是协议离婚还是诉讼离婚，无论生活困难方是否对离婚具有过错、是否付出了较多家庭义务等，无论是夫妻约定分别财产制还是共同财产制，都不影响对生活困难方提供经济帮助。因此，也有观点认为，在离婚经济帮助制度、家务劳动补偿制度和离婚损害赔偿制度共同构成的我国三大离婚救济制度中，离婚经济补偿制度具有兜底条款的性质，起着保障男女弱势一方基本生存权益的重要作用。

对于经济帮助的方式，可以根据一方生活困难的具体情况，采取现金、劳务、实物帮助的形式。但应当注意的是，不能将经济帮助作为无限期的生存手段，对于一次性支付金钱帮助之外的定期帮助、居住帮助等情形，应当对帮助的时间、条件等作相应的限制。在期限届满、一方恢复维持基本生活水平能力或另一方无力负担时，应停止帮助义务，以维护公平原则。

★ **第1091条【离婚损害赔偿】**

有下列情形之一，导致离婚的，无过错方有权请求损害赔偿：

（一）重婚；

（二）与他人同居；

（三）实施家庭暴力；

（四）虐待、遗弃家庭成员；

（五）有其他重大过错。

【条文解读】

本条是关于离婚损害赔偿制度的规定。本条对原《婚姻法》第46条进行了修改，在列举性规定之后增加了"有其他重大过错"的概括性规定，扩大了离婚损害赔偿制度的适用范围。

离婚损害赔偿请求权的适用应包含以下条件：

第一，一方实施了妨害婚姻关系的违法行为。该违法行为包括本条规定的重婚、与他人同居、实施家庭暴力、虐待遗弃家庭成员和其他重大过错的情形。对于构成重大过错的认定，本条和《最高人民法院关于适用〈中华人民共和国民法典〉婚姻家庭编的解释（一）》均未作明确规定，实践中一般认为包含对配偶一方的身心产生巨大伤害的情形，例如，一方与他人通奸生育子女，虽不构成重婚或与他人同居，但对配偶一方造成严重感情伤害的；

男方强奸共同生活的继女，导致夫妻感情破裂离婚的；一方有吸毒、赌博等恶习屡教不改的情形，对另一方的心理造成严重伤害的，可认定为重大过错。

第二，行为人对离婚存在过错。夫妻一方对实施上述违法行为存在主观上的过错，且该过错须是导致夫妻双方离婚的原因。如果虽有过错但未离婚或者非因此导致离婚的，则不能适用离婚损害赔偿。《最高人民法院关于适用〈中华人民共和国民法典〉婚姻家庭编的解释（一）》第87条就规定，当事人不起诉离婚而单独提起损害赔偿的，法院不予受理；法院判决不准离婚的案件，对当事人提出的损害赔偿也不予支持。

第三，另一方没有过错。根据本条规定，仅有"无过错方有权请求损害赔偿"，即如果双方对离婚均有过错的，例如，夫妻一方与他人同居，而另一方实施家庭暴力或也存在与他人通奸等情形的，则均不得请求离婚损害赔偿。由此，离婚损害赔偿不同于一般的民事侵权，不存在过错相抵的问题。

第四，相关违法行为造成了损害后果。只有损害行为给无过错方实际造成了损害，才构成对其合法权益的侵犯而应当给予赔偿。根据《最高人民法院关于适用〈中华人民共和国民法典〉婚姻家庭编的解释（一）》第86条规定，损害后果包括物质损害，如家庭暴力造成的身体伤害而产生的医疗费用等，也包括精神损害，如造成无过错方精神压力、精神抑郁等。应注意的是，对家庭暴力并不以造成实际身体损害为必要，因为实施暴力行为也会对无过错方造成精神恐惧等损害。另外，关于离婚损害赔偿的权利主体只能是夫妻双方中的无过错一方，对于因虐待、遗弃家庭成员而导致离婚的情形，请求离婚损害赔偿的主体不能扩大到子女和家庭成员，对其所受人身损害的保护应按照《民法典》侵权责任编的相关规定寻找救济途径。

【关联司法解释】

《最高人民法院关于适用〈中华人民共和国民法典〉婚姻家庭编的解释（一）》

第1条 持续性、经常性的家庭暴力，可以认定为民法典第一千零四十二条、第一千零七十九条、第一千零九十一条所称的"虐待"。

第2条 民法典第一千零四十二条、第一千零七十九条、第一千零九十一条规定的"与他人同居"的情形，是指有配偶者与婚外异性，不以夫妻名义，持续、稳定地共同居住。

第86条 民法典第一千零九十一条规定的"损害赔偿"，包括物质损害赔偿和精神损害赔偿。涉及精神损害赔偿的，适用《最高人民法院关于确定民事侵权精神损害赔偿责任若干问题的解释》的有关规定。

第87条 承担民法典第一千零九十一条规定的损害赔偿责任的主体，为离婚诉讼当事人中无过错方的配偶。

人民法院判决不准离婚的案件，对于当事人基于民法典第一千零九十一条提出的损害赔偿请求，不予支持。

在婚姻关系存续期间，当事人不起诉离婚而单独依据民法典第一千零九十一条提起损害赔偿请求的，人民法院不予受理。

第88条 人民法院受理离婚案件时，应当将民法典第一千零九十一条等规定中当事人的有关权利义务，书面告知当事人。在适用民法典第一千零九十一条时，应当区分以下不同情况：

（一）符合民法典第一千零九十一条规定的无过错方作为原告基于该条规定向人民法院提起损害赔偿请求的，必须在离婚诉讼的同时提出。

（二）符合民法典第一千零九十一条规定的无过错方作为被告的离婚诉讼案件，如果被告不同意离婚也不基于该条规定提起损害赔偿请求的，可以就此单独提起诉讼。

（三）无过错方作为被告的离婚诉讼案件，一审时被告未基于民法典第一千零九十一条规定提出损害赔偿请求，二审期间提出的，人民法院应当进行调解；调解不成的，告知当事人另行起诉。双方当事人同意由第二审人民法院一并审理的，第二审人民法院可以一并裁判。

★ **第89条** 当事人在婚姻登记机关办理离婚登记手续后，以民法典第一千零九十一条规定为由向人民法院提出损害赔偿请求的，人民法院应当受理。但当事人在协议离婚时已经明确表示放弃该项请求的，人民法院不予支持。

【司法解释条文解读】

本条是关于登记离婚后能否再请求损害赔偿的规定。本条的规定与上述第88条关于离婚诉讼中提起损害赔偿的条件的规定，共同构成了离婚后的损害赔偿请求。根据本条规定，当事人在婚姻登记机关办理离婚登记手续后，仍有权提出损害赔偿请求，但当事人在协议离婚时明确表示放弃该项请求的，人民法院不予支持。

关于权利的行使期间，原《最高人民法院关于适用〈中华人民共和国婚姻法〉若干问题的解释（一）》第30条、原《最高人民法院关于适用〈中华人民共和国婚姻法〉若干问题的解释（二）》第27条，均规定了自离婚后1年内提出的除斥期间。本条及上述第88条均删除了该1年期的规定，但并不意味着该权利的行使不受任何期间限制，需要根据请求权的性质适用《民法典》相关规定。损害赔偿请求权本质上属于债权请求权，因此，应当适用《民法典》总则编关于诉讼时效制度的规范。根据《民法典》第188条的规定，该请求权的诉讼时效期间为3年，自无过错方知道或者应当知道其权利受损害之日起计算。实践中，无过错方可能在婚姻关系存续期间知道另一方存在《民法典》第1091条规定的情形，但当时双方并未离婚，而是间隔了一段时间才离婚，在此情况下，由于离婚损害赔偿以离婚为条件，以离婚之日作为起算点更合理。同时，为了维护社会秩序的稳定，该权利的行使也应受20年最长诉讼时效的规范。

第90条 夫妻双方均有民法典第一千零九十一条规定的过错情形，一方或者双方向对方提出离婚损害赔偿请求的，人民法院不予支持。

★ **第1092条【一方侵害夫妻共同财产的法律后果】**

夫妻一方隐藏、转移、变卖、毁损、挥霍夫妻共同财产，或者伪造夫妻共同债务企图侵占另一方财产的，在离婚分割夫妻共同财产时，对该方可以少分或者不分。离婚后，另一方发现有上述行为的，可以向人民法院提起诉讼，请求再次分割夫妻共同财产。

【条文解读】

本条是关于夫妻一方侵害共同财产或伪造债务企图侵占另一方财产的法律责任的规定。本条对原《婚姻法》第47条进行了修改，删除了违法行为在"离婚时"的规定。

关于适用的情形，本条采取的是列举式的规定，即只有在发生隐藏、转移、变卖、毁损、挥霍共同财产或者伪造共同债务企图侵占另一方财产的情形下，才能适用本规定，不能作上述情形外的扩大解释。

对于侵害共同财产的行为，应注意主观上的故意状态，比如，故意将夫妻共同财产隐匿不让对方知晓，将夫妻共同财产转移至第三人名下故意不让对方知悉等；但对于变卖，如果只是未达成一致擅自处分共同财产，但价格合理，并将所得款项交回共同财产或用于夫妻共同生活的，就不应属于本条规定情形；对于毁损，指的是故意损害情形，不包含过失造成的损害等；挥霍是指一方对夫妻共同财产没有目的、不符合常理的耗费致使财产丧失或者价值减损，如实践中发生的男方大额打赏女主播的行为。

对于伪造债务侵占另一方财产，包括夫妻本不对债权人负担共同债务，一方提供假的债务凭证，如合同、欠条、假证人等手段伪造证据证明负担共同债务，或者虽对债权人负担共同债务但夸大其数额等情形。伪造债务的行为可以是当事人一方的行为，也可以是当事人一方与第三人相互串通而采取的行为，还包括夫妻一方利用《民法典》第1089条"离婚时，夫妻共同债务应当共同偿还。共同财产不足清偿或者财产归各自所有的，由双方协议清偿；协议不成的，由人民法院判决"的规定，企图通过伪造债务侵占归另一方个人所有的财产的情形。对此，只要夫妻一方实施了伪造夫妻共同债务的行为，就应属于对另一方的侵害。

关于上述违法行为实施的时间，既包括进入离婚诉讼时，也包括双方婚姻关系存续期间，但根据本条规定，当事人主张权利的时间是在离婚分割财产时，即指在离婚诉讼期间,或者是离婚后才发现存在上述行为之日起3年内。

关于法律责任。本条规定系"可以少分或者不分",即并非必须适用,需要由人民法院根据违法行为的情节和案件的具体情况作出处理。对于可以少分或者不分的财产范围,还应当注意需限定在被隐藏、转移、变卖、毁损、挥霍,或伪造的夫妻共同债务范围内的夫妻共同财产,并非全部夫妻共同财产。在本条所关联指导性案例中,该案仅对雷某某违法转移的19.5万元对其少分,而非离婚时的全部夫妻共同财产均少分。

【关联司法解释】

《最高人民法院关于适用〈中华人民共和国民法典〉婚姻家庭编的解释(一)》

第84条 当事人依据民法典第一千零九十二条的规定向人民法院提起诉讼,请求再次分割夫妻共同财产的诉讼时效期间为三年,从当事人发现之日起计算。

第85条 夫妻一方申请对配偶的个人财产或者夫妻共同财产采取保全措施的,人民法院可以在采取保全措施可能造成损失的范围内,根据实际情况,确定合理的财产担保数额。

【其他关联规定】

《中华人民共和国妇女权益保障法》

第67条 离婚诉讼期间,夫妻一方申请查询登记在对方名下财产状况且确因客观原因不能自行收集的,人民法院应当进行调查取证,有关部门和单位应当予以协助。

离婚诉讼期间,夫妻双方均有向人民法院申报全部夫妻共同财产的义务。一方隐藏、转移、变卖、损毁、挥霍夫妻共同财产,或者伪造夫妻共同债务企图侵占另一方财产的,在离婚分割夫妻共同财产时,对该方可以少分或者不分财产。

【关联指导案例】

最高人民法院指导案例66号： 雷某某诉宋某某离婚纠纷案

裁判要点： 一方在离婚诉讼期间或离婚诉讼前，隐藏、转移、变卖、毁损夫妻共同财产，或伪造债务企图侵占另一方财产的，离婚分割夫妻共同财产时，依照《中华人民共和国婚姻法》第四十七条[①]的规定可以少分或不分财产。

第五章　收养

第一节　收养关系的成立

第1093条【被收养人的范围】

下列未成年人，可以被收养：

（一）丧失父母的孤儿；

（二）查找不到生父母的未成年人；

（三）生父母有特殊困难无力抚养的子女。

【其他关联规定】

《国务院办公厅关于加强孤儿保障工作的意见》

一、拓展安置渠道，妥善安置孤儿

孤儿是指失去父母、查找不到生父母的未满18周岁的未成年人，由地方县级以上民政部门依据有关规定和条件认定。地方各级政府要按照有利于孤

---

① 现为《民法典》第1092条。

儿身心健康成长的原则，采取多种方式，拓展孤儿安置渠道，妥善安置孤儿。

第1094条【送养人的范围】

下列个人、组织可以作送养人：

（一）孤儿的监护人；

（二）儿童福利机构；

（三）有特殊困难无力抚养子女的生父母。

第1095条【监护人送养未成年人的特殊规定】

未成年人的父母均不具备完全民事行为能力且可能严重危害该未成年人的，该未成年人的监护人可以将其送养。

第1096条【监护人送养孤儿的特殊规定】

监护人送养孤儿的，应当征得有抚养义务的人同意。有抚养义务的人不同意送养、监护人不愿意继续履行监护职责的，应当依照本法第一编的规定另行确定监护人。

第1097条【生父母送养】

生父母送养子女，应当双方共同送养。生父母一方不明或者查找不到的，可以单方送养。

★ 第1098条【收养人的条件】

收养人应当同时具备下列条件：

（一）无子女或者只有一名子女；

（二）有抚养、教育和保护被收养人的能力；

（三）未患有在医学上认为不应当收养子女的疾病；

（四）无不利于被收养人健康成长的违法犯罪记录；

（五）年满三十周岁。

【条文解读】

本条是关于收养人的条件的规定。相较于原《收养法》第6条规定，本条在第4项新增了"无不利于被收养人健康成长的违法犯罪记录"的条件，对收养人的遵纪守法情况提出要求，加强了对被收养人利益的保护。

收养人必须同时符合本条规定的5项条件时才可收养子女。本条是收养人收养子女的一般性规定，根据《民法典》第1099条、第1100条、第1103条关于近亲属间收养、收养孤残未成年人和查找不到生父母的未成年人、继父母收养继子女的规定，均排除了本条第1项关于收养人无子女或只有一名子女的限制。

无不利于被收养人健康成长的违法犯罪记录的这一条件，主要是强调收养人有过与未成年人健康成长有关的违法犯罪行为，如曾有过对未成年人强奸、猥亵犯罪的，不能作为收养人。实践中应注意防止对此作扩大解释，将有任何类型和程度的违法犯罪记录均视为不符合收养人的条件，有与抚养教育子女无关的轻微、过失违法犯罪记录，不应一律视为收养人不适格。收养登记机关或人民法院需结合收养人的行为记录、日常表现、社会评价和与被收养人感情的亲密程度等指标全面评估收养人的适格性。

关于未患有在医学上认为不应当收养子女的疾病，一般认为，一些精神类疾病、传染性疾病可以被认为属于不应当收养子女的疾病，如精神分裂症、艾滋病等。在具体判断时除考虑疾病本身的严重性，还应考虑疾病对被收养人可能存在的影响等，同时还需注意应有充分的科学依据，必要时可通过鉴定的方式予以确定。

第1099条【收养三代以内旁系同辈血亲子女的放宽规定】

收养三代以内旁系同辈血亲的子女，可以不受本法第一千零九十三条第三项、第一千零九十四条第三项和第一千一百零二条规定的限制。

华侨收养三代以内旁系同辈血亲的子女，还可以不受本法第一千零九十八条第一项规定的限制。

【其他关联规定】

《最高人民法院关于毛玉堂与毛新国的收养关系能否成立的复函》

河南省高级人民法院：

你院关于毛玉堂与毛新国的收养关系能否成立的请示报告收悉。经研究认为：毛新国是毛玉堂的外孙，双方是直系血亲，不能建立收养关系。据此，我们同意你院审判委员会倾向性意见，即毛玉堂与毛新国之间的收养关系不能成立，毛新国不应列为毛玉堂死亡后的第一顺序继承人。鉴于毛新国在其母死亡后，对毛玉堂尽了主要赡养义务的情况，根据最高人民法院《关于贯彻执行〈中华人民共和国继承法〉若干问题的意见》第27条规定精神，在分割毛玉堂的遗产时，毛新国可以多分。

第1100条【收养子女的人数】

无子女的收养人可以收养两名子女；有子女的收养人只能收养一名子女。

收养孤儿、残疾未成年人或者儿童福利机构抚养的查找不到生父母的未成年人，可以不受前款和本法第一千零九十八条第一项规定的限制。

第1101条【共同收养】

有配偶者收养子女，应当夫妻共同收养。

第1102条【无配偶者收养异性子女的年龄差限制】

无配偶者收养异性子女的，收养人与被收养人的年龄应当相差四十周岁以上。

第1103条【继父母收养继子女的特殊规定】

继父或者继母经继子女的生父母同意，可以收养继子女，并可以不受本法第一千零九十三条第三项、第一千零九十四条第三项、第一千零九十八条和第一千一百条第一款规定的限制。

第1104条【收养送养自愿】

收养人收养与送养人送养，应当双方自愿。收养八周岁以上未成年人的，应当征得被收养人的同意。

第1105条【收养登记、收养公告、收养协议、收养公证、收养评估】

收养应当向县级以上人民政府民政部门登记。收养关系自登记之日起成立。

收养查找不到生父母的未成年人的，办理登记的民政部门应当在登记前予以公告。

收养关系当事人愿意签订收养协议的，可以签订收养协议。

收养关系当事人各方或者一方要求办理收养公证的，应当办理收养公证。

县级以上人民政府民政部门应当依法进行收养评估。

第1106条【被收养人户口登记】

收养关系成立后，公安机关应当按照国家有关规定为被收养人办理户口登记。

第1107条【子女由生父母的亲属及朋友抚养不适用收养】

孤儿或者生父母无力抚养的子女，可以由生父母的亲属、朋友抚养；抚养人与被抚养人的关系不适用本章规定。

第1108条【祖父母外祖父母抚养优先权】

配偶一方死亡，另一方送养未成年子女的，死亡一方的父母有优先抚养的权利。

【其他关联规定】

《最高人民法院民事审判庭关于夫妻一方死亡另一方将子女送他人收养是否应当征得愿意并有能力抚养的祖父母或外祖父母同意的电话答复》

三、在审判实际中对不同情况的处理，需要具体研究。诸如你院报告中列举的具体问题，夫妻一方死亡，另一方有抚养子女的能力而不愿尽抚养义务，以及另一方无抚养能力，且子女已经由有抚养能力，又愿意抚养的祖父母、外祖父母抚养的，为送养子女发生争议时，从有利于子女健康成长考虑，子女由祖父母或外祖父母继续抚养较为合适。

第1109条【涉外收养】

外国人依法可以在中华人民共和国收养子女。

外国人在中华人民共和国收养子女，应当经其所在国主管机关依照该国法律审查同意。收养人应当提供由其所在国有权机构出具的有关其年龄、婚姻、职业、财产、健康、有无受过刑事处罚等状况的证明材料，并与送养人签订书面协议，亲自向省、自治区、直辖市人民政府民政部门登记。

前款规定的证明材料应当经收养人所在国外交机关或者外交机关授权的机构认证，并经中华人民共和国驻该国使领馆认证，但是国家另有规定的除外。

【其他关联规定】

《中华人民共和国涉外民事关系法律适用法》

第28条 收养的条件和手续，适用收养人和被收养人经常居所地法律。收养的效力，适用收养时收养人经常居所地法律。收养关系的解除，适用收养时被收养人经常居所地法律或者法院地法律。

第1110条【收养保密义务】

收养人、送养人要求保守收养秘密的,其他人应当尊重其意愿,不得泄露。

第二节 收养的效力

第1111条【收养效力】

自收养关系成立之日起,养父母与养子女间的权利义务关系,适用本法关于父母子女关系的规定;养子女与养父母的近亲属间的权利义务关系,适用本法关于子女与父母的近亲属关系的规定。

养子女与生父母以及其他近亲属间的权利义务关系,因收养关系的成立而消除。

第1112条【养子女的姓氏】

养子女可以随养父或者养母的姓氏,经当事人协商一致,也可以保留原姓氏。

第1113条【无效收养行为】

有本法第一编关于民事法律行为无效规定情形或者违反本编规定的收养行为无效。

无效的收养行为自始没有法律约束力。

【其他关联规定】

《中国公民收养子女登记办法》

第13条 收养关系当事人弄虚作假骗取收养登记的,收养关系无效,由收养登记机关撤销登记,收缴收养登记证。

第三节　收养关系的解除

★ **第1114条【协议解除及因收养人违法行为而解除收养关系】**

收养人在被收养人成年以前，不得解除收养关系，但是收养人、送养人双方协议解除的除外。养子女八周岁以上的，应当征得本人同意。

收养人不履行抚养义务，有虐待、遗弃等侵害未成年养子女合法权益行为的，送养人有权要求解除养父母与养子女间的收养关系。送养人、收养人不能达成解除收养关系协议的，可以向人民法院提起诉讼。

【条文解读】

本条是关于收养协议解除及送养人因收养人的违法行为有权要求解除收养关系的规定。本条承继了原《收养法》第26条规定。

根据本条第1款的规定，当事人协议解除收养关系，需要注意以下几方面的问题：一是在被收养人成年之前，收养人无权单方解除收养关系。这是为了避免收养人随意解除收养关系、推卸责任，导致出现未成年人无人抚养等状况，体现出最有利于被收养人的原则。二是收养人和被收养人合意解除收养关系，只能通过协议的方式，不能通过诉讼的方式。即由收养人、被收养人在达成解除收养关系的协议以后，自行到收养登记机关办理解除收养关系的登记，由收养登记机关登记解除。这是因为只有双方能够协商一致，才能保证对未成年人的抚养不会出现问题，才可以允许解除收养关系。三是养子女在8周岁以上的，应当征得其本人同意。收养系身份合同行为，被收养人是合同一方主体，如果被收养人为限制民事行为能力人，其已具有意思表示能力，对于解除收养的意义和效果具有一定的判断和辨识能力，征得其同意有利于被抚养人选择最有利于自己的成长环境。需要注意的是，在协议解除中应注意存在《民法典》第1079条生父母共同送养子女、第1101条有配偶者共同收养子女的情形，在解除收养关系时，也应由生父母双方或由收养人夫妻双方协商决定，如果该夫妻之间未能就解除收养关系及相关事宜达成一致，应视为未达成解除收养关系协议。

根据本条第2款的规定，当收养人不履行抚养义务，或有遗弃、虐待等侵害被收养人权益的行为时，送养人有权单方要求解除收养关系，而收养人作为过错方，无权以其存在上述侵权行为为由要求解除收养关系。收养人遗弃、虐待被收养人，侵害被收养人合法权益的，被收养人有权依照《民法典》侵权责任编的规定，要求收养人承担侵权损害赔偿责任。另外，解除收养关系与收养无效的效力不同，收养无效具有溯及力，系因收养不符合法定要件而自始无效，收养人可以依法要求送养人返还抚养教育被收养人而支出的费用。解除收养关系属于收养关系终止的一种情形，其前提是收养关系合法有效，自收养解除协议生效时起，收养关系消灭。在收养关系存续期间发生的法律行为，不因收养解除而受到影响，收养人为抚养教育被收养人而支出的费用，不得要求送养人返还，但可在符合法定条件时，要求被收养人或送养人予以补偿。

【其他关联规定】

《最高人民法院关于许秀英夫妇与王青芸间是否已事实解除收养关系的复函》

山东省高级人民法院：

你院鲁法（民）发（1990）25号关于许秀英夫妇与王青芸间是否已事实解除收养关系的请示报告收悉。

经我们研究认为，1937年王青芸两岁时被其伯父母王在起、许秀英夫妇收养，并共同生活了20年，这一收养事实为亲戚、朋友、当地群众、基层组织所承认，应依法予以保护。虽然王青芸于1957年将户口从王在起处迁出到其单位落户，后又迁入其生母处，但双方未以书面或口头协议公开解除收养关系。而且，王在起生前与王青芸有书信来往，并以父女相称，王青芸对王在起夫妇也尽有一些义务。据此，我们同意你院第一种意见，即以认定许秀英夫妇与王青芸的收养关系事实上未解除为妥。

第1115条【与成年养子女关系恶化而解除收养关系】

养父母与成年养子女关系恶化、无法共同生活的，可以协议解除收养关系。不能达成协议的，可以向人民法院提起诉讼。

【其他关联规定】

《最高人民法院关于原判决维持收养关系后当事人再次起诉，人民法院是否作新案受理的批复》

湖北省高级人民法院：

你院鄂法（86）民行字第10号请示报告收悉。

何品善诉何建业解除收养关系一案，终审判决维持收养关系，半年后，何品善再次起诉要求解除，人民法院是否作为新案受理的问题。经研究，同意你院审判委员会的意见，如终审判决并无不当，判决后，双方关系继续恶化，当事人又起诉要求解除收养关系的，可作为新案受理。

第1116条【解除收养关系登记】

当事人协议解除收养关系的，应当到民政部门办理解除收养关系登记。

第1117条【解除收养关系后的身份效力】

收养关系解除后，养子女与养父母以及其他近亲属间的权利义务关系即行消除，与生父母以及其他近亲属间的权利义务关系自行恢复。但是，成年养子女与生父母以及其他近亲属间的权利义务关系是否恢复，可以协商确定。

★ 第1118条【解除收养关系后的财产效力】

收养关系解除后，经养父母抚养的成年养子女，对缺乏劳动能力又缺乏生活来源的养父母，应当给付生活费。因养子女成年后虐待、遗弃养父母而解除收养关系的，养父母可以要求养子女补偿收养期间支出的抚养费。

生父母要求解除收养关系的，养父母可以要求生父母适当补偿收养期间支出的抚养费；但是，因养父母虐待、遗弃养子女而解除收养关系的除外。

【条文解读】

本条是关于收养关系解除后生活费、抚养费支付的规定。本条承继了原《收养法》第30条的规定，将"生活费和教育费"修改为"抚养费"。

根据本条第1款前半部分的规定，养父母有权要求由其抚养的成年子女给付生活费的时间为"收养关系解除后"。养子女与养父母收养关系解除后，对养父母承担的上述赡养义务在理论上被称为"后赡养义务"，其法律特征是：一是时间特征，后赡养义务产生于养父母与养子女收养关系解除之后，既包括协议解除，也包括诉讼解除；二是后赡养义务的主体是经养父母抚养的成年养子女；三是后赡养义务的对象是既缺乏劳动能力又缺乏生活来源的原养父母，缺乏劳动能力和缺乏生活来源两个要件必须同时具备；四是后赡养义务的内容是给付生活费，这是区别于赡养义务的实质特征。一般情况下，子女对父母的赡养义务既包括物质赡养又包括精神赡养，而后赡养义务发生在收养关系解除之后，养父母与养子女的关系不复存在，因此，仅负有以解决生存问题为目的的物质赡养，即给付生活费的义务。

根据本条第1款后半部分和第2款的规定，养父母在两种情形下享有经济补偿权：一是向成年的养子女主张，适用条件是养子女已经成年，其成年之后对养父母有虐待、遗弃的行为，因该过错行为导致了收养关系被解除；补偿的范围是全额补偿养父母在收养期间支出的抚养费。二是向生父母主张，适用条件是生父母要求解除收养关系。根据《民法典》第1114条的规定，生父母要求解除收养关系只能发生在被收养人成年之前，因此，该适用条件还包含收养人尚未成年，且收养关系解除并非因养父母虐待、遗弃养子女而导致；补偿的范围是适当补偿养父母在收养期间支出的抚养费。

第六编 继 承

第一章 一般规定

第1119条【继承编的调整范围】

本编调整因继承产生的民事关系。

第1120条【继承权受国家保护】

国家保护自然人的继承权。

★ ### 第1121条【继承开始的时间及死亡先后的推定】

继承从被继承人死亡时开始。

相互有继承关系的数人在同一事件中死亡，难以确定死亡时间的，推定没有其他继承人的人先死亡。都有其他继承人，辈份不同的，推定长辈先死亡；辈份相同的，推定同时死亡，相互不发生继承。

【条文解读】

本条是关于确定继承开始时间及死亡先后的推定的规定。本条第1款承继了原《继承法》第2条的规定，第2款吸收了原《最高人民法院关于贯彻执行〈中华人民共和国继承法〉若干问题的意见》第2条的规定。

继承的开始意味着继承法律关系的产生，继承开始的时间决定着确定继承人的范围、遗产的范围、享有和放弃继承权的时间、遗嘱的效力、遗产所有权的转移、确定继承权诉讼时效的起算点等，因此具有十分重要的意义。根据本条规定，继承开始的时间为被继承人死亡时，确定死亡的时间应区分生理死亡和宣告死亡。对于生理死亡时间，根据《民法典》第15条的规定，以死亡证明记载的时间为准；没有死亡证明的，以户籍登记或者其他有效身份登记记载的时间为准。有其他证据足以推翻以上记载时间的，以该证据证明的时间为准。对于宣告死亡时间，根据《民法典》第48条的规定，以人民法院宣告死亡的判决作出之日视为其死亡的日期；因意外事件下落不明宣告死亡的，意外事件发生之日视为其死亡的日期。

对于特殊情况下死亡时间的确定，本条第2款吸收原《最高人民法院关于贯彻执行〈中华人民共和国继承法〉若干问题的意见》第2条的规定，规定了同一事故死亡难以确定死亡时间的推定规则。根据该款规定，第一，应当是同一事故中不能确定不同人的死亡时间，而对于能够确定死亡时间的应以实际死亡时间为准；第二，主体应是相互有继承关系的数人，对于相互无继承关系的人则不适用。对于推定规则，推定没有其他继承人的人先死亡；都有其他继承人，辈份不同的，推定长辈先死亡；辈份相同的，推定同时死亡，相互不发生继承。

【关联司法解释】

《最高人民法院关于适用〈中华人民共和国民法典〉继承编的解释（一）》

第1条 继承从被继承人生理死亡或者被宣告死亡时开始。

宣告死亡的，根据民法典第四十八条规定确定的死亡日期，为继承开始的时间。

★★ 第1122条【遗产】

遗产是自然人死亡时遗留的个人合法财产。

依照法律规定或者根据其性质不得继承的遗产，不得继承。

【条文解读】

本条是关于遗产的定义及遗产继承范围的规定。相较于原《继承法》第3条采取"正面概括加列举"模式，本条采取的是"正面概括加反面排除"

模式。

根据本条规定，除财产的"合法性"限定和本条排除性限定外，个人的财产均可作为遗产。对于遗产的排除范围，本条第2款从两方面予以界定。

第一，依照法律规定不能继承的财产权利。一般认为下列权利不能继承：（1）宅基地使用权。该权利只能是集体经济组织成员——农村承包经营户享有。如果承包经营户还有成员，则户内成员死亡不发生继承；如果承包经营户没有成员，则发生继承，但只能由集体经济组织成员继承。因此宅基地使用权不能单独继承。（2）指定受益人的保险金。如果保险指定的受益人并非被继承人自己，而是他人，该种财产性权利并不属于被继承人，因此也不能作为遗产继承。

第二，根据财产性质不能继承的财产，主要是指该类财产具有人身专属性和依附性，如抚养费请求权、赡养费请求权、扶养费请求权等，但如果是已经取得的抚养费、赡养费、扶养费，一般认为可以作为遗产继承。需要注意的是，对于被继承人死亡而发放的死亡赔偿金不宜认定为被继承人的遗产，根据《最高人民法院关于空难死亡赔偿金能否作为遗产处理的复函》的规定，空难死亡赔偿金是基于死者死亡对死者近亲属所支付的赔偿，获得空难死亡赔偿金的权利人是死者近亲属，而非死者，故空难死亡赔偿金不宜认定为遇难人的遗产。

关于土地承包经营权能否作为遗产。根据2019年1月1日起施行的《农村土地承包法》第1章和第3章的规定，农村土地承包的方式主要有家庭承包，通过招标、拍卖、公开协商等方式取得，其他方式承包。对于家庭承包，是以户为单位进行的承包，如果家庭部分成员死亡，作为承包方的户还存在，故不存在继承的问题。对于后两种承包方式，实践中，均存在个人承包现象，对于个人死亡后，其承包经营权能否继承的问题，《农村土地承包法》第32条规定，林地承包的承包人死亡，其继承人可以在承包期内继续承包；第54条规定，通过招标、拍卖、公开协商等方式取得土地经营权的，该承包人死亡，其应得的承包收益，依照继承法的规定继承，在承包期内，其继承人可以继续承包。

【条文适用疑难解析】

非集体经济组织成员能否继承宅基地使用权

关于宅基地使用权是否能够转让，实践中存在不同认识。《民法典》第363条规定："宅基地使用权的取得、行使和转让，适用土地管理的法律和国家的有关规定。"《土地管理法》第62条第1款规定："农村村民一户只能拥有一处宅基地，其宅基地的面积不得超过省、自治区、直辖市规定的标准。"鉴于每户村民都可免费申请一处宅基地，实际上，农村每户村民基本上都拥有一处宅基地，因此，有观点认为，宅基地使用权不能转让。如果允许转让，就会出现一户村民拥有两处宅基地的情况，与前述规定不符。本书认为，前款规定的"一户一宅"原则，应理解为每户村民只能申请一处宅基地。这也与《土地管理法》第62条第5款关于"农村村民出卖、出租、赠与住宅后，再申请宅基地的，不予批准"的规定相印证。同时，《土地管理法》第62条第5款规定和《土地管理法实施条例》第36条第2款关于"禁止违背农村村民意愿强制流转宅基地，禁止违法收回农村村民依法取得的宅基地，禁止以退出宅基地作为农村村民进城落户的条件，禁止强迫农村村民搬迁退出宅基地"的规定表明，法律和行政法规并不禁止农村村民自愿流转宅基地使用权。但是，向集体组织成员之外的人转让农村房屋，应当认定买卖合同无效。同样宅基地的继承只能发生在集体经济组织成员之间。

如果农村父母享有宅基地使用权，但其子女到城市落户并失去了农村集体经济组织成员资格。农村父母死亡后，可以发生农村住宅的继承关系，但不发生农村宅基地使用权的继承关系。这种情况下，为了保护继承人对农村住宅的所有权，可允许其事实上使用农村宅基地，但其在法律上并不享有宅基地使用权。如果农村住宅灭失，则继承人原则上无权在该宅基地上新建住宅，但有权就住宅的灭失请求赔偿损失或者补偿。

【关联司法解释】

《最高人民法院关于适用〈中华人民共和国民法典〉继承编的解释（一）》

第2条　承包人死亡时尚未取得承包收益的，可以将死者生前对承包所投入的资金和所付出的劳动及其增值和孳息，由发包单位或者接续承包合同的人合理折价、补偿。其价额作为遗产。

第39条　由国家或者集体组织供给生活费用的烈属和享受社会救济的自然人，其遗产仍应准许合法继承人继承。

《最高人民法院关于审理涉及农村土地承包纠纷案件适用法律问题的解释》

第23条　林地家庭承包中，承包方的继承人请求在承包期内继续承包的，应予支持。

其他方式承包中，承包方的继承人或者权利义务承受者请求在承包期内继续承包的，应予支持。

【其他关联规定】

《中华人民共和国农村土地承包法》

第32条　承包人应得的承包收益，依照继承法的规定继承。

林地承包的承包人死亡，其继承人可以在承包期内继续承包。

第54条　依照本章规定通过招标、拍卖、公开协商等方式取得土地经营权的，该承包人死亡，其应得的承包收益，依照继承法的规定继承；在承包期内，其继承人可以继续承包。

《中华人民共和国公司法》

第90条　自然人股东死亡后，其合法继承人可以继承股东资格；但是，公司章程另有规定的除外。

第167条　自然人股东死亡后，其合法继承人可以继承股东资格；但是，股份转让受限的股份有限公司的章程另有规定的除外。

《中华人民共和国合伙企业法》

第50条 合伙人死亡或者被依法宣告死亡的，对该合伙人在合伙企业中的财产份额享有合法继承权的继承人，按照合伙协议的约定或者经全体合伙人一致同意，从继承开始之日起，取得该合伙企业的合伙人资格。

有下列情形之一的，合伙企业应当向合伙人的继承人退还被继承合伙人的财产份额：

（一）继承人不愿意成为合伙人；

（二）法律规定或者合伙协议约定合伙人必须具有相关资格，而该继承人未取得该资格；

（三）合伙协议约定不能成为合伙人的其他情形。

合伙人的继承人为无民事行为能力人或者限制民事行为能力人的，经全体合伙人一致同意，可以依法成为有限合伙人，普通合伙企业依法转为有限合伙企业。全体合伙人未能一致同意的，合伙企业应当将被继承合伙人的财产份额退还该继承人。

《中华人民共和国个人独资企业法》

第26条 个人独资企业有下列情形之一时，应当解散：

（一）投资人决定解散；

（二）投资人死亡或者被宣告死亡，无继承人或者继承人决定放弃继承；

（三）被依法吊销营业执照；

（四）法律、行政法规规定的其他情形。

《最高人民法院关于空难死亡赔偿金能否作为遗产处理的复函》

广东省高级人民法院：

你院粤高法民一请字（2004）1号《关于死亡赔偿金能否作为遗产处理的请示》收悉。经研究，答复如下：

空难死亡赔偿金是基于死者死亡对死者近亲属所支付的赔偿。获得空难死亡赔偿金的权利人是死者近亲属，而非死者。故空难死亡赔偿金不宜认定为遗产。

以上意见，供参考。

二〇〇五年三月二十二日

第1123条【法定继承、遗嘱继承、遗赠和遗赠扶养协议的效力】

继承开始后，按照法定继承办理；有遗嘱的，按照遗嘱继承或者遗赠办理；有遗赠扶养协议的，按照协议办理。

【关联司法解释】

《最高人民法院关于适用〈中华人民共和国民法典〉继承编的解释（一）》

第3条　被继承人生前与他人订有遗赠扶养协议，同时又立有遗嘱的，继承开始后，如果遗赠扶养协议与遗嘱没有抵触，遗产分别按协议和遗嘱处理；如果有抵触，按协议处理，与协议抵触的遗嘱全部或者部分无效。

★ #### 第1124条【继承、受遗赠的接受和放弃】

继承开始后，继承人放弃继承的，应当在遗产处理前，以书面形式作出放弃继承的表示；没有表示的，视为接受继承。

受遗赠人应当在知道受遗赠后六十日内，作出接受或者放弃受遗赠的表示；到期没有表示的，视为放弃受遗赠。

【条文解读】

本条是关于继承、受遗赠的接受和放弃的规定。本条承继了原《继承法》第25条的规定，并作了两处修改：一是要求"以书面形式作出放弃继承的表示"；二是作出接受或者放弃受遗赠的表示，从知道受遗赠后"两个月"内修改为"六十日"内。

根据本条规定，关于接受继承，其意思表示可以是明示，也可以是默示；明示的方式可以是书面形式，也可以是口头形式，总的来说，只要继承人没有明确的以书面形式表示放弃继承，就推定其接受继承。因此，对于放弃继承的规定的理解就显得十分重要，对此，应注意以下方面。

第一，放弃继承的时间，应在继承开始后、遗产处理前。如果在被继人死亡之前放弃继承，因继承权尚未产生，这种放弃是无效的；如果是在遗产分割后放弃，此时放弃的并非继承权，而是所有权。

第二，放弃继承应当由具有民事行为能力的继承人亲自作出。根据《民法典》第34条关于监护人"保护被监护人的人身权利、财产权利以及其他合法权益等"的职责，法定代理人一般不能代理无民事行为能力人或限制民事行为能力人作出放弃继承的意思表示，除非继承遗产对其权益有损害。

第三，放弃继承的形式，必须是书面形式。对于书面形式的理解，可以参考《民法典》第469条的规定，能够有形地表现所载内容的形式均可以认定为书面形式，包括信件、电报、电传、传真等；以电子数据交换、电子邮件等方式能够有形地表现所载内容，并可以随时调取查用的数据电文，视为书面形式。另外，根据《最高人民法院关于适用〈中华人民共和国民法典〉继承编的解释》第34条的规定，在诉讼中，继承人向人民法院以口头方式表示放弃继承，人民法院制作笔录，由放弃继承的人签名后，也发生放弃继承的效力。这是因为，通过人民法院制作笔录方式固定的证据，也是有形地表现所载内容的形式，属于书面形式。

第四，放弃继承的对象，根据《最高人民法院关于适用〈中华人民共和国民法典〉继承编的解释》第33条的规定，可以向遗产管理人或者其他继承人表示；同时，根据第34条的规定，也可以在诉讼中向人民法院表示。

第五，对放弃继承反悔的理解。《最高人民法院关于适用〈中华人民共和国民法典〉继承编的解释》第36条规定，遗产处理前或者在诉讼进行中，继承人对放弃继承反悔的，人民法院可以根据其提出的具体理由决定是否承认；遗产处理后，继承人对放弃继承反悔的，不予承认。这一规定表明，作出放弃继承的意思表示后一般不应允许其反悔，即使反悔也应在遗产处理前，且由人民法院根据其理由予以决定是否成立。

关于接受受遗赠应当注意的是，一是有时间限制，受遗赠人应当在知道受遗赠后60日内，作出接受的意思表示。起算时间自知道受遗赠事实起，"知道"在实践中应当有充分的证据予以证明，否则会侵害受遗赠人的合法权益。二是接受受遗赠的意思表示必须是明示的方式，包括书面形式、口头形式，或者以其行动表明接受受遗赠。但需要注意的是，如果采用行动方式，必须满足达到能够确认其接受受遗赠的程度。如果在法定的60日期限内没有表示的，本条规定推定受遗赠人放弃受遗赠。

【关联司法解释】

《最高人民法院关于适用〈中华人民共和国民法典〉继承编的解释（一）》

第33条 继承人放弃继承应当以书面形式向遗产管理人或者其他继承人表示。

第34条 在诉讼中，继承人向人民法院以口头方式表示放弃继承的，要制作笔录，由放弃继承的人签名。

第35条 继承人放弃继承的意思表示，应当在继承开始后、遗产分割前作出。遗产分割后表示放弃的不再是继承权，而是所有权。

第36条 遗产处理前或者在诉讼进行中，继承人对放弃继承反悔的，由人民法院根据其提出的具体理由，决定是否承认。遗产处理后，继承人对放弃继承反悔的，不予承认。

第37条 放弃继承的效力，追溯到继承开始的时间。

第44条 继承诉讼开始后，如继承人、受遗赠人中有既不愿参加诉讼，又不表示放弃实体权利的，应当追加为共同原告；继承人已书面表示放弃继承、受遗赠人在知道受遗赠后六十日内表示放弃受遗赠或者到期没有表示的，不再列为当事人。

【其他关联规定】

《第八次全国法院民事商事审判工作会议（民事部分）纪要》

25.被继承人死亡后遗产未分割，各继承人均未表示放弃继承，依据继承法第二十五条规定应视为均已接受继承，遗产属各继承人共同共有；当事人诉请享有继承权、主张分割遗产的纠纷案件，应参照共有财产分割的原则，不适用有关诉讼时效的规定。

★ **第1125条【继承权、受遗赠权的丧失】**

继承人有下列行为之一的，丧失继承权：

（一）故意杀害被继承人；

（二）为争夺遗产而杀害其他继承人；

（三）遗弃被继承人，或者虐待被继承人情节严重；

（四）伪造、篡改、隐匿或者销毁遗嘱，情节严重；

（五）以欺诈、胁迫手段迫使或者妨碍被继承人设立、变更或者撤回遗嘱，情节严重。

继承人有前款第三项至第五项行为，确有悔改表现，被继承人表示宽恕或者事后在遗嘱中将其列为继承人的，该继承人不丧失继承权。

受遗赠人有本条第一款规定行为的，丧失受遗赠权。

【条文解读】

本条是关于继承人、受遗赠人在法定情形下丧失继承权、受遗赠权的规定。本条对原《继承法》第7条作了修改：一是吸收原《最高人民法院关于贯彻执行〈中华人民共和国继承法〉若干问题的意见》第13条的内容，将继承人宽恕制度纳入立法；二是新增本条第1款第5项丧失继承权的情形；三是新增丧失受遗赠权的规定。

继承权丧失制度既影响享有继承权的当事人本人的利益，还关系其他继承人的利益，因此，在理解本条时应当注意，继承权丧失规定的适用既包括法定继承也包括遗嘱继承，只有在出现本条第1款规定的五种情形时，继承人的继承权才会被依法剥夺。

根据本条第1款规定，继承人有下列情形之一的，丧失继承权：一是继承人故意杀害被继承人。由于该情形是十分严重的犯罪行为，因此，根据本条和《最高人民法院关于适用〈中华人民共和国民法典〉继承编的解释

(一)》第7条规定，不论系何原因，不论是既遂还是未遂，只要继承人实施了杀害被继承人的行为，其就永久丧失继承权。继承人之主观状态必须是故意，不包括过失。

二是继承人为争夺遗产而杀害其他继承人。此种情形也系不论既遂还是未遂，继承人都永久丧失继承权。此种情形下杀人行为也必须是出于故意，且以争夺遗产为动机，如果是其他动机，不因此丧失继承权。上述两种情形，属于继承权的绝对丧失，不适用被继承人宽恕制度。

三是继承人遗弃被继承人，或者虐待被继承人情节严重。遗弃行为是指有负有法定抚养、赡养或扶养义务而拒绝履行，只要实施了遗弃行为，不论情节如何均丧失继承权。对于虐待行为，需达到情节严重的程度，继承人才丧失继承权；对于情节严重，根据《最高人民法院关于适用〈中华人民共和国民法典〉继承编的解释》第6条规定，可以从实施虐待行为的时间、手段、后果和社会影响等方面认定。

四是继承人伪造、篡改、隐匿或者销毁遗嘱，情节严重。根据《最高人民法院关于适用〈中华人民共和国民法典〉继承编的解释》第9条规定，继承人伪造、篡改、隐匿或销毁遗嘱，侵害了缺乏劳动能力又无生活来源的继承人的利益，并造成其生活困难的，应认定为情节严重。对于其他情形，实践中还需要根据个案情况综合判断是否构成情节严重。

五是继承人以欺诈、胁迫手段迫使或者妨碍被继承人设立、变更或者撤回遗嘱，情节严重。继承人采取欺诈、胁迫手段导致被继承人作出与真实意思相悖的行为，情节严重的，构成丧失继承权的法定事由。

根据本条第2款的规定，需同时具备以下条件才会发生继承权恢复：一是继承人实施的丧失继承权的行为是本条第1款第3至5项规定的行为。二是继承人确有悔改。要求继承人认识到自身错误并积极改正，如以实际行动赡养、扶养、抚养被继承人，以及主动承认错误交出隐匿的遗嘱等，即要求继承人既要有主观状态对错误的认识，也要有悔改的外在行为。三是被继承人作出恢复继承权的意思表示。被继承人作出对继承人宽恕的意思表示，可以是书面或者口头行为，也可以向继承人或其他人作出该表示；被继承人在遗嘱中将其列为继承人，可以是确定其为遗嘱继承人，也可以是确定其可以参与法定继承。此外，根据本条第3款的规定，受遗赠人有第1款规定的行为，其就永久丧失继承权，不存在恢复的问题。

【关联司法解释】

《最高人民法院关于适用〈中华人民共和国民法典〉继承编的解释（一）》

★ **第5条** 在遗产继承中，继承人之间因是否丧失继承权发生纠纷，向人民法院提起诉讼的，由人民法院依据民法典第一千一百二十五条的规定，判决确认其是否丧失继承权。

【司法解释条文解读】

本条是对继承权丧失发生争议时的处理依据的规定。一般认为，在出现可以导致继承权丧失的法定事由之后，继承人当然地丧失继承权。但是，在司法实践中，当事人往往对继承权是否丧失发生争议，故本条保留原《最高人民法院关于贯彻执行〈中华人民共和国继承法〉若干问题的意见》第5条，规定人民法院通过诉讼的方式确认继承人是否丧失继承权。需要注意的是，本条规定的诉讼属于确认之诉，不引起民事法律关系的变动或消灭，只是对是否享有继承权的确认。如果人民法院经审理后判决确认继承人丧失继承权，则该继承人丧失继承权的时点不是判决生效之时，而是法律规定的继承开始之时。此外，根据本条规定的精神，对于受遗赠人是否丧失受遗赠权发生争议的，应作同一理解，由人民法院根据《民法典》第1125条的规定，确认其是否丧失受遗赠权。

第6条 继承人是否符合民法典第一千一百二十五条第一款第三项规定的"虐待被继承人情节严重"，可以从实施虐待行为的时间、手段、后果和社会影响等方面认定。

虐待被继承人情节严重的，不论是否追究刑事责任，均可确认其丧失继承权。

第7条　继承人故意杀害被继承人的，不论是既遂还是未遂，均应当确认其丧失继承权。

第8条　继承人有民法典第一千一百二十五条第一款第一项或者第二项所列之行为，而被继承人以遗嘱将遗产指定由该继承人继承的，可以确认遗嘱无效，并确认该继承人丧失继承权。

第9条　继承人伪造、篡改、隐匿或者销毁遗嘱，侵害了缺乏劳动能力又无生活来源的继承人的利益，并造成其生活困难的，应当认定为民法典第一千一百二十五条第一款第四项规定的"情节严重"。

《最高人民法院关于适用〈中华人民共和国民法典〉时间效力的若干规定》

第13条　民法典施行前，继承人有民法典第一千一百二十五条第一款第四项和第五项规定行为之一，对该继承人是否丧失继承权发生争议的，适用民法典第一千一百二十五条第一款和第二款的规定。

民法典施行前，受遗赠人有民法典第一千一百二十五条第一款规定行为之一，对受遗赠人是否丧失受遗赠权发生争议的，适用民法典第一千一百二十五条第一款和第三款的规定。

第二章　法定继承

第1126条【男女平等享有继承权】

继承权男女平等。

【其他关联规定】

《中华人民共和国妇女权益保障法》

第58条　妇女享有与男子平等的继承权。妇女依法行使继承权，不受歧视。

丧偶妇女有权依法处分继承的财产，任何组织和个人不得干涉。

第1127条【法定继承人的范围及继承顺序】

遗产按照下列顺序继承：

（一）第一顺序：配偶、子女、父母；

（二）第二顺序：兄弟姐妹、祖父母、外祖父母。

继承开始后，由第一顺序继承人继承，第二顺序继承人不继承；没有第一顺序继承人继承的，由第二顺序继承人继承。

本编所称子女，包括婚生子女、非婚生子女、养子女和有扶养关系的继子女。

本编所称父母，包括生父母、养父母和有扶养关系的继父母。

本编所称兄弟姐妹，包括同父母的兄弟姐妹、同父异母或者同母异父的兄弟姐妹、养兄弟姐妹、有扶养关系的继兄弟姐妹。

【关联司法解释】

《最高人民法院关于适用〈中华人民共和国民法典〉继承编的解释（一）》

第10条 被收养人对养父母尽了赡养义务，同时又对生父母扶养较多的，除可以依照民法典第一千一百二十七条的规定继承养父母的遗产外，还可以依照民法典第一千一百三十一条的规定分得生父母适当的遗产。

第11条 继子女继承了继父母遗产的，不影响其继承生父母的遗产。

继父母继承了继子女遗产的，不影响其继承生子女的遗产。

第12条 养子女与生子女之间、养子女与养子女之间，系养兄弟姐妹，可以互为第二顺序继承人。

被收养人与其亲兄弟姐妹之间的权利义务关系，因收养关系的成立而消除，不能互为第二顺序继承人。

第13条 继兄弟姐妹之间的继承权，因继兄弟姐妹之间的扶养关系而发生。没有扶养关系的，不能互为第二顺序继承人。

继兄弟姐妹之间相互继承了遗产的，不影响其继承亲兄弟姐妹的遗产。

《最高人民法院关于适用〈中华人民共和国民法典〉婚姻家庭编的解释（一）》

第7条 未依据民法典第一千零四十九条规定办理结婚登记而以夫妻名义共同生活的男女，提起诉讼要求离婚的，应当区别对待：

（一）1994年2月1日民政部《婚姻登记管理条例》公布实施以前，男女双方已经符合结婚实质要件的，按事实婚姻处理。

（二）1994年2月1日民政部《婚姻登记管理条例》公布实施以后，男女双方符合结婚实质要件的，人民法院应当告知其补办结婚登记。未补办结婚登记的，依据本解释第三条规定处理。

第8条 未依据民法典第一千零四十九条规定办理结婚登记而以夫妻名义共同生活的男女，一方死亡，另一方以配偶身份主张享有继承权的，依据本解释第七条的原则处理。

《最高人民法院关于适用〈中华人民共和国保险法〉若干问题的解释（三）》

第9条 投保人指定受益人未经被保险人同意的，人民法院应认定指定行为无效。

当事人对保险合同约定的受益人存在争议，除投保人、被保险人在保险合同之外另有约定外，按以下情形分别处理：

（一）受益人约定为"法定"或者"法定继承人"的，以民法典规定的法定继承人为受益人；

（二）受益人仅约定为身份关系，投保人与被保险人为同一主体的，根据保险事故发生时与被保险人的身份关系确定受益人；投保人与被保险人为不同主体的，根据保险合同成立时与被保险人的身份关系确定受益人；

（三）约定的受益人包括姓名和身份关系，保险事故发生时身份关系发生变化的，认定为未指定受益人。

★ **第1128条【代位继承】**

被继承人的子女先于被继承人死亡的，由被继承人的子女的直系晚辈血亲代位继承。

被继承人的兄弟姐妹先于被继承人死亡的，由被继承人的兄弟姐妹的子女代位继承。

代位继承人一般只能继承被代位继承人有权继承的遗产份额。

【条文解读】

本条是关于代位继承的规定。本条承继了原《继承法》第11条规定，并增加了第2款关于"被继承人的兄弟姐妹先于被继承人死亡的，由被继承人的兄弟姐妹的子女代位继承"的规定。

根据本条规定，代位继承应符合以下条件：第一，被代位继承人先于被继承人死亡。如果继承人是在继承开始后死亡，则遗产已经被其取得只是尚未分配，此时发生转继承而非代位继承。第二，先死亡的人是被继承人的子女或者兄弟姐妹，而非其他继承人。第三，代位继承人的范围，一是被继承人子女的直系晚辈血亲；二是被继承人兄弟姐妹的子女。需要注意的是，被继承人子女的代位继承人系"直系晚辈血亲"，根据《最高人民法院关于适用〈中华人民共和国民法典〉继承编的解释》第14条规定，包括孙子女、外孙子女、曾孙子女、外曾孙子女，即代位继承人不受辈数的限制。但还应注意的是，这些代位继承人只能按照辈分依次代位，不能隔代代位。被继承人兄弟姐妹的代位继承人系其"子女"，从文义解释上看，应限于兄弟姐妹的子女，即代位继承人只有一辈。仍需要注意的是，兄弟姐妹是第二顺序继承人，只能在没有第一顺序继承人继承的情况下，被继承人的兄弟姐妹才有资格继承，其子女也才可能发生代位继承。也就是说，本条第1款和第2款规定的代位继承人不可能同时代位继承。第四，被代位继承人生前必须享有继承权。根据《最高人民法院关于适用〈中华人民共和国民法典〉继承编的解释》第17条规定，继承人丧失继承权的，不得代位继承。

代位继承只适用于法定继承，不适用于遗嘱继承和遗赠。如果遗嘱继承人先于遗嘱人死亡的,该遗嘱继承人的晚辈直系血亲不能通过代位继承继承遗产。这是因为遗嘱指定的继承人或受遗赠人先于立遗嘱人死亡的,会导致遗嘱失效,如果被继承人未立新遗嘱,应按照法定继承处理。

关于代位继承的遗产范围,根据本条第3款规定,一般只能继承被代位继承人有权继承的遗产份额。但是,考虑到代位继承是法定继承制度的一部分,在法定继承中需要多分或少分遗产的,应当同样适用于代位继承。由此,《最高人民法院关于适用〈中华人民共和国民法典〉继承编的解释》第16条规定,代位继承人缺乏劳动能力又没有生活来源,或者对被继承人尽过主要赡养义务的,分配遗产时,可以多分。

【关联司法解释】

《最高人民法院关于适用〈中华人民共和国民法典〉继承编的解释(一)》

第14条 被继承人的孙子女、外孙子女、曾孙子女、外曾孙子女都可以代位继承,代位继承人不受辈数的限制。

第15条 被继承人的养子女、已形成扶养关系的继子女的生子女可以代位继承;被继承人亲生子女的养子女可以代位继承;被继承人养子女的养子女可以代位继承;与被继承人已形成扶养关系的继子女的养子女也可以代位继承。

第16条 代位继承人缺乏劳动能力又没有生活来源,或者对被继承人尽过主要赡养义务的,分配遗产时,可以多分。

★ 第17条 继承人丧失继承权的,其晚辈直系血亲不得代位继承。如该代位继承人缺乏劳动能力又没有生活来源,或者对被继承人尽赡养义务较多的,可以适当分给遗产。

【司法解释条文解读】

本条是关于代位继承的限制的规定。传统继承法学对于代位继承权的性质有"代表权说"和"固有权说"两种。"代表权说"认为,代位继承人的继承权来自被代位继承人，是代表被代位继承人参加继承，行使的是被代位继承人的权利，在被代位继承人丧失或者放弃继承权的情况下，不能发生代位继承；"固有权说"认为，代位继承权是法律赋予代位继承人的固有权利，并不是基于被代位继承人的继承权，即使被代位继承人丧失继承权，也能发生代位继承。本条司法解释采纳了"代表权说"，规定继承人因法定事由丧失继承权的，其晚辈直系血亲不得代位继承。根据本条规定精神，继承人的兄弟姐妹丧失继承权的，其子女也不得代位继承。但是，在特殊情况下，本条规定，代位继承人缺乏劳动能力又没有生活来源，或者对被继承人尽赡养义务较多的，可以适当分给遗产。

第18条　丧偶儿媳对公婆、丧偶女婿对岳父母，无论其是否再婚，依照民法典第一千一百二十九条规定作为第一顺序继承人时，不影响其子女代位继承。

《最高人民法院关于适用〈中华人民共和国民法典〉时间效力的若干规定》

第14条　被继承人在民法典施行前死亡，遗产无人继承又无人受遗赠，其兄弟姐妹的子女请求代位继承的，适用民法典第一千一百二十八条第二款和第三款的规定，但是遗产已经在民法典施行前处理完毕的除外。

第1129条【丧偶儿媳、丧偶女婿的继承权】

丧偶儿媳对公婆，丧偶女婿对岳父母，尽了主要赡养义务的，作为第一顺序继承人。

【关联司法解释】

《最高人民法院关于适用〈中华人民共和国民法典〉继承编的解释（一）》

第19条　对被继承人生活提供了主要经济来源，或者在劳务等方面给予了主要扶助的，应当认定其尽了主要赡养义务或主要扶养义务。

【其他关联规定】

《中华人民共和国妇女权益保障法》

第59条 丧偶儿媳对公婆尽了主要赡养义务的，作为第一顺序继承人，其继承权不受子女代位继承的影响。

第1130条【遗产分配的原则】

同一顺序继承人继承遗产的份额，一般应当均等。

对生活有特殊困难又缺乏劳动能力的继承人，分配遗产时，应当予以照顾。

对被继承人尽了主要扶养义务或者与被继承人共同生活的继承人，分配遗产时，可以多分。

有扶养能力和有扶养条件的继承人，不尽扶养义务的，分配遗产时，应当不分或者少分。

继承人协商同意的，也可以不均等。

【关联司法解释】

《最高人民法院关于适用〈中华人民共和国民法典〉继承编的解释（一）》

第16条 代位继承人缺乏劳动能力又没有生活来源，或者对被继承人尽过主要赡养义务的，分配遗产时，可以多分。

第19条 对被继承人生活提供了主要经济来源，或者在劳务等方面给予了主要扶助的，应当认定其尽了主要赡养义务或主要扶养义务。

第22条 继承人有扶养能力和扶养条件，愿意尽扶养义务，但被继承人因有固定收入和劳动能力，明确表示不要求其扶养的，分配遗产时，一般不应因此而影响其继承份额。

第23条 有扶养能力和扶养条件的继承人虽然与被继承人共同生活，但对需要扶养的被继承人不尽扶养义务，分配遗产时，可以少分或者不分。

第43条　人民法院对故意隐匿、侵吞或者争抢遗产的继承人，可以酌情减少其应继承的遗产。

第1131条【酌情分得遗产权】

对继承人以外的依靠被继承人扶养的人，或者继承人以外的对被继承人扶养较多的人，可以分给适当的遗产。

【关联司法解释】

《最高人民法院关于适用〈中华人民共和国民法典〉继承编的解释（一）》

第10条　被收养人对养父母尽了赡养义务，同时又对生父母扶养较多的，除可以依照民法典第一千一百二十七条的规定继承养父母的遗产外，还可以依照民法典第一千一百三十一条的规定分得生父母适当的遗产。

第17条　继承人丧失继承权的，其晚辈直系血亲不得代位继承。如该代位继承人缺乏劳动能力又没有生活来源，或者对被继承人尽赡养义务较多的，可以适当分给遗产。

第20条　依照民法典第一千一百三十一条规定可以分给适当遗产的人，分给他们遗产时，按具体情况可以多于或者少于继承人。

第21条　依照民法典第一千一百三十一条规定可以分给适当遗产的人，在其依法取得被继承人遗产的权利受到侵犯时，本人有权以独立的诉讼主体资格向人民法院提起诉讼。

第41条　遗产因无人继承又无人受遗赠归国家或者集体所有制组织所有时，按照民法典第一千一百三十一条规定可以分给适当遗产的人提出取得遗产的诉讼请求，人民法院应当视情况适当分给遗产。

第1132条【继承处理方式】

继承人应当本着互谅互让、和睦团结的精神，协商处理继承问题。遗产分割的时间、办法和份额，由继承人协商确定；协商不成的，可以由人民调解委员会调解或者向人民法院提起诉讼。

第三章　遗嘱继承和遗赠

第1133条【遗嘱处分个人财产】

自然人可以依照本法规定立遗嘱处分个人财产，并可以指定遗嘱执行人。

自然人可以立遗嘱将个人财产指定由法定继承人中的一人或者数人继承。

自然人可以立遗嘱将个人财产赠与国家、集体或者法定继承人以外的组织、个人。

自然人可以依法设立遗嘱信托。

【关联司法解释】

《最高人民法院关于适用〈中华人民共和国民法典〉继承编的解释（一）》

第4条　遗嘱继承人依遗嘱取得遗产后，仍有权依照民法典第一千一百三十条的规定取得遗嘱未处分的遗产。

第26条　遗嘱人以遗嘱处分了国家、集体或者他人财产的，应当认定该部分遗嘱无效。

【其他关联规定】

《中华人民共和国信托法》

第8条　设立信托，应当采取书面形式。

书面形式包括信托合同、遗嘱或者法律、行政法规规定的其他书面文件等。

采取信托合同形式设立信托的，信托合同签订时，信托成立。采取其他书面形式设立信托的，受托人承诺信托时，信托成立。

第13条 设立遗嘱信托，应当遵守继承法关于遗嘱的规定。

遗嘱指定的人拒绝或者无能力担任受托人的，由受益人另行选任受托人；受益人为无民事行为能力人或者限制民事行为能力人的，依法由其监护人代行选任。遗嘱对选任受托人另有规定的，从其规定。

第1134条【自书遗嘱】

自书遗嘱由遗嘱人亲笔书写，签名，注明年、月、日。

【关联司法解释】

《最高人民法院关于适用〈中华人民共和国民法典〉继承编的解释（一）》

第27条 自然人在遗书中涉及死后个人财产处分的内容，确为死者的真实意思表示，有本人签名并注明了年、月、日，又无相反证据的，可以按自书遗嘱对待。

《最高人民法院关于民事诉讼证据的若干规定》

第92条 私文书证的真实性，由主张以私文书证证明案件事实的当事人承担举证责任。

私文书证由制作者或者其代理人签名、盖章或捺印的，推定为真实。

私文书证上有删除、涂改、增添或者其他形式瑕疵的，人民法院应当综合案件的具体情况判断其证明力。

第1135条【代书遗嘱】

代书遗嘱应当有两个以上见证人在场见证，由其中一人代书，并由遗嘱人、代书人和其他见证人签名，注明年、月、日。

★ 第1136条【打印遗嘱】

打印遗嘱应当有两个以上见证人在场见证。遗嘱人和见证人应当在遗嘱每一页签名，注明年、月、日。

【条文解读】

本条是关于打印遗嘱的规定。本条是《民法典》新增加的规定。

在理解本条规定时需要注意以下问题：

第一，从本条文义表述看，并不要求在电脑上编辑和通过打印机打印的行为必须由遗嘱人本人完成，即可以由遗嘱人本人具体操作，也可以由遗嘱人陈述，由他人代为操作，但均需要由两个见证人在场见证。

第二，关于在场见证的理解，应符合时空一致性的要求，见证人应全程参与遗嘱的制作，包括在电脑上编辑遗嘱、通过打印机将遗嘱打印出来等全部过程。在遗嘱打印出来后，见证人还应当核实打印出来的遗嘱与电脑上所编辑的遗嘱，或遗嘱人所陈述的遗嘱内容是否一致。对于实践中所出现的，遗嘱人先用手写方式书写了遗嘱，然后交由打印店人员录入并打印，打印遗嘱上无其他见证人签名，应如何认定该打印遗嘱效力的问题，一般认为，按照遗嘱形式法定的原则，应确认该份打印遗嘱无效；但如果上述手写遗嘱符合自书遗嘱的要件，与打印遗嘱相比不存在遗嘱人意思变更的，也无后期内容不同的遗嘱，可以按照本编自书遗嘱的规定认定手写遗嘱的效力。

第三，在打印遗嘱不止一页的情况下，应注意遗嘱人和两个以上见证人应当在每一页都签名，并在每一页上注明年、月、日。这是因为即使是遗嘱人自己编辑和打印的体现其真实意思表示的遗嘱，也可能被他人通过技术手段篡改，因此，法律规定，打印遗嘱需要有严格的形式要件。对此，见证人需要符合《民法典》第1140条规定的资格、本条规定的数量和在场见证的要求；签名应是遗嘱人、见证人亲笔书写而不能是加盖人名章，且必须是身份证、户口本等有效身份证明载明的姓名，而不能是笔名、艺名。如果遗嘱人、见证人只在遗嘱最后一页签名，没有在每一页签名，未签名页的内容容易被篡改或替换，无法保证其真实性，故不能认定该打印遗嘱全部内容的有效性，但如果认定没有签名的部分无效导致无法确定有签名部分的具体内容时，从保证遗嘱人和继承人的合法权益角度出发，应认定该打印遗嘱全部无效为宜。遗嘱的设立时间是判断遗嘱有效性的重要因素，故未注明年、月、日的打印遗嘱无法律效力，需要注意的是，必须是"年、月、日"均写明，仅写明"年"或者"年、月"的也不符合本条规定的形式，应认定打印遗嘱无效。

【关联司法解释】

《最高人民法院关于适用〈中华人民共和国民法典〉时间效力的若干规定》

第15条　民法典施行前，遗嘱人以打印方式立的遗嘱，当事人对该遗嘱效力发生争议的，适用民法典第一千一百三十六条的规定，但是遗产已经在民法典施行前处理完毕的除外。

第1137条【录音录像遗嘱】

以录音录像形式立的遗嘱，应当有两个以上见证人在场见证。遗嘱人和见证人应当在录音录像中记录其姓名或者肖像，以及年、月、日。

★ 第1138条【口头遗嘱】

遗嘱人在危急情况下，可以立口头遗嘱。口头遗嘱应当有两个以上见证人在场见证。危急情况消除后，遗嘱人能够以书面或者录音录像形式立遗嘱的，所立的口头遗嘱无效。

【条文解读】

本条是关于口头遗嘱的规定。本条承继了原《继承法》第17条第5款的规定。

根据本条规定，口头遗嘱的适用需要具备以下条件：

一是遗嘱人处在危急情况下，并不是在任何情况下都可以订立口头遗嘱。对于何为危急情况，本条没作明确规定，一般认为系出现遗嘱人无法通过自书、代书、打印等本章规定的其他形式订立遗嘱的情况，如遗嘱人生命垂危或者遇到了重大灾害或者意外等危急情况，导致遗嘱人在客观上没有时间或没有能力以其他方式订立遗嘱。

二是需由遗嘱人本人亲口表达，所表达的内容属于遗嘱的内容，如遗嘱受益人、遗产分配办法、遗嘱执行人等。

三是应当有两个以上的见证人在场见证。这是因为口头遗嘱是指遗嘱人在危急情况下通过口述方式表达身后财产处分的遗嘱方式，由于没有记录的载体，当然要求有两个以上见证人在场见证，且见证人还需具备一定的资格条件，不能是《民法典》第1140条规定的三类人员之一。如果危急情况下只有遗嘱人一人，其是无法通过口述的方式设立遗嘱的，只能按照法定继承办理。

对于口头遗嘱的效力问题。根据本条规定，应从时间和客观条件两个方面来把握：第一，从时间上看，如果处在危急情况下的遗嘱人在立口头遗嘱后死亡，且所立口头遗嘱符合上述形式要件的，口头遗嘱即发生法律效力；如果危急情况消除后，遗嘱人没有死亡，且能够以书面或者录音录像形式立遗嘱的，则口头遗嘱无效。第二，从客观条件上看，如果危急情况消除后，遗嘱人没有死亡，对其能够以其他形式立遗嘱的判断，应不以遗嘱人的主观心理为标准，只要其具备相应的客观条件即使遗嘱人未订立书面或录音录像遗嘱，口头遗嘱仍然失效。这是因为口头遗嘱的形式要件简单，完全依靠见证人的表述证明，容易出现遗忘、伪造或者篡改，容易引发纠纷，这样规定有利于促使遗嘱人积极订立新遗嘱，从而保障遗嘱的真实性。

由于口头遗嘱完全依靠见证人的表述证明，因此，对于口头遗嘱是否存在、法律效力的证明相较其他形式遗嘱更为困难，故在审查时还需结合相关举证规则进行判断。对于口头遗嘱是否存在的证明责任，根据《最高人民法院关于适用〈中华人民共和国民事诉讼法〉的解释》第91条的规定，应由主张遗嘱存在的一方承担举证责任。《最高人民法院关于适用〈中华人民共和国民事诉讼法〉的解释》第109条规定："当事人对欺诈、胁迫、恶意串通事实的证明，以及对口头遗嘱或者赠与事实的证明，人民法院确信该待证事实存在的可能性能够排除合理怀疑的，应当认定该事实存在。"据此，当事人对于口头遗嘱的存在、口头遗嘱的内容的证明，应达到"排除合理怀疑"的程度。

第1139条【公证遗嘱】

公证遗嘱由遗嘱人经公证机构办理。

【其他关联规定】

《公证程序规则》

第11条 当事人可以委托他人代理申办公证，但申办遗嘱、遗赠扶养协议、赠与、认领亲子、收养关系、解除收养关系、生存状况、委托、声明、保证及其他与自然人人身有密切关系的公证事项，应当由其本人亲自申办。

《遗嘱公证细则》

第5条 遗嘱人申办遗嘱公证应当亲自到公证处提出申请。

遗嘱人亲自到公证处有困难的，可以书面或者口头形式请求有管辖权的公证处指派公证人员到其住所或者临时处所办理。

★ 第1140条【遗嘱见证人资格的限制性规定】

下列人员不能作为遗嘱见证人：

（一）无民事行为能力人、限制民事行为能力人以及**其他不具有见证能力的人**；

（二）继承人、受遗赠人；

（三）与继承人、受遗赠人有利害关系的人。

【条文解读】

本条是关于遗嘱见证人资格的限制性规定的规定。本条承继了原《继承法》第18条规定，并增加规定，"其他不具有见证能力的人"不能作为遗嘱见证人。

遗嘱是死因民事法律行为,遗嘱在立遗嘱人死亡时发生法律效力。在遗嘱人死亡时对于遗嘱真实性的认定需要依靠见证人予以证明,故为了确保遗嘱人在证明遗嘱真实性时的客观公正,法律除对见证人的数量予以规定外,还在本条对见证人的资格作出规定。根据本章规定,除自书遗嘱外,代书遗嘱、打印遗嘱、录音录像遗嘱、口头遗嘱均需要两个以上见证人在场见证,因此,该四种形式遗嘱中规定的见证人均需符合本条规定的资格条件。本条规定采取的是排除法,即自然人必须不属于本条三类人员中的任何一类,才可以作为遗嘱见证人。

第一,遗嘱见证人不能是无民事行为能力人、限制民事行为能力人以及其他不具有见证能力的人。即不能是下列人员:(1)不满18周岁的未成年人,但是16周岁以上以自己的劳动收入为主要生活来源的未成年人除外。(2)不能辨认或者不能完全辨认自己行为的成年人。(3)完全民事行为能力人但不具有见证能力。比如不识字人员、不通晓遗嘱人使用语言的人,盲人、失聪人员等因身体缺陷无法见证或无法知晓遗嘱内容的人等,实践中还需要根据遗嘱形式结合具体情况进行分析。

第二,遗嘱见证人不能是继承人、受遗赠人。其中"继承人"是指《民法典》所规定的所有法定继承人,即包括第一顺序继承人、第二顺序继承人等;"受遗赠人"是指接受遗嘱人财产的法定继承人以外的个人。这是因为该两类人员均系遗产的直接受益人,如果其作为见证人,一方面可能会给遗嘱人造成影响导致作出非真实意愿的表示,另一方面可能会存在该两类人员为了自己利益而作不真实证明的情况,对遗嘱真实性的判断造成困难,故本条将该两类人员排除在见证人之外。

第三,遗嘱见证人不能是与继承人、受遗赠人有利害关系的人。这类人员因与继承人、受遗赠人有利害关系,可能会与遗产处理有间接利益,容易受利益驱动作出不真实的证明,因此也被排除在外。根据《最高人民法院关于适用〈中华人民共和国民法典〉继承编的解释》第24条的规定,继承人、受遗赠人的债权人、债务人,共同经营的合伙人,应当视为与继承人、受遗赠人有利害关系，除此之外，还需要针对具体情况具体分析。

此外，遗嘱对遗嘱人及其利害关系人而言是重大民事法律行为，实践中往往出现遗嘱人立遗嘱时有多人在场的情形，此处试列举两种情形分析以增加对本条的理解。第一，如果立遗嘱时有符合条件的两个以上见证人在场见证，但继承人或受遗赠人也全程参与了遗嘱的订立过程。对此种情形下的遗嘱效力的认定，不宜仅以继承人或受遗赠人参与为由否认遗嘱效力。因为遗嘱是要式法律行为，如果遗嘱人所立遗嘱符合本章规定的其他形式要件，见证人也不属于本条规定的人员，就应认定遗嘱有效。但如果有证据证明在场的继承人或受遗赠人实施了欺诈、胁迫行为，导致遗嘱不符合遗嘱人真实意愿的，根据《民法典》第1143条规定，就应认定所立遗嘱无效。第二，关于律师见证遗嘱的问题，虽然律师具备专业的法律知识，但如上所述，遗嘱是要式法律行为，律师在帮助遗嘱人立遗嘱时也应符合本章规定的各类遗嘱形式，而不能创设形式；律师在担任见证人时也应符合本条规定的条件，否则相关遗嘱也会被确认无效。

【关联司法解释】

《最高人民法院关于适用〈中华人民共和国民法典〉继承编的解释（一）》

第24条 继承人、受遗赠人的债权人、债务人，共同经营的合伙人，也应当视为与继承人、受遗赠人有利害关系，不能作为遗嘱的见证人。

第1141条【必留份】

遗嘱应当为缺乏劳动能力又没有生活来源的继承人保留必要的遗产份额。

【关联司法解释】

《最高人民法院关于适用〈中华人民共和国民法典〉继承编的解释（一）》

第25条 遗嘱人未保留缺乏劳动能力又没有生活来源的继承人的遗产

份额，遗产处理时，应当为该继承人留下必要的遗产，所剩余的部分，才可参照遗嘱确定的分配原则处理。

继承人是否缺乏劳动能力又没有生活来源，应当按遗嘱生效时该继承人的具体情况确定。

★ **第1142条【遗嘱的撤回、变更以及遗嘱效力顺位】**
遗嘱人可以撤回、变更自己所立的遗嘱。

立遗嘱后，遗嘱人实施与遗嘱内容相反的民事法律行为的，视为对遗嘱相关内容的撤回。

立有数份遗嘱，内容相抵触的，以最后的遗嘱为准。

【条文解读】

本条是关于遗嘱的撤回、变更和遗嘱效力顺位的规定。本条对原《继承法》第20条的规定作了修改：一是将第1款中的"撤销"改为"撤回"；二是吸收并修改原《最高人民法院关于贯彻执行〈中华人民共和国继承法〉若干问题的意见》第39条的规定，增加了第2款视为遗嘱撤回的规定；三是删除了公证遗嘱优先效力的规定。

对于本条第1款的理解，民事法律行为中的"撤回"是指对尚未生效的意思表示予以撤回，使其不发生法律效力。根据《民法典》第141条的规定，行为人可以撤回意思表示，撤回意思表示的通知应当在意思表示到达相对人前或者与意思表示同时到达相对人。遗嘱是死因民事法律行为，遗嘱是在遗嘱人死亡时发生法律效力，由于遗嘱人只能在其死亡前对所立遗嘱予以取消，故本条规定遗嘱人可以撤回所立的遗嘱更为准确；遗嘱人变更所立的遗嘱，包括增加遗嘱的内容、对遗嘱内容进行部分或全部的修改等。由于遗嘱是单方法律行为，因此遗嘱人有权在遗嘱生效前对所立遗嘱的内容进行变更，这也是意思自治原则在遗嘱领域的具体体现。

对于本条第2款的理解，《民法典》第140条规定："行为人可以明示或者默示作出意思表示。沉默只有在有法律规定、当事人约定或者符合当事人之间的交易习惯时，才可以视为意思表示。"据此，本条第2款即是法律规定的通过遗嘱人所实施的与遗嘱内容相反的民事法律行为，推定遗嘱人撤回相关遗嘱的规定。本款将原《最高人民法院关于贯彻执行〈中华人民共和国继承法〉若干问题的意见》第39条所规定的"遗嘱人生前的行为与遗嘱的意思表示相反，而使遗嘱处分的财产在继承开始前灭失、部分灭失或所有权转移、部分转移的，遗嘱视为被撤销或部分被撤销"具体情形予以删除，改为笼统的规定，使得适用的情形更为广泛。

本条第3款删除了原《继承法》第20条"自书、代书、录音、口头遗嘱，不得撤销、变更公证遗嘱"的规定，取消了实施多年且被大众广泛熟悉的公证遗嘱适用效力位阶上的优先性，有利于保护遗嘱人的遗嘱自由，切实保障遗嘱人真实意愿的实现。据此，对于数份内容相抵触的遗嘱，以立遗嘱的时间作为遗嘱效力的标准，无论何种遗嘱形式，时间最后的一份遗嘱具有法律效力。

【关联司法解释】

《最高人民法院关于适用〈中华人民共和国民法典〉时间效力的若干规定》

第23条　被继承人在民法典施行前立有公证遗嘱，民法典施行后又立有新遗嘱，其死亡后，因该数份遗嘱内容相抵触发生争议的，适用民法典第一千一百四十二条第三款的规定。

★ **第1143条【遗嘱的实质要件】**
无民事行为能力人或者限制民事行为能力人所立的遗嘱无效。
遗嘱必须表示遗嘱人的真实意思，受欺诈、胁迫所立的遗嘱无效。
伪造的遗嘱无效。
遗嘱被篡改的，篡改的内容无效。

【条文解读】

本条是关于遗嘱无效的规定。本条承继了原《继承法》第22条的规定。

遗嘱系单方民事法律行为，除了需符合本章规定的形式要件外，还需要符合《民法典》第143条关于民事法律行为有效的一般条件和本条规定的特别条件，也被称为遗嘱的实质要件。根据本条规定，遗嘱的实质要件包括：

第一，遗嘱人应具有遗嘱能力。本条第1款规定，无民事行为能力人或者限制民事行为能力人所立遗嘱无效，即遗嘱能力与民事行为能力相一致，也即只有完全民事行为能力人才具有订立遗嘱的资格。对于认定遗嘱能力的时间点，《最高人民法院关于适用〈中华人民共和国民法典〉继承编的解释》第28条规定，以遗嘱人立遗嘱时为准，只要遗嘱人立遗嘱时具有完全民事行为能力，即使后来丧失民事行为能力也不影响遗嘱的效力；但如果系无民事行为能力人或者限制民事行为能力人所立的遗嘱，即使其本人后来具有完全民事行为能力，仍属无效遗嘱。需要注意的是，实践中容易对遗嘱人立遗嘱时是否具有完全民事行为能力发生争议，可以考虑结合遗嘱人的体检资料、病例资料、居委会或村委会证明、其他证人证言或者遗嘱的合理性等，综合进行判断。

第二，遗嘱必须表示遗嘱人的真实意思。这体现在两个方面，一是意思表示自由，遗嘱必须出于遗嘱人的自愿，遗嘱人因受欺诈、胁迫所立遗嘱无效；二是意思表示真实，遗嘱的内容确实为遗嘱人的真实意思，伪造的遗嘱、被篡改部分的遗嘱无效。对此，需要特别注意的是，《民法典》第148条、第149条、第150条规定，受欺诈、胁迫而为的民事法律行为系可撤销的民事法律行为，而本条规定受欺诈、胁迫所立遗嘱无效。这是因为，撤销权针对的是已经生效的民事法律行为，由受欺诈方、受胁迫方在法律规定的期间内通过行使撤销权，使其有溯及力的消灭，但遗嘱是遗嘱人死亡时生效，遗嘱人无法撤销其意思表示，故本条规定该情形下所立遗嘱无效，对此可以看作是继承编对民事法律行为的特殊规定，在涉及遗嘱继承的规定时，应以本条规定为准①。同时，根据《最高人民法院关于适用〈中华人民共和国民事诉讼法〉的解释》第109条的规定，当事人对欺诈、胁迫事实的证明，应达到"排除合理怀疑"的证明标准。

第三，遗嘱的内容应当合法。本条虽未直接规定遗嘱的内容应当合法，但根据《民法典》第143条的规定，民事法律行为有效的条件还包括不违反法律、行政法规的强制性规定，不违背公序良俗。遗嘱作为民事法律行为，也应符合该规定的条件，比如，遗嘱人不得处分法律禁止个人持有和流转的财产。

【关联司法解释】

《最高人民法院关于适用〈中华人民共和国民法典〉时间效力的若干规定》

第28条　遗嘱人立遗嘱时必须具有完全民事行为能力。无民事行为能力人或者限制民事行为能力人所立的遗嘱，即使其本人后来具有完全民事行为能力，仍属无效遗嘱。遗嘱人立遗嘱时具有完全民事行为能力，后来成为无民事行为能力人或者限制民事行为能力人的，不影响遗嘱的效力。

《最高人民法院关于适用〈中华人民共和国民事诉讼法〉的解释》

第109条　当事人对欺诈、胁迫、恶意串通事实的证明，以及对口头遗嘱或者赠与事实的证明，人民法院确信该待证事实存在的可能性能够排除合理怀疑的，应当认定该事实存在。

《最高人民法院关于民事诉讼证据的若干规定》

第86条　当事人对于欺诈、胁迫、恶意串通事实的证明，以及对于口头遗嘱或赠与事实的证明，人民法院确信该待证事实存在的可能性能够排除合理怀疑的，应当认定该事实存在。

与诉讼保全、回避等程序事项有关的事实，人民法院结合当事人的说明

---

① 最高人民法院民法典贯彻实施工作领导小组主编：《中华人民共和国民法典婚姻家庭编继承编理解与适用》，人民法院出版社2020年版，第609页。

及相关证据，认为有关事实存在的可能性较大的，可以认定该事实存在。

第1144条【附义务遗嘱】

遗嘱继承或者遗赠附有义务的，继承人或者受遗赠人应当履行义务。没有正当理由不履行义务的，经利害关系人或者有关组织请求，人民法院可以取消其接受附义务部分遗产的权利。

【关联司法解释】

《最高人民法院关于适用〈中华人民共和国民法典〉继承编的解释（一）》

第29条 附义务的遗嘱继承或者遗赠，如义务能够履行，而继承人、受遗赠人无正当理由不履行，经受益人或者其他继承人请求，人民法院可以取消其接受附义务部分遗产的权利，由提出请求的继承人或者受益人负责按遗嘱人的意愿履行义务，接受遗产。

第四章 遗产的处理

★ 第1145条【遗产管理人的选任】

继承开始后，遗嘱执行人为遗产管理人；没有遗嘱执行人的，继承人应当及时推选遗产管理人；继承人未推选的，由继承人共同担任遗产管理人；没有继承人或者继承人均放弃继承的，由被继承人生前住所地的民政部门或者村民委员会担任遗产管理人。

【条文解读】

本条是关于遗产管理人选任的规定。本条是《民法典》新增条文。原《继承法》仅在第16条和第24条原则性规定了遗嘱执行和遗产保管的部分内容。随着我国经济不断发展，人民群众的财富不断增加，被继承人留下的财产增多，但也存在欠付债务的情况，为了更好保护被继承人、继承人及债权人的合法权益，本章规定了比较系统的、完善的遗产管理制度。根据本章规定，遗产管理制度涉及遗产管理人的选任、权利、义务和法律责任。

关于遗产管理人的法律地位，理论上主要有"代理权说"和"固有权说"。"代理权说"认为，遗产管理人的地位相当于代理人。该学说有三种观点：一是认为遗产管理人是被继承人的代理人，依照被继承人的意愿对遗产进行管理、清算、分配，可以看作是被继承人意志的延续；二是认为遗产管理人是继承人的代理人，被继承人死亡后，其权利能力因死亡而消灭，不能委托代理人，其遗产归属于继承人，对遗产的管理实际上是对继承人利益的维护；三是认为遗产管理人是遗产的代理人，遗产的地位等同于一个独立的无权利能力的财团法人。"固有权说"认为，遗嘱管理人享有的是一种固有权利，具有独立的法律地位，依照法律规定行使职权，维护遗产价值、保护遗产权利人的合法利益，同时也保护遗产债权人的合法权益，其既不是被继承人的代理人，也不是继承人的代理人。从本条遗产管理人的产生来看，遗产管理人有可能是被继承人指定的人、继承人推选出的代表，或者法律规定的民政部门和村民委员会，因此，"固有权说"更为合理，即遗产管理人具有独立的法律地位，类似于破产管理人、清算机构等主体，依照法律规定承担全面的管理职能，具有中立性和专业性的特点。

根据本条规定，由下列人员担任遗产管理人：

第一，被继承人立有遗嘱且指定遗嘱执行人的，由遗嘱执行人担任遗产管理人。这是因为遗嘱执行人是被继承人选定的执行遗嘱的人，由其担任遗产管理人更符合被继承人的意愿，且遗产执行人本身要处理遗产，由其担任遗产管理人也更为便利。

第二，没有遗嘱执行人的，由继承人担任遗产管理人，继承人为多人的，共同推选出遗产管理人。此种情况下，继承人负有按照本章相关规定，切实履行保护遗产价值、维护各利害关系人利益等遗产管理人的职责，而非仅考虑继承人自身的利益，否则将承担相应的法律责任。

第三，继承人未推选遗产管理人的，由全体继承人共同担任遗产管理人。

第四，被继承人死亡后，如果没有继承人或者继承人均放弃继承时，遗产就属于无人继承的遗产，城镇无人继承的遗产由被继承人生前住所地的民政部门担任遗产管理人，农村无人继承的遗产由被继承人所在的村民委员会担任遗产管理人。

第1146条【遗产管理人的指定】

对遗产管理人的确定有争议的，利害关系人可以向人民法院申请指定遗产管理人。

第1147条【遗产管理人的职责】

遗产管理人应当履行下列职责：

（一）清理遗产并制作遗产清单；

（二）向继承人报告遗产情况；

（三）采取必要措施防止遗产毁损、灭失；

（四）处理被继承人的债权债务；

（五）按照遗嘱或者依照法律规定分割遗产；

（六）实施与管理遗产有关的其他必要行为。

★ 第1148条【遗产管理人未尽职责的民事责任】

遗产管理人应当依法履行职责，因故意或者重大过失造成继承人、受遗赠人、债权人损害的，应当承担民事责任。

【条文解读】

本条是关于遗产管理人未尽职责应承担民事责任的规定。本条是《民法典》新增条文。

遗产管理人承担民事责任的构成要件包括：

第一，遗产管理人客观上未尽到法定职责。比如，未尽到全面清理遗产并向继承人报告义务，存在漏报、瞒报情形；未尽到妥善保管义务，造成遗产毁损；未按照遗嘱内容或法律规定分割遗产，导致被继承人、受遗赠人等利益受损；未依法处理被继承人债务，导致债权人受损等，主要是未按照《民法典》第1147条的规定履行相应的职责。

第二，遗产管理人在主观上有故意或者重大过失。根据本条规定。遗产管理人只有对未尽到法定职责存在故意或重大过失时才承担责任，仅为一般过失时不承担责任。比如，故意的不作为，不执行遗嘱内容；明知继承人有债权但怠于主张权利导致债权超过诉讼时效；明知有多个法定继承人但分割遗产时遗漏某个继承人等情形。对于重大过失和一般过失的区分，应结合实际具体分析判断，一般认为，对于遗产管理人已经尽到了和对待自身事务相当的注意义务的，不应认定为重大过失。

第三，遗产管理人的行为给继承人、受遗赠人、债权人造成了损害。这种损害既包括部分继承人、受遗赠人被遗漏导致未分割到遗产，未处理应偿还的债务导致债权人利益受到损害等情形，还包括未尽职责造成遗产的损失，进而损害相关主体利益的情形。

关于遗产管理人承担民事责任的方式。根据《民法典》第179条关于承担民事责任的方式的规定，遗产管理人承担责任的方式主要有以下几种：第一，返还财产，该责任方式适用于遗产管理人侵占遗产的情形。第二，恢复原状，对于遗产管理人故意或重大过失造成遗产损害的，可适用该责任方式。比如，遗产是车辆，遗产管理人因保管不善导致车辆破损，可以通过修理的方式弥补。第三，损害赔偿责任。对于本条规定的遗产管理人未尽法定职责，因故意或重大过失造成相关利益主体受损的，均可适用损害赔偿责任。这也是遗产管理人承担责任的主要形式，损害赔偿的数额应相当于继承人、受遗赠人、债权人受损失的数额。

第1149条【遗产管理人的报酬】

遗产管理人可以依照法律规定或者按照约定获得报酬。

第1150条【继承开始后的通知】

继承开始后,知道被继承人死亡的继承人应当及时通知其他继承人和遗嘱执行人。继承人中无人知道被继承人死亡或者知道被继承人死亡而不能通知的,由被继承人生前所在单位或者住所地的居民委员会、村民委员会负责通知。

【关联司法解释】

《最高人民法院关于适用〈中华人民共和国民法典〉继承编的解释(一)》

第30条 人民法院在审理继承案件时,如果知道有继承人而无法通知的,分割遗产时,要保留其应继承的遗产,并确定该遗产的保管人或者保管单位。

第1151条【遗产的保管】

存有遗产的人,应当妥善保管遗产,任何组织或者个人不得侵吞或者争抢。

【关联司法解释】

《最高人民法院关于适用〈中华人民共和国民法典〉继承编的解释(一)》

第43条 人民法院对故意隐匿、侵吞或者争抢遗产的继承人,可以酌情减少其应继承的遗产。

★★第1152条【转继承】

继承开始后,继承人于遗产分割前死亡,并没有放弃继承的,该继承人应当继承的遗产转给其继承人,但是遗嘱另有安排的除外。

【条文解读】

本条是关于转继承的规定。本条是《民法典》新增条款,主要吸收了原

《最高人民法院关于贯彻执行〈中华人民共和国继承法〉若干问题的意见》第52条的规定，并作了两个方面的修改：一是将原司法解释规定的"其继承遗产的权利转移给他的合法继承人"修改为"该继承人应当继承的遗产转给其继承人"；二是增加了但书条款"遗嘱另有安排的除外"。

关于转继承的客体是继承权还是遗产所有权，存在两种不同的观点，第一种观点认为，转继承只是继承遗产权利的转移；第二种观点认为，转继承只是将被转继承人应继承的遗产份额转由其继承人承受，即转继承所转移的不是继承权，而是遗产所有权[①]。本条修改后，有观点认为，"本条采纳了第二种观点，对司法解释内容进行了调整，转继承转移的是'继承人应当继承的遗产'"[②]；"本条理清了转继承的是'该继承人应当继承的遗产'，而不是'其继承遗产的权利'"[③]。理由是，一方面，《民法典》第230条规定，因继承取得物权的，自继承开始时发生效力；第1121条规定，继承从被继承人死亡时开始。也就是说，被继承人死亡时继承即开始，只要继承人未放弃或丧失继承权，遗产所有权即由继承人承受。另一方面，从文字表述上看，本条规定的转继承客体就是继承人应当继承的遗产，也就是遗产所有权。

根据本条规定，发生转继承的条件是：（1）继承人在被继承人死亡后，遗产分割前死亡。除此特定的时间段外，均不发生转继承的问题。如果继承人在被继承人死亡前死亡，则可能发生代位继承；如果在遗产分割之后死亡的，则属于新的直接继承。（2）被转继承人未放弃继承。如果被继承人死亡后，继承人放弃继承的，便不会取得相应遗产，就不存在转继承其应继承的遗产的问题。（3）不存在本条但书部分"遗嘱另有安排"的情形。"遗嘱另有安排"主要指的是被继承人在其遗嘱中，特别说明所留遗产仅限于给继承

[①] 最高人民法院民法典贯彻实施工作领导小组主编：《中华人民共和国民法典婚姻家庭编继承编理解与适用》，人民法院出版社2020年版，第657页。

[②] 最高人民法院民法典贯彻实施工作领导小组主编：《中华人民共和国民法典婚姻家庭编继承编理解与适用》，人民法院出版社2020年版，第657页。

[③] 刘敏、王丹等：《〈关于适用民法典继承编的解释（一）〉若干重点问题的理解与适用》，载《人民司法·应用》2021年第16期。

人本人，不得转继承给其他人的情形。

【条文适用疑难解析】

1. 转继承中被继承人的配偶是否有权先得一半遗产，再由转继承人继承

关于转继承的客体的讨论，对实践中如何具体适用转继承规定分配遗产具有十分重要的意义，比如，在被转继承人有配偶的情况下，是否应先分割出一半遗产给其配偶后再由转继承人继承。对此也有两种不同观点：第一种观点认为，所谓继承人应当继承的遗产，就是不管根据法定继承还是遗嘱继承，只要应由继承人继承的财产，都适用转继承。转给其继承人，就是被转继承人应得到的一切遗产都转由其继承人继承。[1]第二种观点认为，转继承所转移的不是继承权，而是遗产所有权，根据《民法典》第1062条关于"夫妻在婚姻关系存续期间所得的下列财产，为夫妻的共同财产，归夫妻共同所有：……（四）继承或者受赠的财产，但是本法第一千零六十三条第三项规定的除外"的规定和第1063条关于"下列财产为夫妻一方的个人财产：……（三）遗嘱或者赠与合同中确定只归一方的财产"的规定，如果被转继承人有配偶存在，且无另外特别约定的情形下，被转继承人继承的遗产应作为夫妻共同财产。此时，如没有特别约定，应根据《民法典》第1153条的规定，将共同所有财产的一半分割给配偶所有，其余的作为被转继承人的遗产由转继承人继承。即转继承人继承的是被转继承人应取得的遗产，而非被转继承人继承的全部遗产。[2]本书认为，《民法典》第13条规定："自然人从出生时起到死亡时止，具有民事权利能力，依法享有民事权利，承担民事义务。"在被继承人死亡的情况下，遗产的权利主体只能是继承人。但该继承人所享有的权利的属性，需要考虑继承编和物权编的关系问题，无论该继承人对遗产的权利是作为一个整体共同共有，还是每个继承人享有所有权，都应当看

---

[1] 黄薇主编：《中华人民共和国民法典释义》（下），法律出版社2020年版，第2211页。
[2] 最高人民法院民法典贯彻实施工作领导小组主编：《中华人民共和国民法典婚姻家庭编继承编理解与适用》，人民法院出版社2020年版，第660页。

到这种权利与一般的所有权是不同的，可以说继承人既享有继承权，又享有物权，是潜在的遗产份额的所有权人。从《民法典》体系解释来看，转继承的规定是在继承编第四章遗产的处理部分，说明转继承要解决的还是原被继承人的财产的再继承问题，因此，这种情况下无适用《民法典》第1153条规定的余地。试举一例说明，比如爷爷死亡，父亲未放弃继承权但在遗产分割前死亡，孙子可以依据本条规定转继承，此时转继承针对的仍是爷爷遗产的再继承，而非父亲应分的份额的再继承。

2.转继承与代位继承的区分

在理解本条时，还需要注意转继承与代位继承的区别：一是二者发生的条件不同。转继承发生在继承人于被继承人死亡后、遗产分割前死亡的情形；代位继承则发生在继承人先于被继承人死亡的情形。二是二者的适用范围不同。转继承既适用于法定继承，也适用于遗嘱继承；代位继承只适用于法定继承。三是二者的继承主体不同。被代位继承人只能是被继承人的子女和兄弟姐妹，且代位继承人只能是被代位继承人的晚辈直系血亲或者子女；转继承适用于继承人的所有法定继承人。四是二者的继承客体不同。转继承人继承的是该继承人应当继承的遗产，而非继承权；代位继承人直接参与被继承人遗产的继承，是基于代位继承权取得被继承人遗产的一种权利。

【关联司法解释】

《最高人民法院关于适用〈中华人民共和国民法典〉继承编的解释（一）》

第38条 继承开始后，受遗赠人表示接受遗赠，并于遗产分割前死亡的，其接受遗赠的权利转移给他的继承人。

第1153条【遗产的认定】

夫妻共同所有的财产，除有约定的外，遗产分割时，应当先将共同所有的财产的一半分出为配偶所有，其余的为被继承人的遗产。

遗产在家庭共有财产之中的，遗产分割时，应当先分出他人的财产。

★ 第1154条【按照法定继承办理的情形】

有下列情形之一的，遗产中的有关部分按照法定继承办理：

（一）遗嘱继承人放弃继承或者受遗赠人放弃受遗赠；

（二）遗嘱继承人丧失继承权或者受遗赠人丧失受遗赠权；

（三）遗嘱继承人、受遗赠人先于遗嘱人死亡或者终止；

（四）遗嘱无效部分所涉及的遗产；

（五）遗嘱未处分的遗产。

【条文解读】

本条是关于特定情形下遗产中的有关部分按照法定继承办理的规定。本条承继了原《继承法》第27条的规定，并作了两处修改：一是增加规定受遗赠人丧失受遗赠权的遗产按法定继承处理；二是增加规定遗嘱继承人、受遗赠人先于遗嘱人终止的遗产按法定继承处理。

《民法典》第1123条规定："继承开始后，按照法定继承办理；有遗嘱的，按照遗嘱继承或者遗赠办理；有遗赠扶养协议的，按照协议办理。"根据该条规定，我国遗产继承方式中遗赠扶养协议效力最高，具有优先适用效力，其次是遗嘱或者遗赠，最后是法定继承。根据《民法典》第1124条和第1125条的规定，继承开始后，涉及遗嘱继承人、受遗赠人继承权的放弃和继承权的丧失；根据《民法典》继承编第三章遗嘱继承和遗赠相关规定，遗嘱可能因不具备法律规定的形式要件和实质要件而无效。在上述遗赠扶养协议、遗嘱或遗赠因相关原因不发生效力的情况下，会产生这些遗产如何处理的问题。根据本条规定，此时按照法定继承处理被继承人的遗产。

根据本条规定，出现下列情形之一的，遗产中的有关部分按照法定继承办理：

第一，遗嘱继承人放弃继承或者受遗赠人放弃受遗赠。根据《民法典》第1124条的规定，对于遗嘱继承人放弃继承权，应当在继承开始后、遗产处理前，以书面形式作出放弃继承的表示，不作表示的，视为接受继承；对于受遗赠人，如果在知道受遗赠后60日内，作出放弃受遗赠的表示或者未作表示的，就构成放弃受遗赠。

第二，遗嘱继承人丧失继承权或者受遗赠人丧失受遗赠权。《民法典》第1125条第1款规定了继承人丧失继承权的五种情形，第3款规定了受遗赠人有第1款规定的五种情形之一的，也丧失受遗赠权，因此，本条规定，遗嘱继承人丧失继承权或者受遗赠人丧失受遗赠权的，按照法定继承办理。需要注意的是，在适用本条时应注意加强对遗嘱继承人是否丧失继承权的判断，特别是遗嘱继承人是否存在《民法典》第1125条规定的因被继承人宽恕而不丧失继承权的情形。

第三，遗嘱继承人、受遗赠人先于遗嘱人死亡或者终止。这是因为，遗嘱继承人先于遗嘱人死亡，此时，遗嘱所指定的继承人已经丧失民事主体资格，也就无法获得遗嘱继承权。同时，受遗赠人先于遗嘱人死亡或终止，受遗赠人不再具有民事主体资格，也无法就是否接受遗赠作出意思表示，亦不能获得遗赠的遗产。需要注意的是，在法定继承中，如果继承人先于被继承人死亡的，可能将会发生代位继承，与本条规定的情形不同。

第四，遗嘱无效部分所涉及的遗产。遗嘱继承优先的前提是遗嘱合法有效，如果遗嘱无效，就会按照法定继承办理。根据《民法典》继承编第三章的规定，遗嘱无效可能是欠缺法律规定的形式要件，也可能是符合《民法典》第1143条规定的实质要件，即无民事行为能力人和限制民事行为能力人所立的遗嘱，遗嘱人受欺诈或者受胁迫所立遗嘱，伪造的遗嘱，遗嘱被篡改的部分。

第五，遗嘱未处分的遗产。此种情形包括被继承人生前未立遗嘱，全部遗产按照法定继承办理，也包括遗嘱处分了部分遗产，对于未处分的遗产部分按照法定继承办理。

【关联司法解释】

《最高人民法院关于适用〈中华人民共和国民法典〉继承编的解释（一）》

第33条　继承人放弃继承应当以书面形式向遗产管理人或者其他继承人表示。

第34条　在诉讼中，继承人向人民法院以口头方式表示放弃继承的，要制作笔录，由放弃继承的人签名。

第35条　继承人放弃继承的意思表示，应当在继承开始后、遗产分割前作出。遗产分割后表示放弃的不再是继承权，而是所有权。

第36条　遗产处理前或者在诉讼进行中，继承人对放弃继承反悔的，由人民法院根据其提出的具体理由，决定是否承认。遗产处理后，继承人对放弃继承反悔的，不予承认。

第37条　放弃继承的效力，追溯到继承开始的时间。

第44条　继承诉讼开始后，如继承人、受遗赠人中有既不愿参加诉讼，又不表示放弃实体权利的，应当追加为共同原告；继承人已书面表示放弃继承、受遗赠人在知道受遗赠后六十日内表示放弃受遗赠或者到期没有表示的，不再列为当事人。

第1155条【胎儿预留份】

遗产分割时，应当保留胎儿的继承份额。胎儿娩出时是死体的，保留的份额按照法定继承办理。

【关联司法解释】

《最高人民法院关于适用〈中华人民共和国民法典〉继承编的解释（一）》

第31条　应当为胎儿保留的遗产份额没有保留的，应从继承人所继承的遗产中扣回。

为胎儿保留的遗产份额，如胎儿出生后死亡的，由其继承人继承；如胎儿娩出时是死体的，由被继承人的继承人继承。

【关联指导案例】

最高人民法院指导案例50号：李某、郭某阳诉郭某和、童某某继承纠纷案

裁判要点：1.夫妻关系存续期间，双方一致同意利用他人的精子进行人工授精并使女方受孕后，男方反悔，而女方坚持生出该子女的，不论该子女是否在夫妻关系存续期间出生，都应视为夫妻双方的婚生子女。

2.如果夫妻一方所订立的遗嘱中没有为胎儿保留遗产份额，因违反《中华人民共和国继承法》第十九条[①]规定，该部分遗嘱内容无效。分割遗产时，应当依照《中华人民共和国继承法》第二十八条[②]规定，为胎儿保留继承份额。

第1156条【遗产分割的原则和方法】

遗产分割应当有利于生产和生活需要，不损害遗产的效用。

不宜分割的遗产，可以采取折价、适当补偿或者共有等方法处理。

【关联司法解释】

《最高人民法院关于适用〈中华人民共和国民法典〉继承编的解释（一）》

第42条 人民法院在分割遗产中的房屋、生产资料和特定职业所需要的财产时，应当依据有利于发挥其使用效益和继承人的实际需要，兼顾各继承人的利益进行处理。

[①] 现为《民法典》第1141条。
[②] 现为《民法典》第1155条。

第1157条【再婚时对所继承遗产的处分权】

夫妻一方死亡后另一方再婚的，有权处分所继承的财产，任何组织或者个人不得干涉。

★ 第1158条【遗赠扶养协议】

自然人可以与继承人以外的组织或者个人签订遗赠扶养协议。按照协议，该组织或者个人承担该自然人生养死葬的义务，享有受遗赠的权利。

【条文解读】

本条是关于遗赠扶养协议的规定。本条承继了原《继承法》第31条规定。遗赠扶养制度是具有中国特色的一项法律制度，源于我国农村地区的"五保"制度。《农村五保供养工作条例》规定，农村五保供养，是指依照条例规定，在吃、穿、住、医、葬方面给予村民的生活照顾和物质帮助。本条适应我国养老形式多样化的需求，对原《继承法》遗赠扶养协议制度进行了修改，将遗赠扶养的主体范围扩大到除继承人以外的组织或者个人。

本条在理解和适用上需要注意以下问题：

第一，协议的双方当事人中，一方是自然人，另一方是除自然人的继承人以外的组织或者个人。因为夫妻相互之间的扶养、子女对父母的赡养等都是《民法典》规定的相关主体的义务，故法定继承人是不能与被继承人签订遗赠扶养协议的，也不符合赡养老人的传统美德。

第二，遗赠扶养协议具有自身的特点。（1）遗赠扶养协议本质上是一种协议，是双方法律行为，只有双方当事人意思表示一致才能成立，这一点不同于遗嘱和遗赠。遗嘱和遗赠均是单方法律行为，只需要遗嘱人单方作出意思表示即可。遗赠扶养协议生效后，对双方当事人具有法律约束力，一方不遵守约定将构成违约；遗嘱和遗赠在被继承人死亡后才发生法律效力，在遗嘱生效前，被继承人可以再次订立内容相反的遗嘱从而排除前一份遗嘱的效力。（2）遗赠扶养协议是双务、有偿法律行为。双方当事人根据协议约定，互相享有权利并承担义务。扶养人承担扶养义务、享有受遗赠的权利；被扶养人负有赠与遗产的义务、享有接受扶养的权利。需要注意的是，此处权利义务不一定对等，只要双方当事人达成一致即可。（3）遗赠扶养协议为要式法律行为。根据本条规定，遗赠扶养协议应当以书面方式作出，这是因为该协议的履行期限较长，且扶养人在被扶养人死亡时才能取得遗产，必须有书面协议作为凭证证明存在真实的遗赠扶养关系。

关于遗赠扶养协议应具备的内容，应结合《民法典》第470条合同主要条款的规定予以确定。司法部《遗赠扶养协议公证细则》第11条，关于遗赠扶养协议应包括的主要内容的规定，可以作为参考。

第三，遗赠扶养协议与一般的协议在法律效力上存在差别。（1）在一般合同中，合同效力因合同一方当事人的死亡或终止而中止，如果没有继承人继承就可能导致合同终止；在遗赠扶养协议中，合同效力不因被扶养人死亡而中止或终止，且受遗赠人可以依据协议取得受遗赠财产。（2）合同一般具有相对性，对第三人不发生法律效力；遗赠扶养协议则具有对抗继承人、其他受遗赠人的效力，即遗赠扶养协议优先于法定继承，如果遗嘱与遗赠扶养协议内容相矛盾，则应当按照遗赠扶养协议执行。

【关联司法解释】

《最高人民法院关于适用〈中华人民共和国民法典〉继承编的解释（一）》

第39条　由国家或者集体组织供给生活费用的烈属和享受社会救济的自然人，其遗产仍应准许合法继承人继承。

第40条　继承人以外的组织或者个人与自然人签订遗赠扶养协议后，无正当理由不履行，导致协议解除的，不能享有受遗赠的权利，其支付的供养费用一般不予补偿；遗赠人无正当理由不履行，导致协议解除的，则应当偿还继承人以外的组织或者个人已支付的供养费用。

【其他关联规定】

《中华人民共和国老年人权益保障法》

第20条　经老年人同意，赡养人之间可以就履行赡养义务签订协议。赡养协议的内容不得违反法律的规定和老年人的意愿。

基层群众性自治组织、老年人组织或者赡养人所在单位监督协议的履行。

第36条　老年人可以与集体经济组织、基层群众性自治组织、养老机构等组织或者个人签订遗赠扶养协议或者其他扶助协议。

负有扶养义务的组织或者个人按照遗赠扶养协议，承担该老年人生养死葬的义务，享有受遗赠的权利。

《遗赠扶养协议公证细则》

第2条　遗赠扶养协议是遗赠人和扶养人为明确相互间遗赠和扶养的权利义务关系所订立的协议。

需要他人扶养，并愿将自己的合法财产全部或部分遗赠给扶养人的为遗赠人；对遗赠人尽扶养义务并接受遗赠的人为扶养人。

第4条　遗赠人必须是具有完全民事行为能力、有一定的可遗赠的财产、并需要他人扶养的公民。

第5条　扶养人必须是遗赠人法定继承人以外的公民或组织，并具有完全民事行为能力、能履行扶养义务。

第11条　遗赠扶养协议应包括下列主要内容：

（一）当事人的姓名、性别、出生日期、住址，扶养人为组织的应写明单位名称、住址、法定代表人及代理人的姓名；

（二）当事人自愿达成协议的意思表示；

（三）遗赠人受扶养的权利和遗赠的义务；扶养人受遗赠的权利和扶养义务，包括照顾遗赠人的衣、食、住、行、病、葬的具体措施及责任田、口粮田、自留地的耕、种、管、收和遗赠财产的名称、种类、数量、质量、价值、座落或存放地点、产权归属等；

（四）遗赠财产的保护措施或担保人同意担保的意思表示；

（五）协议变更、解除的条件和争议的解决方法；

（六）违约责任。

第1159条【遗产分割时的义务】

分割遗产，应当清偿被继承人依法应当缴纳的税款和债务；但是，应当为缺乏劳动能力又没有生活来源的继承人保留必要的遗产。

第1160条【无人继承遗产的归属】

无人继承又无人受遗赠的遗产，归国家所有，用于公益事业；死者生前是集体所有制组织成员的，归所在集体所有制组织所有。

【关联司法解释】

《最高人民法院关于适用〈中华人民共和国民法典〉继承编的解释（一）》

第41条 遗产因无人继承又无人受遗赠归国家或者集体所有制组织所有时，按照民法典第一千一百三十一条规定可以分给适当遗产的人提出取得遗产的诉讼请求，人民法院应当视情况适当分给遗产。

第1161条【继承人清偿税款、债务的原则】

继承人以所得遗产实际价值为限清偿被继承人依法应当缴纳的税款和债务。超过遗产实际价值部分，继承人自愿偿还的不在此限。

继承人放弃继承的，对被继承人依法应当缴纳的税款和债务可以不负清偿责任。

第1162条【清偿被继承人税款、债务优先于执行遗赠的原则】

执行遗赠不得妨碍清偿遗赠人依法应当缴纳的税款和债务。

第1163条【既有法定继承又有遗嘱继承、遗赠时税款和债务的清偿】
既有法定继承又有遗嘱继承、遗赠的，由法定继承人清偿被继承人依法应当缴纳的税款和债务；超过法定继承遗产实际价值部分，由遗嘱继承人和受遗赠人按比例以所得遗产清偿。

第七编　侵权责任

第一章　一般规定

★★ 第1164条【侵权责任编的调整范围】

本编调整因侵害民事权益产生的民事关系。

【条文解读】

本条是关于侵权责任编调整范围的规定。本条承继了原《侵权责任法》第1条的规定，并作了修改。原《侵权责任法》第2条第2款对原《侵权责任法》所保护的民事权益作了列举，但《民法典》侵权责任编并未对侵权责任编所保护的民事权益作明确列举。因此，关于本条所称的民事权益，应当结合《民法典》其他规定，尤其是总则编关于民事权利的规定进行理解。

本条与《民法典》第120条均规定了民事权益，民事权益即民事权利和民事利益的统称。民事权利的范围，根据《民法典》第110条的规定，包括自然人享有的生命权、身体权、健康权、姓名权、肖像权、名誉权、荣誉权、隐私权、婚姻自主权等权利和法人、非法人组织享有的名称权、名誉权和荣誉权。同时根据《民法典》第114条、第123条的规定，物权和知识产权也属于民法所保护的权利。虽然《民法典》第118条对债权作了规定，但通常情况下债权一般不属于《民法典》侵权责任编的调整范围。除了权利外，民事利益也属于《民法典》侵权责任编的调整范围，民事利益一般来说包括人身利益和财产利益，如个人信息，死者之名誉、隐私、肖像，具有人格象征意义的特定纪念物品上的人格利益，商业秘密，占有等。本条明确规定本编调整因侵害民事权益产生的民事关系，而未使用"民事权利"的概念代替"民事权益"，说明立法者对于《民法典》侵权责任编所保护的权益持开放态度。

【条文适用疑难解析】

债权是否属于《民法典》侵权责任编保护的民事权益

原《侵权责任法》第2条规定:"侵害民事权益,应当依照本法承担侵权责任。本法所称民事权益,包括生命权、健康权、姓名权、名誉权、荣誉权、肖像权、隐私权、婚姻自主权、监护权、所有权、用益物权、担保物权、著作权、专利权、商标专用权、发现权、股权、继承权等人身、财产权益。"在该条所列举权利中,没有债权。《民法典》第1164条虽未对侵权责任编所保护的权利类型进行列举,但是整个侵权责任编均没有关于侵害债权的规定。因此,原则上,债权不属于《民法典》侵权责任编保护的民事权益。但在法律有明确规定的情况下,可适用《民法典》侵权责任编的规定,保护债权人合法权益。例如,《民法典》第154条规定:"行为人与相对人恶意串通,损害他人合法权益的民事法律行为无效。"该条所规定的损害他人合法权益,就可以包括债权。《最高人民法院关于审理商品房买卖合同纠纷案件适用法律若干问题的解释》第7条规定:"买受人以出卖人与第三人恶意串通,另行订立商品房买卖合同并将房屋交付使用,导致其无法取得房屋为由,请求确认出卖人与第三人订立的商品房买卖合同无效的,应予支持。"一般情况下,"一房多卖"并不导致就同一房屋订立的多份房屋买卖合同无效,该条司法解释的法律依据应当是《民法典》第154条规定。而买受人以出卖人与第三人恶意串通,另行订立商品房买卖合同并将房屋交付使用,导致原买受人无法取得房屋的行为,即属于《民法典》第154条规定的行为人与相对人恶意串通,损害他人合法权益的民事法律行为。依该条司法解释,买受人以出卖人与第三人恶意串通所损害的权利,是买受人在房屋买卖合同项下的债权。因此,债权原则上不属于《民法典》侵权责任编保护的民事权益,但法律另有规定的除外。

★ **第1165条【过错责任原则与过错推定责任】**

行为人因过错侵害他人民事权益造成损害的，应当承担侵权责任。

依照法律规定推定行为人有过错，其不能证明自己没有过错的，应当承担侵权责任。

【条文解读】

本条是关于过错责任和过错推定责任归责原则的规定。本条承继了原《侵权责任法》第6条的规定，并作了文字修改，其中第1款增加了"造成损害的"表述，在规定过错责任时严格区分了侵害和损害，从而明确了过错责任是损害赔偿的归责原则，也进一步使被统一规定为民事责任承担方式的侵权损害赔偿请求权与绝对请求权的区分得以确立。[①]

根据本条第1款规定，确定行为人承担侵权责任应当符合以下四个要件：

一是行为人实施了某一行为。行为人实施的行为是指在行为人意识控制下、由其意愿所引导的，可以控制的人的行为，属于自主行为。如果行为人没有支配自己的意志，那么该行为就不是行为人的自主行为，不能归责于该行为人，其无须承担侵权赔偿责任，如精神病人的行为。但是，倘若一个人的非自主行为是由于其在先的过错行为所致，即所谓的原因行为自由，则依然视为行为人的"自主行为"，该行为造成他人民事权益损害的，应当承担侵权责任。例如，过量饮酒或者吸食毒品而导致自己的行为暂时没有意识或失去控制的，依据《民法典》第1190条第2款规定，行为人应当承担侵权责任。行为包括作为和不作为，作为是指有所为，可由外部认识之[②]。不作为，是指有所不为，从外界表现来看，行为人是处于消极静止状态。不作为之成立侵权"行为"须以有作为义务为前提[③]，倘若行为人并无此作为的义务，即使行为人存在不作为，其也不构成侵权。一般来说，作为义务包括基于特定

---

① 程啸：《中国民法典侵权责任编的创新与发展》，载《中国法律评论》2020年第3期。
② 王泽鉴：《侵权行为》（第三版），北京大学出版社2016年版，第106页。
③ 同上注，第110页。

关系而产生的义务、基于特定职业而产生的法定义务、在先行为引发的作为义务、安全保障义务、基于诚信原则产生的义务等。

二是行为人行为时有过错。在过错原则中，过错是确定行为人是否承担侵权责任的核心要件，也是人民法院审理侵权责任纠纷案件时主要考虑的因素。过错分为故意和过失。故意是指行为人明知其行为会发生侵害他人民事权益的后果，仍有意为之的一种主观心理状态。过失是指行为人对侵害他人民事权益之结果的发生应注意、能注意却未注意的一种心理状态。判断行为人是否具有过失，应当采取客观标准而非主观标准，即在判断过失时，要按照法律、法规等规范所确立的注意义务和一个合理的、谨慎的人所应当具有的注意义务，来确定行为人应当达到的行为标准。但在按照这一标准来判断过失时，也要兼顾不同群体、不同年龄和不同职业等人群的特点。[①]虽然《民法典》侵权责任编并未将违法性作为侵权责任的构成要件，但是实际上是作出了以过错吸收违法性的制度选择[②]。加害人的行为是否违反相关法律法规的规定与其行为是否具有过错具有非常紧密的联系，具体可表现为违法即可推定具有过错和可直接视为存在过错两种情形，对于前者，如《民法典》第1222条关于医疗机构推定过错的规定；对于后者，我国大量的法律法规都确定了注意义务的标准，特别是在医疗活动、交通运输、产品生产和销售等领域中出现了越来越多的技术性规则，这些规则向行为人提出了明确的注意义务，对这些义务的违反即构成过失。[③]

三是受害人的民事权益受到损害，即要求有损害后果。这一点是《民法典》对原《侵权责任法》的修改和完善。损害是指受害人在民事权益上所遭受的任何不利益，通常表现为财产减少、生命丧失、身体残疾、名誉受损、精神痛苦等。损害应作广义解释，不但包括现实的已经存在的"现实损害"，还包括构成现实威胁的"不利后果"。损害后果通常由受害人承担举证证明责任。

[①] 王利明：《侵权责任法研究》（上卷），中国人民大学出版社2010年版，第347页。
[②] 王利明、周友军、高圣平：《侵权责任法疑难问题研究》，中国法制出版社2012年版，第191页。
[③] 王利明：《侵权责任法研究》（上卷），中国人民大学出版社2010年版，第347页。

四是行为人的行为与受害人的损害后果之间具有因果关系。侵权责任上的因果关系通常分为两种：一为责任成立的因果关系；二为责任范围的因果关系[1]。责任成立的因果关系是指加害行为与权益遭受侵害之间的关联，属于事实构成要件，解决的是侵权责任成立与否的问题。责任范围的因果关系是指受侵害与损害之间的因果关联，是在侵权责任成立后用来确定损害赔偿范围的因果关系。[2]因果关系的判断是审判实务中的一大难题，实践中，对于复杂侵权纠纷案件中的因果关系认定，多采用相当因果关系标准。相当因果关系最经典的表达是："无此行为，虽必不生此损害，有此行为，通常即足生此种损害者，是为有因果关系。无此行为，必不生此种损害，有此行为，通常亦不生此种损害者，即无因果关系。"[3]实践中，确定行为与结果之间有无因果关系，要以行为时的一般社会经验和智识水平作为判断标准，认为该行为有引起该损害结果的可能性，而在实际上该行为又确实引起了该损害结果，则该行为与该损害结果之间有因果关系。[4]

本条第2款是关于过错推定的规定。过错推定包含在过错原则中，是指在损害事实发生后，基于某种客观事实或条件而推定行为人具有过错，从而减轻或者免除受害人对过失的证明责任，并由被推定者证明自己没有过错。[5]过错推定意味着法律直接依据某些事实的存在而推定被告存在过错的事实，并由此发生举证责任倒置的法律效果，只有在被告提交证据推翻该推定时，才可以免责。

★ 第1166条【无过错责任原则】

行为人造成他人民事权益损害，不论行为人有无过错，法律规定应当承担侵权责任的，依照其规定。

---

[1] 王泽鉴：《侵权行为》（第三版），北京大学出版社2016年版，第231页。
[2] 程啸：《侵权责任法》（第三版），法律出版社2021年版，第236页。
[3] 王泽鉴《侵权行为》（第三版），北京大学出版社2016年版，第236页。
[4] 杨立新：《侵权法论》（第五版），人民法院出版社2013年版，第236页。
[5] 程啸：《侵权责任法》（第三版），法律出版社2021年版，第119页。

【条文解读】

本条是关于无过错责任归责原则的规定。本条承继了原《侵权责任法》第7条规定。

无过错原则是指不以行为人的过错为要件，只要其活动或者所管理的人、物损害了他人的民事权益，除非有法定的免责事由，否则行为人就要承担侵权责任。在理解本条时，应当注意无过错原则的要义并非行为人没有过错也要承担侵权责任，而是在确定行为人是否承担侵权责任时，只需有相应法律规定其应当承担侵权责任，不管其有没有过错。无过错原则的适用，必须以法律有具体规定为前提。依据《民法典》侵权责任编的有关规定，适用无过错原则主要有产品责任、环境污染和生态破坏责任、高度危险责任和饲养动物损害责任等。此外，工伤事故责任也属于无过错责任。

适用无过错原则，相较于过错原则，不需要有过错，只要同时满足违法行为、损害事实、违法行为与损害后果之间具有因果关系三个要件即可。设立无过错原则的主要政策目的，不是要使"没有过错"的人承担侵权责任，而主要是免除受害人证明行为人有过错的举证责任，使受害人易于获得损害赔偿，使行为人不能逃避侵权责任[①]。适用无过错原则时，应当注意无过错原则并非绝对责任，在适用无过错原则的案件中，行为人可以主张法定的不承担责任或者减轻责任的事由。此外，本条并非裁判规则，即在具体案件中适用无过错原则，必须要有《民法典》或者其他法律确规定该类案件不以过错为承担责任的条件为依据，而不能仅引用本条规定进行裁判。

【关联司法解释】

《最高人民法院关于审理铁路运输人身损害赔偿纠纷案件适用法律若干问题的解释》

第4条 铁路运输造成人身损害的，铁路运输企业应当承担赔偿责任；

[①] 黄薇主编：《中华人民共和国民法典释义》（下），法律出版社2020年版，第2240页。

法律另有规定的，依照其规定。

第1167条【危及他人人身、财产安全的责任承担方式】

侵权行为危及他人人身、财产安全的，被侵权人有权请求侵权人承担停止侵害、排除妨碍、消除危险等侵权责任。

★ 第1168条【共同侵权】

二人以上共同实施侵权行为，造成他人损害的，应当承担连带责任。

【条文解读】

本条是关于共同侵权制度的规定。本条承继了原《侵权责任法》第8条的规定。

根据本条规定，构成共同侵权行为需要同时满足以下要件：

一是主体复数。共同侵权行为的主体必须是两人或者两人以上，行为人可以是自然人，也可以是法人。

二是共同实施侵权行为。如何理解这一要件中的"共同"的含义，对于准确理解和适用本条规定具有重要意义。就本条中的"共同"如何理解，主要存在"主客观共同说"和"主观共同说"两种不同观点[1]。"主客观共同说"认为，"共同"一词有三层含义：其一，共同故意；其二，共同过错，即数个行为人共同从事某种行为，基于共同的疏忽大意，造成他人损害；其三，故意行为与过失行为相结合。[2]"共同"既包括主观的共同关联性，也包括客观的共同关联性。前者是指数个侵权人对于违法行为有通谋或共同认识，后

---

[1] 程啸：《侵权责任法》（第三版），法律出版社2021年版，第383页。
[2] 王胜明主编：《中华人民共和国侵权责任法解读》，中国法制出版社2010年版，第42页；曹险峰：《数人侵权的体系构成——对侵权责任法第8条至第12条的解释》，载《法学研究》2011年第5期。

者是指数人的行为虽无意思联络却导致了同一损害后果①。"主观共同说"认为，"共同"仅指行为人在主观上的共同，不包括客观上的共同。只有当数个侵权人是基于共同的过错，造成他人损害时，才应当作为共同加害行为处理。②"主观共同说"内部又对于共同过错是否包含共同过失存在分歧，有观点认为，共同过错既包括共同故意还包括共同过失③，主要理由为：共同过错包括共同过失才能更好地保护受害人，共同过错仅包括共同故意将使得侵权行为的适用范围过窄，也不能很好地解释新型的侵权行为中行为人是否承担连带责任的问题（如证券法上的侵权、专家责任等将难以构成共同侵权，受害人不能依据连带责任获得保护）。有观点认为，共同过错应当仅限于共同故意，而不包括共同过错④，主要理由为：（1）以意思联络作为共同加害性的主观要件，符合侵权责任法的自己责任原则，有利于防止连带责任被滥用；（2）并不存在所谓的"共同过失"，到目前为止，我国民法学界对究竟何为"共同过失"，尚无人能举出真正有意义的排他性的例子加以说明；（3）如果认为共同过失也会构成共同加害行为，将导致《民法典》第1168条与第1170条适用上的混乱，不能很好地区分共同加害行为和共同危险行为；（4）倘若认为共同过失构成共同加害行为，还会导致《民法典》第1168条与第1171条、第1172条适用关系上难以区分，即共同加害行为是否要求导致同一损害将不好区分，与《民法典》第1171条、第1172条规定出现重合。本书同意本条规定的"共同"应当仅限于共同故意，而不应当包括共同过失。首先，从体系解释角度来看，虽然单纯从本条规定的"共同"来看，不能得出"共同"仅限定于共同故意情形，但是从本条与《民法典》第1171条、第1172条规定内容来看，本条使用的是"共同实施"一词，在对损害后果的认定上也只是表示为"造成他人损害"，并未要求"造成他人同

---

① 杨立新：《〈中华人民共和国侵权责任法〉精解》，知识产权出版社2010年版，第61页。
② 陈现杰：《共同侵权的立法规制与审判实务》，载《人民司法·应用》2010年第3期。
③ 王利明、周友军、高圣平：《侵权责任法疑难问题研究》，中国法制出版社2012年版，第216—217页。
④ 程啸：《侵权责任法》（第三版），法律出版社2021年版，第385页

一损害"。根据本条规定，无论是给他人造成了同一损害还是非同一损害，数个侵权人均应对损害承担连带责任。《民法典》第1171条和第1172条中，不仅使用了"分别实施"的表述，还要求"造成同一损害"。在"共同过失"情形下，通常损害后果都是同一的，若损害后果不同一，则就没有承担连带责任的基础，而在损害后果同一的情况下，可以适用《民法典》第1172条对数个侵权行为人应当承担责任进行认定，因此，从体系解释的角度来看，本条规定的"共同"仅限于共同故意的情形，即具有意思联络的共同侵权行为，更为妥当。其次，从共同过失的内容来看，共同过失通常要求数个行为人之间没有意思联络，并要求数个行为人之间对损害结果有共同的可预见性，还要求因数个行为人共同的疏忽大意或者过于自信，而没有能够避免损害的发生。[1]该共同过失的成立要件中涉及多个概念，难以界定，而且与共同危险行为以及数人分别侵权承担连带责任的规定重合，不易区分。

三是侵权行为与损害后果之间具有因果关系。在共同侵权行为中，各个侵权行为人对造成损害后果的比例可能有所不同，但是必须存在法律上的因果关系，如果某个行为人的行为与损害后果之间没有因果关系，则其与其他行为人不构成共同侵权。

四是受害人受到损害。根据无损害则无救济的法理，如果没有损害，就不能成立侵权责任。

【关联司法解释】

《最高人民法院关于审理生态环境侵权责任纠纷案件适用法律若干问题的解释》

第14条 存在下列情形之一的，排污单位与第三方治理机构应当根据

---

[1] 王利明、周友军、高圣平：《侵权责任法疑难问题研究》，中国法制出版社2012年版，第215页。

民法典第一千一百六十八条的规定承担连带责任：

（一）第三方治理机构按照排污单位的指示，违反污染防治相关规定排放污染物的；

（二）排污单位将明显存在缺陷的环保设施交由第三方治理机构运营，第三方治理机构利用该设施违反污染防治相关规定排放污染物的；

（三）排污单位以明显不合理的价格将污染物交由第三方治理机构处置，第三方治理机构违反污染防治相关规定排放污染物的；

（四）其他应当承担连带责任的情形。

《最高人民法院关于审理网络消费纠纷案件适用法律若干问题的规定（一）》

第17条　直播间运营者知道或者应当知道经营者提供的商品不符合保障人身、财产安全的要求，或者有其他侵害消费者合法权益行为，仍为其推广，给消费者造成损害，消费者依据民法典第一千一百六十八条等规定主张直播间运营者与提供该商品的经营者承担连带责任的，人民法院应予支持。

第1169条【教唆侵权、帮助侵权】

教唆、帮助他人实施侵权行为的，应当与行为人承担连带责任。

教唆、帮助无民事行为能力人、限制民事行为能力人实施侵权行为的，应当承担侵权责任；该无民事行为能力人、限制民事行为能力人的监护人未尽到监护职责的，应当承担相应的责任。

【关联司法解释】

《最高人民法院关于审理生态环境侵权责任纠纷案件适用法律若干问题的解释》

第10条　为侵权人污染环境、破坏生态提供场地或者储存、运输等帮助，被侵权人根据民法典第一千一百六十九条的规定请求行为人与侵权人承担连带责任的，人民法院应予支持。

《最高人民法院关于审理侵害信息网络传播权民事纠纷案件适用法律若干问题的规定》

第7条 网络服务提供者在提供网络服务时教唆或者帮助网络用户实施侵害信息网络传播权行为的，人民法院应当判令其承担侵权责任。

网络服务提供者以言语、推介技术支持、奖励积分等方式诱导、鼓励网络用户实施侵害信息网络传播权行为的，人民法院应当认定其构成教唆侵权行为。

网络服务提供者明知或者应知网络用户利用网络服务侵害信息网络传播权，未采取删除、屏蔽、断开链接等必要措施，或者提供技术支持等帮助行为的，人民法院应当认定其构成帮助侵权行为。

《最高人民法院关于审理食品药品纠纷案件适用法律若干问题的规定》

第12条 食品、药品检验机构故意出具虚假检验报告，造成消费者损害，消费者请求其承担连带责任的，人民法院应予支持。

食品检验机构因过失出具不实检验报告，造成消费者损害，消费者请求其承担相应责任的，人民法院应予支持。

第13条 食品认证机构故意出具虚假认证，造成消费者损害，消费者请求其承担连带责任的，人民法院应予支持。

食品认证机构因过失出具不实认证，造成消费者损害，消费者请求其承担相应责任的，人民法院应予支持。

第1170条【共同危险行为】

二人以上实施危及他人人身、财产安全的行为，其中一人或者数人的行为造成他人损害，能够确定具体侵权人的，由侵权人承担责任；不能确定具体侵权人的，行为人承担连带责任。

第1171条【分别侵权的连带责任】

二人以上分别实施侵权行为造成同一损害，每个人的侵权行为都足以造成全部损害的，行为人承担连带责任。

【关联司法解释】

《最高人民法院关于审理医疗损害责任纠纷案件适用法律若干问题的解释》

第22条 缺陷医疗产品与医疗机构的过错诊疗行为共同造成患者同一损害，患者请求医疗机构与医疗产品的生产者、销售者、药品上市许可持有人承担连带责任的，应予支持。

医疗机构或者医疗产品的生产者、销售者、药品上市许可持有人承担赔偿责任后，向其他责任主体追偿的，应当根据诊疗行为与缺陷医疗产品造成患者损害的原因力大小确定相应的数额。

输入不合格血液与医疗机构的过错诊疗行为共同造成患者同一损害的，参照适用前两款规定。

第1172条【分别侵权的按份责任】

二人以上分别实施侵权行为造成同一损害，能够确定责任大小的，各自承担相应的责任；难以确定责任大小的，平均承担责任。

【关联司法解释】

《最高人民法院关于审理道路交通事故损害赔偿案件适用法律若干问题的解释》

第10条 多辆机动车发生交通事故造成第三人损害，当事人请求多个侵权人承担赔偿责任的，人民法院应当区分不同情况，依照民法典第一千一百七十条、第一千一百七十一条、第一千一百七十二条的规定，确定侵权人承担连带责任或者按份责任。

《最高人民法院关于审理食品药品纠纷案件适用法律若干问题的规定》

第12条 食品、药品检验机构故意出具虚假检验报告，造成消费者损害，消费者请求其承担连带责任的，人民法院应予支持。

食品检验机构因过失出具不实检验报告，造成消费者损害，消费者请求其承担相应责任的，人民法院应予支持。

第13条　食品认证机构故意出具虚假认证，造成消费者损害，消费者请求其承担连带责任的，人民法院应予支持。

食品认证机构因过失出具不实认证，造成消费者损害，消费者请求其承担相应责任的，人民法院应予支持。

★★ 第1173条【过失相抵】

被侵权人对同一损害的发生**或者扩大**有过错的，可以减轻侵权人的责任。

【条文解读】

本条是关于过失相抵制度的规定。本条承继了原《侵权责任法》第26条的规定，并作了修改：一是对损害作了限定，必须是"同一"损害才能适用本条规定。同一损害，是指对一个性质相同的损害结果的发生，侵权人和被侵权人具有责任。二是增加了损害的"扩大"。因为从损害的发生到损害范围的扩大的全部阶段，都有可能发生受害人违反对自己的不真正义务的情况，故受害人过错制度的适用范围，不应当限于损害的发生，也应包括损害的扩大。由此，在侵权人造成了损害，被侵权人因为自己的原因，致使同一损害扩大，对扩大部分，可以减轻侵权人的责任。

根据本条规定，适用过失相抵需符合以下构成要件：

一是受害人存在过错。作为侵权赔偿责任成立要件的加害人的过错，被称为"固有意义上的过错"或者"对他人的过错"。过失相抵中受害人的过错，是指受害人没有采取合理的注意或者可以获得的预防措施来保护自己的民事权益免受损害，以致遭受了损害或者导致损害结果扩大的一种主观心理状态。此种过错被称为"非固有意义上的过错"或者"对自己的过错"。受害人的特殊体质仅是一种客观事实，而非受害人的作为，不能视为受害人的过错，因此，受害人的特殊体质不能适用过失相抵。

二是受害人的过错行为必须是损害发生或者损害结果扩大的原因。受害人的过失行为与损害的因果关系主要有两类：其一，受害人的过错行为与加害人的行为互相结合，共同导致了同一损害后果的发生，即存在共同的因果关系；其二，受害人的过错行为只是导致损害结果的进一步扩大。因果关系的判断应当采取与判断加害人的损害赔偿责任是否成立时相同的标准。过失相抵原则的适用是针对多因一果的侵权行为，其中受害人的过错是损害发生的一个原因，即受害人的过错行为（既可以是作为，也可以是不作为）与侵权行为人的行为，也可能还有其他原因共同作用发生同一损害时才适用过失相抵规则。

三是受害人的行为须是不当行为。如受害人的行为是正当防卫、紧急避险、见义勇为或自助行为等正当行为时，不应当适用过失相抵规则。

【条文适用疑难解析】

过失相抵是否适用于无过错责任

关于过失相抵是否适用于无过错责任的问题，因本条并未排除适用，根据"法无禁止即权利"的原则，当事人在无过错责任情形下，也可以援引本条规定，但在法律明确针对特定的无过错责任类型规定了特殊免责事由情形下，应当遵循"特别优于一般"的原则，不适用本条规定。例如，依据《民法典》第1237条规定，民用核设施或者运入运出核设施的核材料发生核事故造成他人损害的，民用核设施的营运单位应当承担侵权责任；但是，能够证明损害是因战争、武装冲突、暴乱等情形或者受害人故意造成的，不承担责任。因此，即使损害发生时，受害人存在过失，也不能减轻民用核设施经营人的责任。同样的规定还包括《民法典》第1238条规定的民用航空器损害责任。

【关联司法解释】

《最高人民法院关于审理铁路运输人身损害赔偿纠纷案件适用法律若干问题的解释》

第6条 因受害人的过错行为造成人身损害，依照法律规定应当由铁路运输企业承担赔偿责任的，根据受害人的过错程度可以适当减轻铁路运输企业的赔偿责任，并按照以下情形分别处理：

（一）铁路运输企业未充分履行安全防护、警示等义务，铁路运输企业承担事故主要责任的，应当在全部损害的百分之九十至百分之六十之间承担赔偿责任；铁路运输企业承担事故同等责任的，应当在全部损害的百分之六十至百分之五十之间承担赔偿责任；铁路运输企业承担事故次要责任的，应当在全部损害的百分之四十至百分之十之间承担赔偿责任；

（二）铁路运输企业已充分履行安全防护、警示等义务，受害人仍施以过错行为的，铁路运输企业应当在全部损害的百分之十以内承担赔偿责任。

铁路运输企业已充分履行安全防护、警示等义务，受害人不听从值守人员劝阻强行通过铁路平交道口、人行过道，或者明知危险后果仍然无视警示规定沿铁路线路纵向行走、坐卧故意造成人身损害的，铁路运输企业不承担赔偿责任，但是有证据证明并非受害人故意造成损害的除外。

第7条 铁路运输造成无民事行为能力人人身损害的，铁路运输企业应当承担赔偿责任；监护人有过错的，按照过错程度减轻铁路运输企业的赔偿责任。

铁路运输造成限制民事行为能力人人身损害的，铁路运输企业应当承担赔偿责任；监护人或者受害人自身有过错的，按照过错程度减轻铁路运输企业的赔偿责任。

【其他关联规定】

《中华人民共和国水污染防治法》

第96条 因水污染受到损害的当事人，有权要求排污方排除危害和赔偿损失。

由于不可抗力造成水污染损害的，排污方不承担赔偿责任；法律另有规定的除外。

水污染损害是由受害人故意造成的，排污方不承担赔偿责任。水污染损害是由受害人重大过失造成的，可以减轻排污方的赔偿责任。

水污染损害是由第三人造成的，排污方承担赔偿责任后，有权向第三人追偿。

《中华人民共和国道路交通安全法》

第76条　机动车发生交通事故造成人身伤亡、财产损失的，由保险公司在机动车第三者责任强制保险责任限额范围内予以赔偿；不足的部分，按照下列规定承担赔偿责任：

（一）机动车之间发生交通事故的，由有过错的一方承担赔偿责任；双方都有过错的，按照各自过错的比例分担责任。

（二）机动车与非机动车驾驶人、行人之间发生交通事故，非机动车驾驶人、行人没有过错的，由机动车一方承担赔偿责任；有证据证明非机动车驾驶人、行人有过错的，根据过错程度适当减轻机动车一方的赔偿责任；机动车一方没有过错的，承担不超过百分之十的赔偿责任。

交通事故的损失是由非机动车驾驶人、行人故意碰撞机动车造成的，机动车一方不承担赔偿责任。

【关联指导案例】

最高人民法院指导案例24号：荣宝英诉王阳、永诚财产保险股份有限公司江阴支公司机动车交通事故责任纠纷案

裁判要点：交通事故的受害人没有过错，其体质状况对损害后果的影响不属于可以减轻侵权人责任的法定情形。

第1174条【受害人故意】
损害是因受害人故意造成的，行为人不承担责任。

【关联司法解释】

《最高人民法院关于审理铁路运输人身损害赔偿纠纷案件适用法律若干问题的解释》

第5条　铁路行车事故及其他铁路运营事故造成人身损害，有下列情形

之一的，铁路运输企业不承担赔偿责任：

（一）不可抗力造成的；

（二）受害人故意以卧轨、碰撞等方式造成的；

（三）法律规定铁路运输企业不承担赔偿责任的其他情形造成的。

【其他关联规定】

《中华人民共和国道路交通安全法》

第76条第2款　交通事故的损失是由非机动车驾驶人、行人故意碰撞机动车造成的，机动车一方不承担赔偿责任。

第1175条【第三人过错】

损害是因第三人造成的，第三人应当承担侵权责任。

★ 第1176条【自甘风险】

自愿参加具有一定风险的文体活动，因其他参加者的行为受到损害的，受害人不得请求其他参加者承担侵权责任；但是，其他参加者对损害的发生有故意或者重大过失的除外。

活动组织者的责任适用本法第一千一百九十八条至第一千二百零一条的规定。

【条文解读】

本条是关于自甘风险制度的规定。本条是《民法典》新增条文。

根据本条第1款规定，只有符合以下条件，才能适用自甘风险制度，免除其他参加者的责任。

一是自愿参加具有一定风险的文体活动。一方面，受害人是自愿参加具有一定风险的文体活动，而不是被迫参加的。这种自愿性本身就表明了受害人是在明确地知道该文体活动具有一定危险的情况下愿意承担该文体活动中的风险可能带来的损害。正因如此，才能免除其他参加者的侵权责任。另一方面，受害人自愿参加的是具有一定风险的文体活动。并非受害人参加的任何对自己的人身、财产具有危险的活动，都可以适用本条规定的自甘风险。所谓具有一定风险的文体活动，是指那些因具有对抗性、竞技性而存在一定的发生人身损害风险的体育比赛活动，如拳击、篮球、排球、击剑、足球等两人以上参加的比赛等。

二是其他参与人没有故意或者重大过失。参与者自愿参加具有一定风险的体育活动，只是愿意接受该文体活动在符合比赛规则或游戏规则情形下的正常风险，不意味着其愿意承受其他参与者因故意或重大过失而制造的风险。根据本条第1款规定，其他参与者因故意或者重大过失而给受害人造成损害的，不能以自甘风险进行抗辩。

本条第2款规定了活动组织者的责任承担适用安全保障义务的规定。根据该款规定，如果是因为体育场馆、娱乐场所等经营场所、公共场所的经营者、管理者或者群众性活动的组织者，未尽到安全保障义务，造成他人损害的，或者第三人侵权而经营者、管理者或者组织者没有尽到安全保障义务的，仍应当依照《民法典》第1198条的规定承担侵权责任。如果是幼儿园、学校或者其他教育机构组织的具有一定风险的文体活动，教育机构应当分别依据《民法典》第1199条至第1201条的规定承担侵权责任。在认定活动组织者的责任时，应当考虑活动固有的风险属于参与者应知之常识，一般情况下不宜以活动者未告知活动风险而认定其未尽到告知义务。

根据《最高人民法院关于适用〈中华人民共和国民法典〉时间效力的若干规定》第16条的规定，本条的适用具有溯及力。

【关联司法解释】

《最高人民法院关于适用〈中华人民共和国民法典〉时间效力的若干规定》
第16条　民法典施行前，受害人自愿参加具有一定风险的文体活动受到损害引起的民事纠纷案件，适用民法典第一千一百七十六条的规定。

【其他关联规定】

《学生伤害事故处理办法》

第12条　因下列情形之一造成的学生伤害事故，学校已履行了相应职责，行为并无不当的，无法律责任：

（一）地震、雷击、台风、洪水等不可抗的自然因素造成的；

（二）来自学校外部的突发性、偶发性侵害造成的；

（三）学生有特异体质、特定疾病或者异常心理状态，学校不知道或者难于知道的；

（四）学生自杀、自伤的；

（五）在对抗性或者具有风险性的体育竞赛活动中发生意外伤害的；

（六）其他意外因素造成的。

★ **第1177条【自助行为】**

合法权益受到侵害，情况紧迫且不能及时获得国家机关保护，不立即采取措施将使其合法权益受到难以弥补的损害的，受害人可以在保护自己合法权益的必要范围内采取扣留侵权人的财物等合理措施；但是，应当立即请求有关国家机关处理。

受害人采取的措施不当造成他人损害的，应当承担侵权责任。

【条文解读】

本条是关于自助行为的规定。本条是《民法典》新增条文。

根据本条规定，自助行为应当满足以下要件：

一是合法权益受到侵害，自助行为人是为了保护自己的合法权益而实施自助行为。这种合法权益仅限于依法可以强制执行的请求权。对于那些无须相对人为给付的权利，如形成权、支配权，不能采取自助行为。此外，对于已过诉讼时效的请求权、不能强制执行的请求权均不能采取自助行为。

二是情况紧迫且不能及时获得国家机关保护，不立即采取措施将使其合法权益受到难以弥补的损害。"情况紧迫"和"不立即采取措施将使其合法权益受到难以弥补的损害"分别从侵害行为和损害后果两方面提出认定标准，前者要求合法权益正在受到侵害，后者意味着如果不采取措施则会使得受害人的请求权无法实现或者实现上具有明显的困难。

三是必须是在保护自己合法权益的必要范围内采取合理的措施。保护自己合法权益的必要范围是衡量措施合理与否的重要标准，实施自助行为不能超越保护自己合法权益这个范围。"必要范围""合理措施"，主要是指自助行为扣留的财物应当与保护的利益在价值上基本相当，包括暂时阻止侵权人离开、直接取回自己的财产等。

四是应当立即请求有关国家机关处理。在采取措施的同时或者采取措施之后，应当立即请求有关国家机关处理相关纠纷。若行为人怠于寻求公权力机关救济，或被公权力机关驳回，或被公权力机关认定超出必要限度，则不排除其行为的不法性，需为其侵权行为承担法律责任。

根据本条规定，如果构成自助行为，自助行为人无需就其采取的扣留侵权人的财物等合理措施而承担侵权责任。此外，即便行为人的行为构成自助行为，如果采取的措施不当，造成他人损害的，也应当承担侵权责任。所谓的采取的措施不当，主要是指超出维护自己合法权益范围而采取措施或者所采取的措施不合理，具体应当根据案件的具体事实（如急迫性）、受害人被保护的权益、受害人有无选择其他措施的可能性、该措施对侵权人权益的影响程度等加以判断。

根据《最高人民法院关于适用〈中华人民共和国民法典〉时间效力的若干规定》第17条的规定，本条的适用具有溯及力。

【关联司法解释】

《最高人民法院关于适用〈中华人民共和国民法典〉时间效力的若干规定》

第17条 民法典施行前，受害人为保护自己合法权益采取扣留侵权人的财物等措施引起的民事纠纷案件，适用民法典第一千一百七十七条的规定。

★ 第1178条【特别规定优先适用】
本法和其他法律对不承担责任或者减轻责任的情形另有规定的，依照其规定。

【条文解读】

本条是关于免责和减轻责任的特别规定优先适用的规定。相对于原《侵权责任法》第5条关于"其他法律对侵权责任另有特别规定的，依照其规定"的规定，本条强调的内容不仅包括特别法优先适用的规则，还包括《民法典》关于免责和减责的规定优先适用的规定。

一是《民法典》总则编关于免责或者减责事由的规定，主要有：（1）不可抗力。《民法典》第180条规定："因不可抗力不能履行民事义务的，不承担民事责任。法律另有规定的，依照其规定。不可抗力是不能预见、不能避免且不能克服的客观情况。"（2）正当防卫。《民法典》第181条规定："因正当防卫造成损害的，不承担民事责任。正当防卫超过必要的限度，造成不应有的损害的，正当防卫人应当承担适当的民事责任。"（3）紧急避险。《民法典》第182条规定："因紧急避险造成损害的，由引起险情发生的人承担民事责任。危险由自然原因引起的，紧急避险人不承担民事责任，可以给予适当补偿。紧急避险采取措施不当或者超过必要的限度，造成不应有的损害的，紧急避险人应当承担适当的民事责任。"（4）见义勇为。《民法典》第183条规定："因保护他人民事权益使自己受到损害的，由侵权人承担民事责任，受益人可以给予适当补偿。没有侵权人、侵权人逃逸或者无力承担民事责任，受害人请求补偿的，受益人应当给予适当补偿。"（5）紧急救治。《民法典》第184条规定："因自愿实施紧急救助行为造成受助人损害的，救助人不承担民事责任。"

二是《民法典》人格权编关于免责或者减责事由的规定，主要有：《民法典》第999条规定："为公共利益实施新闻报道、舆论监督等行为的，可以合理使用民事主体的姓名、名称、肖像、个人信息等；使用不合理侵害民事主体人格权的，应当依法承担民事责任。"《民法典》第1020条规定："合理实施下列行为的，可以不经肖像权人同意：（一）为个人学习、艺术欣赏、课堂教学或者科学研究，在必要范围内使用肖像权人已经公开的肖像；（二）为实施新闻报道，不可避免地制作、使用、公开肖像权人的肖像；（三）为依法履行职责，国家机关在必要范围内制作、使用、公开肖像权人的肖像；（四）为展示特定公共环境，不可避免地制作、使用、公开肖像权人的肖像；（五）为维护公共利益或者肖像权人合法权益，制作、使用、公开肖像权人的肖像的其他行为。"

从法理上讲，受害人同意亦属于免责事由，但这要以受害人同意建立在不受欺诈、胁迫基础上为前提，且不违背公序良俗。《民法典》侵权责任编没有将受害人同意作为一般的免责事由予以规定，但在人格权编中对此有体现，比如《民法典》第1033条、《民法典》第1035条均有关于自然人或者其监护人对其他人收集使用其个人信息的同意规则。

三是除《民法典》总则编和人格权编外，《民法典》第316条规定的拾得人只在因故意或者重大过失致使遗失物毁损、灭失的，才承担民事责任，表明拾得人一般过失不承担责任。《民法典》第897条规定的无偿保管人证明自己没有故意或者重大过失的，不承担赔偿责任，亦表明无偿保管人一般过失不承担责任。《民法典》第1148条规定的遗产管理人因故意或者重大过失造成继承人、受遗赠人、债权人损害的，应当承担民事责任，同样表明遗产管理人一般过失不承担责任。对于上述情形，受害人提起侵权赔偿之诉的，侵权人在存在一般过失情形下可以援引上述规定免责。

四是其他法律规定的免责或者减责事由。这里的其他法律可以是《民法典》之外的有关侵权责任的某些特殊问题由全国人民代表大会及其常务委员会在法律中作出规定，如《产品质量法》《环境保护法》《邮政法》等法律中的相关规定，也可以是行政法规、部门规章，如《学生伤害事故处理办法》。

第二章 损害赔偿

第1179条【人身损害赔偿范围】

侵害他人造成人身损害的，应当赔偿医疗费、护理费、交通费、**营养费、住院伙食补助费**等为治疗和康复支出的合理费用，以及因误工减少的收入。造成残疾的，还应当赔偿辅助器具费和残疾赔偿金；造成死亡的，还应当赔偿丧葬费和死亡赔偿金。

【关联司法解释】

《最高人民法院关于审理人身损害赔偿案件适用法律若干问题的解释》

第6条 医疗费根据医疗机构出具的医药费、住院费等收款凭证，结合病历和诊断证明等相关证据确定。赔偿义务人对治疗的必要性和合理性有异议的，应当承担相应的举证责任。

医疗费的赔偿数额，按照一审法庭辩论终结前实际发生的数额确定。器官功能恢复训练所必要的康复费、适当的整容费以及其他后续治疗费，赔偿权利人可以待实际发生后另行起诉。但根据医疗证明或者鉴定结论确定必然发生的费用，可以与已经发生的医疗费一并予以赔偿。

第7条 误工费根据受害人的误工时间和收入状况确定。

误工时间根据受害人接受治疗的医疗机构出具的证明确定。受害人因伤致残持续误工的，误工时间可以计算至定残日前一天。

受害人有固定收入的，误工费按照实际减少的收入计算。受害人无固定收入的，按照其最近三年的平均收入计算；受害人不能举证证明其最近三年的平均收入状况的，可以参照受诉法院所在地相同或者相近行业上一年度职工的平均工资计算。

第8条 护理费根据护理人员的收入状况和护理人数、护理期限确定。

护理人员有收入的，参照误工费的规定计算；护理人员没有收入或者雇佣护工的，参照当地护工从事同等级别护理的劳务报酬标准计算。护理人员原则上为一人，但医疗机构或者鉴定机构有明确意见的，可以参照确定护理人员人数。

护理期限应计算至受害人恢复生活自理能力时止。受害人因残疾不能恢复生活自理能力的，可以根据其年龄、健康状况等因素确定合理的护理期限，但最长不超过二十年。

受害人定残后的护理，应当根据其护理依赖程度并结合配制残疾辅助器具的情况确定护理级别。

第9条 交通费根据受害人及其必要的陪护人员因就医或者转院治疗实际发生的费用计算。交通费应当以正式票据为凭；有关凭据应当与就医地点、时间、人数、次数相符合。

第10条 住院伙食补助费可以参照当地国家机关一般工作人员的出差伙食补助标准予以确定。

受害人确有必要到外地治疗，因客观原因不能住院，受害人本人及其陪护人员实际发生的住宿费和伙食费，其合理部分应予赔偿。

第11条 营养费根据受害人伤残情况参照医疗机构的意见确定。

第12条 残疾赔偿金根据受害人丧失劳动能力程度或者伤残等级，按照受诉法院所在地上一年度城镇居民人均可支配收入标准，自定残之日起按二十年计算。但六十周岁以上的，年龄每增加一岁减少一年；七十五周岁以上的，按五年计算。

受害人因伤致残但实际收入没有减少，或者伤残等级较轻但造成职业妨害严重影响其劳动就业的，可以对残疾赔偿金作相应调整。

第13条 残疾辅助器具费按照普通适用器具的合理费用标准计算。伤情有特殊需要的，可以参照辅助器具配制机构的意见确定相应的合理费用标准。

辅助器具的更换周期和赔偿期限参照配制机构的意见确定。

第14条 丧葬费按照受诉法院所在地上一年度职工月平均工资标准，以六个月总额计算。

第15条 死亡赔偿金按照受诉法院所在地上一年度城镇居民人均可支

配收入标准，按二十年计算。但六十周岁以上的，年龄每增加一岁减少一年；七十五周岁以上的，按五年计算。

★ **第16条** 被扶养人生活费计入残疾赔偿金或者死亡赔偿金。

【司法解释条文解读】

《民法典》第1179条在赔偿项目上没有再列"被扶养人生活费"这一项，即没有规定被扶养人的生活费请求权。本条司法解释对被扶养人生活费的赔偿责任作了明确：被抚养人生活费应当计入残疾赔偿金或者死亡赔偿金。

死亡赔偿金并非对生命权本身的救济，或对生命价值的赔偿，死亡赔偿金不是用来与人的生命进行交换或者对生命权的丧失进行填补的，而是对因侵害生命权所引起的近亲属的各种现实利益损失的赔偿。近亲属与死者之间具有经济上的牵连和情感上的依赖，亲人的死亡给他们带来了一系列损害：为受害亲人支出救治费用和丧葬费用；为照顾亲人产生误工等损失；因亲人离世导致扶养费的丧失或物质生活水平的降低；因亲人不幸罹难而产生精神痛苦。相应地，侵权死亡赔偿也应包括相关财产损失赔偿、死亡赔偿金、精神损害赔偿三部分。死亡赔偿金作为侵权死亡赔偿的一部分，是对近亲属因亲人离世导致扶养费的丧失或物质生活水平降低这一损害（逸失利益）的赔偿。死亡赔偿金的计算，《最高人民法院关于审理人身损害赔偿案件适用法律若干问题的解释》第15条作了具体规定，按照受诉法院所在地上一年度城镇居民人均可支配收入标准，按20年计算。但60周岁以上的，年龄每增加1岁减少1年；75周岁以上的，按5年计算。

残疾赔偿金是受害人因伤致残后所特有的赔偿项目。残疾赔偿金通常都是以"收入丧失说"结合"劳动能力丧失说"作为评价残疾赔偿的理论依据。残疾赔偿金的计算，《最高人民法院关于审理人身损害赔偿案件适用法律若干问题的解释》第12条作了明确规定。

根据本条规定，在确定死亡赔偿金或残疾赔偿金时，应当将受害人的被扶养人生活费根据《最高人民法院关于审理人身损害赔偿案件适用法律若干问题的解释》第17条规定计算具体数额后加上根据《最高人民法院关于审理人身损害赔偿案件适用法律若干问题的解释》第12条或第15条规定的残疾赔偿金或死亡赔偿金标准计算得出的相应金额，得出的数额就是最终的残疾赔偿金或死亡赔偿金。

第17条 被扶养人生活费根据扶养人丧失劳动能力程度，按照受诉法院所在地上一年度城镇居民人均消费支出标准计算。被扶养人为未成年人的，计算至十八周岁；被扶养人无劳动能力又无其他生活来源的，计算二十年。但六十周岁以上的，年龄每增加一岁减少一年；七十五周岁以上的，按五年计算。

被扶养人是指受害人依法应当承担扶养义务的未成年人或者丧失劳动能力又无其他生活来源的成年近亲属。被扶养人还有其他扶养人的，赔偿义务人只赔偿受害人依法应当负担的部分。被扶养人有数人的，年赔偿总额累计不超过上一年度城镇居民人均消费支出额。

第18条 赔偿权利人举证证明其住所地或者经常居住地城镇居民人均可支配收入高于受诉法院所在地标准的，残疾赔偿金或者死亡赔偿金可以按照其住所地或者经常居住地的相关标准计算。

被扶养人生活费的相关计算标准，依照前款原则确定。

第19条 超过确定的护理期限、辅助器具费给付年限或者残疾赔偿金给付年限，赔偿权利人向人民法院起诉请求继续给付护理费、辅助器具费或者残疾赔偿金的，人民法院应予受理。赔偿权利人确需继续护理、配制辅助器具，或者没有劳动能力和生活来源的，人民法院应当判令赔偿义务人继续给付相关费用五至十年。

第20条 赔偿义务人请求以定期金方式给付残疾赔偿金、辅助器具费的，应当提供相应的担保。人民法院可以根据赔偿义务人的给付能力和提供担保的情况，确定以定期金方式给付相关费用。但是，一审法庭辩论终结前已经发生的费用、死亡赔偿金以及精神损害抚慰金，应当一次性给付。

第21条 人民法院应当在法律文书中明确定期金的给付时间、方式以及每期给付标准。执行期间有关统计数据发生变化的，给付金额应当适时进行相应调整。

定期金按照赔偿权利人的实际生存年限给付，不受本解释有关赔偿期限的限制。

第22条 本解释所称"城镇居民人均可支配收入""城镇居民人均消费支出""职工平均工资"，按照政府统计部门公布的各省、自治区、直辖市以及经济特区和计划单列市上一年度相关统计数据确定。

"上一年度"，是指一审法庭辩论终结时的上一统计年度。

第23条 精神损害抚慰金适用《最高人民法院关于确定民事侵权精神损害赔偿责任若干问题的解释》予以确定。

《最高人民法院关于确定民事侵权精神损害赔偿责任若干问题的解释》

第5条 精神损害的赔偿数额根据以下因素确定：

（一）侵权人的过错程度，但是法律另有规定的除外；

（二）侵权行为的目的、方式、场合等具体情节；

（三）侵权行为所造成的后果；

（四）侵权人的获利情况；

（五）侵权人承担责任的经济能力；

（六）受理诉讼法院所在地的平均生活水平。

第1180条【以相同数额确定死亡赔偿金】

因同一侵权行为造成多人死亡的，可以以相同数额确定死亡赔偿金。

第1181条【被侵权人死亡时请求权主体的确定】

被侵权人死亡的，其近亲属有权请求侵权人承担侵权责任。被侵权人为组织，该组织分立、合并的，承继权利的组织有权请求侵权人承担侵权责任。

被侵权人死亡的，支付被侵权人医疗费、丧葬费等合理费用的人有权请求侵权人赔偿费用，但是侵权人已经支付该费用的除外。

【关联司法解释】

《最高人民法院关于审理人身损害赔偿案件适用法律若干问题的解释》

第1条 因生命、身体、健康遭受侵害，赔偿权利人起诉请求赔偿义务人赔偿物质损害和精神损害的，人民法院应予受理。

本条所称"赔偿权利人"，是指因侵权行为或者其他致害原因直接遭受人身损害的受害人以及死亡受害人的近亲属。

本条所称"赔偿义务人"，是指因自己或者他人的侵权行为以及其他致害原因依法应当承担民事责任的自然人、法人或者非法人组织。

第2条 赔偿权利人起诉部分共同侵权人的，人民法院应当追加其他共同侵权人作为共同被告。赔偿权利人在诉讼中放弃对部分共同侵权人的诉讼请求的，其他共同侵权人对被放弃诉讼请求的被告应当承担的赔偿份额不承担连带责任。责任范围难以确定的，推定各共同侵权人承担同等责任。

人民法院应当将放弃诉讼请求的法律后果告知赔偿权利人，并将放弃诉讼请求的情况在法律文书中叙明。

★ **第1182条【侵害他人人身权益造成财产损失的赔偿计算方式】**

侵害他人人身权益造成财产损失的，按照被侵权人因此受到的损失或者侵权人因此获得的利益赔偿；被侵权人因此受到的损失以及侵权人因此获得的利益难以确定，被侵权人和侵权人就赔偿数额协商不一致，向人民法院提起诉讼的，由人民法院根据实际情况确定赔偿数额。

【条文解读】

本条是关于侵害他人人身权益造成财产损失赔偿的规定。本条继承了原《侵权责任法》第20条的规定并作了修改完善。原《侵权责任法》第20条规定："侵害他人人身权益造成财产损失的，按照被侵权人因此受到的损失赔偿；被侵权人的损失难以确定，侵权人因此获得利益的，按照其获得的利益赔偿；侵权人因此获得的利益难以确定，被侵权人和侵权人就赔偿数额协商不一致，向人民法院提起诉讼的，由人民法院根据实际情况确定赔偿数额。"相较原《侵权责任法》的这一规定，本条规定不再强调先以所受损害来赔偿，再以侵权人获得利益的标准进行赔偿的规则，而是把这两个赔偿标准修正为并列关系，这更有利于保护受害人。

人身权益包括的内容比较广泛，主要是指人的生命权、健康权、身体权、姓名权、荣誉权、肖像权、名誉权、隐私权、监护权和人身自由，及其他与人身直接有关的权益。侵害他人人身权益应当依法承担侵权责任。

实践中有争议较多的是侵害他人名誉权、荣誉权、姓名权、肖像权和隐私权等人身权益造成的财产损失应如何赔偿的问题。对于人格权造成的损失到底是什么、是多少，尤其是有关间接损失大小的问题，在实践中往往难以认定。比如，侵犯某运动员的肖像权，到底对该运动员造成多少可得利益的损失，不易认定。这种情况下，可以考虑以"侵权人的获利情况"作为确定赔偿数额的依据，而根据本条规定，两种确定损失赔偿数额的方式不再分先后，可以由被侵权人根据实际情况，自行选择，更有利于保护被侵权人。

【关联司法解释】

《最高人民法院关于审理利用信息网络侵害人身权益民事纠纷案件适用法律若干问题的规定》

第12条 被侵权人为制止侵权行为所支付的合理开支，可以认定为民法典第一千一百八十二条规定的财产损失。合理开支包括被侵权人或者委托代理人对侵权行为进行调查、取证的合理费用。人民法院根据当事人的请求和具体案情，可以将符合国家有关部门规定的律师费用计算在赔偿范围内。

被侵权人因人身权益受侵害造成的财产损失以及侵权人因此获得的利

益难以确定的，人民法院可以根据具体案情在50万元以下的范围内确定赔偿数额。

★ **第1183条【精神损害赔偿】**

侵害自然人人身权益造成严重精神损害的，被侵权人有权请求精神损害赔偿。

因**故意**或者**重大过失**侵害自然人具有人身意义的特定物造成严重精神损害的，被侵权人有权请求精神损害赔偿。

【条文解读】

本条是关于精神损害赔偿的规定。本条第1款吸收了原《侵权责任法》第22条的规定，并将"他人"改成了"自然人"，排除了法人；本条第2款吸收了2001年《最高人民法院关于确定民事侵权精神损失赔偿责任若干问题的解释》第4条的规定，将此类侵权限定在行为人存在"故意"或"重大过失"的范围内。

根据本条第1款规定，主张精神损害赔偿应同时满足以下条件：

一是侵害自然人人身权益。精神损害赔偿的范围仅限于侵害自然人人身权益，侵害财产权益原则上不在精神损害赔偿的范围之内。法人的人格利益受到侵害不能主张精神损害赔偿。根据《民法典》总则编有关民事权利的规定，人身权益包括生命权、健康权、姓名权、名誉权、肖像权、隐私权、监护权等权利及相应利益。

二是须造成被侵权人严重精神损害。精神损害赔偿并非只要侵害他人人身权益就可以主张，而只有达到"严重精神损害"的程度才可以主张。精神损害是否达到严重程度，应视人格利益性质不同而有所区别。对于侵害身体权、健康权的情形，可以达到伤残标准作为构成严重精神损害的主要依据。对于其他精神性人格权益被侵害的情形，可以参照《民法典》第998条规定，综合考量行为人和受害人的职业、影响范围、过错程度以及行为目的、方式、后果等因素后加以判断。

三是侵害行为与精神损害后果有因果关系。基于精神损害本身的不可判断性和难以量化的问题，为防止精神损害赔偿的滥用，影响正常的行为自由和社会秩序，对于侵害行为与精神损害后果之间的因果关系，在认定时可持谨慎从严的态度，可以采用必然因果关系标准进行判断，即在侵害行为与损害结果之间具有内在的、本质的、必然的联系的情形下，可以认定侵害行为与损害后果之间存在因果关系。

四是行为人具有法律规定的应当承担侵权责任的其他要件。被侵权人主张精神损害赔偿，除了具备上述有关精神赔偿的适用条件外，还要根据具体侵权行为类型，适用过错责任的情形要以侵权人有过错为要件，适用无过错责任原则的情形下则无需侵权人有过错。

在适用本条第2款规定时，要以侵权人"故意或者重大过失"为要件，侵权人仅有一般过错的，无需承担精神损害赔偿责任。

【关联司法解释】

《最高人民法院关于确定民事侵权精神损害赔偿责任若干问题的解释》

第1条　因人身权益或者具有人身意义的特定物受到侵害，自然人或者其近亲属向人民法院提起诉讼请求精神损害赔偿的，人民法院应当依法予以受理。

第2条　非法使被监护人脱离监护，导致亲子关系或者近亲属间的亲属关系遭受严重损害，监护人向人民法院起诉请求赔偿精神损害的，人民法院应当依法予以受理。

第3条　死者的姓名、肖像、名誉、荣誉、隐私、遗体、遗骨等受到侵害，其近亲属向人民法院提起诉讼请求精神损害赔偿的，人民法院应当依法予以支持。

第4条　法人或者非法人组织以名誉权、荣誉权、名称权遭受侵害为由，向人民法院起诉请求精神损害赔偿的，人民法院不予支持。

【其他关联规定】

《中华人民共和国消费者权益保护法》

第51条 经营者有侮辱诽谤、搜查身体、侵犯人身自由等侵害消费者或者其他受害人人身权益的行为，造成严重精神损害的，受害人可以要求精神损害赔偿。

第1184条【财产损失计算方式】

侵害他人财产的，财产损失按照损失发生时的市场价格或者其他合理方式计算。

★ 第1185条【故意侵害知识产权的惩罚性赔偿】

故意侵害他人知识产权，情节严重的，被侵权人有权请求相应的惩罚性赔偿。

【条文解读】

本条是关于侵害知识产权惩罚性赔偿的规定。本条是《民法典》新增条文。

惩罚性赔偿也称惩戒性赔偿，是侵权人给付被侵权人超过其实际受损害数额的金钱赔偿，是一种集补偿、制裁、遏制等功能于一身的制度。依据本条规定，在知识产权侵权责任中适用惩罚性赔偿，须符合以下条件：

第一，必须是故意侵害他人知识产权。一方面，在主观过错上，行为人应当以故意实施侵害知识产权的行为为限。过失侵权行为不能适用本条的惩罚性赔偿规定。故意，是指行为人明知自己的行为侵害了他人的知识产权却仍然希望或者放任损害后果发生的心理状态。只有对故意状态的侵权行为适用惩罚性赔偿，才能实现构建惩罚性赔偿制度的根本目的，即遏制、预防侵权行为的发生。另一方面，侵害的是知识产权。我国《民法典》第123条对知识产权采取了广义的界定。该条第2款规定："知识产权是权利人依法就下列客体享有的专有的权利：（一）作品；（二）发明、实用新型、外观设计；（三）商标；（四）地理标志；（五）商业秘密；（六）集成电路布图设计；（七）植物新品种；（八）法律规定的其他客体。"

第二，须情节严重。适用惩罚性赔偿增加情节严重这一要件，有利于防止惩罚性赔偿制度的过度适用或者滥用。实务中，关于情节严重的认定，可考虑以下因素：侵权手段恶劣、侵权时间长、多次侵权或经行政处罚或法院判决后仍然侵权甚至以侵权为业的情形；在结果上侵权人从事的侵害行为对权利人产生了巨大的损害与消极影响等。

除了上述两个构成要件之外，适用知识产权惩罚性赔偿还应符合知识产权侵权的一般要件。

关于具体的惩罚性倍数额，本条没有规定，《商标法》规定了1倍以上5倍以下的惩罚性赔偿数额，对于未作规定的其他知识产权类型，可以参考该标准根据案件具体情况进行确定。

【其他关联规定】

《中华人民共和国商标法》

第63条 侵犯商标专用权的赔偿数额，按照权利人因被侵权所受到的实际损失确定；实际损失难以确定的，可以按照侵权人因侵权所获得的利益确定；权利人的损失或者侵权人获得的利益难以确定的，参照该商标许可使用费的倍数合理确定。对恶意侵犯商标专用权，情节严重的，可以在按照上述方法确定数额的一倍以上五倍以下确定赔偿数额。赔偿数额应当包括权利人为制止侵权行为所支付的合理开支。

人民法院为确定赔偿数额，在权利人已经尽力举证，而与侵权行为相关的账簿、资料主要由侵权人掌握的情况下，可以责令侵权人提供与侵权行为相关的账簿、资料；侵权人不提供或者提供虚假的账簿、资料的，人民法院可以参考权利人的主张和提供的证据判定赔偿数额。

权利人因被侵权所受到的实际损失、侵权人因侵权所获得的利益、注册商标许可使用费难以确定的，由人民法院根据侵权行为的情节判决给予五百万元以下的赔偿。

人民法院审理商标纠纷案件，应权利人请求，对属于假冒注册商标的商品，除特殊情况外，责令销毁；对主要用于制造假冒注册商标的商品的材料、工具，责令销毁，且不予补偿；或者在特殊情况下，责令禁止前述材料、工具进入商业渠道，且不予补偿。

假冒注册商标的商品不得在仅去除假冒注册商标后进入商业渠道。

《最高人民法院关于依法加大知识产权侵权行为惩治力度的意见》

10.对于故意侵害他人知识产权，情节严重的，依法支持权利人的惩罚性赔偿请求，充分发挥惩罚性赔偿对于故意侵权行为的威慑作用。

★ **第1186条【公平分担损失】**

受害人和行为人对损害的发生都没有过错的，依照法律的规定由双方分担损失。

【条文解读】

本条是关于公平分担损失的规定。本条承继原《侵权责任法》第24条规定，并作了适当修改，将"可以根据实际情况，由双方分担损失"改为"依照法律的规定由双方分担损失"，限制了法官的自由裁量权。

公平分担损失并非一项独立归责原则。公平分担损失与过错原则主要区别如下：一是过错原则以行为人的过错作为承担责任的前提，而公平分担行为人并没有过错；二是承担过错责任以填补受害人全部损失为原则，公平分担只是根据实际情况适当给受害人以补偿。

公平分担损失与无过错原则的主要区别如下：一是无过错责任原则不以行为人是否有过错为前提，其适用以法律有专门规定为前提，适用无过错原则时，行为人可能有过错也可能没有过错。但公平分担中行为人没有过错，也不属于法律规定的适用无过错责任的情形。二是无过错责任适用于法律明确规定的情形，在适用无过错原则的情况下，不适用公平责任原则。三是承担无过错责任，有的是填补受害人的全部损失，有的法律规定了最高责任限额，而公平分担只是分担损失的一部分，既不是填补全部损失也没有最高额限制。

适用本条时，应当注意此处的"法律"仅限于狭义的法律，即全国人民代表大会及其常务委员会制定的规范性法律文件。本条中的"法律的规定"可以是《民法典》的规定，如第182条第2款规定的"因紧急避险造成损害的，由引起险情发生的人承担民事责任。危险由自然原因引起的，紧急避险人不承担民事责任，可以给予适当补偿"；第183条规定的见义勇为时受益人的补偿责任；第1190条第1款规定的"完全民事行为能力人对自己的行为暂时没有意识或者失去控制造成他人损害且没有过错的，根据行为人的经济状况对受害人适当补偿"；第1192条第2款规定的提供劳务一方因第三人的行为而遭受损害时，接受劳务一方承担的补偿责任；第1254条第1款规定的高空抛掷物或坠落物造成他人损害，经调查难以确定具体侵权人且无法证明自己不是侵权人时，可能加害的建筑物使用人的补偿责任。[①]此外，本条中的"法律的规定"还可以其他单行法律的规定。

【关联指导案例】

最高人民法院指导案例142号：刘明莲、郭丽丽、郭双双诉孙伟、河南兰庭物业管理有限公司信阳分公司生命权纠纷案

裁判要点：行为人为了维护因碰撞而受伤害一方的合法权益，劝阻另一方不要离开碰撞现场且没有超过合理限度的，属于合法行为。被劝阻人因自身疾病发生猝死，其近亲属请求行为人承担侵权责任的，人民法院不予支持。

[①] 程啸：《侵权责任法》（第三版），法律出版社2021年版，第133页。

第1187条【赔偿费用支付方式】

损害发生后，当事人可以协商赔偿费用的支付方式。协商不一致的，赔偿费用应当一次性支付；一次性支付确有困难的，可以分期支付，但是**被侵权人有权请求提供相应的担保**。

【关联司法解释】

《最高人民法院关于审理人身损害赔偿案件适用法律若干问题的解释》

第19条 超过确定的护理期限、辅助器具费给付年限或者残疾赔偿金给付年限，赔偿权利人向人民法院起诉请求继续给付护理费、辅助器具费或者残疾赔偿金的，人民法院应予受理。赔偿权利人确需继续护理、配制辅助器具，或者没有劳动能力和生活来源的，人民法院应当判令赔偿义务人继续给付相关费用五至十年。

第20条 赔偿义务人请求以定期金方式给付残疾赔偿金、辅助器具费的，应当提供相应的担保。人民法院可以根据赔偿义务人的给付能力和提供担保的情况，确定以定期金方式给付相关费用。但是，一审法庭辩论终结前已经发生的费用、死亡赔偿金以及精神损害抚慰金，应当一次性给付。

第三章 责任主体的特殊规定

第1188条【监护人责任】

无民事行为能力人、限制民事行为能力人造成他人损害的，由监护人承担侵权责任。监护人尽到监护职责的，可以减轻其侵权责任。

有财产的无民事行为能力人、限制民事行为能力人造成他人损害的，从本人财产中支付赔偿费用；不足部分，由监护人赔偿。

★ 第1189条【委托监护时监护人的责任】

无民事行为能力人、限制民事行为能力人造成他人损害，监护人将监护职责委托给他人的，监护人应当承担侵权责任；受托人有过错的，承担相应的责任。

【条文解读】

本条是关于委托监护时监护人的责任的规定。本条是《民法典》新增加的规定，吸收了原《最高人民法院关于贯彻执行〈中华人民共和国民法通则〉若干问题的意见（试行）》第22条的规定。

委托监护是监护人难以履行监护职责的产物，其实质是一种以监护人和受托监护人为主体，以监护职责的代为行使为主要内容的委托合同。因此，委托监护法律关系是建立在监护法律关系上的委托关系。委托监护并非与《民法典》总则编规定的法定监护、指定监护并列的一项监护制度，因为监护权作为一种身份权，只有法律规定的特定主体才享有，基于身份权的专属性，监护权不得让渡，故受托人并不因委托监护而享有监护权。根据本条规定，监护人将监护职责委托给他人情形下，受到监护的无民事行为能力人、限制民事行为能力人造成他人损害，监护人并不能因此而免责，监护人仍应当根据《民法典》第1188条规定承担无过错责任。

关于受托人责任。被监护人致人损害时，受托人应否承担侵权责任、如何承担侵权责任，是本条重点规范的内容。本条的规定有别于原《最高人民法院关于贯彻执行〈中华人民共和国民法通则〉若干问题的意见（试行）》第22条的规定，受托人对被监护人造成的损害有过错的，不再承担连带责任，而是承担相应的责任。监护人并不因委托监护而丧失监护权，而根据《民法典》第1188条规定，监护人承担的是无过错责任，结合本条规定中并未将受托人的过错作为减轻监护人责任的事由，故而本条规定的"相应的责任"不宜解释为按份责任。在委托监护的情况下，监护人基于监护关系承担替代责任，受托人因未尽约定监护职责而承担过错责任。产生这两种责任的法律原因不同，这符合不真正连带责任的产生条件。[①] 就外部关系而言，受害人可以请求监护人承担责任，也可以请求受托人在其过错范围内承担责任；就内部关系而言，监护人可以依据与委托人之间的委托合同关系请求赔偿损失，委托人承担的是过错责任亦即自己责任，不存在向监护人追偿的可能性。

第1190条【暂时丧失意识后的侵权责任】

完全民事行为能力人对自己的行为暂时没有意识或者失去控制造成他人损害有过错的，应当承担侵权责任；没有过错的，根据行为人的经济状况对受害人适当补偿。

完全民事行为能力人因醉酒、滥用麻醉药品或者精神药品对自己的行为暂时没有意识或者失去控制造成他人损害的，应当承担侵权责任。

★ 第1191条【用人单位责任和劳务派遣单位、劳务用工单位责任】

用人单位的工作人员因执行工作任务造成他人损害的，由用人单位承担侵权责任。用人单位承担侵权责任后，可以向有故意或者重大过失的工作人员追偿。

劳务派遣期间，被派遣的工作人员因执行工作任务造成他人损害的，由接受劳务派遣的用工单位承担侵权责任；劳务派遣单位有过错的，承担相应的责任。

【条文解读】

本条是关于用人单位责任和劳务派遣单位、劳务用工单位责任的规定。本条对原《侵权责任法》第34条作了两处修改：一是增加规定了用人单位

[①] 焦艳红：《我国〈民法典〉侵权责任编中"相应的责任"之责任形态解读》，载《中州学刊》2022年第6期。

与工作人员内部之间的责任承担，明确了用人单位对工作人员执行工作任务的侵权行为承担责任后，可以向具有故意或者重大过失的工作人员追偿。二是对于劳务派遣单位的责任规定，将原《侵权责任法》第34条第2款规定的"相应的补充责任"修改为"相应的责任"。

理解适用本条应当注意以下问题：

一是用人单位承担的是无过错责任。本条规定的用人单位责任属于无过错责任，这有利于减少或避免用人单位侵权行为的发生，促进用人单位提高技术及管理水平，也有利于切实保护受害人的合法权益，使受害人受到损害的权利能够得到更好的救济。

二是用人单位责任是单独责任。本条规定区分了受害人与侵权人的外部求偿关系，以及与用人单位和工作人员的内部追偿关系。在外部求偿关系中，用人单位的工作人员因工作对他人实施侵权行为，仅以用人单位为唯一的侵权责任主体，未将行为人作为侵权责任主体，即用人单位责任是单独责任，其理论依据在于只要用人单位的法定代表人或工作人员在经营活动范围内的一切行为，都应视为用人单位实施的行为，而不是他们个人的行为，因此产生的责任也应当由作为雇主的用人单位承担，而不应由行为人个人承担。

三是用人单位承担侵权责任后享有追偿权。在用人单位和工作人员内部追偿关系上，本条规定，用人单位承担侵权责任后，可以向有故意或者重大过失的工作人员追偿，规定追偿权，有利于实现侵权责任法预防侵权的功能，避免工作人员丧失责任心，违背用人单位指示和命令从事违反职责范围的活动。但是根据该规定，用人单位仅能向有故意或者重大过失的工作人员追偿，对仅有一般过失或轻微过失的工作人员不享有追偿权。

四是是否为执行工作任务是判断用人单位承担责任的关键。依据工作人员所从事的活动是否在用人单位授权或指示范围之内，可以将执行工作任务分为两类：第一类是授权或指示范围内的活动。在用人单位授权或指示范围内从事行为，只要给他人造成损害，都属于"因执行工作任务"造成损害的情形。工作人员若是为了从事授权或指示行为而进行的必要的准备活动或辅助性活动，也属于授权或指示范围内的活动，如运输货物至指定地点之前去加油，在加油途中撞伤他人的情形。第二类是超出授权或指示范围的活动。此种情形又可以分为虽有授权或指示，但怠于执行工作任务和虽然执行工作任务，但其内容或方式违反了指示或命令两种类型。判断此种超出授权或指示范围的活动能否认定为履行职务行为，要综合考察该行为与执行工作任务是否具有内在联系或其表现形式是否为履行职务。可以通过综合判断侵权行为是否为用人单位所能预见并应采取措施予以避免的风险、是否存在与执行工作任务具有内在联系或其表现形式为履行职务行为的客观事实、侵权行为的目的等因素进行综合判断。

本条第2款规定了劳务派遣单位、劳务用工单位责任，理解适用本条时，应注意以下问题：

一是劳务用工单位承担的是无过错责任。劳务派遣期间，劳务用工单位能够对被派遣的工作人员加以指示、管理和监督，故当被派遣的工作人员因执行工作任务造成他人损害时，应由劳务用工单位承担侵权责任。

二是劳务派遣单位承担的是过错责任。劳务派遣单位的过错主要是指选任方面的过错。因劳务派遣具有"用人"和"用工"分离的特点，导致劳务派遣单位对被派遣劳动者失去了实际指挥控制和监督权，但劳务派遣单位负有对被派遣劳动者的选任责任，即在招聘、录用被派遣劳动者时，应当对该劳动者的健康状况、能力、资格以及对用工单位所任职务能否胜任进行详尽的考察。劳务派遣单位选任不当的，应当承担相应的过错责任。

★ 第1192条【个人劳务关系中的侵权责任】

个人之间形成劳务关系，提供劳务一方因劳务造成他人损害的，由接受劳务一方承担侵权责任。**接受劳务一方承担侵权责任后，可以向有故意或者重大过失的提供劳务一方追偿。**提供劳务一方因劳务受到损害的，根据双方各自的过错承担相应的责任。

提供劳务期间，因第三人的行为造成提供劳务一方损害的，提供劳务一方有权请求第三人承担侵权责任，也有权请求接受劳务一方给予补偿。接受劳务一方补偿后，可以向第三人追偿。

【条文解读】

本条是关于个人之间因提供劳务造成他人损害和自己损害的责任的规定。本条承继了原《侵权责任法》第35条规定，并作了两处修改：一是增加了因提供劳务造成他人损害的，接受劳务一方承担侵权责任后享有追偿权的规定；二是增加了提供劳务一方遭受第三人侵害的责任承担的规定。

本条中"提供劳务一方"仅指自然人。个体工商户、合伙的雇员因工作发生的纠纷，按照《民法典》第1191条关于用人单位责任的规定处理。本条不包括因承揽关系产生的侵权责任纠纷，因承揽关系产生的侵权责任问题，由《民法典》第1193条予以规范和调整。

本条规定了提供劳务一方因提供劳务造成他人损害、自己损害和提供劳务一方在劳务期间遭受第三人侵害三种情形，分述如下：

一是因提供劳务造成他人损害的侵权责任。本条第1款前半段是关于提供劳务一方因提供劳务造成他人损害的侵权责任的规定。提供劳务一方因劳务造成他人损害的，由接受劳务一方承担侵权责任。接受劳务一方承担的责任为无过错责任、替代责任。只要提供劳务一方因劳务造成他人损害的行为构成侵权，接受劳务一方就应承担侵权责任，而不问接受劳务一方是否存在过错。本条增加了接受劳务一方承担侵权责任后，可以向有故意或者重大过失的提供劳务一方追偿的规定，解决了接受劳务一方与提供劳务一方的内部求偿问题。

二是因劳务自己损害的责任承担。根据本条第1款规定，提供劳务一方因劳务受到损害的，根据双方各自的过错承担相应的责任，也即因劳务自己损害的情形下，适用过错原则确定双方的责任。

三是提供劳务一方在劳务期间遭受第三人侵害的责任承担。本条第2款规定，在存在第三人侵权的情形下，接受劳务一方承担的是补偿责任，而非赔偿责任。关于补偿数额问题，《民法典》第53条和第183条均是规定"适当补偿",而本条规定的是"补偿"而非"适当补偿",从体系解释角度来说,在该补偿责任未有限定词的情况下,补偿金额应当为全部补偿。当然,因该责任毕竟为补偿责任,因而在确定接受劳务一方的责任时,也应当充分考虑接受劳务一方的经济状况,不宜超越接受劳务一方补偿能力确定补偿数额。根据本条规定,接受劳务一方在补偿后,可以向第三人追偿。

【关联司法解释】

《最高人民法院关于审理人身损害赔偿案件适用法律若干问题的解释》

第4条 无偿提供劳务的帮工人,在从事帮工活动中致人损害的,被帮工人应当承担赔偿责任。被帮工人承担赔偿责任后向有故意或者重大过失的帮工人追偿的,人民法院应予支持。被帮工人明确拒绝帮工的,不承担赔偿责任。

第5条 无偿提供劳务的帮工人因帮工活动遭受人身损害的,根据帮工人和被帮工人各自的过错承担相应的责任;被帮工人明确拒绝帮工的,被帮工人不承担赔偿责任,但可以在受益范围内予以适当补偿。

帮工人在帮工活动中因第三人的行为遭受人身损害的,有权请求第三人承担赔偿责任,也有权请求被帮工人予以适当补偿。被帮工人补偿后,可以向第三人追偿。

第1193条【承揽关系中的侵权责任】

承揽人在完成工作过程中造成第三人损害或者自己损害的,定作人不承担侵权责任。但是,定作人对定作、指示或者选任有过错的,应当承担相应的责任。

第1194条【网络侵权责任】

网络用户、网络服务提供者利利用网络侵害他人民事权益的,应当承担侵权责任。**法律另有规定的,依照其规定。**

【关联司法解释】

《最高人民法院关于审理利用信息网络侵害人身权益民事纠纷案件适用法律若干问题的规定》

第8条 网络用户或者网络服务提供者采取诽谤、诋毁等手段，损害公众对经营主体的信赖，降低其产品或者服务的社会评价，经营主体请求网络用户或者网络服务提供者承担侵权责任的，人民法院应依法予以支持。

第9条 网络用户或者网络服务提供者，根据国家机关依职权制作的文书和公开实施的职权行为等信息来源所发布的信息，有下列情形之一，侵害他人人身权益，被侵权人请求侵权人承担侵权责任的，人民法院应予支持：

（一）网络用户或者网络服务提供者发布的信息与前述信息来源内容不符；

（二）网络用户或者网络服务提供者以添加侮辱性内容、诽谤性信息、不当标题或者通过增删信息、调整结构、改变顺序等方式致人误解；

（三）前述信息来源已被公开更正，但网络用户拒绝更正或者网络服务提供者不予更正；

（四）前述信息来源已被公开更正，网络用户或者网络服务提供者仍然发布更正之前的信息。

第11条 网络用户或者网络服务提供者侵害他人人身权益，造成财产损失或者严重精神损害，被侵权人依据民法典第一千一百八十二条和第一千一百八十三条的规定，请求其承担赔偿责任的，人民法院应予支持。

★ 第1195条【"通知与取下"制度】

网络用户利用网络服务实施侵权行为的，权利人有权通知网络服务提供者采取删除、屏蔽、断开链接等必要措施。通知应当包括构成侵权的初步证据及权利人的真实身份信息。

网络服务提供者接到通知后，应当及时将该通知转送相关网络用户，并根据构成侵权的初步证据和服务类型采取必要措施；未及时采取必要措施的，对损害的扩大部分与该网络用户承担连带责任。

权利人因错误通知造成网络用户或者网络服务提供者损害的，应当承担侵权责任。法律另有规定的，依照其规定。

【条文解读】

本条是关于"通知与取下"制度的规定。本条承继了原《侵权责任法》第36条第2款规定，并作了以下修改：一是将被侵权人修改为权利人；二是在"通知与取下"程序中增加了权利人通知所包含的必要信息的规定；三是增加了与网络服务提供者接到通知后应及时转送并采取必要措施的规定；四是增加了权利人错误通知的侵权责任的规定。

正确理解和适用本条需注意以下问题：

一是网络服务提供者如何界定。本条规定的网络服务提供者是指那些提供信息平台或者信息通道服务，如信息存储、搜索、链接等服务的网络服务提供者。对于提供内容或者产品服务的网络服务提供者则不适用本条规定，而应适用《民法典》第1194条关于网络服务提供者直接侵权的规定。如果某个网络服务提供者既实施了提供网络内容服务的行为，又实施了提供信息通道或者信息平台服务的行为，则需要区分不同的行为类型分别适用不同规定。

二是准确把握"通知与取下"程序规定内涵。通知涉及三方主体：通知人（被侵权人、权利人）、接受通知人（网络服务提供者）、侵权人（网络用户）。《信息网络传播权保护条例》第14条规定："对提供信息存储空间或者提供搜索、链接服务的网络服务提供者，权利人认为其服务所涉及的作品、表演、录音录像制品，侵犯自己的信息网络传播权或者被删除、改变了自己的权利管理电子信息的，可以向该网络服务提供者提交书面通知，要求网络服务提供者删除该作品、表演、录音录像制品，或者断开与该作品、表演、录音录像制品的链接。通知书应当包含下列内容：（一）权利人的姓名（名称）、联系方式和地址；（二）要求删除或者断开链接的侵权作品、表演、录音录像制品的名称和网络地址；（三）构成侵权的初步证明材料。权利人应当对通知书的真实性负责。"

关于网络服务提供者免责事由。网络服务提供者接到通知后，负有及时将该通知转送相关网络用户，并根据构成侵权的初步证据和服务类型采取必要措施；未及时采取必要措施的，对损害的扩大部分与该网络用户承担连带责任。本条规定的必要措施，是指足以防止侵权行为的继续和侵害后果的扩大并且不会给网络服务提供者造成不成比例的损害的措施，包括删除、屏蔽、断开链接、暂时中止对该网络用户提供服务等。网络服务提供者采取删除、屏蔽、断开等必要措施是否及时，是其能否援引本条进行免责抗辩的关键。根据《最高人民法院关于审理利用信息网络侵害人身权益民事纠纷案件适用法律若干问题的规定》第4条规定，认定网络服务提供者采取的删除、屏蔽、断开链接等必要措施是否及时，应当根据网络服务的类型和性质、有效通知的形式和准确程度、网络信息侵害权益的类型和程度等因素综合判断。

三是错误通知应承担侵权责任。根据本条第3款规定，权利人因错误通知造成网络用户或者网络服务提供者损害的，应当承担侵权责任。错误通知，就是通知人将不构成侵权的网络信息误认为构成侵权，向网络服务提供者发出的错误删除通知。错误通知造成网络用户或者网络服务提供者损害的，应当承担侵权责任。

【关联司法解释】

《最高人民法院关于审理利用信息网络侵害人身权益民事纠纷案件适用法律若干问题的规定》

第4条 人民法院适用民法典第一千一百九十五条第二款的规定，认定网络服务提供者采取的删除、屏蔽、断开链接等必要措施是否及时，应当根据网络服务的类型和性质、有效通知的形式和准确程度、网络信息侵害权益的类型和程度等因素综合判断。

第5条 其发布的信息被采取删除、屏蔽、断开链接等措施的网络用户，主张网络服务提供者承担违约责任或者侵权责任，网络服务提供者以收到民法典第一千一百九十五条第一款规定的有效通知为由抗辩的，人民法院应予支持。

第10条　被侵权人与构成侵权的网络用户或者网络服务提供者达成一方支付报酬，另一方提供删除、屏蔽、断开链接等服务的协议，人民法院应认定为无效。

擅自篡改、删除、屏蔽特定网络信息或者以断开链接的方式阻止他人获取网络信息，发布该信息的网络用户或者网络服务提供者请求侵权人承担侵权责任的，人民法院应予支持。接受他人委托实施该行为的，委托人与受托人承担连带责任。

《最高人民法院关于审理侵害信息网络传播权民事纠纷案件适用法律若干问题的规定》

第14条　人民法院认定网络服务提供者转送通知、采取必要措施是否及时，应当根据权利人提交通知的形式，通知的准确程度，采取措施的难易程度，网络服务的性质，所涉作品、表演、录音录像制品的类型、知名度、数量等因素综合判断。

【其他关联规定】

《中华人民共和国电子商务法》

第45条　电子商务平台经营者知道或者应当知道平台内经营者侵犯知识产权的，应当采取删除、屏蔽、断开链接、终止交易和服务等必要措施；未采取必要措施的，与侵权人承担连带责任。

《信息网络传播权保护条例》

第14条　对提供信息存储空间或者提供搜索、链接服务的网络服务提供者，权利人认为其服务所涉及的作品、表演、录音录像制品，侵犯自己的信息网络传播权或者被删除、改变了自己的权利管理电子信息的，可以向该网络服务提供者提交书面通知，要求网络服务提供者删除该作品、表演、录音录像制品，或者断开与该作品、表演、录音录像制品的链接。通知书应当包含下列内容：

（一）权利人的姓名（名称）、联系方式和地址；

（二）要求删除或者断开链接的侵权作品、表演、录音录像制品的名称和网络地址；

（三）构成侵权的初步证明材料。

权利人应当对通知书的真实性负责。

【关联指导案例】

最高人民法院指导案例83号：威海嘉易烤生活家电有限公司诉永康市金仕德工贸有限公司、浙江天猫网络有限公司侵害发明专利权纠纷案

裁判要点：1.网络用户利用网络服务实施侵权行为，被侵权人依据侵权责任法向网络服务提供者所发出的要求其采取必要措施的通知，包含被侵权人身份情况、权属凭证、侵权人网络地址、侵权事实初步证据等内容的，即属有效通知。网络服务提供者自行设定的投诉规则，不得影响权利人依法维护其自身合法权利。

2.侵权责任法第三十六条第二款①所规定的网络服务提供者接到通知后所应采取的必要措施包括但并不限于删除、屏蔽、断开链接。"必要措施"应遵循审慎、合理的原则，根据所侵害权利的性质、侵权的具体情形和技术条件等来加以综合确定。

★ **第1196条【"反通知"制度】**

网络用户接到转送的通知后，可以向网络服务提供者提交不存在侵权行为的声明。声明应当包括不存在侵权行为的初步证据及网络用户的真实身份信息。

网络服务提供者接到声明后，应当将该声明转送发出通知的权利人，并告知其可以向有关部门投诉或者向人民法院提起诉讼。网络服务提供者在转送声明到达权利人后的合理期限内，未收到权利人已经投诉或者提起诉讼通

---

① 现为《民法典》第1195条。

知的，应当及时终止所采取的措施。

【条文解读】

本条是关于"反通知"制度的规定。本条属于《民法典》新增条文。

本条第1款规定的网络用户不存在侵权行为的声明，性质上属于反通知。增加网络用户提交不存在侵权行为的声明的规定，其目的是赋予网络用户抗辩权。抗辩意味着对侵权主张的反驳，网络用户应提供相应的反驳证据，故本条规定网络用户提交的不构成侵权的声明，应当包括不存在侵权行为的初步证据和网络用户的真实身份信息。在接到网络服务提供者转来的侵权通知后，网络用户可以提交不构成侵权的声明，也可以不提交，此为网络用户的权利而非义务，但如果提交不构成侵权的声明，声明就应当包括不存在侵权行为的初步证据，否则该声明无效。

本条第2款规定了网络服务提供者转送声明的义务和恢复义务。网络用户向网络服务提供者作出不构成侵权的声明后，网络服务提供者有义务将该声明转送发出通知的权利人，以使发出通知的权利人知晓网络用户的抗辩主张。网络服务提供者也有义务告知发出通知的权利人可以向有关部门投诉或者向人民法院提起诉讼。对于转送声明采取的是到达主义，具体的到达时间应当依据《民法典》第137条第2款规定加以判断。若发出通知的权利人在接到网络用户的声明后及时向有关部门投诉或者提起了诉讼，则表明其不认可网络用户不构成侵权的声明，此时网络服务提供者无须恢复其基于侵权通知而采取的删除信息、断开链接等"取下"措施；但若发出通知的权利人接到网络用户不构成侵权的声明后，在合理期限内未向有关部门投诉或者提起诉讼，为保障网络用户的合法权益，网络服务提供者应当及时终止所采取的措施，恢复被删除的网络信息，或者可以恢复被断开的链接，否则其可能构成对网络用户的违约。关于"合理期限"的确定，《电子商务法》第43条第2款规定的时间为15日，《信息网络传播权保护条例》第17条规定的时间为接到书面说明后应当立即恢复。

【其他关联规定】

《中华人民共和国电子商务法》

第42条 知识产权权利人认为其知识产权受到侵害的,有权通知电子商务平台经营者采取删除、屏蔽、断开链接、终止交易和服务等必要措施。通知应当包括构成侵权的初步证据。

电子商务平台经营者接到通知后,应当及时采取必要措施,并将该通知转送平台内经营者;未及时采取必要措施的,对损害的扩大部分与平台内经营者承担连带责任。

因通知错误造成平台内经营者损害的,依法承担民事责任。恶意发出错误通知,造成平台内经营者损失的,加倍承担赔偿责任。

第43条 平台内经营者接到转送的通知后,可以向电子商务平台经营者提交不存在侵权行为的声明。声明应当包括不存在侵权行为的初步证据。

电子商务平台经营者接到声明后,应当将该声明转送发出通知的知识产权权利人,并告知其可以向有关主管部门投诉或者向人民法院起诉。电子商务平台经营者在转送声明到达知识产权权利人后十五日内,未收到权利人已经投诉或者起诉通知的,应当及时终止所采取的措施。

《信息网络传播权保护条例》

第16条 服务对象接到网络服务提供者转送的通知书后,认为其提供的作品、表演、录音录像制品未侵犯他人权利的,可以向网络服务提供者提交书面说明,要求恢复被删除的作品、表演、录音录像制品,或者恢复与被断开的作品、表演、录音录像制品的链接。书面说明应当包含下列内容:

(一)服务对象的姓名(名称)、联系方式和地址;

(二)要求恢复的作品、表演、录音录像制品的名称和网络地址;

(三)不构成侵权的初步证明材料。

服务对象应当对书面说明的真实性负责。

第17条 网络服务提供者接到服务对象的书面说明后,应当立即恢复被删除的作品、表演、录音录像制品,或者可以恢复与被断开的作品、表演、录音录像制品的链接，同时将服务对象的书面说明转送权利人。权利人不得再通知网络服务提供者删除该作品、表演、录音录像制品，或者断开与该作品、表演、录音录像制品的链接。

★ **第1197条【网络服务提供者与网络用户的连带责任】**

网络服务提供者知道或者应当知道网络用户利用其网络服务侵害他人民事权益，未采取必要措施的，与该网络用户承担连带责任。

【条文解读】

本条是关于网络服务提供者与网络用户承担连带责任的规定。本条承继了原《侵权责任法》第36条第3款规定，并将"知道"改为了"知道或者应当知道"。

如何认定"知道或者应当知道"是理解和适用本条的关键。根据《最高人民法院关于审理利用信息网络侵害人身权益民事纠纷案件适用法律若干问题的规定》第6条规定，判断网络提供者是否"知道或者应当知道"，应当综合考虑下列因素：（1）网络服务提供者是否以人工或者自动方式对侵权网络信息以推荐、排名、选择、编辑、整理、修改等方式作出处理；（2）网络服务提供者应当具备的管理信息的能力，以及所提供服务的性质、方式及其引发侵权的可能性大小；（3）该网络信息侵害人身权益的类型及明显程度；（4）该网络信息的社会影响程度或者一定时间内的浏览量；（5）网络服务提供者采取预防侵权措施的技术可能性及其是否采取了相应的合理措施；（6）网络服务提供者是否针对同一网络用户的重复侵权行为或者同一侵权信息采取了相应的合理措施；（7）与本案相关的其他因素。

根据本条规定，网络服务提供者知道或者应当知道网络用户利用其网络服务从事侵权行为，而未采取必要的措施的，网络服务提供者应与网络用户承担连带责任。关于网络服务提供者承担连带责任的范围究竟是被侵权人的全部损害，还是仅限于网络服务提供者知道或应当知道之后的损害的问题。

本条未作明确规定，本书倾向于后一种理解。因为如果网络服务提供者根本不知道或者不应当知道网络侵权行为的存在，要求其对之前的那部分损害也负赔偿责任，显然不合理。故此，应当以其知道或者应当知道存在侵权行为之后的那部分损害，作为承担连带责任的范围。

【关联司法解释】

《最高人民法院关于审理利用信息网络侵害人身权益民事纠纷案件适用法律若干问题的规定》

第6条 人民法院依据民法典第一千一百九十七条认定网络服务提供者是否"知道或者应当知道"，应当综合考虑下列因素：

（一）网络服务提供者是否以人工或者自动方式对侵权网络信息以推荐、排名、选择、编辑、整理、修改等方式作出处理；

（二）网络服务提供者应当具备的管理信息的能力，以及所提供服务的性质、方式及其引发侵权的可能性大小；

（三）该网络信息侵害人身权益的类型及明显程度；

（四）该网络信息的社会影响程度或者一定时间内的浏览量；

（五）网络服务提供者采取预防侵权措施的技术可能性及其是否采取了相应的合理措施；

（六）网络服务提供者是否针对同一网络用户的重复侵权行为或者同一侵权信息采取了相应的合理措施；

（七）与本案相关的其他因素。

【其他关联规定】

《中华人民共和国电子商务法》

第38条 电子商务平台经营者知道或者应当知道平台内经营者销售的商品或者提供的服务不符合保障人身、财产安全的要求，或者有其他侵害消费者合法权益行为，未采取必要措施的，依法与该平台内经营者承担连带责任。

对关系消费者生命健康的商品或者服务，电子商务平台经营者对平台内经营者的资质资格未尽到审核义务，或者对消费者未尽到安全保障义务，造成消费者损害的，依法承担相应的责任。

★ **第1198条【安全保障义务人责任】**

宾馆、商场、银行、车站、**机场**、**体育场馆**、娱乐场所等**经营场所**、公共场所的**经营者**、管理者或者群众性活动的组织者，未尽到安全保障义务，造成他人损害的，应当承担侵权责任。

因第三人的行为造成他人损害的，由第三人承担侵权责任；经营者、管理者或者组织者未尽到安全保障义务的，承担相应的补充责任。**经营者、管理者或者组织者承担补充责任后，可以向第三人追偿。**

【条文解读】

本条是关于经营场所、公共场所的经营者、管理者或者群众性活动的组织者未尽到安全保障义务的侵权责任的规定。本条在承继《侵权责任法》第37条基础上，增加了"经营者"的表述，并明确了经营者、管理者、组织者承担补充责任后，可向第三人追偿。

根据本条规定，安全保障义务主要有两种类型：一是经营者、管理者或者组织者负有的不因自己的行为而损害他人的安全保障义务；二是经营者、管理者或者组织者负有的防止或者制止第三人对他人实施侵权行为的安全保障义务。相应地，违法安全保障义务的侵权责任也分为两类：一是义务人自身违反安全保障义务造成他人损害时的侵权责任，即本条第1款的规定；二是第三人造成他人损害而安全保障义务人未尽到安全保障义务时的侵权责任，即本条第2款的规定。二者责任性质不同，前一责任是为自己行为承担侵权责任，安全保障义务人是第一位责任人；后一责任中侵权行为人为第三人，不是安全保障义务人，第三人是侵权责任第一位责任人，安全保障义务人承担的只是相应的补充责任，并且在承担补充责任后，还可以向第三人追偿。

承担安全保障义务的构成要件为：

一是主体须是经营场所、公共场所的经营者、管理者或群众性活动的组织者。经营者是指经营场所的经营者，《消费者权益保护法》使用了这一概念，与消费者相对应。根据《消费者权益保护法》第3条规定，经营者是为消费者提供其生产、销售商品或者提供服务的自然人、法人或非法人组织。管理者是指公共场所的管理者，即对公共场所拥有管理控制力的自然人、法人或非法人组织。判断某一主体是否属于公共场所管理者，并非单纯以物权关系为标准，而是要看是否对公共场所拥有控制力以及管理的职责。群众性活动的组织者是指为社会公众举办或向社会公众开放的文化、经济或其他社会活动，如体育比赛、运动会、游园会、灯会、庙会等。群众性活动既可能是大型的，也可能是规模较小的。

二是安全保障义务人未尽到安全保障义务。判断安全保障义务人是否尽到安全保障义务，应根据案件具体情况综合考虑以下因素：是否尽到法律法规和相关标准中以保护人身财产安全为目的的要求，场所或活动危险程度大小，经营者、管理者和组织者的预防与控制能力及是否从中获利等因素。

三是他人遭受损害。首先，须是"他人"遭受了损害，即应当为安全保障义务人之外的民事主体，包括自然人、法人、非法人组织。如果遭受损害的人本身是经营场所、公共场所的经营者、管理者或群众性活动组织者的工作人员或提供劳务一方，且该损害是因执行工作任务或劳务所致，则不适用安全保障义务的规定，而应当适用《民法典》第1192条以及《工伤保险条例》的相关规定。其次，未尽安全保障义务的行为与他人损害之间存在因果关系。

【关联司法解释】

《最高人民法院关于审理旅游纠纷案件适用法律若干问题的规定》

第7条 旅游经营者、旅游辅助服务者未尽到安全保障义务，造成旅游者人身损害、财产损失，旅游者请求旅游经营者、旅游辅助服务者承担责任的，人民法院应予支持。

因第三人的行为造成旅游者人身损害、财产损失，由第三人承担责任；旅游经营者、旅游辅助服务者未尽安全保障义务，旅游者请求其承担相应补充责任的，人民法院应予支持。

【关联指导案例】

最高人民法院指导案例140号：李秋月等诉广州市花都区梯面镇红山村村民委员会违反安全保障义务责任纠纷案

裁判要点：公共场所经营管理者的安全保障义务，应限于合理限度范围内，与其管理和控制能力相适应。完全民事行为能力人因私自攀爬景区内果树采摘果实而不慎跌落致其自身损害，主张经营管理者承担赔偿责任的，人民法院不予支持。

最高人民法院指导案例141号：支某1等诉北京市永定河管理处生命权、健康权、身体权纠纷案

裁判要点：消力池属于禁止公众进入的水利工程设施，不属于侵权责任法第三十七条[1]第一款规定的"公共场所"。消力池的管理人和所有人采取了合理的安全提示和防护措施，完全民事行为能力人擅自进入造成自身损害，请求管理人和所有人承担赔偿责任的，人民法院不予支持。

★ **第1199条【教育机构对无民事行为能力人受到人身损害的过错推定责任】**

无民事行为能力人在幼儿园、学校或者其他教育机构学习、生活期间受到人身损害的，幼儿园、学校或者其他教育机构应当承担**侵权责任**；但是，能够证明尽到教育、管理职责的，不承担**侵权**责任。

---

[1] 现为《民法典》第1198条。

【条文解读】

本条是关于无民事行为能力人受到人身损害时，幼儿园、学校或者其他教育机构的侵权责任的规定。本条承继了原《侵权责任法》第38条规定，并进行了文字修改，将幼儿园、学校或者其他教育机构未尽教育、管理职责导致无民事行为能力人受到人身损害时承担的责任，明确为侵权责任。

从本条但书部分表述来看，幼儿园、学校或者其他教育机构承担的是推定过错责任，即只有在幼儿园、学校或者其他教育机构能够证明尽到教育、管理职责的情形下，才能不承担责任。

根据本条规定，幼儿园、学校或者其他教育机构承担侵权责任应当满足以下要件：

一是受害人是无民事行为能力人。根据《民法典》第20条、第21条的规定，"无民事行为能力人"包括不满8周岁的未成年人、8周岁以上不能辨认自己行为的未成年人以及不能辨认自己行为的成年人。

二是在幼儿园、学校或者其他教育机构学习、生活期间受到人身损害。首先，应当是在幼儿园、学校或者其他教育机构受到人身损害。本法规定的"幼儿园"，包括政府、集体、社会组织和个人依法设立的幼儿园。"学校"包括政府、企事业单位、社会组织和个人依法开办的普通教育学校和特殊教育学校。"其他教育机构"，是指幼儿园、学校以外的传授文化知识和技能的教育单位。比如，技能培训班、课外补习班、兴趣班等。其次，是在学习、生活期间受到人身损害。该期间是指按照幼儿园、学校及其他教育机构的教学计划，属于教学、课间休息、学生自习的时间。此外，只要是属于学习等教育机构安排的教育教学活动，是否在教育机构的场所内进行，在所不问。

三是幼儿园、学校或者其他教育机构未尽到教育、管理职责。教育、管理职责是指教育机构负有的对在教育机构期间学习、生活期间的无民事行为能力人进行教育、管理和保护的义务，可以参考《教育法》《教师法》《义务教育法》《未成年人保护法》等法律和《幼儿园管理条例》等行政法规以及《学生伤害事故处理办法》等规章进行判断。若幼儿园、学校或者其他教育机构有证据证明其已经按照相应的法律法规规章的要求履行了教育、管理职责，则其可以援引本条但书规定进行免责。

第1200条【教育机构对限制民事行为能力人受到人身损害的过错责任】

限制民事行为能力人在学校或者其他教育机构学习、生活期间受到人身损害，学校或者其他教育机构未尽到教育、管理职责的，应当承担**侵权责任。**

★ **第1201条【受到校外人员人身损害时的责任分担】**

无民事行为能力人或者限制民事行为能力人在幼儿园、学校或者其他教育机构学习、生活期间，受到幼儿园、学校或者其他教育机构以外的第三人人身损害的，由第三人承担侵权责任；幼儿园、学校或者其他教育机构未尽到管理职责的，承担相应的补充责任。**幼儿园、学校或者其他教育机构承担补充责任后，可以向第三人追偿。**

【条文解读】

本条是关于在无民事行为能力人或限制民事行为能力人受到校外人员人身损害时的责任分担的规定。本条继承了原《侵权责任法》第40条规定，并作了相应修改：一是将教育机构以外实施了直接侵权行为的主体统一定义为第三人，较原规定中"人员""侵权人"这样的表述更为精准。二是增加了"幼儿园、学校或者其他教育机构承担补充责任后，可以向第三人追偿"的规定。在本条规定的第三人侵权的场合，幼儿园、学校或者其他教育机构未尽到管理职责承担的侵权责任是一种间接侵权责任，责任形态属于补充责任。本条规定幼儿园、学校或者其他教育机构在承担补充责任后享有追偿权，在体系上与《民法典》第1198条安全义务保障主体承担补充责任的规定保持一致。

第四章 产品责任

第1202条【产品生产者侵权责任】
因产品存在缺陷造成他人损害的,生产者应当承担侵权责任。

【关联司法解释】

《最高人民法院关于审理食品药品纠纷案件适用法律若干问题的规定》

第5条 消费者举证证明所购买食品、药品的事实以及所购食品、药品不符合合同的约定,主张食品、药品的生产者、销售者承担违约责任的,人民法院应予支持。

消费者举证证明因食用食品或者使用药品受到损害,初步证明损害与食用食品或者使用药品存在因果关系,并请求食品、药品的生产者、销售者承担侵权责任的,人民法院应予支持,但食品、药品的生产者、销售者能证明损害不是因产品不符合质量标准造成的除外。

【其他关联规定】

《中华人民共和国产品质量法》

第26条 生产者应当对其生产的产品质量负责。

产品质量应当符合下列要求:

(一)不存在危及人身、财产安全的不合理的危险,有保障人体健康和人身、财产安全的国家标准、行业标准的,应当符合该标准;

(二)具备产品应当具备的使用性能,但是,对产品存在使用性能的瑕疵作出说明的除外;

(三)符合在产品或者其包装上注明采用的产品标准,符合以产品说明、实物样品等方式表明的质量状况。

第41条 因产品存在缺陷造成人身、缺陷产品以外的其他财产（以下简称他人财产）损害的，生产者应当承担赔偿责任。

生产者能够证明有下列情形之一的，不承担赔偿责任：

（一）未将产品投入流通的；

（二）产品投入流通时，引起损害的缺陷尚不存在的；

（三）将产品投入流通时的科学技术水平尚不能发现缺陷的存在的。

第42条 由于销售者的过错使产品存在缺陷，造成人身、他人财产损害的，销售者应当承担赔偿责任。

销售者不能指明缺陷产品的生产者也不能指明缺陷产品的供货者的，销售者应当承担赔偿责任。

第46条 本法所称缺陷，是指产品存在危及人身、他人财产安全的不合理的危险；产品有保障人体健康和人身、财产安全的国家标准、行业标准的，是指不符合该标准。

第1203条【被侵权人请求损害赔偿的途径和先行赔偿人追偿权】

因产品存在缺陷造成他人损害的，被侵权人可以向产品的生产者请求赔偿，也可以向产品的销售者请求赔偿。

产品缺陷由生产者造成的，销售者赔偿后，有权向生产者追偿。因销售者的过错使产品存在缺陷的，生产者赔偿后，有权向销售者追偿。

【关联司法解释】

《最高人民法院关于审理食品药品纠纷案件适用法律若干问题的规定》

第2条 因食品、药品存在质量问题造成消费者损害，消费者可以分别起诉或者同时起诉销售者和生产者。

消费者仅起诉销售者或者生产者的，必要时人民法院可以追加相关当事人参加诉讼。

第3条 因食品、药品质量问题发生纠纷，购买者向生产者、销售者主张权利,生产者、销售者以购买者明知食品、药品存在质量问题而仍然购买为由进行抗辩的,人民法院不予支持。

第4条 食品、药品生产者、销售者提供给消费者的食品或者药品的赠品发生质量安全问题,造成消费者损害,消费者主张权利,生产者、销售者以消费者未对赠品支付对价为由进行免责抗辩的,人民法院不予支持。

【其他关联规定】

《中华人民共和国食品安全法》

第148条 消费者因不符合食品安全标准的食品受到损害的,可以向经营者要求赔偿损失,也可以向生产者要求赔偿损失。接到消费者赔偿要求的生产经营者,应当实行首负责任制,先行赔付,不得推诿;属于生产者责任的,经营者赔偿后有权向生产者追偿;属于经营者责任的,生产者赔偿后有权向经营者追偿。

生产不符合食品安全标准的食品或者经营明知是不符合食品安全标准的食品,消费者除要求赔偿损失外,还可以向生产者或者经营者要求支付价款十倍或者损失三倍的赔偿金;增加赔偿的金额不足一千元的,为一千元。但是,食品的标签、说明书存在不影响食品安全且不会对消费者造成误导的瑕疵的除外。

《中华人民共和国产品质量法》

第40条 售出的产品有下列情形之一的,销售者应当负责修理、更换、退货;给购买产品的消费者造成损失的,销售者应当赔偿损失:

(一)不具备产品应当具备的使用性能而事先未作说明的;

(二)不符合在产品或者其包装上注明采用的产品标准的;

(三)不符合以产品说明、实物样品等方式表明的质量状况的。

销售者依照前款规定负责修理、更换、退货、赔偿损失后,属于生产者的责任或者属于向销售者提供产品的其他销售者(以下简称供货者)的责任的,销售者有权向生产者、供货者追偿。

销售者未按照第一款规定给予修理、更换、退货或者赔偿损失的，由市场监督管理部门责令改正。

生产者之间，销售者之间，生产者与销售者之间订立的买卖合同、承揽合同有不同约定的，合同当事人按照合同约定执行。

第43条 因产品存在缺陷造成人身、他人财产损害的，受害人可以向产品的生产者要求赔偿，也可以向产品的销售者要求赔偿。属于产品的生产者的责任，产品的销售者赔偿的，产品的销售者有权向产品的生产者追偿。属于产品的销售者的责任，产品的生产者赔偿的，产品的生产者有权向产品的销售者追偿。

第1204条【生产者和销售者对有过错第三人的追偿权】

因运输者、仓储者等第三人的过错使产品存在缺陷，造成他人损害的，产品的生产者、销售者赔偿后，有权向第三人追偿。

第1205条【产品缺陷危及他人人身、财产安全的责任承担方式】

因产品缺陷危及他人人身、财产安全的，被侵权人有权请求生产者、销售者承担停止侵害、排除妨碍、消除危险等侵权责任。

★ 第1206条【生产者、销售者的补救措施及费用承担】

产品投入流通后发现存在缺陷的，生产者、销售者应当及时采取停止销售、警示、召回等补救措施；未及时采取补救措施或者补救措施不力造成损害扩大的，对扩大的损害也应当承担侵权责任。

依据前款规定采取召回措施的，生产者、销售者应当负担被侵权人因此支出的必要费用。

【条文解读】

本条是关于生产者、销售者应当采取补救措施及费用承担的规定。本条第1款承继了原《侵权责任法》第46条规定，仅在补救措施上增加了"停止销售"的规定，其他未作修改。第2款属于新增条文，明确了召回费用由生产者、销售者承担。

根据本条第1款规定，生产者、销售者在产品投入流通后发现存在缺陷的，应当及时采取停止销售、警示、召回等补救措施。本条规定的停止销售，是在《消费者权益保护法》第19条规定基础上，新增的一项义务，是对正在销售的产品采取下架、封存等不再出售的措施，可以避免损害的扩大，最大限度减少损失。警示是指生产者在产品售出后发现存在致人损害的危险的，有义务以合理方式对产品有关的危险或产品的正确使用予以说明、提醒，以便产品使用人能够采取有效行动规避风险，防止或者减少对使用者的损害。召回是指产品的生产者、销售者依法定程序，对其生产或者销售的缺陷产品以撤回、换货、退货、更换零配件等方式，及时消除或减少缺陷产品危害的行为。根据《民法典》第1202条和第1203条规定，在产品投入流通后，只要产品存在缺陷并造成了损害，无论生产者、销售者是否采取补救措施，都要对损害后果承担侵权赔偿责任。生产者、销售者即使按照本条规定及时采取了补救措施，也不能免除生产者、销售者在采取措施之前已经发生的损害应当承担的责任，被侵权人有权依据《民法典》第1203条请求赔偿或者依据《民法典》第1205条规定请求停止侵害、排除妨害和消除危险。生产者、销售者在采取适当补救措施后，因被侵权人后续的扩大损失与生产者、销售者的行为没有因果关系，故对于该扩大的损害，生产者和销售者可依法不承担责任。

本条第2款是关于召回费用应由生产者、销售者负担的规定，吸纳了《消费者权益保护法》第19条规定，这里的召回费用应以"必要"为限。

【其他关联规定】

《中华人民共和国消费者权益保护法》

第19条 经营者发现其提供的商品或者服务存在缺陷，有危及人身、财产安全危险的，应当立即向有关行政部门报告和告知消费者，并采取停止销售、警示、召回、无害化处理、销毁、停止生产或者服务等措施。采取召回措施的，经营者应当承担消费者因商品被召回支出的必要费用。

《中华人民共和国食品安全法》

第63条　国家建立食品召回制度。食品生产者发现其生产的食品不符合食品安全标准或者有证据证明可能危害人体健康的，应当立即停止生产，召回已经上市销售的食品，通知相关生产经营者和消费者，并记录召回和通知情况。

食品经营者发现其经营的食品有前款规定情形的，应当立即停止经营，通知相关生产经营者和消费者，并记录停止经营和通知情况。食品生产者认为应当召回的，应当立即召回。由于食品经营者的原因造成其经营的食品有前款规定情形的，食品经营者应当召回。

食品生产经营者应当对召回的食品采取无害化处理、销毁等措施，防止其再次流入市场。但是，对因标签、标志或者说明书不符合食品安全标准而被召回的食品，食品生产者在采取补救措施且能保证食品安全的情况下可以继续销售；销售时应当向消费者明示补救措施。

食品生产经营者应当将食品召回和处理情况向所在地县级人民政府食品安全监督管理部门报告；需要对召回的食品进行无害化处理、销毁的，应当提前报告时间、地点。食品安全监督管理部门认为必要的，可以实施现场监督。

食品生产经营者未依照本条规定召回或者停止经营的，县级以上人民政府食品安全监督管理部门可以责令其召回或者停止经营。

★★ **第1207条【产品责任惩罚性赔偿】**

明知产品存在缺陷仍然生产、销售，**或者没有依据前条规定采取有效补救措施**，造成他人死亡或者健康严重损害的，被侵权人有权请求相应的惩罚性赔偿。

【条文解读】

本条是关于产品责任惩罚性赔偿的规定。本条承继了原《侵权责任法》第47条规定,并在该条基础上增加了"或者没有依据前条规定采取有效补救措施"的规定。

根据本条规定,被侵权人请求惩罚性赔偿,应当符合以下要件:

一是产品存在缺陷。根据《产品质量法》第46条规定,缺陷是指产品存在危及人身、他人财产安全的不合理的危险。《产品质量法》对缺陷的类型未作规定,通常来说,缺陷一般包括制造缺陷、设计缺陷和警示缺陷三类。制造缺陷是指产品在制造过程中,因质量管理等原因而出现了不符合设计要求的情形,从而导致产品存在缺陷。[1] 设计缺陷是指产品因其设计上存在的欠缺而带来的危及他人人身、财产安全的不合理风险。[2] 警示缺陷是指当产品在投入流通之前,就存在固有的不合理危险时,生产者没有给予适当的说明或警示。[3]

二是侵权人具有主观故意。产品责任是严格责任,被侵权人无需证明生产者、销售者是否存在故意或者过失,即可请求其承担赔偿责任,但是,被侵权人要求生产者、销售者承担惩罚性赔偿责任,则应证明生产者、销售者存在故意。这种主观故意主要包括两种情形,即明知产品存在缺陷仍然生产、销售以及发现产品存在缺陷后未按《民法典》第1206条采取停止销售、警示、召回等有效补救措施。

三是有损害事实。根据本条规定,生产经营者承担惩罚性赔偿责任,需以造成他人死亡或者健康受到严重损害为条件。

四是产品缺陷与损害后果之间具有因果关系。因果关系是损害赔偿的归

---

[1] 许传玺主编:《侵权法重述第三版:产品责任》,肖永平等译,法律出版社2006年版,第20页,转引自王利明、周友军、高圣平:《侵权责任法疑难问题研究》,中国法制出版社2012年版,第374页。

[2] 程啸:《侵权责任法》(第三版),法律出版社2021年版,第567页。

[3] 杨立新:《侵权责任法》,法律出版社2010年版,第306页。

责要件之一，只有被侵权人的死亡或者健康受到严重损害是由侵权人生产或者销售的缺陷产品造成的，或者生产者、销售者没有依照《民法典》第1206条规定采取有效补救措施而造成的，被侵权人才能依据本条主张惩罚性赔偿。

【条文适用疑难解析】

如何认定产品质量责任惩罚性赔偿金的数额

关于惩罚性赔偿金的数额，本条仅提供了有关惩罚性赔偿的一般性规则，并未对具体数额作出规定，需要结合其他法律规定和案件事实作出认定。

第一，关于食品质量责任惩罚性赔偿金的数额。《食品安全法》第148条第2款规定："生产不符合食品安全标准的食品或者经营明知是不符合食品安全标准的食品，消费者除要求赔偿损失外，还可以向生产者或者经营者要求支付价款十倍或者损失三倍的赔偿金；增加赔偿的金额不足一千元的，为一千元。但是，食品的标签、说明书存在不影响食品安全且不会对消费者造成误导的瑕疵的除外。"因此，对于生产不符合食品安全标准的食品或者经营明知是不符合食品安全标准的食品的，消费者有权请求赔偿损失并请求支付价款10倍或者损失3倍的惩罚性赔偿金。由于价款数额容易举证证明，实践中，消费者通常请求价款10倍的惩罚性赔偿金，即"1+10"倍赔偿。如果增加的惩罚性赔偿金额不足1000元的，为1000元。

第二，关于药品质量责任惩罚性赔偿金的数额。《药品管理法》第144条第3款规定："生产假药、劣药或者明知是假药、劣药仍然销售、使用的，受害人或者其近亲属除请求赔偿损失外，还可以请求支付价款十倍或者损失三倍的赔偿金；增加赔偿的金额不足一千元的，为一千元。"因此，生产经营者生产假药、劣药或者明知是假药、劣药仍然销售、使用的，受害人或者其近亲属除请求赔偿损失外，还可以请求支付价款10倍或者损失3倍的赔偿金。由于价款数额容易举证证明，实践中，消费者通常请求价款10倍的惩罚性赔偿金，即"1+10"倍赔偿。如果增加的惩罚性赔偿金额不足1000元的，为1000元。

第三，关于其他产品质量责任惩罚性赔偿金的数额。《消费者权益保护法》第55条第2款规定："经营者明知商品或者服务存在缺陷，仍然向消费者提供，造成消费者或者其他受害人死亡或者健康严重损害的，受害人有权要求经营者依照本法第四十九条、第五十一条等法律规定赔偿损失，并有权要求所受损失二倍以下的惩罚性赔偿。"在确定具体赔偿数额时，应当由人民法院根据具体案件从侵权人的主观过错程度、侵权行为的具体细节、所造成的后果、侵权人的获利情况、侵权人承担责任的经济能力、不法行为发生后的态度、原告或潜在原告的梳理等因素进行综合判断，力求实现惩罚赔偿的金额与侵权人的恶意相当、与侵权人造成的损害后果相当、与对潜在侵权行为形成的威慑相当。

【关联司法解释】

《最高人民法院关于审理食品药品纠纷案件适用法律若干问题的规定》

第15条　生产不符合安全标准的食品或者销售明知是不符合安全标准的食品，消费者除要求赔偿损失外，依据食品安全法等法律规定向生产者、销售者主张赔偿金的，人民法院应予支持。

生产假药、劣药或者明知是假药、劣药仍然销售、使用的，受害人或者其近亲属除请求赔偿损失外，依据药品管理法等法律规定向生产者、销售者主张赔偿金的，人民法院应予支持。

《最高人民法院关于审理旅游纠纷案件适用法律若干问题的规定》

第15条第2款　旅游经营者提供服务时有欺诈行为，旅游者依据消费者权益保护法第五十五条第一款规定请求旅游经营者承担惩罚性赔偿责任的，人民法院应予支持。

【其他关联规定】

《中华人民共和国消费者权益保护法》

第55条　经营者提供商品或者服务有欺诈行为的，应当按照消费者的要求增加赔偿其受到的损失，增加赔偿的金额为消费者购买商品的价款或者接受服务的费用的三倍；增加赔偿的金额不足五百元的，为五百元。法律另有规定的，依照其规定。

经营者明知商品或者服务存在缺陷，仍然向消费者提供，造成消费者或者其他受害人死亡或者健康严重损害的，受害人有权要求经营者依照《民法典》第四十九条、第五十一条等法律规定赔偿损失，并有权要求所受损失二倍以下的惩罚性赔偿。

《中华人民共和国食品安全法》

第148条　消费者因不符合食品安全标准的食品受到损害的，可以向经营者要求赔偿损失，也可以向生产者要求赔偿损失。接到消费者赔偿要求的生产经营者，应当实行首负责任制，先行赔付，不得推诿；属于生产者责任的，经营者赔偿后有权向生产者追偿；属于经营者责任的，生产者赔偿后有权向经营者追偿。

生产不符合食品安全标准的食品或者经营明知是不符合食品安全标准的食品，消费者除要求赔偿损失外，还可以向生产者或者经营者要求支付价款十倍或者损失三倍的赔偿金；增加赔偿的金额不足一千元的，为一千元。但是，食品的标签、说明书存在不影响食品安全且不会对消费者造成误导的瑕疵的除外。

第五章　机动车交通事故责任

第1208条【机动车交通事故责任的法律适用】
机动车发生交通事故造成损害的，依照道路交通安全法律和本法的有关规定承担赔偿责任。

★ **第1209条【租赁、借用机动车交通事故责任】**
因租赁、借用等情形机动车所有人、**管理人**与使用人不是同一人时，发生交通事故造成损害，属于该机动车一方责任的，由机动车使用人承担赔偿责任；机动车所有人、管理人对损害的发生有过错的，承担相应的赔偿责任。

【条文解读】

本条是关于因租赁、借用等情形机动车所有人、管理人与使用人不是同一人时，发生交通事故后如何承担赔偿责任的规定。本条承继了原《侵权责任法》第49条规定，并吸收了2012年《最高人民法院关于审理道路交通事故损害赔偿案件适用法律若干问题的解释》第1条的规定，增加了"管理人"的责任的规定。

理解适用本条应当注意以下问题：

一是正确理解管理人的概念。机动车的管理人是指机动车所有人之外的对机动车享有管理权的人，即民事主体通过租赁、委托、借用等合法方式从机动车所有人处取得对机动车的占有、使用、收益等权利的时候，就是机动车的管理人。[①]当机动车既有所有权人又有管理人时，由于管理人对机动车享有运行支配权并取得运行利益，因此，在发生交通事故给他人造成损害时，该机动车管理人属于机动车一方，应当对该机动车造成的侵权承担赔偿责任。

二是正确理解使用人。本条仅列举了租赁和借用两种情形，但从后面的"等"字来看，属于不完全列举。机动车使用人不仅包括承租人、管理人、借用人，还可包括机动车出质期间的质权人、维修期间的维修人、由他人保管期间的保管人等。即只要承租人、管理人、借用人、质权人、维修人、保管人等擅自驾驶机动车发生交通事故的，因机动车所有人、管理人已经丧失对该机动车的支配和控制，就应当由使用人作为机动车一方承担相应的赔偿责任。

[①] 最高人民法院民事第一审判庭编著：《最高人民法院关于道路交通损害赔偿司法解释理解与适用》，人民法院出版社2012年版，第28页。

三是所有人、管理人承担的是过错责任。在所有人、管理人与使用人发生分离的情形，因所有人、管理人对机动车不再享有运行和支配利益，并非机动车的使用人，无法管控机动车的驾驶风险，也无法控制驾驶人的注意义务，其不再作为机动车一方承担无过错责任，但是，其作为机动车的所有人、管理人，仍然会因未尽到管理义务或使用人选任的注意义务而要承担过错责任。本条规定的"相应的赔偿责任"既不是连带责任也不是补充责任，而是按份责任，即根据机动车所有人、管理人对损害发生的过错程度和原因力，确定其应当承担的赔偿责任。①

四是适用本条时，仍然需要先由保险公司在机动车强制保险责任限额范围内予以赔偿。虽然本条删除了原《侵权责任法》第49条关于"由保险公司在机动车强制保险责任限额范围内予以赔偿"的相关规定，但是因《民法典》第1213条已经规定了"机动车发生交通事故造成损害，属于该机动车一方责任的，先由承保机动车强制保险的保险人在强制保险责任限额范围内予以赔偿"，故本条在适用时应与《民法典》第1213条规定一并考虑。

【关联司法解释】

《最高人民法院关于审理道路交通事故损害赔偿案件适用法律若干问题的解释》

第1条　机动车发生交通事故造成损害，机动车所有人或者管理人有下列情形之一，人民法院应当认定其对损害的发生有过错，并适用民法典第一千二百零九条的规定确定其相应的赔偿责任：

（一）知道或者应当知道机动车存在缺陷，且该缺陷是交通事故发生原因之一的；

（二）知道或者应当知道驾驶人无驾驶资格或者未取得相应驾驶资格的；

（三）知道或者应当知道驾驶人因饮酒、服用国家管制的精神药品或者

---

① 程啸：《侵权责任法》（第三版），法律出版社2021年版，第605页。

麻醉药品，或者患有妨碍安全驾驶机动车的疾病等依法不能驾驶机动车的；

（四）其他应当认定机动车所有人或者管理人有过错的。

★ 第1210条【转让并交付但未办理登记的机动车侵权责任】

当事人之间已经以买卖或者其他方式转让并交付机动车但是未办理登记，发生交通事故造成损害，属于该机动车一方责任的，由受让人承担赔偿责任。

【条文解读】

本条是关于已经转让并交付但未办理登记的机动车发生交通事故，承担责任主体的规定。本条承继了原《侵权责任法》第50条的规定，文字表述上更加简练，并增加了"造成损害"的表述。

在适用本条规定时，应当注意本条规定的"交付"与《民法典》物权编规定的"交付"不应完全等同。物权理论中的拟制交付有简易交付、指示交付和占有改定等的区分。本条规定的"交付"主要是指"实际交付"，即车辆控制权已实际发生转移。

【关联司法解释】

《最高人民法院关于审理道路交通事故损害赔偿案件适用法律若干问题的解释》

第2条 被多次转让但是未办理登记的机动车发生交通事故造成损害，属于该机动车一方责任，当事人请求由最后一次转让并交付的受让人承担赔偿责任的，人民法院应予支持。

★ 第1211条【挂靠机动车交通事故责任】

以挂靠形式从事道路运输经营活动的机动车，发生交通事故造成损害，属于该机动车一方责任的，由挂靠人和被挂靠人承担连带责任。

【条文解读】

本条是关于挂靠车辆引发交通事故时的责任主体的规定。本条吸收了2012年《最高人民法院关于审理道路交通事故损害赔偿案件适用法律若干问题的解释》第3条的规定，在文字表述上作了变更。

机动车挂靠是指为了交通营运过程中的方便或者为了满足法律或地方政府对车辆运输经营管理上的要求，将车辆登记在某个具有运输经营权资质的经营主体名下，以该主体的名义进行运营，并由挂靠者向被挂靠主体支付一定费用的经营形式。以挂靠形式从事道路经营运输活动一般有三个特点：一是四证统一，即车辆行驶证、道路运输证、驾驶证、营业性道路运输驾驶员从业资格证上的车主、业户、单位、服务单位都统一为被挂靠主体的名称。二是挂靠机动车向被挂靠主体交纳费用。三是挂靠具有隐蔽性，虽然挂靠双方签订有关挂靠运输的合同或者内部协议，但发生交通事故造成损害时，被侵权人无法从外观上区别挂靠机动车是否属于被挂靠主体。因本条并未区分有偿或者无偿挂靠，因此是否能够证明被挂靠方收取挂靠费，不影响本条的适用。

根据本条规定，在挂靠经营过程中，发生交通事故造成损害的，挂靠人和被挂靠人承担连带责任。根据《民法典》第178条关于连带责任的规定，被侵权人有权请求挂靠人或被挂靠人一方或二者共同承担责任。在挂靠人与被挂靠人之间，二者根据各自责任大小确定相应的责任，并可进行内部追偿。

【关联司法解释】

《最高人民法院关于审理道路交通事故损害赔偿案件适用法律若干问题的解释》

第3条 套牌机动车发生交通事故造成损害，属于该机动车一方责任，当事人请求由套牌机动车的所有人或者管理人承担赔偿责任的，人民法院应予支持；被套牌机动车所有人或者管理人同意套牌的，应当与套牌机动车的所有人或者管理人承担连带责任。

★ **第1212条【擅自驾驶他人机动车交通事故责任】**
未经允许驾驶他人机动车，发生交通事故造成损害，属于该机动车一方责任的，由机动车使用人承担赔偿责任；机动车所有人、管理人对损害的发生有过错的，承担相应的赔偿责任，但是本章另有规定的除外。

【条文解读】

本条是关于未经允许驾驶他人机动车，发生交通事故造成损害时责任主体的规定。本条是《民法典》新增加的规定，吸收了2012年《最高人民法院关于审理道路交通事故损害赔偿案件适用法律若干问题的解释》第2条规定。

没有获得机动车的所有人或管理人的同意而驾驶他人的机动车，属于侵害他人机动车所有权的侵权行为，但是，偷开他人机动车不等于盗窃、抢劫或抢夺他人机动车，偷开他人机动车相较于盗抢机动车最大的区别在于没有非法占有机动车的意思，若符合盗抢机动车构成要件的，应当适用《民法典》第1215条规定，而不应适用本条规定。

本条规定与《民法典》第1209条规定的所有人、管理人与使用人分离情形下由使用人承担责任的规则保持一致。本条规定情形与《民法典》第1209条规定的租赁、出借等情形不同，主要体现在分离的原因及所有人、管理人对分离使用的主观态度上的差异。本条规定的是未经机动车所有人、管理人同意而擅自驾驶机动车的情形。在擅自驾驶情形下，所有人、管理人无从了解驾驶人的情况，无法对使用人进行甄别。如果机动车所有人、管理人对损害的发生有过错，也应当承担相应的赔偿责任。

第1213条【交通事故责任承担主体赔偿顺序】
机动车发生交通事故造成损害，属于该机动车一方责任的，先由承保机动车强制保险的保险人在强制保险责任限额范围内予以赔偿；不足部分，由承保机动车商业保险的保险人按照保险合同的约定予以赔偿；仍然不足或者没有投保机动车商业保险的，由侵权人赔偿。

【关联司法解释】

《最高人民法院关于审理道路交通事故损害赔偿案件适用法律若干问题的解释》

第13条 同时投保机动车第三者责任强制保险（以下简称交强险）和第三者责任商业保险（以下简称商业三者险）的机动车发生交通事故造成损害，当事人同时起诉侵权人和保险公司的，人民法院应当依照民法典第一千二百一十三条的规定，确定赔偿责任。

被侵权人或者其近亲属请求承保交强险的保险公司优先赔偿精神损害的，人民法院应予支持。

第14条 投保人允许的驾驶人驾驶机动车致使投保人遭受损害，当事人请求承保交强险的保险公司在责任限额范围内予以赔偿的，人民法院应予支持，但投保人为本车上人员的除外。

第15条 有下列情形之一导致第三人人身损害，当事人请求保险公司在交强险责任限额范围内予以赔偿，人民法院应予支持：

（一）驾驶人未取得驾驶资格或者未取得相应驾驶资格的；

（二）醉酒、服用国家管制的精神药品或者麻醉药品后驾驶机动车发生交通事故的；

（三）驾驶人故意制造交通事故的。

保险公司在赔偿范围内向侵权人主张追偿权的，人民法院应予支持。追偿权的诉讼时效期间自保险公司实际赔偿之日起计算。

第16条 未依法投保交强险的机动车发生交通事故造成损害，当事人请求投保义务人在交强险责任限额范围内予以赔偿的，人民法院应予支持。

投保义务人和侵权人不是同一人，当事人请求投保义务人和侵权人在交强险责任限额范围内承担相应责任的，人民法院应予支持。

第17条 具有从事交强险业务资格的保险公司违法拒绝承保、拖延承保或者违法解除交强险合同，投保义务人在向第三人承担赔偿责任后，请求该保险公司在交强险责任限额范围内承担相应赔偿责任的，人民法院应予支持。

第18条 多辆机动车发生交通事故造成第三人损害，损失超出各机动车交强险责任限额之和的，由各保险公司在各自责任限额范围内承担赔偿责任；损失未超出各机动车交强险责任限额之和，当事人请求由各保险公司按照其责任限额与责任限额之和的比例承担赔偿责任的，人民法院应予支持。

依法分别投保交强险的牵引车和挂车连接使用时发生交通事故造成第三人损害，当事人请求由各保险公司在各自的责任限额范围内平均赔偿的，人民法院应予支持。

多辆机动车发生交通事故造成第三人损害，其中部分机动车未投保交强险，当事人请求先由已承保交强险的保险公司在责任限额范围内予以赔偿的，人民法院应予支持。保险公司就超出其应承担的部分向未投保交强险的投保义务人或者侵权人行使追偿权的，人民法院应予支持。

第19条 同一交通事故的多个被侵权人同时起诉的，人民法院应当按照各被侵权人的损失比例确定交强险的赔偿数额。

第20条 机动车所有权在交强险合同有效期内发生变动，保险公司在交通事故发生后，以该机动车未办理交强险合同变更手续为由主张免除赔偿责任的，人民法院不予支持。

机动车在交强险合同有效期内发生改装、使用性质改变等导致危险程度增加的情形，发生交通事故后，当事人请求保险公司在责任限额范围内予以赔偿的，人民法院应予支持。

前款情形下，保险公司另行起诉请求投保义务人按照重新核定后的保险费标准补足当期保险费的，人民法院应予支持。

第21条 当事人主张交强险人身伤亡保险金请求权转让或者设定担保

的行为无效的，人民法院应予支持。

【其他关联规定】

《中华人民共和国道路安全法》

第76条 机动车发生交通事故造成人身伤亡、财产损失的，由保险公司在机动车第三者责任强制保险责任限额范围内予以赔偿；不足的部分，按照下列规定承担赔偿责任：

（一）机动车之间发生交通事故的，由有过错的一方承担赔偿责任；双方都有过错的，按照各自过错的比例分担责任。

（二）机动车与非机动车驾驶人、行人之间发生交通事故，非机动车驾驶人、行人没有过错的，由机动车一方承担赔偿责任；有证据证明非机动车驾驶人、行人有过错的，根据过错程度适当减轻机动车一方的赔偿责任；机动车一方没有过错的，承担不超过百分之十的赔偿责任。

交通事故的损失是由非机动车驾驶人、行人故意碰撞机动车造成的，机动车一方不承担赔偿责任。

第1214条【拼装车、报废车交通事故责任】

以买卖或者其他方式转让拼装或者已经达到报废标准的机动车，发生交通事故造成损害的，由转让人和受让人承担连带责任。

【关联司法解释】

《最高人民法院关于审理道路交通事故损害赔偿案件适用法律若干问题的解释》

第4条 拼装车、已达到报废标准的机动车或者依法禁止行驶的其他机动车被多次转让，并发生交通事故造成损害，当事人请求由所有的转让人和受让人承担连带责任的，人民法院应予支持。

★ 第1215条【盗抢机动车交通事故责任】

盗窃、抢劫或者抢夺的机动车发生交通事故造成损害的，由盗窃人、抢劫人或者抢夺人承担赔偿责任。**盗窃人、抢劫人或者抢夺人与机动车使用人不是同一人，发生交通事故造成损害，属于该机动车一方责任的，由盗窃人、抢劫人或者抢夺人与机动车使用人承担连带责任。**

保险人在机动车强制保险责任限额范围内垫付抢救费用的，有权向交通事故责任人追偿。

【条文解读】

本条是关于盗抢的机动车发生交通事故造成损害的赔偿责任主体，以及垫付抢救费用后追偿权的规定。本条承继了原《侵权责任法》第52条的规定，并进一步对盗抢人与使用人分离时的责任主体和责任形式作了规定。

当机动车被盗窃、抢劫或抢夺时，一方面，机动车的所有人、管理人本身就是受害者，其对机动车享有的占有、使用、收益的民事权益因盗抢而受到侵害；另一方面，机动车被盗抢导致该机动车的所有人、管理人在完全违背其本人意愿的情形下失去对机动车的支配和控制，因此，机动车所有人、管理人无需就该机动车发生的交通事故承担责任。根据本条第1款规定，此时应当由盗抢人承担侵权责任。在盗抢人与使用人发生分离的情况下，机动车发生交通事故造成损害，属于该机动车一方责任的，盗抢人应当与机动车使用人承担连带责任。

本条第2款延续了2012年《最高人民法院关于审理道路交通事故损害赔偿案件适用法律若干问题的解释》第16条的规定，对交强险先行赔付作了规定。根据本条第2款规定，在机动车被盗抢期间肇事发生交通事故，为保障受害人的权利，保险公司需要在交强险限额内垫付抢救费用，垫付后，可以向事故责任人追偿。

【关联司法解释】

《最高人民法院关于审理道路交通事故损害赔偿案件适用法律若干问题的解释》

第15条　有下列情形之一导致第三人人身损害，当事人请求保险公司在交强险责任限额范围内予以赔偿，人民法院应予支持：

（一）驾驶人未取得驾驶资格或者未取得相应驾驶资格的；

（二）醉酒、服用国家管制的精神药品或者麻醉药品后驾驶机动车发生交通事故的；

（三）驾驶人故意制造交通事故的。

保险公司在赔偿范围内向侵权人主张追偿权的，人民法院应予支持。追偿权的诉讼时效期间自保险公司实际赔偿之日起计算。

【其他关联规定】

《机动车交通事故责任强制保险条例》

第3条　本条例所称机动车交通事故责任强制保险，是指由保险公司对被保险机动车发生道路交通事故造成本车人员、被保险人以外的受害人的人身伤亡、财产损失，在责任限额内予以赔偿的强制性责任保险。

第21条　被保险机动车发生道路交通事故造成本车人员、被保险人以外的受害人人身伤亡、财产损失的，由保险公司依法在机动车交通事故责任强制保险责任限额范围内予以赔偿。

道路交通事故的损失是由受害人故意造成的，保险公司不予赔偿。

第22条　有下列情形之一的，保险公司在机动车交通事故责任强制保险责任限额范围内垫付抢救费用，并有权向致害人追偿：

（一）驾驶人未取得驾驶资格或者醉酒的；

（二）被保险机动车被盗抢期间肇事的；

（三）被保险人故意制造道路交通事故的。

有前款所列情形之一，发生道路交通事故的，造成受害人的财产损失，保险公司不承担赔偿责任。

第1216条【驾驶人逃逸责任承担规则】

机动车驾驶人发生交通事故后逃逸，该机动车参加强制保险的，由保险人在机动车强制保险责任限额范围内予以赔偿；机动车不明、该机动车未参加强制保险或者抢救费用超过机动车强制保险责任限额，需要支付被侵权人人身伤亡的抢救、丧葬等费用的，由道路交通事故社会救助基金垫付。道路交通事故社会救助基金垫付后，其管理机构有权向交通事故责任人追偿。

【其他关联规定】

《中华人民共和国道路安全交通法》

第75条　医疗机构对交通事故中的受伤人员应当及时抢救，不得因抢救费用未及时支付而拖延救治。肇事车辆参加机动车第三者责任强制保险的，由保险公司在责任限额范围内支付抢救费用；抢救费用超过责任限额的，未参加机动车第三者责任强制保险或者肇事后逃逸的，由道路交通事故社会救助基金先行垫付部分或者全部抢救费用，道路交通事故社会救助基金管理机构有权向交通事故责任人追偿。

《机动车交通事故责任强制保险条例》

第24条　国家设立道路交通事故社会救助基金（以下简称救助基金）。有下列情形之一时，道路交通事故中受害人人身伤亡的丧葬费用、部分或者全部抢救费用，由救助基金先行垫付，救助基金管理机构有权向道路交通事故责任人追偿：

（一）抢救费用超过机动车交通事故责任强制保险责任限额的；

（二）肇事机动车未参加机动车交通事故责任强制保险的；

（三）机动车肇事后逃逸的。

★ 第1217条【好意同乘规则】

非营运机动车发生交通事故造成无偿搭乘人损害，属于该机动车一方责任的，应当减轻其赔偿责任，但是机动车使用人有故意或者重大过失的除外。

【条文解读】

本条是关于好意同乘情形下的责任承担的规定。本条属于《民法典》新增条文。

好意同乘是指驾驶人基于友情或者善意，让他人无偿搭乘其驾驶的非营运机动车的情形。好意同乘在法律上的性质属于民法上的情谊行为，即行为人以建立、维持或增进与他人相互关切、爱护的感情为目的而从事的，不具有法律拘束意思的，后果直接无偿利他的行为。①

根据本条规定，构成好意同乘应当符合以下要件：

一是搭乘人是无偿搭乘。在有偿搭乘的情形下，双方则属于合同关系，不符合好意同乘的要件，搭乘人出于感激而馈赠一些礼品或有价证券等给机动车驾驶人，不属于有偿搭乘。搭乘人自愿负担部分油费、过路费等，亦不属于有偿搭乘。

二是搭乘的是非营运机动车。根据《道路运输条例》第2条第2款的规定，营运机动车是指从事道路旅客运输经营和道路货物运输经营的机动车。因法律上对以从事旅客运输或货物运输作为营业的车辆有严格的规定，承运人必须严格履行安全运输的义务，因此，即便营运机动车按照规定免票或许可搭乘人无偿搭载的，也不能以此为由减轻或免除造成旅客损害的赔偿责任。在从事运输经营的机动车不进行运输经营时而无偿搭乘他人的，也可以认定构成好意同乘。

三是被搭乘的机动车发生交通事故造成无偿同乘人损害且属于该机动车一方责任。只有被搭乘的机动车在发生交通事故中有责任的，才会有本条适

---

① 王雷：《情谊行为基础理论研究》，载《法学评论》2014年第3期。

用的余地，否则，无偿搭乘人直接找侵权人承担侵权责任即可。

适用本条时，应当注意好意同乘仅能减轻被搭乘机动车一方的责任，而并非免除其责任。在搭乘人自身存在过错的情形下，可以适用过失相抵原则减轻被搭乘机动车一方的责任。另外，在被搭乘机动车一方存在故意或者重大过错的情形下，不能以好意同乘而主张减轻责任。

根据《最高人民法院关于适用〈中华人民共和国民法典〉时间效力的若干规定》第18条规定，本条具有溯及力。

【关联司法解释】

《最高人民法院关于适用〈中华人民共和国民法典〉时间效力的若干规定》

第18条　民法典施行前，因非营运机动车发生交通事故造成无偿搭乘人损害引起的民事纠纷案件，适用民法典第一千二百一十七条的规定。

第六章　医疗损害责任

★ 第1218条【医疗损害责任归责原则】

患者在诊疗活动中受到损害，医疗机构或者其医务人员有过错的，由医疗机构承担赔偿责任。

【条文解读】

本条是关于医疗损害责任归责原则和责任承担主体的规定。本条承继了原《侵权责任法》第54条的规定。

医疗损害责任有狭义和广义之分。狭义的医疗损害责任，仅指医疗机构或医务人员在诊疗活动中因过错侵害患者生命权、身体权、健康权造成损害时，依法承担损害赔偿责任。广义的医疗损害责任则还包括药品、医疗器械的缺陷给患者造成的损害和医疗机构、医务人员在诊疗过程中侵害患者生命权、健康权与身体权之外的其他人身权益、财产权益时，医疗机构应当承担的赔偿责任两种情形。《最高人民法院关于审理医疗损害责任纠纷案件适用法律若干问题的解释》第1条第1款规定，是从广义上界定医疗损害责任。因药品、医疗器械的缺陷而造成患者损害的，可以依照《产品质量法》《药品管理法》及《民法典》侵权责任编第四章的规定主张权利，因医疗机构或者其医务人员在诊疗活动中造成患者其他人身权益、财产权益损害的，符合一般侵权特征，可以适用《民法典》第1165条第1款规定的过错责任进行处理。

根据本条规定，构成医疗损害责任应当符合以下构成要件：

一是加害人为医疗机构或者医务人员。医疗机构，是指依照《医疗机构管理条例》《医疗机构管理条例实施细则》规定，经登记取得《医疗机构执业许可证》的各类机构。《医疗机构管理条例》第2条和《医疗机构管理条例实施细则》第3条、第4条对具体的医疗机构作了规定。医务人员，通常是指依法取得相应资格的从事医疗活动的各类人员，特定情形下从事医疗管理、后勤服务等人员的行为属于诊疗行为构成部分的，也可以视为是医务人员，如手术过程中停电，电工未及时启动备用电，由此导致患者损害的，也应当认定为医疗损害责任。

二是患者在诊疗活动中受到损害。患者是指接受医疗机构提供医疗服务的人。医疗服务包括针对疾病的诊断、治疗行为，疾病预防行为，以计划生育为目的的各种医疗措施及医疗美容。[①] 根据《医疗机构管理条例实施细则》第88条规定，诊疗活动是指通过各种检查，使用药物、器械及手术等方法，对疾病作出判断和消除疾病、缓解病情、减轻痛苦、改善功能、延长生命、帮助患者恢复健康的活动。判断医疗机构及其医务人员的活动是否属于诊疗活动，关键是看该活动是否需要运用医疗机构、医务人员的专业知识、技能与设备等手段。患者的损害系在诊疗活动中所造成的，要求患者的损害与诊疗活动之间应当存在因果关系，只有存在因果关系，才能构成医疗损害责任。

[①] 王利明等主编：《侵权责任法裁判要旨与审判实务》，人民法院出版社2010年版，第367页。

三是医疗机构或者医务人员存在过错。根据《最高人民法院关于审理医疗损害责任纠纷案件适用法律若干问题的解释》第4条规定，受损害的患者应当证明医疗机构或者及其医疗人员存在医疗过错，无法提交医疗机构或者其医务人员有过错、诊疗行为与损害之间具有因果关系的证据，可以依法提出医疗损害鉴定申请。因诊疗活动是具有很强专业性、结果不确定性的复杂活动，如何判断医疗机构或者其医务人员是否具有过错具有相当难度。根据《最高人民法院关于审理医疗损害责任纠纷案件适用法律若干问题的解释》第16条规定，对医疗机构或者其医务人员的过错，应当依据法律、行政法规、规章以及其他有关诊疗规范进行认定，可以综合考虑患者病情的紧急程度、患者个体差异、当地的医疗水平、医疗机构与医务人员资质等因素进行确定。除此之外，《民法典》第1219条、第1221条、第1222条分别从是否违反说明及取得同意之义务、是否违反诊疗义务、特定情形下过错推定三个方面为确定医疗机构或者其医务人员是否存在过错作了规定。

【关联司法解释】

《最高人民法院关于审理医疗损害责任纠纷案件适用法律若干问题的解释》

第1条 患者以在诊疗活动中受到人身或者财产损害为由请求医疗机构，医疗产品的生产者、销售者、药品上市许可持有人或者血液提供机构承担侵权责任的案件，适用本解释。

患者以在美容医疗机构或者开设医疗美容科室的医疗机构实施的医疗美容活动中受到人身或者财产损害为由提起的侵权纠纷案件，适用本解释。

当事人提起的医疗服务合同纠纷案件，不适用本解释。

第2条 患者因同一伤病在多个医疗机构接受诊疗受到损害，起诉部分或者全部就诊的医疗机构的，应予受理。

患者起诉部分就诊的医疗机构后，当事人依法申请追加其他就诊的医疗机构为共同被告或者第三人的，应予准许。必要时，人民法院可以依法追加相关当事人参加诉讼。

第3条　患者因缺陷医疗产品受到损害，起诉部分或者全部医疗产品的生产者、销售者、药品上市许可持有人和医疗机构的，应予受理。

患者仅起诉医疗产品的生产者、销售者、药品上市许可持有人、医疗机构中部分主体，当事人依法申请追加其他主体为共同被告或者第三人的，应予准许。必要时，人民法院可以依法追加相关当事人参加诉讼。

患者因输入不合格的血液受到损害提起侵权诉讼的，参照适用前两款规定。

第4条　患者依据民法典第一千二百一十八条规定主张医疗机构承担赔偿责任的，应当提交到该医疗机构就诊、受到损害的证据。

患者无法提交医疗机构或者其医务人员有过错、诊疗行为与损害之间具有因果关系的证据，依法提出医疗损害鉴定申请的，人民法院应予准许。

医疗机构主张不承担责任的，应当就民法典第一千二百二十四条第一款规定情形等抗辩事由承担举证证明责任。

第16条　对医疗机构或者其医务人员的过错，应当依据法律、行政法规、规章以及其他有关诊疗规范进行认定，可以综合考虑患者病情的紧急程度、患者个体差异、当地的医疗水平、医疗机构与医务人员资质等因素。

第20条　医疗机构邀请本单位以外的医务人员对患者进行诊疗，因受邀医务人员的过错造成患者损害的，由邀请医疗机构承担赔偿责任。

【其他关联规定】

《医疗机构管理条例》

第2条　本条例适用于从事疾病诊断、治疗活动的医院、卫生院、疗养院、门诊部、诊所、卫生所（室）以及急救站等医疗机构。

第14条　医疗机构执业，必须进行登记，领取《医疗机构执业许可证》；诊所按照国务院卫生行政部门的规定向所在地的县级人民政府卫生行政部门备案后，可以执业。

第23条　任何单位或者个人，未取得《医疗机构执业许可证》或者未经备案，不得开展诊疗活动。

《医疗机构管理条例实施细则》

第3条 医疗机构的类别：

（一）综合医院、中医医院、中西医结合医院、民族医医院、专科医院、康复医院；

（二）妇幼保健院、妇幼保健计划生育服务中心；

（三）社区卫生服务中心、社区卫生服务站；

（四）中心卫生院、乡（镇）卫生院、街道卫生院；

（五）疗养院；

（六）综合门诊部、专科门诊部、中医门诊部、中西医结合门诊部、民族医门诊部；

（七）诊所、中医诊所、民族医诊所、卫生所、医务室、卫生保健所、卫生站；

（八）村卫生室（所）；

（九）急救中心、急救站；

（十）临床检验中心；

（十一）专科疾病防治院、专科疾病防治所、专科疾病防治站；

（十二）护理院、护理站；

（十三）医学检验实验室、病理诊断中心、医学影像诊断中心、血液透析中心、安宁疗护中心；

（十四）其他诊疗机构。

★ **第1219条【医务人员说明义务与患者知情同意权】**

医务人员在诊疗活动中应当向患者说明病情和医疗措施。需要实施手术、特殊检查、特殊治疗的，医务人员应当及时向患者**具体说明**医疗风险、替代医疗方案等情况，并取得其明确同意；不能或者不宜向患者说明的，应当向患者的近亲属说明，并取得其明确同意。

医务人员未尽到前款义务，造成患者损害的，医疗机构应当承担赔偿责任。

【条文解读】

本条是关于医务人员说明义务和患者知情同意权的规定。本条承继了原《侵权责任法》第55条的规定。相对于原《侵权责任法》第55条第1款规定，本条第1款作了以下修改：一是有关说明义务的履行，必须是"具体说明"，即相关说明内容要针对病情，具体说明医疗风险、替代医疗方案等情况，而不能采取笼统模糊的说明；二是取得患者一方同意不再硬性要求是书面形式，但是应当取得其"明确"同意，此"同意"的意思表示应该是清楚明确的；三是将"不宜向患者说明的"修改为"不能或者不宜向患者说明的"，但是当存在"不能或者不宜向患者说明的"情况时，仍然要向患者的近亲属进行说明，并取得其明确同意。

依据本条第1款规定，医务人员的说明义务包括两个方面：一是纯粹的说明义务，即医务人员需要向患者或其近亲属说明病情和医疗措施等信息。病情包括疾病的性质、严重程度、发展变化趋势等信息，还包括诊断信息、诊断依据等。医疗措施包括可选择的医疗措施、该医疗措施的治疗效果和预计所需的费用、可能出现的并发症和风险以及不采取医疗措施的危险性等。二是取得患者或者其近亲属明确同意的义务。原《侵权责任法》第55条出于要求医患双方对病情和医疗措施严肃对待、谨慎决策，对各自的行为负责的目的，规定履行说明告知义务要取得患者近亲属"书面同意"。但是，实践中医疗机构担心未来发生纠纷，机械地要求患者或者其近亲属必须签署书面的同意文件，一旦无法取得，医疗机构往往不敢或者不愿意开展紧急措施，从而延误最佳治疗时机。有鉴于此，《民法典》第1219条将"书面同意"修改为"明确同意"，即只要患者或者其近亲属明确表示了同意该手术、特殊检查或者特殊治疗即可。[①]同意的形式不再限定于"书面同意"，可结合诊疗规范、操作经验等综合进行认定。

根据本条第2款规定，违反说明义务医疗损害责任应当具备以下要件：

[①] 黄薇主编：《中华人民共和国民法典释义》（下），法律出版社2020年版，第2264页。

一是存在违法行为。关于医疗机构和医务人员的说明并取得同意的义务，我国《精神卫生法》第43条、《医师法》第25条、《基本医疗卫生与健康促进法》第32条等法律，《医疗机构管理条例》第32条、《医疗纠纷预防和处理条例》第13条、《医疗事故处理条例》第11条、《人体器官捐献和移植条例》第29条等行政法规，以及《医疗机构管理条例实施细则》第62条等规章都作了相应规定。医疗机构向患者进行说明并取得其明确同意属于法定义务，违反该说明义务则属于违法行为。

二是存在损害事实。损害事实主要表现为侵害了患者的知情权、自我决定权、隐私权等。

三是违法行为与损害事实之间存在因果关系。根据《最高人民法院关于审理医疗损害责任纠纷案件适用法律若干问题的解释》第4条第1款、第5条规定，患者应当提交到该医疗机构就诊、受到损害的证据，但根据上述两条司法解释规定，未强调因果关系的证明，一定程度上对患者举证责任进行了缓和。

四是医务人员存在过错。此处的过错主要表现为医务人员未尽到说明告知义务。

【关联司法解释】

《最高人民法院关于审理医疗损害责任纠纷案件适用法律若干问题的解释》

第4条 患者依据民法典第一千二百一十八条规定主张医疗机构承担赔偿责任的，应当提交到该医疗机构就诊、受到损害的证据。

患者无法提交医疗机构或者其医务人员有过错、诊疗行为与损害之间具有因果关系的证据，依法提出医疗损害鉴定申请的，人民法院应予准许。

医疗机构主张不承担责任的，应当就民法典第一千二百二十四条第一款规定情形等抗辩事由承担举证证明责任。

第5条 患者依据民法典第一千二百一十九条规定主张医疗机构承担赔偿责任的，应当按照前条第一款规定提交证据。

实施手术、特殊检查、特殊治疗的，医疗机构应当承担说明义务并取得患者或者患者近亲属明确同意，但属于民法典第一千二百二十条规定情形的除外。医疗机构提交患者或者患者近亲属明确同意证据的，人民法院可以认定医疗机构尽到说明义务，但患者有相反证据足以反驳的除外。

第11条　委托鉴定书，应当有明确的鉴定事项和鉴定要求。鉴定人应当按照委托鉴定的事项和要求进行鉴定。

下列专门性问题可以作为申请医疗损害鉴定的事项：

（一）实施诊疗行为有无过错；

（二）诊疗行为与损害后果之间是否存在因果关系以及原因力大小；

（三）医疗机构是否尽到了说明义务、取得患者或者患者近亲属明确同意的义务；

（四）医疗产品是否有缺陷、该缺陷与损害后果之间是否存在因果关系以及原因力的大小；

（五）患者损伤残疾程度；

（六）患者的护理期、休息期、营养期；

（七）其他专门性问题。

鉴定要求包括鉴定人的资质、鉴定人的组成、鉴定程序、鉴定意见、鉴定期限等。

【其他关联规定】

《医疗机构管理条例》

第32条　医务人员在诊疗活动中应当向患者说明病情和医疗措施。需要实施手术、特殊检查、特殊治疗的，医务人员应当及时向患者具体说明医疗风险、替代医疗方案等情况，并取得其明确同意；不能或者不宜向患者说明的，应当向患者的近亲属说明，并取得其明确同意。因抢救生命垂危的患者等紧急情况，不能取得患者或者其近亲属意见的，经医疗机构负责人或者授权的负责人批准，可以立即实施相应的医疗措施。

第1220条【紧急情况下知情同意的特殊规定】

因抢救生命垂危的患者等紧急情况,不能取得患者或者其近亲属意见的,经医疗机构负责人或者授权的负责人批准,可以立即实施相应的医疗措施。

【关联司法解释】

《最高人民法院关于审理医疗损害责任纠纷案件适用法律若干问题的解释》

第18条　因抢救生命垂危的患者等紧急情况且不能取得患者意见时,下列情形可以认定为民法典第一千二百二十条规定的不能取得患者近亲属意见:

（一）近亲属不明的;

（二）不能及时联系到近亲属的;

（三）近亲属拒绝发表意见的;

（四）近亲属达不成一致意见的;

（五）法律、法规规定的其他情形。

前款情形,医务人员经医疗机构负责人或者授权的负责人批准立即实施相应医疗措施,患者因此请求医疗机构承担赔偿责任的,不予支持;医疗机构及其医务人员怠于实施相应医疗措施造成损害,患者请求医疗机构承担赔偿责任的,应予支持。

【其他关联规定】

《中华人民共和国医师法》

第25条　医师在诊疗活动中应当向患者说明病情、医疗措施和其他需要告知的事项。需要实施手术、特殊检查、特殊治疗的,医师应当及时向患者具体说明医疗风险、替代医疗方案等情况,并取得其明确同意;不能或者不宜向患者说明的,应当向患者的近亲属说明,并取得其明确同意。

《医疗机构管理条例》

第30条　医疗机构对危重病人应当立即抢救。对限于设备或者技术条件不能诊治的病人，应当及时转诊。

《临床输血技术规范》

第6条　决定输血治疗前，经治医师应向患者或其家属说明输同种异体血的不良反应和经血传播疾病的可能性，征得患者或家属的同意，并在《输血治疗同意书》上签字。《输血治疗同意书》入病历。无家属签字的无自主意识患者的紧急输血，应报医疗职能部门或主管领导同意、备案，并记入病历。

《病例书写基本规范》

第10条　对需取得患者书面同意方可进行的医疗活动，应当由患者本人签署知情同意书。患者不具备完全民事行为能力时，应当由其法定代理人签字；患者因病无法签字时，应当由其授权的人员签字；为抢救患者，在法定代理人或被授权人无法及时签字的情况下，可由医疗机构负责人或者授权的负责人签字。

因实施保护性医疗措施不宜向患者说明情况的，应当将有关情况告知患者近亲属，由患者近亲属签署知情同意书，并及时记录。患者无近亲属的或者患者近亲属无法签署同意书的，由患者的法定代理人或者关系人签署同意书。

★ 第1221条【医务人员诊疗过错的界定及赔偿责任】

医务人员在诊疗活动中未尽到与当时的医疗水平相应的诊疗义务，造成患者损害的，医疗机构应当承担赔偿责任。

【条文解读】

本条是关于诊疗活动中医务人员过错界定及赔偿责任的规定。本条承继了原《侵权责任法》第57条的规定。

本条规定，认定诊疗过错，要以"当时的医疗水平"作为判断标准。所谓"当时"，是指针对患者从事诊疗活动之时，而非医疗赔偿诉讼提出之时。"当时的医疗水平"是否应当考虑医疗机构及其医务人员资质及地区差异等因素，从《最高人民法院关于审理医疗损害责任纠纷案件适用法律若干问题的解释》第16条规定的内容来看，判断是否尽到与"当时的医疗水平"相应的诊疗义务，应当依据法律、行政法规、规章以及其他有关诊疗规范进行认定，并可以综合考虑患者病情的紧急程度、患者个体差异、当地的医疗水平、医疗机构与医务人员资质等因素。具体来说，认定是否存在诊疗过错应当遵循以下原则：一是客观标准是作为诊疗过错认定的基本遵循。判断是否存在诊疗过错，应当将医疗卫生管理法律、行政法规、部门规章、诊疗护理规范，特别是医疗卫生管理的部门规章、诊疗护理规范作为判断的基本依据。二是以参考性因素作为认定诊疗过错的补充。在判断个案是否符合"当时的医疗水平"时，可以参考医疗的地域因素和医疗机构资质条件、医务人员的资质、患者病情的紧急程度和患者个体差异等因素。

【关联司法解释】

《最高人民法院关于审理医疗损害责任纠纷案件适用法律若干问题的解释》
第16条　对医疗机构或者其医务人员的过错，应当依据法律、行政法规、规章以及其他有关诊疗规范进行认定，可以综合考虑患者病情的紧急程度、患者个体差异、当地的医疗水平、医疗机构与医务人员资质等因素。

★ 第1222条【推定医疗机构有过错的情形】
患者在诊疗活动中受到损害，有下列情形之一的，推定医疗机构有过错：
（一）违反法律、行政法规、规章以及其他有关诊疗规范的规定；
（二）隐匿或者拒绝提供与纠纷有关的病历资料；
（三）遗失、**伪造**、篡改或者**违法销毁病历资料**。

【条文解读】

本条是关于推定医疗机构有过错相关情形的规定。本条承继了原《侵权责任法》第58条的规定，主要作了三处修改：一是将原来的"患者有损害"

修改为"患者在诊疗活动中受到损害",进一步明晰了患者受到损害必须是诊疗活动导致的,表述更加严谨;二是将"销毁"修改为"违法销毁",更符合实际情况;三是新增"遗失"病例资料作为推定医疗过错的情形。

法律、行政法规、部门规章以及诊疗规范是医疗机构和医务人员的工作依据,是医疗机构和医务人员的法定职责或法定注意义务,医疗机构或其医务人员违反该法定注意义务,即被推定为具有过错。实践中,违反了法律、行政法规、规章以及诊疗规范的规定,是判断医疗机构和医务人员存在过错的最直接标准,通常情况下,因医疗损害责任纠纷本身所涉行为、诊疗过错的专业性、复杂性问题,医疗机构是否违反法律、行政法规、部门规章以及诊疗规范往往并非一目了然的事情,必要时可启动鉴定程序来解决。

根据《最高人民法院关于审理医疗损害责任纠纷案件适用法律若干问题的解释》第6条规定,病例资料包括医疗机构保管的门诊病历、住院志、体温单、医嘱单、检验报告、医学影像检查资料、特殊检查(治疗)同意书、手术同意书、手术及麻醉记录、病理资料、护理记录、出院记录以及国务院卫生行政主管部门规定的其他病历资料。根据《民法典》第1225条第1款规定,医疗机构负有妥善保管病历资料的法定义务,如果其遗失病历资料,显然是有过错的,而且也导致医疗损害纠纷的事实难以查明,此时,可以推定医疗机构具有过错。医疗机构伪造、篡改病历资料,不仅是严重违法行为,而且其主观上明显是故意的,目的就在于隐瞒真相,应当推定医疗机构具有过错。违法销毁病历资料,是指违反法律法规规章等关于保存病历资料的规定而销毁病历资料。根据本条新增的"违法"二字,若医疗机构是在超过了保存最长时间后依法销毁病历资料的,则不能推定医疗机构具有过错。

【关联司法解释】

《最高人民法院关于审理医疗损害责任纠纷案件适用法律若干问题的解释》
第6条 民法典第一千二百二十二条规定的病历资料包括医疗机构保管的门诊病历、住院志、体温单、医嘱单、检验报告、医学影像检查资料、特殊检查（治疗）同意书、手术同意书、手术及麻醉记录、病理资料、护理记录、出院记录以及国务院卫生行政主管部门规定的其他病历资料。

患者依法向人民法院申请医疗机构提交由其保管的与纠纷有关的病历资料等，医疗机构未在人民法院指定期限内提交的，人民法院可以依照民法典第一千二百二十二条第二项规定推定医疗机构有过错，但是因不可抗力等客观原因无法提交的除外。

第1223条【因药品、消毒产品、医疗器械的缺陷，或者输入不合格血液的侵权责任】

因药品、消毒产品、医疗器械的缺陷，或者输入不合格的血液造成患者损害的，患者可以向**药品上市许可持有人**、生产者、血液提供机构请求赔偿，也可以向医疗机构请求赔偿。患者向医疗机构请求赔偿的，医疗机构赔偿后，有权向负有责任的药品上市许可持有人、生产者、血液提供机构追偿。

【关联司法解释】

《最高人民法院关于审理医疗损害责任纠纷案件适用法律若干问题的解释》

第7条　患者依据民法典第一千二百二十三条规定请求赔偿的，应当提交使用医疗产品或者输入血液、受到损害的证据。

患者无法提交使用医疗产品或者输入血液与损害之间具有因果关系的证据，依法申请鉴定的，人民法院应予准许。

医疗机构，医疗产品的生产者、销售者、药品上市许可持有人或者血液提供机构主张不承担责任的，应当对医疗产品不存在缺陷或者血液合格等抗辩事由承担举证证明责任。

第23条　医疗产品的生产者、销售者、药品上市许可持有人明知医疗产品存在缺陷仍然生产、销售，造成患者死亡或者健康严重损害，被侵权人请求生产者、销售者、药品上市许可持有人赔偿损失及二倍以下惩罚性赔偿的，人民法院应予支持。

【其他关联规定】

《中华人民共和国药品管理法》

第30条 药品上市许可持有人是指取得药品注册证书的企业或者药品研制机构等。

药品上市许可持有人应当依照本法规定，对药品的非临床研究、临床试验、生产经营、上市后研究、不良反应监测及报告与处理等承担责任。其他从事药品研制、生产、经营、储存、运输、使用等活动的单位和个人依法承担相应责任。

药品上市许可持有人的法定代表人、主要负责人对药品质量全面负责。

★ 第1224条【医疗机构免责事由】

患者在诊疗活动中受到损害，有下列情形之一的，医疗机构不承担赔偿责任：

（一）患者或者其近亲属不配合医疗机构进行符合诊疗规范的诊疗；

（二）医务人员在抢救生命垂危的患者等紧急情况下已经尽到合理诊疗义务；

（三）限于当时的医疗水平难以诊疗。

前款第一项情形中，医疗机构或者其医务人员也有过错的，应当承担相应的赔偿责任。

【条文解读】

本条是关于医疗机构不承担赔偿责任的情形的规定。本条承继了原《侵权责任法》第60条规定，作了两处文字修改：一是将第1款中的"患者有损害"修改为"患者在诊疗活动中受到损害"；二是将第2款中的"医疗机构及其医务人员"修改为"医疗机构或者其医务人员"。

本条第1款共规定3种免责事由。

本条第1款第1项规定，患者或者其近亲属不配合医疗机构进行符合诊疗规范的诊疗。适用该项规定，需要注意以下问题：首先，必须是患者或者其近亲属不配合医疗机构进行"符合诊疗规范"的诊疗。如果医疗机构的诊疗本身就是不符合诊疗规范，患者或者其近亲属当然有权拒绝，由此导致患者遭受损害时，医疗机构仍然需要承担侵权责任。其次，医疗机构或者医务人员没有过错。即便是患者或者其近亲属不配合医疗机构进行诊疗，如果医疗机构及其医务人员存在过错，依据本条第2款规定，医疗机构仍要承担赔偿责任。

本条第1款第2项规定了两个要件，在两个要件均符合的情况下，医疗机构对患者的损害不承担责任：一是抢救生命垂危的患者等紧急情况。判断是否符合"紧急情况"，除了依据法律、法规、规章的规定外，还要考虑患者的生命健康受到伤病急剧恶化的威胁和患者生命受到的威胁是正在发生和实际存在的两个方面。二是已经尽到合理诊疗义务。此种紧急情形下的合理诊疗义务的判断，应当区别于一般医疗时的注意义务。紧急情况下合理的诊疗义务包括以下四个方面：（1）对患者伤病的准确诊断，此是正确实施治疗措施的前提；（2）治疗措施合理、适当，包括治疗措施和治疗用药的适当、合理；（3）谨慎履行说明告知义务；（4）将紧急救治措施对患者造成的损害控制在合理范围内。

本条第1款第3项是关于当时医疗水平难以诊疗的免责规定。在判断医疗机构是否需要对患者因诊疗活动遭受的损害承担侵权责任时，应考虑诊疗活动当时的医疗水平。是否尽到诊疗活动当时的医疗水平，属于专业性很强的判断，可以借助鉴定进行辅助判断。

【其他关联规定】

《医疗事故处理条例》

第33条 有下列情形之一的，不属于医疗事故：

（一）在紧急情况下为抢救垂危患者生命而采取紧急医学措施造成不良后果的；

（二）在医疗活动中由于患者病情异常或者患者体质特殊而发生医疗意

外的；

（三）在现有医学科学技术条件下，发生无法预料或者不能防范的不良后果的；

（四）无过错输血感染造成不良后果的；

（五）因患方原因延误诊疗导致不良后果的；

（六）因不可抗力造成不良后果的。

第1225条【医疗机构对病历资料的义务及患者对病历资料的权利】

医疗机构及其医务人员应当按照规定填写并妥善保管住院志、医嘱单、检验报告、手术及麻醉记录、病理资料、护理记录等病历资料。

患者要求查阅、复制前款规定的病历资料的，医疗机构应当及时提供。

【其他关联规定】

《医疗事故处理条例》

第9条 严禁涂改、伪造、隐匿、销毁或者抢夺病历资料。

第10条 患者有权复印或者复制其门诊病历、住院志、体温单、医嘱单、化验单（检验报告）、医学影像检查资料、特殊检查同意书、手术同意书、手术及麻醉记录单、病理资料、护理记录以及国务院卫生行政部门规定的其他病历资料。

患者依照前款规定要求复印或者复制病历资料的，医疗机构应当提供复印或者复制服务并在复印或者复制的病历资料上加盖证明印记。复印或者复制病历资料时，应当有患者在场。

医疗机构应患者的要求，为其复印或者复制病历资料，可以按照规定收取工本费。具体收费标准由省、自治区、直辖市人民政府价格主管部门会同同级卫生行政部门规定。

《医疗机构病历管理规定》

第19条 医疗机构可以为申请人复制门（急）诊病历和住院病历中的

体温单、医嘱单、住院志（入院记录）、手术同意书、麻醉同意书、麻醉记录、手术记录、病重（病危）患者护理记录、出院记录、输血治疗知情同意书、特殊检查（特殊治疗）同意书、病理报告、检验报告等辅助检查报告单、医学影像检查资料等病历资料。

第1226条【患者隐私和个人信息保护】

医疗机构及其医务人员应当对患者的隐私和个人信息保密。泄露患者的隐私和个人信息，或者未经患者同意公开其病历资料的，应当承担侵权责任。

第1227条【禁止违规过度检查】

医疗机构及其医务人员不得违反诊疗规范实施不必要的检查。

第1228条【维护医疗机构及其医务人员合法权益】

医疗机构及其医务人员的合法权益受法律保护。

干扰医疗秩序，妨碍医务人员工作、生活，侵害医务人员合法权益的，应当依法承担法律责任。

第七章　环境污染和生态破坏责任

第1229条【污染环境、破坏生态致损的侵权责任】

因污染环境、破坏生态造成他人损害的，侵权人应当承担侵权责任。

【关联司法解释】

《最高人民法院关于审理生态环境侵权责任纠纷案件适用法律若干问题的解释》

第1条　侵权人因实施下列污染环境、破坏生态行为造成他人人身、财产损害，被侵权人请求侵权人承担生态环境侵权责任的，人民法院应予支持：

（一）排放废气、废水、废渣、医疗废物、粉尘、恶臭气体、放射性物质等污染环境的；

（二）排放噪声、振动、光辐射、电磁辐射等污染环境的；

（三）不合理开发利用自然资源的；

（四）违反国家规定，未经批准，擅自引进、释放、丢弃外来物种的；

（五）其他污染环境、破坏生态的行为。

第2条 因下列污染环境、破坏生态引发的民事纠纷，不作为生态环境侵权案件处理：

（一）未经由大气、水、土壤等生态环境介质，直接造成损害的；

（二）在室内、车内等封闭空间内造成损害的；

（三）不动产权利人在日常生活中造成相邻不动产权利人损害的；

（四）劳动者在职业活动中受到损害的。

前款规定的情形，依照相关法律规定确定民事责任。

第3条 不动产权利人因经营活动污染环境、破坏生态造成相邻不动产权利人损害，被侵权人请求其承担生态环境侵权责任的，人民法院应予支持。

【其他关联规定】

《中华人民共和国环境保护法》

第2条 本法所称环境，是指影响人类生存和发展的各种天然的和经过人工改造的自然因素的总体，包括大气、水、海洋、土地、矿藏、森林、草原、湿地、野生生物、自然遗迹、人文遗迹、自然保护区、风景名胜区、城市和乡村等。

《中华人民共和国海洋环境保护法》

第114条 对污染海洋环境、破坏海洋生态，造成他人损害的，依照《中华人民共和国民法典》等法律的规定承担民事责任。

对污染海洋环境、破坏海洋生态，给国家造成重大损失的，由依照本法规定行使海洋环境监督管理权的部门代表国家对责任者提出损害赔偿要求。

前款规定的部门不提起诉讼的,人民检察院可以向人民法院提起诉讼。前款规定的部门提起诉讼的,人民检察院可以支持起诉。

《中华人民共和国水污染防治法》

第96条 因水污染受到损害的当事人,有权要求排污方排除危害和赔偿损失。

由于不可抗力造成水污染损害的,排污方不承担赔偿责任;法律另有规定的除外。

水污染损害是由受害人故意造成的,排污方不承担赔偿责任。水污染损害是由受害人重大过失造成的,可以减轻排污方的赔偿责任。

水污染损害是由第三人造成的,排污方承担赔偿责任后,有权向第三人追偿。

《中华人民共和国放射性污染防治法》

第59条 因放射性污染造成他人损害的,应当依法承担民事责任。

★ 第1230条【环境污染、生态破坏侵权举证责任】

因污染环境、**破坏生态**发生纠纷,**行为人**应当就法律规定的不承担责任或者减轻责任的情形及其行为与损害之间不存在因果关系承担举证责任。

【条文解读】

本条是关于环境污染和生态破坏侵权举证责任的规定。本条承继了原《侵权责任法》第66条的规定,并作了两项修改:一是增加了"破坏生态"的情形;二是将"污染者"改为"行为人"。

根据本条规定,行为人应当就两种情形承担举证责任:一是法律规定的不承担责任或者减轻责任的情形;二是其行为与损害之间不存在因果关系。

关于法律规定的不承担责任或者减轻责任的情形,我国已经建立了比较完备的环境法律体系,《环境保护法》《海洋环境保护法》《水污染防治法》

《大气污染防治法》《固体废物污染环境防治法》《噪声污染防治法》《放射性污染防治法》等环境单行法律对行为人不承担责任或者减轻责任的情形均作了规定，主要有过失[1]、受害人故意、第三人责任、不可抗力等。根据本条规定，在环境单行法就不承担责任或者减轻责任有规定的，首先应当适用单行法的规定，单行法没有规定的，适用《民法典》总则编和侵权责任编有关免责事由的规定。

关于因果关系举证责任问题，根据本条规定，环境污染和生态破坏责任实行因果关系推定，即被侵权人无需证明污染环境、破坏生态的行为与其损害之间的因果关系，而由污染者、破坏者就其行为与损害之间不存在因果关系负举证责任。需要说明的是，因果关系的证明实行举证责任倒置，但并不意味着被侵权人不需要承担任何举证责任，在环境侵权、生态破坏侵权纠纷之中，被侵权人应当提出初步的盖然性证据，以建立侵权人的环境污染行为、生态破坏行为与自己所受损害之间的初步联系。只有在被侵权人尽到初步举证责任后，举证责任才会转移到加害人一方。

【其他关联规定】

《中华人民共和国水污染防治法》

第96条　因水污染受到损害的当事人，有权要求排污方排除危害和赔偿损失。

由于不可抗力造成水污染损害的，排污方不承担赔偿责任；法律另有规定的除外。

水污染损害是由受害人故意造成的，排污方不承担赔偿责任。水污染损害是由受害人重大过失造成的，可以减轻排污方的赔偿责任。

水污染损害是由第三人造成的，排污方承担赔偿责任后，有权向第三人

---

[1] 此处的过失一般特指重大过失，如《水污染防治法》第96条第3款规定："水污染损害是由受害人故意造成的，排污方不承担赔偿责任。水污染损害是由受害人重大过失造成的，可以减轻排污方的赔偿责任。"

追偿。

第98条　因水污染引起的损害赔偿诉讼，由排污方就法律规定的免责事由及其行为与损害结果之间不存在因果关系承担举证责任。

《中华人民共和国海洋环境保护法》

第116条　完全属于下列情形之一，经过及时采取合理措施，仍然不能避免对海洋环境造成污染损害的，造成污染损害的有关责任者免予承担责任：

（一）战争；

（二）不可抗拒的自然灾害；

（三）负责灯塔或者其他助航设备的主管部门，在执行职责时的疏忽，或者其他过失行为。

★ 第1231条【两个以上侵权人造成损害的责任分担】

两个以上侵权人污染环境、**破坏生态**的，承担责任的大小，根据污染物的种类、浓度、排放量，**破坏生态的方式、范围、程度，以及行为对损害后果所起的作用**等因素确定。

【条文解读】

本条是关于两人以上环境侵权如何确定责任大小的规定。本条承继了原《侵权责任法》第67条的规定，并作了三处修改：一是原因行为处增加了"破坏生态"这一侵权形态；二是增加了认定责任份额的原因力判断因素，从仅列举"污染物的种类、排放量"两个因素增加为"污染物的种类、浓度、排放量，破坏生态的方式、范围、程度，以及行为对损害后果所起的作用"等因素；三是将"污染者"改为"侵权人"。

根据本条规定，构成环境共同侵权需要同时满足以下四个要件：

一是侵权主体为两个以上，只有两个以上的行为人实施了污染环境、破坏生态行为才具备适用本条的前提。

二是行为人实施了污染环境、破坏生态的行为。

三是数个侵权行为与损害后果有总体上的因果关系,而非仅是单个侵权行为与损害之间有因果关系。

四是造成了同一损害,若多个侵权人的侵权行为分别造成不同种类的损害,则不构成环境共同侵权,而由各侵权人根据其各自行为造成的损害后果承担侵权责任。

从文义上看,本条并未明确规定共同侵权人是承担按份责任还是连带责任,仅是规定了数个侵权人之间的责任分担问题,但这并不影响依据《民法典》第1168条、第1171条、第1172条规定对数个侵权人应承担何种责任进行认定。

【关联司法解释】

《最高人民法院关于审理生态环境侵权责任纠纷案件适用法律若干问题的解释》

第4条 污染环境、破坏生态造成他人损害,行为人不论有无过错,都应当承担侵权责任。

行为人以外的其他责任人对损害发生有过错的,应当承担侵权责任。

第5条 两个以上侵权人分别污染环境、破坏生态造成同一损害,每一个侵权人的行为都足以造成全部损害,被侵权人根据民法典第一千一百七十一条的规定请求侵权人承担连带责任的,人民法院应予支持。

★ 第1232条【环境污染、生态破坏侵权的惩罚性赔偿】

侵权人违反法律规定故意污染环境、破坏生态造成严重后果的,被侵权人有权请求相应的惩罚性赔偿。

【条文解读】

本条是关于环境污染、生态破坏侵权人的惩罚性赔偿的规定。本条属于

《民法典》新增条款。

根据本条规定,环境侵权中适用惩罚性赔偿应当符合以下要件:

一是侵权人主观上是故意的。侵权人明知其实施的污染环境、破坏生态的行为会给他人造成损害,而依然追求或放任此种损害结果的发生。

二是违反法律规定污染环境、破坏生态。污染物是工业活动不可避免的副产品,只有行为人的行为违反了国家环境法律行政法规的规定,才有可能构成惩罚性赔偿。《环境保护法》第44条第1款规定:"国家实行重点污染物排放总量控制制度。重点污染物排放总量控制指标由国务院下达,省、自治区、直辖市人民政府分解落实。企事业单位在执行国家和地方污染物排放标准的同时,应当遵守分解落实到本单位的重点污染物排放总量控制指标。"第45条规定:"国家依照法律规定实行排污许可管理制度。实行排污许可管理的企业事业单位和其他生产经营者应当按照排污许可证的要求排放污染物;未取得排污许可的,不得排放污染物。"行为人违反上述规定污染环境,其行为具有主观恶性,应当适用惩罚性赔偿。

三是造成严重后果。根据本条规定,只有行为人造成严重后果的,才承担惩罚性赔偿责任。惩罚性赔偿具有惩罚侵权行为人和遏制侵权行为的功能,在适用上应当遵循谦抑原则,不能对侵权人动辄处以惩罚性赔偿。所谓严重后果主要是指因环境污染、生态破坏行为而给被侵权人的人身、财产权益造成了严重损害或者对生态造成严重破坏的情形,如造成被侵权人死亡、残疾甚至群死群伤,或者造成被侵权人的重大财产损失等情形。在确定后果是否严重时,还应当考虑到环境污染、生态破坏行为造成的严重社会影响,对环境和生态破坏的严重程度等因素。

本条对惩罚性赔偿金的计算方式未作规定。惩罚性赔偿金的计算是一个综合过程,需要考虑多个因素,如侵权人的主观恶性程度,侵权人违法行为的严重性、频率,侵权人的生产经营情况和执行能力,侵权人是否积极采取补救措施,侵权人受到刑事罚金、行政处罚、公益诉讼的情况等,可以在个案中根据具体情况进行认定。

【关联司法解释】

《最高人民法院关于审理生态环境侵权纠纷案件适用惩罚性赔偿的解释》

第2条 因环境污染、生态破坏受到损害的自然人、法人或者非法人组织，依据民法典第一千二百三十二条的规定，请求判令侵权人承担惩罚性赔偿责任的，适用本解释。

第3条 被侵权人在生态环境侵权纠纷案件中请求惩罚性赔偿的，应当在起诉时明确赔偿数额以及所依据的事实和理由。

被侵权人在生态环境侵权纠纷案件中没有提出惩罚性赔偿的诉讼请求，诉讼终结后又基于同一污染环境、破坏生态事实另行起诉请求惩罚性赔偿的，人民法院不予受理。

第4条 被侵权人主张侵权人承担惩罚性赔偿责任的，应当提供证据证明以下事实：

（一）侵权人污染环境、破坏生态的行为违反法律规定；

（二）侵权人具有污染环境、破坏生态的故意；

（三）侵权人污染环境、破坏生态的行为造成严重后果。

第5条 人民法院认定侵权人污染环境、破坏生态的行为是否违反法律规定，应当以法律、法规为依据，可以参照规章的规定。

第6条 人民法院认定侵权人是否具有污染环境、破坏生态的故意，应当根据侵权人的职业经历、专业背景或者经营范围，因同一或者同类行为受到行政处罚或者刑事追究的情况，以及污染物的种类，污染环境、破坏生态行为的方式等因素综合判断。

第7条 具有下列情形之一的，人民法院应当认定侵权人具有污染环境、破坏生态的故意：

（一）因同一污染环境、破坏生态行为，已被人民法院认定构成破坏环境资源保护犯罪的；

（二）建设项目未依法进行环境影响评价，或者提供虚假材料导致环境影响评价文件严重失实，被行政主管部门责令停止建设后拒不执行的；

（三）未取得排污许可证排放污染物，被行政主管部门责令停止排污后拒不执行，或者超过污染物排放标准或者重点污染物排放总量控制指标排放污染物，经行政主管机关责令限制生产、停产整治或者给予其他行政处罚后仍不改正的；

（四）生产、使用国家明令禁止生产、使用的农药，被行政主管部门责令改正后拒不改正的；

（五）无危险废物经营许可证而从事收集、贮存、利用、处置危险废物经营活动，或者知道或者应当知道他人无许可证而将危险废物提供或者委托给其从事收集、贮存、利用、处置等活动的；

（六）将未经处理的废水、废气、废渣直接排放或者倾倒的；

（七）通过暗管、渗井、渗坑、灌注、篡改、伪造监测数据，或者以不正常运行防治污染设施等逃避监管的方式，违法排放污染物的；

（八）在相关自然保护区域、禁猎（渔）区、禁猎（渔）期使用禁止使用的猎捕工具、方法猎捕、杀害国家重点保护野生动物、破坏野生动物栖息地的；

（九）未取得勘查许可证、采矿许可证，或者采取破坏性方法勘查开采矿产资源的；

（十）其他故意情形。

第8条 人民法院认定侵权人污染环境、破坏生态行为是否造成严重后果，应当根据污染环境、破坏生态行为的持续时间、地域范围，造成环境污染、生态破坏的范围和程度，以及造成的社会影响等因素综合判断。

侵权人污染环境、破坏生态行为造成他人死亡、健康严重损害，重大财产损失，生态环境严重损害或者重大不良社会影响的，人民法院应当认定为造成严重后果。

第9条 人民法院确定惩罚性赔偿金数额，应当以环境污染、生态破坏造成的人身损害赔偿金、财产损失数额作为计算基数。

前款所称人身损害赔偿金、财产损失数额，依照民法典第一千一百七十九条、第一千一百八十四条规定予以确定。法律另有规定的，依照其规定。

第10条 人民法院确定惩罚性赔偿金数额，应当综合考虑侵权人的恶意程度、侵权后果的严重程度、侵权人因污染环境、破坏生态行为所获得的利益或者侵权人所采取的修复措施及其效果等因素，但一般不超过人身损害赔偿金、财产损失数额的二倍。

因同一污染环境、破坏生态行为已经被行政机关给予罚款或者被人民法院判处罚金，侵权人主张免除惩罚性赔偿责任的，人民法院不予支持，但在确定惩罚性赔偿金数额时可以综合考虑。

第11条　侵权人因同一污染环境、破坏生态行为，应当承担包括惩罚性赔偿在内的民事责任、行政责任和刑事责任，其财产不足以支付的，应当优先用于承担民事责任。

侵权人因同一污染环境、破坏生态行为，应当承担包括惩罚性赔偿在内的民事责任，其财产不足以支付的，应当优先用于承担惩罚性赔偿以外的其他责任。

第12条　国家规定的机关或者法律规定的组织作为被侵权人代表，请求判令侵权人承担惩罚性赔偿责任的，人民法院可以参照前述规定予以处理。但惩罚性赔偿金数额的确定，应当以生态环境受到损害至修复完成期间服务功能丧失导致的损失、生态环境功能永久性损害造成的损失数额作为计算基数。

第13条　侵权行为实施地、损害结果发生地在中华人民共和国管辖海域内的海洋生态环境侵权纠纷案件惩罚性赔偿问题，另行规定。

第1233条【因第三人的过错污染环境、破坏生态的侵权责任】

因第三人的过错污染环境、**破坏生态的**，被侵权人可以向侵权人请求赔偿，也可以向第三人请求赔偿。**侵权人赔偿后，有权向第三人追偿。**

【关联司法解释】

《最高人民法院关于审理生态环境侵权责任纠纷案件适用法律若干问题的解释》

第18条　因第三人的过错污染环境、破坏生态造成他人损害，被侵权人请求侵权人或者第三人承担责任的,人民法院应予支持。

侵权人以损害是由第三人过错造成的为由,主张不承担责任或者减轻责任的,人民法院不予支持。

第19条 因第三人的过错污染环境、破坏生态造成他人损害,被侵权人同时起诉侵权人和第三人承担责任,侵权人对损害的发生没有过错的,人民法院应当判令侵权人、第三人就全部损害承担责任。侵权人承担责任后有权向第三人追偿。

侵权人对损害的发生有过错的,人民法院应当判令侵权人就全部损害承担责任,第三人承担与其过错相适应的责任。侵权人承担责任后有权就第三人应当承担的责任份额向其追偿。

第20条 被侵权人起诉第三人承担责任的,人民法院应当向被侵权人释明是否同时起诉侵权人。被侵权人不起诉侵权人的,人民法院应当根据民事诉讼法第五十九条的规定通知侵权人参加诉讼。

被侵权人仅请求第三人承担责任,侵权人对损害的发生也有过错的,人民法院应当判令第三人承担与其过错相适应的责任。

★ 第1234条【生态环境修复责任】

违反国家规定造成生态环境损害,生态环境能够修复的,国家规定的机关或者法律规定的组织有权请求侵权人在合理期限内承担修复责任。侵权人在期限内未修复的,国家规定的机关或者法律规定的组织可以自行或者委托他人进行修复,所需费用由侵权人负担。

【条文解读】

本条是关于生态环境损害赔偿制度和民事生态环境修复制度的规定。本条是《民法典》新增规定,吸纳了2015年《最高人民法院关于审理环境侵权责任纠纷案件适用法律若干问题的解释》第14条规定。本条与《民法典》第1235条共同确立了环境公益侵权责任的基本规则,明确把生态环境公共利益纳入《民法典》保护对象，规定了环境公益侵权责任的特殊要件、修复和赔偿责任的承担以及环境公益损害的民事救济的请求权主体，为环境民事公益诉讼奠定了实体法基础，具有里程碑意义。

生态环境损害赔偿制度是生态文明制度体系的重要组成部分。生态环境损害赔偿制度与一般环境侵权主要有以下区别：

一是适用范围不同。一般环境侵权适用于因环境污染、生态破坏而导致或者有可能导致人身、财产损害的情形，一定是某个民事主体的权益遭受了损害。生态环境损害，是指因污染环境、破坏生态造成大气、地表、地下水、土壤、森林等环境要素和植物、动物、微生物等生物要素的不利改变以及上述要素构成的生态系统功能退化。损害通常不对应某个民事主体，而是对生态环境的整体造成的损害。

二是责任主体不同。在一般环境侵权中，承担环境污染责任的主要是污染者或生态破坏者，即具体从事排污行为的侵权人。同时，根据案件具体情形，环境影响评价机构、环境监测机构以及从事环境监测设备和防治污染设施维护和运营的机构等主体，也有可能承担侵权责任。在生态环境损害侵权中，违反法律法规造成生态环境损害的单位或个人是责任主体，其他主体一般不承担生态环境损害赔偿责任。

三是归责原则不同。一般环境侵权适用无过错原则，不考虑侵权人主观是否存在过错。本条规定侵权人承担生态修复责任，是以侵权人违反国家规定造成生态环境损害为前提。

四是诉讼主体不同。一般环境侵权适用普通民事诉讼程序，由受害人提起侵权之诉。生态环境损害之诉，则由"国家规定的机关或者法律规定的组织"作为权利人提起诉讼，如《环境保护法》第58条就可针对污染环境、破坏生态，损害社会公共利益的行为提起诉讼的社会组织条件作了规定。又如《民事诉讼法》第58条第2款就检察院提起公益诉讼作了规定。

从本条规定内容来看，生态环境公益侵权责任应当符合以下构成要件：

一是存在生态环境损害。生态环境因不利改变或者提供生态系统服务能力遭受破坏或损害，导致由各环境要素构成的整个生态环境系统功能退化。

二是存在违反国家规定的生态环境侵权行为。本条规定的损害生态环境的侵权行为，是指违反国家规定污染环境、破坏生态的行为。例如，超过国家规定标准排放污染物，未获得许可却砍伐林木，未取得采矿权却挖掘矿产资源等。本条规定的"国家规定"不同于《民法典》第1232条规定的"违反法律规定"，其在范围上更广，除法律规定外，还包括国家政策性规定以及环境资源领域的国家标准。

三是行为与损害之间存在因果关系。只有存在因果关系，请求权人才可以依据本法规定要求侵权人承担侵权责任。

根据本条规定，侵权人承担生态环境修复责任的方式主要有两种：

一是请求侵权人在合理期限内承担修复责任。

二是自行或委托他人进行修复，费用由侵权人负担。考虑到生态保护有及时性、有效性等特点，不能无限期等待侵权人履行修复责任，因此，本条规定，侵权人在期限内未修复的，国家规定的机关或者法律规定的组织可以自行或者委托他人进行修复，所需费用由侵权人负担。

【关联司法解释】

《最高人民法院关于审理环境民事公益诉讼案件适用法律若干问题的解释》

第1条 法律规定的机关和有关组织依据民事诉讼法第五十五条[①]、环境保护法第五十八条等法律的规定，对已经损害社会公共利益或者具有损害社会公共利益重大风险的污染环境、破坏生态的行为提起诉讼，符合民事诉讼法第一百一十九条[②]第二项、第三项、第四项规定的，人民法院应予受理。

《最高人民法院关于审理森林资源民事纠纷案件适用法律若干问题的解释》

第17条 违反国家规定造成森林生态环境损害，生态环境能够修复的，国家规定的机关或者法律规定的组织依据民法典第一千二百三十四条的规

---

① 现为第58条。
② 现为第122条。

定，请求侵权人在合理期限内以补种树木、恢复植被、恢复林地土壤性状、投放相应生物种群等方式承担修复责任的，人民法院依法予以支持。

人民法院判决侵权人承担修复责任的，可以同时确定其在期限内不履行修复义务时应承担的森林生态环境修复费用。

第18条 人民法院判决侵权人承担森林生态环境修复责任的，可以根据鉴定意见，或者参考林业主管部门、林业调查规划设计单位、相关科研机构和人员出具的专业意见，合理确定森林生态环境修复方案，明确侵权人履行修复义务的具体要求。

第20条 当事人请求以认购经核证的林业碳汇方式替代履行森林生态环境损害赔偿责任的，人民法院可以综合考虑各方当事人意见、不同责任方式的合理性等因素，依法予以准许。

第21条 当事人请求以森林管护、野生动植物保护、社区服务等劳务方式替代履行森林生态环境损害赔偿责任的，人民法院可以综合考虑侵权人的代偿意愿、经济能力、劳动能力、赔偿金额、当地相应工资标准等因素，决定是否予以准许，并合理确定劳务代偿方案。

第22条 侵权人自愿交纳保证金作为履行森林生态环境修复义务担保的，在其不履行修复义务时，人民法院可以将保证金用于支付森林生态环境修复费用。

《最高人民法院关于生态环境侵权案件适用禁止令保全措施的若干规定》

第2条 因污染环境、破坏生态行为受到损害的自然人、法人或者非法人组织，以及民法典第一千二百三十四条、第一千二百三十五条规定的"国家规定的机关或者法律规定的组织"，可以向人民法院申请作出禁止令。

★ **第1235条【生态环境损害的赔偿范围】**

违反国家规定造成生态环境损害的，国家规定的机关或者法律规定的组织有权请求侵权人赔偿下列损失和费用：

（一）生态环境受到损害至修复完成期间服务功能丧失导致的损失；

（二）生态环境功能永久性损害造成的损失；

（三）生态环境损害调查、鉴定评估等费用；

（四）清除污染、修复生态环境费用；

（五）防止损害的发生和扩大所支出的合理费用。

【条文解读】

本条是关于生态环境损害赔偿范围的规定。本条属于《民法典》新增条文。

根据中共中央办公厅、国务院办公厅2017年印发的《生态环境损害赔偿制度改革方案》规定，生态环境损害赔偿范围包括清除污染费用、生态环境修复费用、生态环境修复期间服务功能的损失、鉴定评估等合理费用。赔偿义务人自行修复或者委托修复的，赔偿权利人前期开展生态环境损害调查、鉴定评估、修复效果后的评估等费用由赔偿义务人承担。赔偿义务人造成的生态环境损害无法修复的，其赔偿资金作为政府非税收入、全额上缴同级国库，纳入预算管理。赔偿义务人及其指定的部门或机构根据磋商或判决要求，结合本区域生态环境损害情况开展替代修复。

本条规定了五种损失和费用：

一是生态环境受到损害至修复完成期间服务功能丧失导致的损害，即受损的生态环境从损害发生到通过修复而使之恢复至受损之前的状态这一期间内，提供生态系统服务的损失补偿。《环境损害鉴定评估推荐方法（第Ⅱ版）》将期间损害界定为："生态环境损害发生至生态环境恢复到基线状态期间，生态环境因其物理、化学或生物特性改变而导致向公众或其他生态系统提供服务的丧失或减少，即受损生态环境从损害发生到其恢复至基线状态期间提供生态系统服务的损失量。"

二是生态环境功能永久性损害造成的损失，即受损的生态环境及其服务难以恢复，其向公众或其他生态系统提供服务能力完全丧失，对于此种损失所给予的补偿。

三是生态环境损害调查、鉴定评估等费用，根据《最高人民法院关于审理生态环境损害赔偿案件的若干规定（试行）》第14条规定，该部分费用主要是指国家规定的机关或者法律规定的组织及其指定的部门开展对生态环境损害的现场调查、勘验勘查、环境监测、鉴定评估、专家咨询、信息公开、第三方审计、验收等活动而支出的费用，还包括为此进行生态环境损害诉讼支出的律师代理费在内的必要费用。

四是清除污染、修复生态环境费用。清除污染、修复生态环境的费用主要包括制定、实施清除污染、修复生态环境的方案的费用，清除污染和修复生态环境期间的监测、监管费用，以及清污、修复完成后的延伸费用，修复效果后评估费用等。根据《最高人民法院关于审理环境民事公益诉讼案件适用法律若干问题的解释》第23条规定，生态环境修复费用难以确定或者确定具体数额所需鉴定费用明显过高的，人民法院可以结合污染环境、破坏生态的范围和程度，生态环境的稀缺性，生态环境恢复的难易程度，防治污染设备的运行成本，被告因侵害行为所获得的利益以及过错程度等因素，并可以参考负有环境资源保护监督管理职责的部门的意见、专家意见等，予以合理确定。

五是防止损害的发生和扩大所支出的合理费用，即国家规定的机关或者法律规定的组织实施应急方案、为防止生态环境损害的发生和扩大采取合理预防、处置措施发生的应急处置费用等。

【关联司法解释】

《最高人民法院关于审理生态环境侵权责任纠纷案件适用法律若干问题的解释》

第22条　被侵权人请求侵权人赔偿因污染环境、破坏生态造成的人身、财产损害，以及为防止损害发生和扩大而采取必要措施所支出的合理费用的，人民法院应予支持。

被侵权人同时请求侵权人根据民法典第一千二百三十五条的规定承担生态环境损害赔偿责任的，人民法院不予支持。

《最高人民法院关于审理生态环境损害赔偿案件的若干规定（试行）》

第12条　受损生态环境能够修复的，人民法院应当依法判决被告承担修复责任，并同时确定被告不履行修复义务时应承担的生态环境修复费用。

生态环境修复费用包括制定、实施修复方案的费用，修复期间的监测、监管费用，以及修复完成后的验收费用、修复效果后评估费用等。

原告请求被告赔偿生态环境受到损害至修复完成期间服务功能损失的，人民法院根据具体案情予以判决。

第13条 受损生态环境无法修复或者无法完全修复，原告请求被告赔偿生态环境功能永久性损害造成的损失的，人民法院根据具体案情予以判决。

第14条 原告请求被告承担下列费用的，人民法院根据具体案情予以判决：

（一）实施应急方案、清除污染以及为防止损害的发生和扩大所支出的合理费用；

（二）为生态环境损害赔偿磋商和诉讼支出的调查、检验、鉴定、评估等费用；

（三）合理的律师费以及其他为诉讼支出的合理费用。

第15条 被侵权人起诉请求侵权人赔偿因污染环境、破坏生态造成的财产损失、人身损害以及为防止损害发生和扩大、清除污染、修复生态环境而采取必要措施所支出的合理费用的，人民法院应予支持。

《最高人民法院关于审理环境民事公益诉讼案件适用法律若干问题的解释》

第19条 原告为防止生态环境损害的发生和扩大，请求被告停止侵害、排除妨碍、消除危险的，人民法院可以依法予以支持。

原告为停止侵害、排除妨碍、消除危险采取合理预防、处置措施而发生的费用，请求被告承担的，人民法院可以依法予以支持。

第23条 生态环境修复费用难以确定或者确定具体数额所需鉴定费用明显过高的，人民法院可以结合污染环境、破坏生态的范围和程度，生态环境的稀缺性，生态环境恢复的难易程度，防治污染设备的运行成本，被告因侵害行为所获得的利益以及过错程度等因素，并可以参考负有环境资源保护监督管理职责的部门的意见、专家意见等，予以合理确定。

《最高人民法院关于审理森林资源民事纠纷案件适用法律若干问题的解释》

第19条 人民法院依据民法典第一千二百三十五条的规定确定侵权人承担的森林生态环境损害赔偿金额,应当综合考虑受损森林资源在调节气候、固碳增汇、保护生物多样性、涵养水源、保持水土、防风固沙等方面的生态环境服务功能,予以合理认定。

【关联指导案例】

最高人民法院指导性案例202号: 武汉卓航江海贸易有限公司、向阳等12人污染环境刑事附带民事公益诉讼案

裁判要点:1.船舶偷排含油污水案件中,人民法院可以根据船舶航行轨迹、污染防治设施运行状况、污染物处置去向,结合被告人供述、证人证言、专家意见等证据对违法排放污染物的行为及其造成的损害作出认定。

2.认定船舶偷排的含油污水是否属于有毒物质时,由于客观原因无法取样的,可以依据来源相同、性质稳定的舱底残留污水进行污染物性质鉴定。

最高人民法院指导性案例203号: 左勇、徐鹤污染环境刑事附带民事公益诉讼案

裁判要点:对于必要、合理、适度的环境污染处置费用,人民法院应当认定为属于污染环境刑事附带民事公益诉讼案件中的公私财产损失及生态环境损害赔偿范围。对于明显超出必要合理范围的处置费用,不应当作为追究被告人刑事责任,以及附带民事公益诉讼被告承担生态环境损害赔偿责任的依据。

最高人民法院指导性案例204号: 重庆市人民检察院第五分院诉重庆瑜煌电力设备制造有限公司等环境污染民事公益诉讼案

裁判要点:1.受损生态环境无法修复或无修复必要,侵权人在已经履行生态环境保护法律法规规定的强制性义务基础上,通过资源节约集约循环利用等方式实施环保技术改造,经评估能够实现节能减排、减污降碳、降低风险效果的,人民法院可以根据侵权人的申请,结合环保技术改造的时间节

点、生态环境保护守法情况等因素,将由此产生的环保技术改造费用适当抵扣其应承担的生态环境损害赔偿金。

2.为达到环境影响评价要求、排污许可证设定的污染物排放标准或者履行其他生态环境保护法律法规规定的强制性义务而实施环保技术改造发生的费用,侵权人申请抵扣其应承担的生态环境损害赔偿金的,人民法院不予支持。

最高人民法院指导性案例205号:上海市人民检察院第三分院诉郎溪华远固体废物处置有限公司、宁波高新区米泰贸易有限公司、黄德庭、薛强环境污染民事公益诉讼案

裁判要点:1.侵权人走私固体废物,造成生态环境损害或者具有污染环境、破坏生态重大风险,国家规定的机关或者法律规定的组织请求其依法承担生态环境侵权责任的,人民法院应予支持。在因同一行为引发的刑事案件中未被判处刑事责任的侵权人主张不承担生态环境侵权责任的,人民法院不予支持。

2.对非法入境后因客观原因无法退运的固体废物采取无害化处置是防止生态环境损害发生和扩大的必要措施,所支出的合理费用应由侵权人承担。侵权人以固体废物已被行政执法机关查扣没收,处置费用应纳入行政执法成本作为抗辩理由的,人民法院不予支持。

最高人民法院指导性案例206号:北京市人民检察院第四分院诉朱清良、朱清涛环境污染民事公益诉讼案

裁判要点:1.两个以上侵权人分别实施污染环境、破坏生态行为造成同一损害,每一个侵权人的污染环境、破坏生态行为都不足以造成全部损害,部分侵权人根据修复方案确定的整体修复要求履行全部修复义务后,请求以代其他侵权人支出的修复费用折抵其应当承担的生态环境服务功能损失赔偿金的,人民法院应予支持。

2.对于侵权人实施的生态环境修复工程,应当进行修复效果评估。经评估,受损生态环境服务功能已经恢复的,可以认定侵权人已经履行生态环境修复责任。

最高人民法院指导性案例207号：江苏省南京市人民检察院诉王玉林生态破坏民事公益诉讼案

裁判要点：1.人民法院审理环境民事公益诉讼案件，应当坚持山水林田湖草沙一体化保护和系统治理。对非法采矿造成的生态环境损害，不仅要对造成山体（矿产资源）的损失进行认定，还要对开采区域的林草、水土、生物资源及其栖息地等生态环境要素的受损情况进行整体认定。

2.人民法院审理环境民事公益诉讼案件，应当充分重视提高生态环境修复的针对性、有效性，可以在判决侵权人承担生态环境修复费用时，结合生态环境基础修复及生物多样性修复方案，确定修复费用的具体使用方向。

最高人民法院指导性案例208号：江西省上饶市人民检察院诉张永明、张鹭、毛伟明生态破坏民事公益诉讼案

裁判要点：1.破坏自然遗迹和风景名胜造成生态环境损害，国家规定的机关或者法律规定的组织请求侵权人依法承担修复和赔偿责任的，人民法院应予支持。

2.对于破坏自然遗迹和风景名胜造成的损失，在没有法定鉴定机构鉴定的情况下，人民法院可以参考专家采用条件价值法作出的评估意见，综合考虑评估方法的科学性及评估结果的不确定性，以及自然遗迹的珍稀性、损害的严重性等因素，合理确定生态环境损害赔偿金额。

最高人民法院指导性案例209号：浙江省遂昌县人民检察院诉叶继成生态破坏民事公益诉讼案

裁判要点：生态恢复性司法的核心理念为及时修复受损生态环境，恢复生态功能。生态环境修复具有时效性、季节性、紧迫性的，不立即修复将导致生态环境损害扩大的，属于《中华人民共和国民事诉讼法》第一百零九条第三项规定的"因情况紧急需要先予执行的"情形，人民法院可以依法裁定先予执行。

最高人民法院指导性案例210号：九江市人民政府诉江西正鹏环保科技有限公司、杭州连新建材有限公司、李德等生态环境损害赔偿诉讼案

裁判要点：1.生态环境损害赔偿案件中，国家规定的机关通过诉前磋

商，与部分赔偿义务人达成生态环境损害赔偿协议的，可以依法向人民法院申请司法确认；对磋商不成的其他赔偿义务人，国家规定的机关可以依法提起生态环境损害赔偿诉讼。

2.侵权人虽因同一污染环境、破坏生态行为涉嫌刑事犯罪，但生态环境损害赔偿诉讼案件中认定侵权事实证据充分的，不以相关刑事案件审理结果为依据，人民法院应当继续审理，依法判决侵权人承担生态环境修复和赔偿责任。

第八章　高度危险责任

★ 第1236条【高度危险责任的一般规定】
从事高度危险作业造成他人损害的，应当承担侵权责任。

【条文解读】

本条是关于高度危险责任的一般规定。本条承继了原《侵权责任法》第69条的规定。

《民法典》第1237条、第1238条、第1239条、第1240条、第1243条对民用核设施、高速轨道运输工具和高压、高空、地下挖掘等高度危险活动以及对占有、使用易燃、易爆、剧毒、高放射性、强腐蚀性、高致病性等高度危险物的行为等具体高度危险作业作了规定。根据特殊优于一般的法律适用原则，在符合上述具体高度危险作业类型时，应当适用具体规定；在没有具体规定，且符合高度危险责任构成要件时，适用本条规定。本条规定的制定目的即是"对目前已有法律规范的高度危险行为侵权责任的共性问题作出规定，可以为司法实践处理尚未有法律明确规范的高度危险行为提供一个指导性原则"。[1]

准确适用本条应当注意以下问题：

---

[1] 黄薇主编：《中华人民共和国民法典侵权责任编解读》，中国法制出版社2020年版，第267页。

一是正确判断高度危险。认定某一项活动是否属于高度危险活动或高度危险作业，应当综合考虑以下因素：（1）高度危险中的"高度"包括危险现实化的"高度可能性"、损害结果上的"高度可怕性"、损害发生的"高度不确定性"，只要某种活动或某种物质具备该三项特征中的一项，就可以认定该活动或者该物质是高度危险的活动或物质。（2）高度危险作业，是指对周围环境有高度危险，只有采取必要的安全防护措施时才能从事的活动。对于从事高度危险活动或者持有、保管危险物品的人应当具有专门的科学知识，按照严格的程序和规定，采取必要措施对该活动或物品进行管理。

二是高度危险责任的构成要件。高度危险责任的构成要件主要包括：（1）从事了高度危险作业。高度危险作业，是指对他人人身财产安全具有高度危险的作业。"作业"的含义十分广泛，既包括占有与管理高度危险物，也包括从事对周围环境具有高度危险的各种活动，以及高度危险区域设置与管控。（2）造成了他人损害。损害后果是构成高度危险责任的结果要件，没有损害产生，则不会构成高度危险责任。本条规定的"他人"，应当与"作业人"相对应，是指从事高度危险作业民事主体之外的人，包括与高度危险作业本身无关的第三人。（3）高度危险作业与损害后果之间具有因果关系。受害人的损害必须是高度危险作业所造成，才能成立高度危险作业致害责任。

三是高度危险责任归责原则及免责事由。高度危险责任适用无过错责任，不以过错为责任构成要件。高度危险责任的免责事由主要限于不可抗力和受害人故意两种情形。不可抗力原则上可以作为完全的免除责任事由，但不可抗力并非都可以作为高度危险责任的免责事由。《民法典》第1237条和第1238条对核事故损害责任和民用航空器责任均未规定不可抗力属于免责事由。根据《民法典》第1174条规定，"损害是因受害人故意造成的，行为人不承担责任"。《民法典》第1237条至第1240条对此均有明确规定。根据《民法典》第1237条规定，因战争、武装冲突、暴乱等情形造成损害的，民用核设施的营运单位不承担责任，也即该三种情形亦属于此类侵权行为的免责事由。

第1237条【民用核设施或者核材料致害责任】

民用核设施或者运入运出核设施的核材料发生核事故造成他人损害的，民用核设施的营运单位应当承担侵权责任；但是，能够证明损害是因战争、武装冲突、暴乱等情形或者受害人故意造成的，不承担责任。

第1238条【民用航空器致害责任】

民用航空器造成他人损害的，民用航空器的经营者应当承担侵权责任；但是，能够证明损害是因受害人故意造成的，不承担责任。

【其他关联规定】

《中华人民共和国民用航空法》

第5条　本法所称民用航空器，是指除用于执行军事、海关、警察飞行任务外的航空器。

第157条　因飞行中的民用航空器或者从飞行中的民用航空器上落下的人或者物，造成地面（包括水面，下同）上的人身伤亡或者财产损害的，受害人有权获得赔偿；但是，所受损害并非造成损害的事故的直接后果，或者所受损害仅是民用航空器依照国家有关的空中交通规则在空中通过造成的，受害人无权要求赔偿。

前款所称飞行中，是指自民用航空器为实际起飞而使用动力时起至着陆冲程终了时止；就轻于空气的民用航空器而言，飞行中是指自其离开地面时起至其重新着地时止。

第161条　依照本章规定应当承担责任的人证明损害是完全由于受害人或者其受雇人、代理人的过错造成的，免除其赔偿责任；应当承担责任的人证明损害是部分由于受害人或者其受雇人、代理人的过错造成的，相应减轻其赔偿责任。但是，损害是由于受害人的受雇人、代理人的过错造成时，受害人证明其受雇人、代理人的行为超出其所授权的范围的，不免除或者不减轻应当承担责任的人的赔偿责任。

一人对另一人的死亡或者伤害提起诉讼，请求赔偿时，损害是该另一人或者其受雇人、代理人的过错造成的，适用前款规定。

第1239条【占有或使用高度危险物致害责任】

占有或者使用易燃、易爆、剧毒、高放射性、**强腐蚀性**、**高致病性**等高度危险物造成他人损害的，占有人或者使用人应当承担侵权责任；但是，能够证明损害是因受害人故意或者不可抗力造成的，不承担责任。被侵权人对损害的发生有重大过失的，可以减轻占有人或者使用人的责任。

第1240条【高度危险活动致害责任】

从事高空、高压、地下挖掘活动或者使用高速轨道运输工具造成他人损害的，经营者应当承担侵权责任；但是，能够证明损害是因受害人故意或者不可抗力造成的，不承担责任。被侵权人对损害的发生有**重大**过失的，可以减轻经营者的责任。

第1241条【遗失、抛弃高度危险物致害责任】

遗失、抛弃高度危险物造成他人损害的，由所有人承担侵权责任。所有人将高度危险物交由他人管理的，由管理人承担侵权责任；所有人有过错的，与管理人承担连带责任。

第1242条【非法占有高度危险物致害责任】

非法占有高度危险物造成他人损害的，由非法占有人承担侵权责任。所有人、管理人不能证明对防止非法占有尽到高度注意义务的，与非法占有人承担连带责任。

第1243条【高度危险场所安全保障责任】

未经许可进入高度危险活动区域或者高度危险物存放区域受到损害，管理人能够证明已经采取**足够**安全措施并尽到**充分**警示义务的，可以减轻或者不承担责任。

第1244条【高度危险责任赔偿限额】

承担高度危险责任，法律规定赔偿限额的，依照其规定，但是行为人有故意或者重大过失的除外。

【其他关联规定】

《中华人民共和国民用航空法》

第128条　国内航空运输承运人的赔偿责任限额由国务院民用航空主管部门制定，报国务院批准后公布执行。

旅客或者托运人在交运托运行李或者货物时，特别声明在目的地点交付时的利益，并在必要时支付附加费的，除承运人证明旅客或者托运人声明的金额高于托运行李或者货物在目的地点交付时的实际利益外，承运人应当在声明金额范围内承担责任；本法第一百二十九条的其他规定，除赔偿责任限额外，适用于国内航空运输。

第129条　国际航空运输承运人的赔偿责任限额按照下列规定执行：

（一）对每名旅客的赔偿责任限额为16600计算单位；但是，旅客可以同承运人书面约定高于本项规定的赔偿责任限额。

（二）对托运行李或者货物的赔偿责任限额，每公斤为17计算单位。旅客或者托运人在交运托运行李或者货物时，特别声明在目的地点交付时的利益，并在必要时支付附加费的，除承运人证明旅客或者托运人声明的金额高于托运行李或者货物在目的地点交付时的实际利益外，承运人应当在声明金额范围内承担责任。

托运行李或者货物的一部分或者托运行李、货物中的任何物件毁灭、遗失、损坏或者延误的，用以确定承运人赔偿责任限额的重量，仅为该一包件或者数包件的总重量；但是，因托运行李或者货物的一部分或者托运行李、货物中的任何物件的毁灭、遗失、损坏或者延误，影响同一份行李票或者同一份航空货运单所列其他包件的价值的,确定承运人的赔偿责任限额时,此种包件的总重量也应当考虑在内。

(三)对每名旅客随身携带的物品的赔偿责任限额为332计算单位。

《国务院关于核事故损害赔偿责任问题的批复》

七、核电站的营运者和乏燃料贮存、运输、后处理的营运者,对一次核事故所造成的核事故损害的最高赔偿额为3亿元人民币;其他营运者对一次核事故所造成的核事故损害的最高赔偿额为1亿元人民币。核事故损害的应赔总额超过规定的最高赔偿额的,国家提供最高限额为8亿元人民币的财政补偿。

对非常核事故造成的核事故损害赔偿,需要国家增加财政补偿金额的由国务院评估后决定。

第九章 饲养动物损害责任

第1245条【饲养动物损害责任的一般规定】

饲养的动物造成他人损害的,动物饲养人或者管理人应当承担侵权责任;但是,能够证明损害是因被侵权人故意或者重大过失造成的,可以不承担或者减轻责任。

★ 第1246条【未对动物采取安全措施损害责任】

违反管理规定,未对动物采取安全措施造成他人损害的,动物饲养人或者管理人应当承担侵权责任;但是,能够证明损害是因被侵权人故意造成的,可以减轻责任。

【条文解读】

本条是关于违反规定未对动物采取安全措施致害责任的规定。本条承继了原《侵权责任法》第79条规定。本条与《民法典》第1245条属于特别法与一般法的关系,是对违反管理规定未履行危险源监督义务饲养人侵权责任的特别规定。

本条与《民法典》第1247条都属于无过错责任,即在免责和减轻责任方面更加严格。本条中减轻责任的条款并不包括"重大过失"情形,而且从本条第2句的文义看,在被侵权人故意造成损害的情形下,动物的饲养人或者管理人也不能免责而只能减轻责任。

在适用本条时被侵权人的举证责任与适用《民法典》第1245条的举证责任有所不同,被侵权人除了需要举证证明损害事实、损害结果及损害事实与损害结果之间的因果关系外,还需要证明动物饲养人或管理人违反了相关管理规定及未对动物采取必要的安全措施。

第1247条【禁止饲养的危险动物损害责任】

禁止饲养的烈性犬等危险动物造成他人损害的,动物饲养人或者管理人应当承担侵权责任。

第1248条【动物园的动物损害责任】

动物园的动物造成他人损害的,动物园应当承担侵权责任;但是,能够证明尽到管理职责的,不承担侵权责任。

【其他关联规定】

《城市动物园管理规定》

第17条　动物园管理机构应当备有卫生防疫、医疗救护、麻醉保定设施,定时进行防疫和消毒。有条件的动物园要设有动物疾病检疫隔离场。

第21条　动物园管理机构应当完善各项安全设施,加强安全管理,确保游人、管理人员和动物的安全。

动物园管理机构应当加强对游人的管理,严禁游人在动物展区内惊扰动物和大声喧哗,闭园后禁止在动物展区进行干扰动物的各种活动。

第1249条【遗弃、逃逸的动物损害责任】

遗弃、逃逸的动物在遗弃、逃逸期间造成他人损害的，由动物原饲养人或者管理人承担侵权责任。

第1250条【因第三人的过错致使动物损害责任】

因第三人的过错致使动物造成他人损害的，被侵权人可以向动物饲养人或者管理人请求赔偿，也可以向第三人请求赔偿。动物饲养人或者管理人赔偿后，有权向第三人追偿。

第1251条【饲养动物应履行的义务】

饲养动物应当遵守法律法规，尊重社会公德，不得妨碍他人生活。

第十章 建筑物和物件损害责任

★ 第1252条【建筑物、构筑物或者其他设施倒塌、塌陷致害责任】

建筑物、构筑物或者其他设施倒塌、塌陷造成他人损害的，由建设单位与施工单位承担连带责任，但是建设单位与施工单位能够证明不存在质量缺陷的除外。建设单位、施工单位赔偿后，有其他责任人的，有权向其他责任人追偿。

因所有人、管理人、使用人或者第三人的原因，建筑物、构筑物或者其他设施倒塌、塌陷造成他人损害的，由所有人、管理人、使用人或者第三人承担侵权责任。

【条文解读】

本条是关于建筑物、构筑物或者其他设施倒塌、塌陷造成他人损害责任的规定。本条承继了原《侵权责任法》第86条规定，新增了建设单位与施工单位承担连带责任但书条款，并对责任主体进行了明确。

本条规定的倒塌、塌陷，是指建筑物、构筑物或者其他设施坍塌、倒覆，造成该建筑物、构筑物或者其他设施丧失基本使用功能。建筑物，是指人工建造的、固定在土地上，其空间用于居住、生产或者存放物品的设施，如住宅、写字楼、仓库、车间、厂房等。构筑物或者其他设施，是指人工建造的、固定在土地上，除建筑物以外的具有特定用途的设施，包括道路、桥梁、隧道、码头、地窖、城墙、公共厕所、堤坝、墓碑、电视发射塔、高压电线塔、无线电基站、路灯、广告牌等，这些设施不管是附着于土地的永久性设施还是临时性设施均可成为构筑物。

本条第1款规定了建设单位与施工单位的连带责任及其对其他责任人的追偿权。建筑物、构筑物或者其他设施倒塌、塌陷造成他人损害的责任主体包括建设单位和施工单位两个主体。建设单位是建设工程合同的发包人，施工单位是与建设单位或其他发包人签订建设工程合同并对工程进行施工的主体，既包括总承包施工单位，也包括分包施工单位。在存在其他责任主体的情形下，建设单位、施工单位承担责任后可以向其他责任主体进行追偿。本条第1款规定的"其他责任人"，主要包括勘察单位、设计单位、监理单位以及除此之外的责任人。从本条第1款文义表述及体系解释上来看，本款仅规定了免责条款，而未规定相关责任主体可以通过证明自身不存在过错而免责，因此，本条适用无过错责任原则。

根据本条规定，建筑物、构筑物或者其他设施倒塌、塌陷造成他人损害的，由建设单位与施工单位承担连带责任，建设单位与施工单位能够证明不存在质量缺陷的，建设单位、施工单位不需要承担责任，更无须承担连带责任。所谓能够证明不存在质量缺陷，是指建设单位、施工单位证明建筑物、构筑物或者其他设施并非因为质量缺陷而倒塌、塌陷，该建筑物、构筑物或者其他设施没有设计缺陷和建造缺陷，勘察、设计、施工与监理等涉及建设工程质量的各个环节都不存在问题。[1]

---

[1] 程啸：《侵权责任法》（第三版），法律出版社2021年版，第724页。

本条第2款明确了除第1款规定以外的其他责任人指的是所有人、管理人、使用人或者第三人。与本条第1款适用的是建筑物、构筑物或者其他设施因施工阶段的质量缺陷而发生倒塌、塌陷的情形不同，本条第2款适用的是建筑物、构筑物或者其他设施在交付使用后因管理、维护缺陷而发生倒塌、塌陷的情形。

★ 第1253条【建筑物、构筑物或者其他设施及其搁置物、悬挂物脱落、坠落致害责任】

建筑物、构筑物或者其他设施及其搁置物、悬挂物发生脱落、坠落造成他人损害，所有人、管理人或者使用人不能证明自己没有过错的，应当承担侵权责任。所有人、管理人或者使用人赔偿后，有其他责任人的，有权向其他责任人追偿。

【条文解读】

本条是关于建筑物、构筑物或者其他设施及其搁置物、悬挂物脱落、坠落造成他人损害责任的规定。本条承继了原《侵权责任法》第85条的规定。

《民法典》调整了法条顺序，对调了建筑物等脱落、坠落损害责任与建筑物等倒塌损害责任的顺序，理顺了建筑物损害责任三个条文之间的逻辑关系。根据本条规定，物件脱落、坠落损害责任适用过错推定原则，被侵权人只需证明自己遭受的损害系因建筑物、构筑物或者其搁置物、悬挂物发生脱落、坠落所造成即完成初步举证责任，由所有人、管理人或使用人对自己没有过错承担举证责任，否则便应由其承担侵权责任。

★ 第1254条【不明抛掷物、坠落物致害责任】
禁止从建筑物中抛掷物品。从建筑物中抛掷物品或者从建筑物上坠落的物品造成他人损害的，**由侵权人依法承担侵权责任**；经调查难以确定具体侵权人的，除能够证明自己不是侵权人的外，由可能加害的建筑物使用人给予补偿。可能加害的建筑物使用人补偿后，有权向侵权人追偿。

物业服务企业等建筑物管理人应当采取必要的安全保障措施防止前款规定情形的发生；未采取必要的安全保障措施的，应当依法承担未履行安全保障义务的侵权责任。

发生本条第一款规定的情形的，公安等机关应当依法及时调查，查清责任人。

【条文解读】

本条是关于不明抛掷物、坠落物造成他人损害责任的规定。本条承继了原《侵权责任法》第87条规定，并作了以下修改：一是明确规定"禁止从建筑物中抛掷物品"，价值导向明确，为认定高空抛物行为的违法性提供明确的法律依据；二是规定从建筑物中抛掷物品或者从建筑物上坠落的物品造成他人损害的，由侵权人依法承担侵权责任，在无法确定具体侵权人情形下，由可能加害的建筑物使用人承担补偿责任；三是新增了物业服务企业等建筑物管理人的责任，即"物业服务企业等建筑物管理人应当采取必要的安全保障措施防止前款规定情形的发生；未采取必要的安全保障措施的，应当依法承担未履行安全保障义务的侵权责任"，有利于督促物业公司加强物业管理服务，对于预防高空抛物行为、快速有效地救济受害人具有重要意义；四是新增了有关部门查找职责的规定，要求"公安等机关应当依法及时调查，查清责任人"，这对于解决实践中高空抛物侵权人查找难问题具有积极作用，可以有效实现本条规定的"由侵权人依法承担侵权责任"立法目的。

本条规定的可能加害的建筑物使用人补偿责任，并非赔偿责任，性质上属于公平责任。其构成要件如下：

一是造成损害的物品是从建筑物中抛掷或者坠落的物品。从本条的表述用语来看，并未包括"构筑物或者其他设施"，这是因为通常情况下"构筑物或者其他设施"的权利人多为单个的民事主体，受害人可以依据《民法典》第1253条规定，要求所有人、管理人或使用人承担责任，不存在"由可能加害的建筑物使用人给予补偿"的问题。

二是造成他人人身或财产损害，无损害则无赔偿。

三是经调查后难以确定具体侵权人。根据本条规定的"从建筑物中抛掷物品或者从建筑物上坠落的物品造成他人损害的，由侵权人依法承担侵权责任"，如果能够确定具体的侵权人，就应当由该侵权人承担责任，无公平责任的适用余地。"可能加害的建筑物使用人"明确的是"使用人"而非"所有人"，同时该"使用人"应当是"可能加害的建筑使用人"。该处的"可能加害"，是指与损害具有因果关系的可能性较大，建筑物使用人在有证据证明其与损害之间不具有因果关系或者因果关系可能性非常小的情况下，该使用人可以不承担责任。此外，在可能加害的建筑物使用人对被侵权人给予补偿后，又发现了侵权人的，可以依据本条第1款规定，向侵权人进行追偿。

本条第2款规定的是安全保障义务，与《民法典》第942条相呼应。《民法典》第942条规定："物业服务人应当按照约定和物业的使用性质，妥善维修、养护、清洁、绿化和经营管理物业服务区域内的业主共有部分，维护物业服务区域内的基本秩序，采取合理措施保护业主的人身、财产安全。对物业服务区域内违反有关治安、环保、消防等法律法规的行为，物业服务人应当及时采取合理措施制止、向有关行政主管部门报告并协助处理。"根据该条规定，在发现有人从建筑物中抛掷物品或者建筑物上出现坠落的物品时，物业服务人员应当及时采取相应措施，如向公安机关报告或向业主进行提醒甚至通过安装摄像头查找抛掷人等，若物业人员未履行上述安全保障义务，则其应当依照《民法典》第1198条规定，承担未履行安全保障义务的侵权责任。

【关联司法解释】

《最高人民法院关于适用〈中华人民共和国民法典〉时间效力的若干规定》

第19条 民法典施行前，从建筑物中抛掷物品或者从建筑物上坠落的物品造成他人损害引起的民事纠纷案件，适用民法典第一千二百五十四条的规定。

【其他关联规定】

《最高人民法院关于依法妥善审理高空抛物、坠物案件的意见》

三、坚持司法为民、公正司法，依法妥善审理高空抛物、坠物民事案件

8.加强高空抛物、坠物民事案件的审判工作。人民法院在处理高空抛物、坠物民事案件时，要充分认识此类案件中侵权行为给人民群众生命、健康、财产造成的严重损害，把维护人民群众合法权益放在首位。针对此类案件直接侵权人查找难、影响面广、处理难度大等特点，要创新审判方式，坚持多措并举，依法严惩高空抛物行为人，充分保护受害人。

9.做好诉讼服务与立案释明工作。人民法院对高空抛物、坠物案件，要坚持有案必立、有诉必理，为受害人线上线下立案提供方便。在受理从建筑物中抛掷物品、坠落物品造成他人损害的纠纷案件时，要向当事人释明尽量提供具体明确的侵权人，尽量限缩"可能加害的建筑物使用人"范围，减轻当事人诉累。对侵权人不明又不能依法追加其他责任人的，引导当事人通过多元化纠纷解决机制化解矛盾、补偿损失。

10.综合运用民事诉讼证据规则。人民法院在适用侵权责任法第八十七条裁判案件时，对能够证明自己不是侵权人的"可能加害的建筑物使用人"，依法予以免责。要加大依职权调查取证力度，积极主动向物业服务企业、周边群众、技术专家等询问查证，加强与公安部门、基层组织等沟通协调，充分运用日常生活经验法则，最大限度查找确定直接侵权人并依法判决其承担侵权责任。

11.区分坠落物、抛掷物的不同法律适用规则。建筑物及其搁置物、悬挂物发生脱落、坠落造成他人损害的，所有人、管理人或者使用人不能证明自己没有过错的，人民法院应当适用侵权责任法第八十五条的规定，依法判决其承担侵权责任；有其他责任人的，所有人、管理人或者使用人赔偿后向其他责任人主张追偿权的，人民法院应予支持。从建筑物中抛掷物品造成他人损害的，应当尽量查明直接侵权人，并依法判决其承担侵权责任。

12.依法确定物业服务企业的责任。物业服务企业不履行或者不完全履

行物业服务合同约定或者法律法规规定、相关行业规范确定的维修、养护、管理和维护义务，造成建筑物及其搁置物、悬挂物发生脱落、坠落致使他人损害的，人民法院依法判决其承担侵权责任。有其他责任人的，物业服务企业承担责任后，向其他责任人行使追偿权的，人民法院应予支持。物业服务企业隐匿、销毁、篡改或者拒不向人民法院提供相应证据，导致案件事实难以认定的，应当承担相应的不利后果。

13.完善相关的审判程序机制。人民法院在审理疑难复杂或社会影响较大的高空抛物、坠物民事案件时，要充分运用人民陪审员、合议庭、主审法官会议等机制，充分发挥院、庭长的监督职责。涉及侵权责任法第八十七条适用的，可以提交院审判委员会讨论决定。

第1255条【堆放物致害责任】

堆放物倒塌、**滚落**或者滑落造成他人损害，堆放人不能证明自己没有过错的，应当承担侵权责任。

★ 第1256条【在公共道路上妨碍通行物品的致害责任】

在公共道路上堆放、倾倒、遗撒妨碍通行的物品造成他人损害的，由行为人承担侵权责任。公共道路管理人不能证明已经尽到清理、防护、警示等义务的，应当承担相应的责任。

【条文解读】

本条是关于在公共道路上堆放、倾倒、遗撒妨碍通行的物品造成他人损害责任的规定。本条承继了原《侵权责任法》第89条的规定，并作了以下修改：一是对于公共道路妨碍通行损害责任的主体没有再采用"单位或者个人"的表述；二是明确了具体的责任主体，包括侵权行为人与公共道路管理人两类主体，并分别规定了不同的责任范围；三是明确了不同主体的归责原则，行为人承担无过错责任，公共道路管理人适用过错推定责任。

构成本条规定的公共道路妨碍通行损害责任,应当符合以下构成要件:

一是致害行为发生在公共道路上。根据《道路交通安全法》第119条第1项规定,道路是指公路、城市道路和虽在单位管辖范围但允许社会机动车通行的地方,包括广场、公共停车场等用于公众通行的场所。认定是否属于道路,核心在于是否允许不特定社会公众通行,如在单位、小区等管辖范围内且不允许社会公众通行的道路上所发生的损害责任就不适用本条。

二是存在堆放、倾倒、遗撒妨碍通行物品的致害行为。本条规定的堆放、倾倒、遗撒妨碍通行物品,是指在公共道路上堆放、倾倒、遗撒物品,影响他人对该公共道路正常、合理的使用。

三是致害行为与损害结果之间具有因果关系。损害既包括人身伤害,也包括财产损害,该损害应当与堆放、倾倒、遗撒妨碍通行物品的行为之间存在引起与被引起的关系。公共道路妨碍通行损害责任实行过错推定,但并非因果关系的推定,因果关系的存在仍然是被侵权人需要举证证明的基础事实。

四是公共道路管理人不能证明自己没有过错。本条在责任主体规定上对原《侵权责任法》第89条作了修改,明确妨碍通行的物品损害责任的主体为两类:第一,行为人,即在公共道路上实施堆放、倾倒、遗撒妨碍通行物品的行为人;第二,公共道路管理人,即依法对公共道路负有管理维护职责的人。根据本条规定,该两类责任主体承担的是不同的责任。首先,行为人承担无过错责任。公共道路是公众通行之用,《道路交通安全法》《公路法》等法律规定,不得在公共道路上堆放、倾倒、遗撒妨碍通行的物品,这些行为对公共安全构成了严重威胁,故行为人只要实施了这些行为,造成他人损害,即应当承担侵权责任。此种情形下,构成本条规定的公共道路妨碍通行损害责任无需过错要件。其次,公共道路管理人承担过错推定责任。公共道路管理人应当依法履行养护、维修管理公共道路的义务,发现公共道路上存在堆放、倾倒、遗撒妨碍通行的物品时,应当及时清理、防护和警示。如果公共道路管理人未尽到此等义务,造成他人损害的,应当承担侵权责任。在侵权主体为公共道路管理人情形下,实行过错推定原则,公共道路管理人只有在证明自己已经尽到及时清理、防护、警示等义务时,才能免除自身责任，否则公共道路管理人应当在其过错范围内承担相应的侵权责任。

本条规定的公共道路妨碍通行损害责任与《民法典》第1255条规定的堆放物损害责任在致害物、致害方式、归责原则、责任主体和责任范围上均存在不同。公共道路妨碍通行损害责任的致害物为妨碍通行的物品，可以是有形的固体物，也可以是液体和气体；堆放物损害责任的致害物则通常为固体或其他有形物。公共道路妨碍通行损害责任的致害行为系在公共道路上堆放、倾倒、遗撒妨碍通行的物品；堆放物损害责任则由堆放物倒塌、滚落或者滑落致害，并不要求必须发生在公共道路上。公共道路妨碍通行损害责任实行行为人承担无过错责任。虽然堆放物损害责任与公共道路管理人均实行过错推定责任，但是前者是基于堆放人的堆放、管理瑕疵，后者是基于公共道路管理人的管理过失。公共道路管理人的责任主体分为行为人和公共道路管理人两类，且二者的归责原则和范围不同，前者是承担无过错责任，后者则是承担过错推定责任，只承担相应责任；堆放物损害责任的责任主体为堆放人，其责任为完全责任。

【其他关联规定】

《中华人民共和国道路交通安全法》

第31条　未经许可，任何单位和个人不得占用道路从事非交通活动。

《中华人民共和国公路法》

第35条　公路管理机构应当按照国务院交通主管部门规定的技术规范和操作规程对公路进行养护，保证公路经常处于良好的技术状态。

第46条　任何单位和个人不得在公路上及公路用地范围内摆摊设点、堆放物品、倾倒垃圾、设置障碍、挖沟引水、利用公路边沟排放污物或者进行其他损坏、污染公路和影响公路畅通的活动。

第47条　在大中型公路桥梁和渡口周围二百米、公路隧道上方和洞口外一百米范围内，以及在公路两侧一定距离内，不得挖砂、采石、取土、倾倒废弃物，不得进行爆破作业及其他危及公路、公路桥梁、公路隧道、公路渡口安全的活动。

在前款范围内因抢险、防汛需要修筑堤坝、压缩或者拓宽河床的，应当事先报经省、自治区、直辖市人民政府交通主管部门会同水行政主管部门批准，并采取有效的保护有关的公路、公路桥梁、公路隧道、公路渡口安全的措施。

第1257条【林木致害的责任】

因林木折断、倾倒或者果实坠落等造成他人损害，林木的所有人或者管理人不能证明自己没有过错的，应当承担侵权责任。

第1258条【公共场所或者道路上施工致害责任和窨井等地下设施致害责任】

在公共场所或者道路上挖掘、修缮安装地下设施等造成他人损害，施工人不能证明已经设置明显标志和采取安全措施的，应当承担侵权责任。

窨井等地下设施造成他人损害，管理人不能证明尽到管理职责的，应当承担侵权责任。

【其他关联规定】

《中华人民共和国道路交通安全法》

第105条 道路施工作业或者道路出现损毁，未及时设置警示标志、未采取防护措施，或者应当设置交通信号灯、交通标志、交通标线而没有设置或者应当及时变更交通信号灯、交通标志、交通标线而没有及时变更，致使通行的人员、车辆及其他财产遭受损失的，负有相关职责的单位应当依法承担赔偿责任。

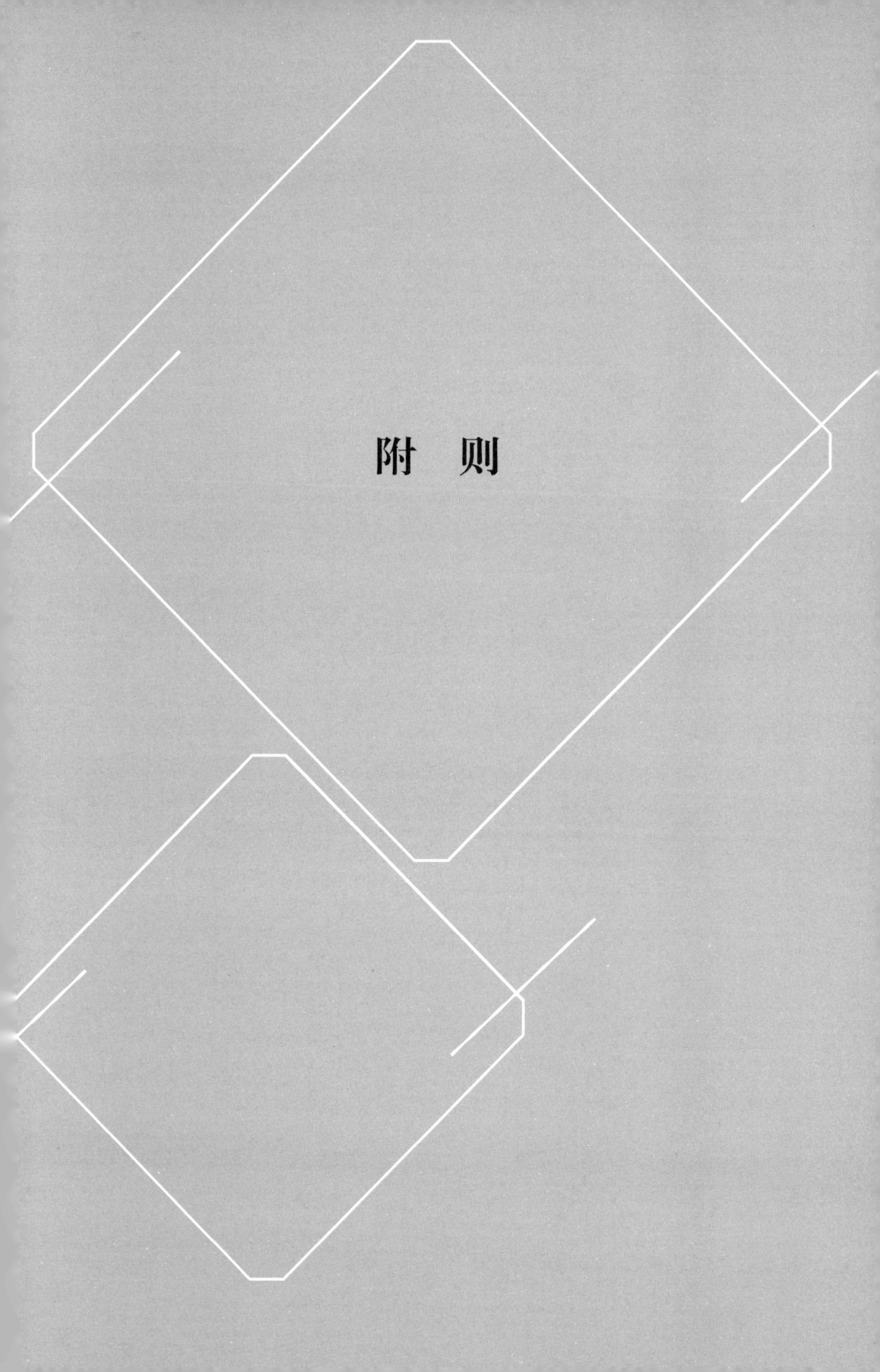

附 则

第1259条【法律术语含义】

民法所称的"以上"、"以下"、"以内"、"届满",包括本数;所称的"不满"、"超过"、"以外",不包括本数。

第1260条【施行日期及旧法废止】

本法自2021年1月1日起施行。《中华人民共和国婚姻法》、《中华人民共和国继承法》、《中华人民共和国民法通则》、《中华人民共和国收养法》、《中华人民共和国担保法》、《中华人民共和国合同法》、《中华人民共和国物权法》、《中华人民共和国侵权责任法》、《中华人民共和国民法总则》同时废止。